梦山

# 梦 山 书 系

　　"梦山"位于福州城西，与西湖书院、林则徐读书处"桂斋"连襟相依，梦山沉稳、西湖灵动、桂斋儒雅。梦山集山水之气韵，得人文之雅操。福建教育出版社正坐落于西湖之畔、梦山之下，集五十余年梓行之内蕴，以"立足教育、服务社会、开智启蒙、惠泽生命"为宗旨，将教育类读物出版作为肩上重任之一，教育类读物自具一格，理论读物品韵秀出，教师专业成长读物春风化雨。

　　"梦"是理想、是希望，所谓"梦想成真"；"山"是丰碑，是名山事业。"积土成山，风雨兴焉"，我们希望通过点点滴滴的辛勤积累，能�矗起教育的高山；希望有志于教育的专家、学者能鼓荡起教育改革的风雨。

　　"梦山书系"力图集教育研究之菁华，成就教育的名山事业之梦。

梦山书系

新教育文库/主编 朱永新

# 做新教育的行者

◎许新海 著

海峡出版发行集团 | 福建教育出版社
THE STRAITS PUBLISHING & DISTRIBUTING GROUP

**图书在版编目（CIP）数据**

做新教育的行者/许新海著．—2版．—福州：福建
教育出版社，2014.1（2019.9重印）
　　（新教育文库丛书）
　　ISBN 978-7-5334-6304-5

　　Ⅰ.①做…　Ⅱ.①许…　Ⅲ.①教育事业－研究－海门
市　Ⅳ.①G527.533

中国版本图书馆 CIP 数据核字（2013）第 319466 号

新教育文库

Zuo Xinjiaoyu de Xingzhe

**做新教育的行者**

许新海　著

| | | |
|---|---|---|
| **出版发行** | 福建教育出版社 | |
| | （福州梦山路 27 号　邮编：350025　网址：www.fep.com.cn | |
| | 编辑部电话：0591－83726908　83727542 | |
| | 发行部电话：0591－83721876　87115073　010－62027445） | |
| **出 版 人** | 江金辉 | |
| **印　　刷** | 福建东南彩色印刷有限公司 | |
| | （福州市金山工业区　邮编：350002） | |
| **开　　本** | 710 毫米×1000 毫米　1/16 | |
| **印　　张** | 23.5 | |
| **字　　数** | 347 千字 | |
| **插　　页** | 1 | |
| **版　　次** | 2014 年 1 月第 2 版　2019 年 9 月第 5 次印刷 | |
| **书　　号** | ISBN 978-7-5334-6304-5 | |
| **定　　价** | 46.00 元 | |

如发现本书印装质量问题，请向本社出版科（电话：0591－83726019）调换。

总序

# 追寻理想　记录精彩

　　我有这样一个信念：一个没有理想的人，不可能走得多远；一个没有理想的学校，也不可能走得多远；一个没有理想的教育，更加不可能走得多远。教育的理想境界是：成为学生享受成长快乐的理想乐园，成为教师实现专业发展的理想舞台，成为学校提升教育品质的理想平台，成为学生、教师、学校共同发展的理想空间。中国教育呼唤一种追寻着理想、着眼于未来的精神。

　　波兰教育哲学家苏科多斯基说得好："着眼于未来的教育表达了这样一种信念：目前的现实不是唯一的现实，因而不能构成教育的唯一要求。着眼未来的教育精神超越了目前的范围，以共创明天的现实为目标。"但是，仅有理想是不够的。1950 年元旦，约瑟夫·熊彼特在弥留之际，曾对前去探望他的彼得·德鲁克及其父亲阿道夫说了一番这样的话："我现在已经到了这样的年龄，知道仅仅凭借自己的书和理论而流芳百世是不够的。除非能改变人们的生活，否则就没有任何重大的意义。"（杰克·贝蒂：《管理大师德鲁克》，上海交通大学出版社，1999 年版，第 153 页）这个故事给我们很深的启发，或者可以说是反思：我们的理想、教育的理想能变成现实吗？我们能不能构建出属于教育的今天而不是明天的实践蓝图？

　　于是有了我们的"新教育实验"。

　　2002 年 10 月，"新教育实验"在江苏省昆山市玉峰实验学校正式启动；2003 年，"新教育实验"参与学校达到了上百所，遍及江苏、安徽、山东、上海、吉林、广东等 10 多个省市；2004 年，全国 21 个省市的 217 所学校参加实验，其中挂牌学校 130 所，这些学校包括了清华大学附属小学、北京中关村第一小学、哈尔滨南马路小学、山西省运城人民路小学、吉林市第一实验小学、江苏省常熟实验小学、江苏省如东实验中学等名校，并形成了苏州张家港、泰州姜堰、河北石家庄桥西区等实验区。

"新教育实验"为什么能如此快速发展并且受到广泛的关注？江苏教育杂志社的张俊平先生在一次会议上以一个媒体记者的眼光这样阐述："新教育实验"是一面旗帜，它用理想的方式向当下的中国教育说"不"；"新教育实验"是一种追求，它在力所能及的范围内营造中国教育的"桃花源"；"新教育实验"是一种自觉，它用行动告诉人们，中国教育到了返朴归真的时候了。

我们不能说它是"旗帜"，也不敢说它已"自觉"，但它的的确确是在追求着，用它的行动。只要行动，就有收获。我常常和我自己，也和我们实验学校的老师说，不要坐而论道。你去做，你就行；你去做，你就有可能成功。不要瞻前顾后，不要犹豫彷徨。从加入实验这一天开始，就要真正地行动起来，实践我们的"六大行动"，即营造书香校园、师生共写随笔、聆听窗外声音、培养卓越口才、建设数码社区、构筑理想课堂。

"营造书香校园"就是创设浓郁的阅读氛围，整合丰富的阅读资源，开展多彩的读书活动，使学校成为传承优秀文化的阵地、师生共同成长的乐园。

"师生共写随笔"就是倡导师生立足于每一天的教育、学习生活，在写随笔（日记）的过程中，体验生活，反思自己，促进超越自我。

"聆听窗外声音"就是开展学校报告会活动，充分利用校外的教育资源，引导学生学会关心社会，激发学生形成多元的价值观，培养他们创造的激情。

"培养卓越口才"就是开展中英文听说活动，培养学生讲一口流利的中文和英文，培养学生具备终生受益的口头表达能力。

"建设数码社区"就是加强学校内外网络资源的整合，建设学习型网络社区，让师生进行网络学习、交流，在操作与实践中培养师生的信息应用能力。

"构筑理想课堂"就是创设一种平等、民主、安全、愉悦的课堂气氛，应由知识本位、学科本位转向以学生的发展为本，真正对知识、能力、态度进行有机整合，因材施教，充分体现课堂的生活性、生命性和发展性。

中国教育现在是有许多弊端，但仅仅是怒目金刚般的斥责和鞭挞，虽然痛快却无济于事。不如通过建设来进行批判，只有建设才是真正深刻而富有颠覆性的批判，新教育就是要寓批判于建设中。而重行动，就是不空谈，就是"用事实说话"。"新教育实验"不求无懈可击的"理论"体系，而是先动起来再说，在实践中完善思考。

为了记录我们的思考和我们的行动，在福建教育出版社的大力支持下，我们用文库的形式全面记录"新教育实验"的探索之路，记录"新教育实验"的精彩。"新教育文库"是一个开放的体系。它将出版"我的教育故事"系列，记录发生在"新教育实验"背景下真实的教育故事；出版"我的教育随笔"系列，让我们的教师形成教育反思的习惯，形成坚韧的意志品质，形成自己的教学风格；出版"我的教育实验"系列，探索新教育理论，总结"新教育实验"阶段性的成果，指导"新教育实验"的开展；出版"新生代名师课堂探索"，关注课堂生态，探求课堂效率，推出名师；出版"域外课程故事"，让一线老师从细微处了解域外教育与课程实践的具体情况，探讨值得我国新课程改革实验借鉴的教育思想及行动策略；出版"教育成长故事"，真实记录名校、名师的成长故事，以提升学校的办学水平，激发教师的专业发展……

有人曾经追问："新教育实验"能走多远？我不可能给一个明确的回答。但是，只要我们还有梦，只要我们在行动，我们就会不断地前行。只要我们不断地前行，我们就会实现我们的梦想。从另一个角度来说，教育永远没有最好的，教育只有在永无止境的探寻中构建自我，在永不停步的发展中壮大自我，教育永远是一个美丽的梦。

我们希望，读过文库的朋友和老师们，也能够拿起你们的笔，从今天开始书写属于你们自己的历史，记录属于你们自己的精彩。我们同时欢迎你们加盟我们的"新教育实验"，参与我们的教育论坛，欢迎你们登录"教育在线"（www. eduol. cn）!

2004 年 6 月于姑苏滴石斋

# 目　　录

**第一章　行动指南·计划是成功的预言**

一、无限相信书籍的力量 …………………………………………（3）

二、交给学生一生有用的东西 ……………………………………（13）

三、改造我们的教育生活 …………………………………………（18）

四、让反思成为我们的教育文化 …………………………………（23）

五、让知识、生活与师生生命深刻共鸣 …………………………（28）

六、让每个孩子成为热爱学习的天使 ……………………………（37）

七、海门市中小学"课堂效率年"实施意见 ………………………（46）

八、全面推进"学程导航"范式，探寻理想课堂的高效性 ………（50）

九、海门市地方性综合实践活动课程实施方案 …………………（54）

十、海门市学校文化建设工程实施方案 …………………………（59）

**第二章　习惯养成·交给孩子一生有用的好习惯**

一、交给学生一生有用的好习惯 …………………………………（69）

二、新公民教育行动指导纲要 ……………………………………（72）

三、让儿童的生命自由生长 ………………………………………（82）

四、多元价值学习与新德育实践 …………………………………（89）

五、构建和谐家庭　与孩子共同成长 …………………………（98）

六、百分之百成功的教育 …………………………………………（105）


## 第三章　生活改造·通过新教育走向新生活

一、教育生活之改造 ………………………………………………（113）

二、走向新生活的教育 ……………………………………………（117）

三、新生活教育行动研究 …………………………………………（119）

四、建构学校新文化　创造校园新生活 …………………………（126）

五、新教育　新生活 ………………………………………………（137）

六、让我们插上飞翔的翅膀 ………………………………………（148）

七、阅读　我们共同的生活 ………………………………………（150）

八、让美好的世界占据孩子们的心灵 ……………………………（151）

九、齐聚江海门户　共话教师发展 ………………………………（155）


## 第四章　教师发展·坚持创造奇迹

一、海门新教育共同体建设的实践与研究 ………………………（167）

二、海门市"区域新教育共同体建设"考评方案 …………………（176）

三、新教育教师专业发展路径：技术与理念的融合 ……………（178）

四、依托校长俱乐部　打造卓越校长群体 ………………………（185）

五、校长要做"我行我素"的教育家 ……………………………（189）

六、教师是学校发展的第一资本 …………………………………（191）

七、开展引领型校本研究　促进教师专业成长 …………………（194）

八、校本研修与教师专业发展 ……………………………………（203）

九、学生评教的重要意义与关键环节 ……………………………（209）

十、开放课堂　解放学生 …………………………………………（215）

十一、教育改革：在科学发展中前行 ……………………………（219）

十二、常常感动教工 ………………………………………………（220）

## 第五章 特色学校·行动就有收获

一、开展"达标创特"工作 促进区域教育均衡优质发展 ·············· (225)

二、教师·学生·学校共同发展 ·············· (229)

三、军校联办特色教育 ·············· (237)

四、创造教育特色建设 ·············· (241)

五、让书香伴随我们成长 ·············· (244)

六、阅读的真谛 ·············· (246)

七、改变初中生的阅读生活 ·············· (248)

八、"童化作文"的哲学意蕴 ·············· (254)

九、金色之箭 ·············· (256)

十、走向新生活 ·············· (257)

十一、在展示中成长,在成长中展示 ·············· (260)

十二、让感恩之花常开常新 ·············· (261)

十三、以智慧启迪智慧 ·············· (263)

十四、学校·社区和谐育人 ·············· (264)

十五、实施责任教育 让师生幸福成长 ·············· (268)

十六、三星小学的"三新" ·············· (270)

## 第六章 对话教师·编织共同生活

一、走进大海 ·············· (275)

二、倾听生活语文的拔节声 ·············· (277)

三、让自信伴随每一天 ·············· (279)

四、让孩子拥有一颗感恩的心 ·············· (281)

五、智慧与爱 ·············· (283)

六、培养学生良好的学习习惯 ·············· (284)

七、生活技能教育 ·············· (286)

八、用励志演绎精彩人生 ·············· (288)

九、构建基于校本特色的学校文化 ·············· (290)

十、我心目中的理想课堂 ………………………………… (292)

十一、初中小班化课堂教学导学艺术 …………………… (296)

十二、让"提问"打开学生知识之门 ……………………… (298)

十三、课堂：因和谐而精彩 ……………………………… (301)

十四、有效课堂交往 ……………………………………… (302)

十五、有效课堂与教师的专业成长 ……………………… (304)

十六、知行并进，实施有效教学 ………………………… (305)

十七、让我们做分层作业的设计者 ……………………… (308)

十八、打开读题的天窗 …………………………………… (311)

十九、学生作业的优化设计 ……………………………… (314)

二十、课堂教学有效评价策略 …………………………… (316)

二十一、让评价充满诗意　让种子熠熠生辉 …………… (318)

二十二、阅读，为成长奠基 ……………………………… (322)

二十三、让阅读成为初中学生的生活方式 ……………… (323)

二十四、用故事演绎故事 ………………………………… (325)

二十五、阅读之路，你我同行 …………………………… (327)

二十六、在"科学阅读"中快乐成长 ……………………… (329)

二十七、重构初中生课外阅读生活 ……………………… (331)

## 附录一

新教育，在海门大地上穿行 ……………………………… (333)

## 附录二

海门市新教育活动大事纪 ………………………………… (348)

**后记** ……………………………………………………… (361)

# 第一章　行动指南·计划是成功的预言

# 一、无限相信书籍的力量

2006 年海门新教育实验区工作将以邓小平理论和"三个代表"重要思想为指导，全面落实科学发展观，全面贯彻党的教育方针，遵循教育规律，在新教育实验总课题组的引领下，坚持以素质教育为主题，以教学质量为重点，以深化课程改革为切入点，以新教育行动项目推进为策略，实现海门小学教育和谐可持续性发展。

**（一）以"新公民教育行动"为抓手，培养小学生的良好行为习惯。**

全市所有小学要围绕"新公民教育行动"这一项目展开研究。首先是围绕"规则、责任、尊重、诚信、爱心"等关键词确定各年段新公民教育行动的目标体系并形成方案。其次是在行动推进中探寻新公民教育行动的有效路径。再次是交流分享在"多元评价、多样发展"理念下各学校各具特色的评价制度和体系，初步构建新公民教育行动的地方课程框架。

本学年拟在全市的新公民教育行动推进中做好以下几个子项目：一是抓重点，进行项目突破，即把起始年级、学期初的起始阶段作为养成教育的重点，深入开展良好行为习惯、学习习惯、生活习惯的养成教育。9 月底进行专题性研讨交流活动，汇集各个学校的好经验、好办法，研究起始年级、开学初习惯教育的基本范式。二是加强班集体建设研究，即把公民基本素质的养成融合在班集体的建设中，结合《海门市中小学班主任工作常规》的讨论，把建好班风正、学风好、班级文化鲜明的班集体作为衡量班主任工作的重要标志。10 月份举办班集体建设沙龙，以进一步推动全市的新公民教育行动。

三是抓主题活动的整合，即结合主题班会、传统节日的纪念活动、学校文化周活动及综合实践活动等多种途径，把公民素质的培养融合在具体的实践活动中，积极开展丰富多彩的德育活动，使知识的单纯灌输成为学生喜闻乐见的"难忘教育"。四是继续强化"三结合"教育，即重视家访工作，完善家校联系制度，做到家校联系经常化、制度化。全市起始年级和新任班主任在一个学期中家访率要达100％，其他年级其他班主任要在50％以上。同时，学校要与社区、关工委、妇联等团体密切配合，形成教育合力。

**（二）以"书香班级"建设为突破口，深入推进"书香童年计划"。**

海门市"书香童年计划"启动已近一年，各校全方位、多层次地展开了系列行动——"阅读节"、"读写大奖赛"、"班级读书会"、"假期图书清仓"、"图书漂流"等等，从而使越来越多的教师、学生与家长认识到广泛阅读对于一个人终身发展的重要意义。建设"书香学校"已成为全市小学的办学目标之一。本学期我们注重还原学校和班级的本真特色，把建设"书香班级"作为突破口，立足现实，着眼未来，遵循规律，要用坚定的信念、全部的智慧和持续的行动引领广大师生"无限相信书籍的力量"，阅读经典、阅读思想、阅读文化、阅读精神。把最美好的世界献给学生，应是我们不懈的追求！

为此，各学校首先要开发丰富的阅读资源。要将购买图书、更新图书作为硬件建设的重点；开放学校的图书馆、阅览室，要将所有的书籍流向班级、流向学生，指导学生充分利用征订的各种书籍、报刊、杂志；要建立有效的班级间、学生间的"图书漂流"机制，鼓励流通共享；还要积极争取社区、民间团体、个人的捐助。"书香班级"建设的基本标准是：直属小学人均图书至少3本，乡镇中心小学人均图书至少2本，村小学人均图书至少1本。

其次，各学校要营造良好的读书氛围和开展丰富的阅读活动。一是将建设"书香班级"作为本学期各学校工作的重要内容，特别是农村学校，要有明确的建设思路，制定系统的建设计划。二是通过建图书角、图书柜或图书墙将教室变成图书室，有条件的学校还可以将电子阅览、网络阅览引进教室。三是开展读书节活动，9月25日，全市小学（包括村小）要举行读书节活动。

组织师生共读、亲子阅读等，教师、家长要成为学生阅读的榜样。四是充分利用教室内外的橱窗、黑板报、墙壁等阵地宣传阅读的意义和作用，展示学生的阅读成果。五是每周设立一节阅读指导课，用于指导学生的读书方法、交流学生的读书情况。六是"新教育共同体"语文项目组将"书香班级"的建设作为重要的推进内容，本学期至少组织两次交流研讨活动。同时，充分发挥直属小学的示范辐射作用。年底对全市"书香班级"的建设效果作详细的调研，形成完整的调查报告。

**（三）以"新教育共同体"为平台，着力开展基础学科建设。**

"新教育共同体"建设的起点在于教师教育行为方式的转变，因为它打破了学校之间的文化界限，搭建了校际之间分享优质教育资源的平台，放大了教师的角色效应，使教师从"学校教师"角色走向"区域教师"角色。终点却着眼于学生的素质发展，因为它突破了学科之间的知识界限，一切着眼于教育理想的构筑，从单纯的"学科主义中心"走向复合的"课程中心"。通过区域教育共同体的建设和实践，形成区域内教育均衡、协调、优质发展的基本范式和普遍规律，以此为辐射，达到更大区域范围教育结构的优化和教育质量的提升。本学期，各学科项目组的建设重点是加强新课程理念行为化的研究，积极构建理想课堂教学模型，用理想课堂教学模型培训教师，使教学行为规范化。具体工作目标如下——

【语文】

（1）启动"书香班级"建设，继续"图书漂流"行动，引领广大学校进一步认识书籍对于学校教育的重要意义，激发教师与学生的读书兴趣。

（2）围绕"儿童文学名著阅读课程"及"小学语文教学模式"构建两个专题展开研究，初步建成"单册教学案例库"。

（3）继续推进多元评价改革，组建市级诗词诵读评价组，对部分乡镇进行质量抽测。

（4）加强"海教在线"上"新语文"板块的管理与建设，力争原创帖子及跟帖量较上学期有明显的提高，逐步增强交流分享的氛围。

【数学、科学】

（1）按照数学、科学课程的内容特点，着力打造不同类型的"理想数学课堂教学模式"，累积典型教学案例 100 个左右。

（2）有计划地组织城乡联动的"送教下乡"活动 6 次，充分发挥市区学校和骨干教师的示范、引领、辐射作用。

（3）继续推进多元评价改革，年底对部分乡镇推进多元评价改革的情况进行专项调研。

（4）出台《推进小学生数学课外阅读指导意见》，12 月份组织"培优"质量调研，精心组织好全省的金钥匙科技比赛、青少年科技创新大赛等。

（5）加强"新教育——海教在线"中"数学与科学"板块的网络建设，力争上传更多、更好的内容，基本建成单册的"典型教学案例库"，实现优质教学资源的共享。

【英语】

（1）以"农村朗文少儿英语兴趣活动"项目为抓手，全面实施农村英语教学"扶贫计划"，切实提高农村小学生英语学习水平。

（2）以"新教育共同体"为平台，成立小学英语学科建设三级管理网络，使得一批骨干教师通过网络，在教学过程的各个环节指导广大农村教师。

（3）通过对典型课例的研究，建设英语教学的经典案例库，逐步形成不同教学内容的小学英语课堂教学基本模式。

（4）组织区域性初中小学英语沙龙式教研活动，研讨小学英语教学中存在的具体问题，强化小学英语教师的效率意识和质量意识。

（5）全面推进《小学英语美文诵读》阅读项目，增加学生语言输入量，帮助学生夯实英语学习的基础。

【品德与生活（社会）】

（1）以省规划课题"新公民教育行动"项目为抓手，全面推进小学生日常行为规范的养成教育，培养学生良好的行为习惯。

（2）抓好学科骨干教师群和中心组成员的建设工作，组织研究活动不少于 5 次，使课程实施更有效。

（3）抓好校本特色的大单元主题德育实践活动的开展，重点学校不少于 2 个，一般学校至少 1 个。通过"海教在线"及时上传活动内容，分享活动的成果。

（4）加强品德活动教学"典型案例库"的建设，各学段的典型案例不少于 20 个，德育研究文章的数量和质量要有明显的提高。

【综合实践活动】

（1）切实加强"两个平台"的管理和建设，确保全市学校继续有效地推进综合实践活动课程的实施。

（2）认真抓好地方课程的阶段性研究成果的采集工作，年底前完成地方课程的编写工作。

（3）组织好专题研讨活动 2～3 次，全面推进校本课程的实施。

（4）加强综合实践活动课程骨干教师和优秀青年教师的群体建设，力求在省市的两次比赛中取得好成绩。

（5）继续研究、指导大主题单元综合实践活动的开展，确保各学校都开展活动并积累典型活动案例不少于 30 个。

【艺术】

（1）加强美术、音乐教师新课程培训，不断更新教育理念，改进教育方法，提高艺术教育、教学质量。本学期结合专题活动组织美术和音乐教师培训各 2～3 次，开展专题讲座不少于 5 次。

（2）以片区为单位举行美术、音乐学科集体备课 5 次。强化备课研究力度，切实提高教师的课堂教学水平。

（3）举行美术、音乐学科专题研讨，构建"以目标为导向、活动为载体、检测为手段"的艺术教学模式，着力打造理想的艺术教学课堂。充分发挥学科带头人作用，举行艺术学科带头人对优秀录像课解读点评活动。举行美术、音乐学科优课评比和村小学教师优课展示活动。

（4）继续推进"送艺下乡"活动，11 月份举行"送艺下乡"成果展示。

（5）创建"海教艺苑"网站，构筑艺术教育教学网络平台。

【体育】

（1）不断丰富和完善市区学校球类俱乐部建设，组织 5 次球类俱乐部联赛活动。

（2）继续丰富和完善球类游戏课程，组织城乡联动研讨活动，推进全市体育课程的建设工作。

（3）举行全市小学生运动会、冬季三项比赛。

（4）组织全市体育教学研讨活动 1～2 次。

各学校要把抓教师队伍建设作为教育质量"上台阶"工程的关键措施，建立健全教师专业成长目标管理机制，弘扬"特别能吃苦、特别讲奉献、特别肯钻研、特别善协作"的精神。以青蓝工程、校本研究为抓手，以校本培训为阵地，加强教学过程的精细化管理，尤其要通过城乡联动平台强化对集体备课各个环节的指导与深度参与，重点研究单元集体备课和教研课集体备课的流程。加快对课堂教学常规模式的构建，打造理想课堂模型，以切实提高课堂教学效率为突破口，全面提高育人质量，提高教师的专业素养。

市教育局将于 11 月底举行海门市"弘謇杯"教学教科研展示活动，不仅要展示特级教师、学科带头人、骨干教师的课堂教学风采，还将有专家、学者的报告；不仅有青年教师的优秀课评比，还要举行工作三年以内的青年教师教学基本功"比武"；同时举行全市的教育论文、教育随笔、教学案例与反思、独立教学设计及命题设计的评比活动，为教师的专业成长搭建更大的平台，促进教育质量的全面提高。

**（四）以校长俱乐部为载体，实现对基层学校的卓越引领。**

校长是学校的灵魂。校长想的是什么，主要精力投放在什么地方，就决定着一所学校的发展走向和发展趋势。为了让我们的小学校长和幼儿园园长都"能带头、懂管理、会经营"，本学期将继续以校长、园长俱乐部为载体，围绕教育质量"上台阶"工程，以学科建设、教学管理、教师团队建设、"书香班级"建设、公民素质教育等专题，开展研讨活动，实现从教育理念到实践操作层面的卓越引领。

下半年的校长俱乐部围绕教育质量"上台阶"工程设立系列讲坛，主题如下：

9 月份主题：新公民教育行动与德育管理

10 月份主题：书香班级建设与学科建设

11 月份主题：构建理想课堂与教学管理

12 月份主题：多元评价与学生、教师发展

# 附：盘点 2006

（一）办好小学校长俱乐部，全力打造卓越校长群体。

2006 年继续借助"校长俱乐部"活动，倡导分享、合作的价值取向，先后组织了 8 次校长俱乐部活动。每次活动既有专业的引领，又有同伴的互助。先后就学校创建工作、"十一五"规划、学校特色教育、新公民教育行动、综合实践活动实施、教师专业阅读、达标创特等专题，组织了较有成效的俱乐部活动。校长俱乐部活动在分享经验的基础上，正逐步走向项目研究合作的状态。

校长们在分享交流中激发灵感，在合作研究中迸发智慧，更重要的是促进了校长走向自主创新的专业化发展之路，让校长们与自己所带领的学校共同成长，为海门的基础教育实现优质化、均衡化作出更大的贡献。

（二）深入推进"书香童年计划"，全力打造书香校园。

海门市"书香童年计划"启动已一年多，各小学全方位、多层次地展开了系列行动——"阅读节"、"读写大奖赛"、"班级读书会"、"假期图书清仓"、"图书漂流"等等，从而使越来越多的教师、学生与家长认识到广泛阅读对于一个人终身发展的重要意义。建设"书香校园"已成为全市学校的办学目标之一。从 2006 年起，注重还原学校和班级的本真特色，把建设"书香班级"作为突破口，立足现实，着眼未来，遵循规律，用坚定的信念、全部

的智慧和持续的行动引领广大师生"无限相信书籍的力量"，阅读经典、阅读思想、阅读文化、阅读精神。把最美好的世界献给学生，已成为我们的共识和不懈的追求！今年全市中心小学上半年和下半年都各举行了一次大型读书节活动，班班建起了"书香班级"，组织起了班级读书会活动。

为深入推进农村小学的"书香校园"建设，2006年年初，我们启动了第一轮的"图书漂流"行动，共购买学生书籍75种，1873本；教师书籍20种，420本；书架15个。把图书"飘"向全市各个村小，每四周一所村小，到年底可以全部"飘"完。目前统计，全市12000多名村小孩子每月人均读书4本，教师读书3本。10月，我们又在反思第一轮"图书漂流"经验的基础上，又购买了6000余册学生特别喜欢阅读的图书，以每种复本100余本的方式，用60多个图书箱，在全市42所村小中同步"漂流"，这样可以真正保证村小的孩子每天都有好书读，并组织起了"共读一本书"的深度阅读研究。许局长还邀请了全国新教育实验研究中心的专家团队来海门，为全市的村小老师组织师生共读的专业培训，并带领基教科、教研室的同志跑遍所有村小，边检查边现场指导他们的读书活动。另外，我市一批语文学科带头人与苏州大学文学院的教授合作编写了《小学生诗词诵读本》，推进全市小学生每周熟背一首诗词的行动，同样苏州大学的教授团队也来海门为全市语文老师做古典诗词和现代诗词的专题培训。

2006年下半年，我们克服重重困难，终于在9月份启动了全市的农村朗文少儿英语的计划，虽然在操作中还存在着一些小问题，但它无疑已经为全市农村儿童的英语学习构筑了一个新的平台。为加强质量管理，我们多次邀请新东方的专业老师来海门进行专题培训，现场指导，还自己组织了多次研讨活动。三个督查组每周下校，抓好过程管理。由一批优秀的英语教师开发的《小学生英语美文诵读本》，已交付孩子们手中。从新年开始，海门的三年级以上的孩子，每周能诵读会背一篇英语美文，四年下来，英语水平因此而有一个新飞跃。

（三）依托"新教育共同体"，着力开展基础学科建设。

2006年的"新教育共同体"活动以打造理想课堂、开展学科建设为重点任务，各学科共同体针对本学科的特点制定了详细的活动计划，举办了各具特色的活动。他们或是依托特级教师的课堂教学魅力，展开语文与文化、语文与校本阅读课程建设，营造"书香校园"的研究；或是借助国外考察后的反思积淀，展开科学课程与学生科学素养的培养、地方资源的开发与学生综合实践能力培养的研究；或是基于"我能做"行动计划，展开对新德育的实施与研究；或是以球类俱乐部活动、球类游戏课程开发为载体，展开校际之间的体育项目的整体联动；或是以"送艺下村小"为切入口，全面推动乡村艺术教育的发展……同时，依托海门教育城域网开通了"海教在线"网络平台，每个学科共同体都开设了各种专题贴，有"共同体活动快讯"、"图书漂流行动"、"课堂教学模式"、"教学案例与反思"、"师生成长故事"等，促使共同体成员不断加强实践反思、提升专业发展水平，增进城乡之间、校际之间的分享与交流，特别是乡镇的学校可以在最快的时间里获得最直接的帮助，从而使学校的教育教学处于一种开放的联系中，保持着同步发展的状态。

根据开学工作调研中发现乡镇教师备课、上课"两张皮"的现象，结合教育质量上台阶工程，调整了新教育共同体的运作方式和内容，把市区高位发展平台和城乡联动平台进行整合，重点围绕提高备课和上课质量两大环节展开活动。目前已经组织四次大型的集体备课活动，由市区直属小学派出核心组成员92人分赴五个片区进行集体备课活动，全市所有语文、数学、英语、音乐、体育、美术、科学等教师2500多人参加集体备课。为此，专门制订了集体备课的管理细则，保证每次活动的质量。我们的基本想法是，这个学期的所有教学内容都必须通过专门的集体梳理，理清基本的教学目标、内容和方法，才可以进课堂，从而提高农村小学的课程实施水平，同时，也把它作为促进农村教师专业成长的重要举措。根据收到的《反馈调查表》统计的数据，100%的教师对主讲教师满意，认为集体备课对自己的教学工作帮助很大，一致希望集体备课活动继续进行下去。

（四）以"新公民教育行动"为抓手，努力培养学生良好的公民素养。

"新公民教育行动"是全市所有学校"十一五"期间共同合作研究的项

目。为此组织各小学首先围绕"规则、责任、尊重、诚信、奉献、爱心"等关键词确定了各年段新公民教育行动的目标体系并形成方案。其次是在行动推进中探寻新公民教育行动的有效路径。再次是推进各小学在"多元评价、多样发展"理念下形成各具特色的评价制度和体系。

（五）构筑多元发展平台，促进师生共同发展。

首届"弘睿杯"教科研活动中不仅有特级教师、学科带头人、骨干教师的课堂教学风采展示，还有专家、学者的报告；不仅有青年教师的优课评比，还要工作三年以内的青年教师教学基本功"比武"；同时举行全市的教育论文、教育随笔、教学案例与反思、独立教学设计及命题设计的评比活动，为教师的专业成长搭建了平台，促进了教育质量的提高。

尽管今年省里取消了"省实验小学"的创建活动，但我们及时调整了创建策略，推出了市级的"达标创特"活动，以省实验小学的办学标准推进区域内小学教育现代化进程，推进特色学校的建设。12月份，三星、三和、平山、麒麟、汤家、王浩、树勋、正余中心小学顺利通过了市局组织的"达标创特"评估验收，作为海门市小学第八次基础教育课程改革现场会的承办学校，8所学校在迎接验收的同时还向其他学校展示了84节优课、8个校本特色活动、8次教师的专题研讨沙龙，所以说"达标创特"活动同样搭建了加速学校发展的良好平台。通过创建活动，学校的办学条件、管理水平、教育质量、队伍建设、特色发展都上了一个新的台阶，学校的整体办学水平得到了很大的提升。

# 二、交给学生一生有用的东西

　　2007 年海门新教育实验区工作将以科学发展观为指导，在新教育核心理念的引领下，突出"创新、实干、和谐"的总体工作要求，全面推进新教育实验的六大行动项目，重点深化"习惯养成年"和"课堂效率年"的各项工作。

　　**（一）深化习惯养成，交给学生一生有用的东西。**

　　深入推进"习惯养成年"工作的主要抓手为"每月一事"和"案例示范"。

　　重点抓"每月一事"，即每月重点养成一个好习惯。"习惯养成"每月主题的确定：（1）主题的选择立足与学生一生有用的最重要的习惯。依据《新公民教育指导纲要》、《海门市小学生习惯养成 20 条》，以及各个学校实际面临的习惯养成的问题。（2）主题的内容都是从一件非常具体的小事展开，在具体落实中要求在更高的层面上不断丰富完善。（3）主题活动的开展要通过广泛的主题阅读（知）、主题实践（行）、主题研究（展示）、主题随笔（反思），甚至聆听、口才、网络等路径，把公民教育、生命教育贯穿其中。教育局提供"每月一事"样例，在具体实施过程中，学校要关注年级、班级的个性，组织教师制订适合班级特色的习惯养成方案。

　　另外，请骨干老师提供习惯养成教育的"案例示范"，通过网络发挥指导作用。同时解决如何把习惯养成变成教师的一种自觉的行动。把抓教师习惯养成作为重要内容。学校应出台《教师一日工作规范》，从教师最基本的行为习惯入手，提出明确的规范要求。树立教师好习惯的一些典型，利用海门电视台、海门教育周刊进行正面引领。组织电视专题节目，邀请一部分家长，围绕习惯养成主题，谈如何教育孩子养成良好的生活习惯、作业习惯经验。明年初的海门市家庭教育日以"教给孩子一生有用的习惯"为主题，由各个学校组织开展丰富多彩的家校合作教育活动。

**（二）以阅读为圆点，深度推进书香校园计划。**

在过去的一年，阅读已经成为全市上下共同的行动，用阅读来撬动海门初中、小学的教育改革已初步形成共识。下半年小学将出台共读指导方案。用好《好书伴我成长》，组织共读一本书的研讨会。通过优秀教师讲述阅读故事引领、濡染更多的教师投身阅读行动。各学校要将读书漂流和班级读书会落实到位。同时倡导具有学校特色的主题性阅读。如公民道德主题、生命主题、科技文化主题、童话主题等。结合全国第十届推普周，市区学校走进社区展示诵读成果。组织"我爱诵读"电视大赛（乡镇经典诵读，市区英语美文诵读比赛）。

初中出台和推行每日一小时阅读计划。时间安排：早读半小时，中午半小时。内容：推荐美文、配套读本、英语赏读本，每周1~2首诗歌。开展课标必读书目共读和图书漂流活动，倡导学生自买选读书，相互交流。开发诗词欣赏和名著导读课程资源。每周开设一节阅读课，重点进行课外阅读指导，组织读书报告会、读书交流等。组织全市的阅读活动现场会。改革评价内容，把读本、教材、名著内容作为考核内容，以评价为导向，发挥引领作用。

阅读行动要作为"一把手工程"来抓。校长和全体教师都要积极参与其间。继续推进教师专业阅读计划，建立开放的教师读书考核机制，促进教师把阅读作为自觉行动，让阅读成为教师和学生的需要。

**（三）以项目为抓手，强势推进学科建设规划。**

出台初中、小学各个学科三年建设规划，组织专题培训活动。继续围绕课堂效率年，组织有效教学范式研究，每个年段，每门学科，建立重点案例库，进行范式引领。各年级各学科完成本学期的主要单元的典型课例。

组织初中、小学的衔接教育研讨会。初中、小学把"分层教学"作为本学期的重点研究专题，力争在管理机制和操作策略上有创新突破。

**（四）以活动为载体，强化区域学科共同体建设。**

继续强化区域学科共同体活动。重点抓城乡联动的平台，加强相互随堂听课、备课、教研指导制度的建设，形成一种常态下的相互支持机制。要抓重点学科，扶持薄弱学科。重视每次活动原始的资料积累，建立规范的捆绑考核制度。

启动初中双休日社团活动，出台《海门市初中学校双休日学生社团活动指导意见》。依托少年宫，建立各乡镇、社区少儿活动中心，利用双休日组织开展文学、艺术、体育、科技、综合实践活动等丰富多彩的社团活动。

**（五）以反思为核心，狠抓校长、教师专业成长。**

改革校长俱乐部活动形式，增加互动交流时间，鼓励校长撰写管理日志和教师撰写教育随笔。本学期的校长俱乐部活动的主题为：大课间活动的实施与管理、每月一事、区域共同体建设与发展、教师专业阅读、共读与图书漂流。

发挥名师发展中心的辐射作用，要求每个成员挂钩一个区域共同体内学校的一个学科组，并进行实质性的指导帮扶，提升这个学科组的整体教学水平。

依托区域共同体平台，要求直属学校的学科带头人与骨干教师，定期到挂钩的乡镇学校参与校本教研，采取典型课例研究、同课异构等方式，与乡镇学校的教师共同成长。

**（六）强化教育科研，加大教育宣传。**

组织出版《走在成长的路上》系列丛书，从名师发展中心成员（优秀青年教师）中选择条件成熟的老师，帮助他们出版个人教育专著。

与江苏省新教育研究会联合举办第二届"弘謇杯"教科研活动，围绕"有效教学"，组织全省的优秀论文、优质课评比与展示活动。

"十一五"课题全面开题，把课题与学校文化、特色工作紧密结合。

组织"感动海门"主题宣传活动，教师节庆祝活动，电视、报纸等媒体宣传活动。

组织"我（们）爱诵读"电视大赛。组织乡村学校中华经典诗词诵读和市区英语美文诵读活动，分集体和个人两种诵读形式。

策划"我（们）的阅读故事"主题征文演讲活动，从教师、学生多个层面推介"书香校园"建设中的典型事例，营造良好的阅读氛围。

---

# 附：盘点 2007

（一）抓实"习惯养成年"和"课堂效率年"的建设，全面提高义务教育质量。

今年是全市小学的习惯养成年和中小学的课堂效率年，为使这两项工作落到实处，我们组织了专业团队，进行项目攻坚。把"公民素养"和"学习习惯"作为建设重点，以"每月一事"（即每月重点养成一种终生有用的好习惯）和"案例示范"为主要策略，出台了《海门市小学生习惯养成二十条》和《海门市新公民教育行动指导纲要》，发至全市每一所小学。同时，强势推进"课堂效率年"建设，以"有效课堂教学范式构建"为主要抓手，出台了"海门市课堂效率年建设意见"，编制了海门市初中、小学学科建设三年规划，明确了未来三年各门学科建设的主要目标和具体措施，开展了丰富多彩的学科建设活动，组织了两次大型的中小学有效课堂教学范式展示研讨活动，10多次区域学科共同体的有效备课和有效上课的专题活动等，使全市所有初中、小学教师卷入其中，取得了良好的效果。今年的中考成绩与其他县市比，重点中学录取分数线已持平，与启东比，文化总均分已超过了启东。

（二）深入推进"书香校园"建设，以阅读来撬动海门义务教育的改革。

今年在继续深化小学"书香童年"计划的同时，推出了初中的"书香少年"计划。全市中小学对"书香校园"建设形成了共识，各个学校读书节、书香班级、图书漂流等阅读活动和组织不断健全，上半年重点推进了共读共写共生活的项目，组织专业团队研究阶梯性阅读，开发了小学的《好书伴我成长》和初中的《名著导读》，让中小学生能有效地开展名著的深度阅读活动。同时，在全市推广诵读活动，市区小学上半年组织了"春天诗会"，下半年组织了乡镇学校的"我爱诵读"系列活动。另外还开发了小学和初中的英语诵读和赏读本，从课程建设的层面来推进英语教学质量的提高。我们希望让农村的孩子与城里的学生一样，从小就有广泛阅读的知识背景、浓厚的阅读兴趣和良好的学习习惯。在组织学生阅读的同时，倡导教师的专业阅读和随笔写作，促进反思型教师群体的形成。

（三）办好"校长俱乐部"，指导"达标创特"工作。

坚持组织每月一次的"校长俱乐部"活动，倡导分享、合作的共同价值观，活动既有专业的引领，又有同伴的互助。先后就学校"达标创特"、新公民教育行动、综合实践活动、教师专业成长、习惯养成、有效课堂等专题，组织了较有成效的俱乐部活动。校长俱乐部活动在分享经验的基础上，正逐步走向项目合作研究的状态。同时，利用"达标创特"这一特殊的平台，帮助基层学校全面提升办学水平。今年我与推进组和督查组的同志们走遍了全市所有的初中与小学，有的学校多次前往，与校长讨论学校的发展，为教师作专题报告，今年就先后为20多所学校的老师作过"达标创特"以及教师专业成长等方面的专题报告。用自己的真情与智慧，全力帮助基层学校获得更好的发展。到目前为止，已经有超过一半的小学办学特色明显，学校发展充满活力。可以很自信地说，海门小学教育均衡化水平在南通市是最好的。

（四）推进"科研兴校"策略，重视教育宣传工作。

我利用各个学校"十五"课题开题和"十一五"课题开题的机会，不断倡导"向科研要质量，以科研来兴校"的观念，帮助基层学校选准课题研究方向，找到具体的操作策略，让科研走进普通学校和普通老师。在办好两报一刊的同时，又积极参与筹建了海门教育电视专栏，为宣传海门教育，为师生提供了更多的发展平台。今年教师节作为主要策划者，成功组织了"感动海门教育人物"的颁奖典礼，最近还通过工会，组织了全市的园丁杯羽毛球和校长杯乒乓球比赛，以深入推进园丁健身行动。

# 三、改造我们的教育生活

2008年海门新教育实验区工作将在党的十七大精神的指引下，高举教育现代化和素质教育大旗，以深化中小学管理规范和课程改革为突破口，以新教育实验为主要载体，高水平、高质量推进义务教育阶段的均衡发展，在实干、开拓、创新中办人民满意的教育。

**（一）深入推进"每月一事"，深化习惯养成年。**

2008年将在"交给孩子一生有用的习惯"的理念指导下，全面反思2007年习惯养成年的经验，重点抓实抓细"每月一事"项目，要求全市所有的学校每月都围绕一个重点习惯，从面上发动，到具体行动，以及评价反思，都要做精致。教育局将利用局域网的海门新教育专题网站，设置"每月一事"方案交流区、案例交流区、反思交流区，定期举行网上优秀案例评比。电视台的教育专栏及海门日报教育周刊将跟踪报道各校的实施情况。海门日报教育周刊开辟"成长故事"专栏，以便及时交流师生在习惯养成中的感悟、体会，形成海门独具特色的德育课程。

全市中小学都要以纪念改革开放 30 周年为契机，加强民族精神、爱国主义、理想信念和科学价值观教育；要以我国举办奥运会为契机，开展好"迎奥运"主题读书征文活动，让奥运精神浸润学生的心灵；要加强安全法制教育，增强学生的守法意识和安全防范能力；要充分发挥好东洲心理咨询网站和学校心理健康咨询室的作用，开展好心理健康教育，及时解决好学生的心理问题。市局将组织开展全市"行为规范示范学校"和"年度优秀小公民"评比，表彰在习惯养成中特别优秀的学校和学生，发挥其示范引领作用。

**（二）构建有效课堂模型，深化课堂效率年。**

2008 年将在反思 2007 年开展课堂效率年提出的有效备课、有效上课、有效作业和有效教研，以及有效课堂教学范式的基础上，构建有效课堂的基本模型，即"学程导航·互动课堂"模型。"学程导航"的基本程序是：学导设计、任务驱动、自主学习、实践探究、合作交流、展示反馈、评价反思。教育局教研室将研究制订具体的实施指导意见，组织专题的推进会，进行范式引领、同课异构研讨活动，并选择部分试点学校先行实验，深入研究学生的学习、研究教材的使用、研究学程的导航方式，以形成可以推广的经验。各个学校可以根据自身的实际，加大校本研修的力度，大胆探索，创新实践，使"以学定教"的教学思想具体化、流程化、模式化。要建立严格规范的反思制度，用机制和模式的扎实推进来保证学生学习主体性的充分发挥，让我们的课堂焕发生命的活力。

与此同时，不断创新教学管理机制，出台《海门市学校教学工作行政管理规程》，进一步细化有效备课、有效上课、有效作业和有效教研的管理规范，提高其针对性和实效性。下半年将启动有效教学过关考核工程，全市初中、小学教师将分层分类逐项过关，以促进教师教学能力的有效提升。

扎实推进分层教学研究，围绕课堂教学分层、作业分层、辅导分层等展开项目攻坚，出台培优和补偿教育指导意见，使培优与补偿教育常态化，以满足不同需要的学生的不同发展。

修订和完善学科建设规划，稳步推进学科建设工程，不断改进和完善学科课程的实施、课程资源的开发、课程的评价、课程的管理等策略，启动学科基地建设，创建学科特色学校。加大区域学科共同体协作力度，加强中小学学科衔接教学研讨，整体提高课程实施的水平。

**（三）建立书香活动常态机制，深化阅读课程建设。**

继续深化小学"书香童年计划"和初中"书香少年计划"的实施，建立书香活动的长效管理机制。正常学校阅读节活动、晨诵午读活动和阅读挑战行动，促进书香活动的常态化。有效推进《好书伴我成长》和《名著导读》，以及《小学英语美文诵读》和《初中英语美文赏读》等课程的实施。教研室将组织专题性的教学研讨活动。同时，推进主题文化阅读、科学文化阅读、历史文化阅读等深度阅读活动。下半年组织初中的诗文（包括英语美文）诵读电视大赛、小学的阅读大百科电视大赛，以及中小学主题征文比赛等。在师生、家长中广泛征集"我（们）的阅读故事"，用故事来引领阅读活动。

**（四）丰富节日文化，扎实开展社团活动。**

不断丰富学校节日文化，要求各个学校每年至少举行1~2次大型校园节日活动，如艺术节、科学节、体育节等，以形成学校传统文化，丰富学生校园生活，提供学生展示和发展的平台。修订义务教育阶段的课时安排和课程设置，保证各个学校有足够的时间和空间开展社团活动。各个学校要组建艺术、文学、科学等多样化的社团组织，确保每个学生每周都能参加文学、艺术、科技、运动类的社团活动。

开发初中艺术欣赏课程，组织初中的"送艺下乡"活动，让农村的学生接受高雅艺术的熏陶。组织中小学生才艺展示电视大赛。巩固阳光体育运动，特别是大课间活动的成效，大力推进球类俱乐部建设，改革体育课程的内容和实施方式，加强《国家学生体质健康标准》检测，提高体育课程实施水平。大力加强科技教育，将科学学科列入小学毕业会考内容，年终评选"科技教育先进学校"和"优秀科技辅导员"。

**（五）完善区域共同体运行机制，加强新教育共同体建设。**

从活动计划、活动内容、活动效果等多方面完善区域学科共同体运作机制，通过周密安排、考评反思等办法，提高各区域学科共同体活动的有效性，使它成为校本教研的重要补充。各区域学科共同体围绕学科建设重点，组织起切实有效的集体备课、教学研讨活动，同时，不断拓展互动项目，增加市区学校对乡镇学校的支持力度，促进城乡教育的均衡发展。继续利用名师发展中心的平台，进一步强化名师培养对象自我发展的内驱，通过名师对象自我发展设计，完善导师培养制度和目标考核制度，组织起基于名师培养对象个性发展需要的专题研讨活动等，加快名师培养的速度。借助新教育实验研究专业委员会的平台，为海门教师提供更多的专业发展机会，同时，组织起新教育的项目联盟活动，建设好新教育网站，更好地推进海门新教育实验工作。

高质量组织好每月一次的校长俱乐部活动，不断改进活动方式，通过报告、沙龙、论坛、研讨、考察、项目合作等多种形式，提高活动效率，提升校长的管理理念和水平。继续实施好农村中小学校长挂职锻炼制度，发展壮大优秀校长群体。组织开展"社会最满意的校长"和"海门市优秀校长"评选活动。同时，加强初中、小学教育质量推进组成员的专业建设，组织每月一次的读书交流和主题反思会，提升共同体的核心战斗力。

**（六）扎实推进"达标创特"工作，提高教育现代化水平。**

利用基本实现教育现代化市的创建契机，加大"达标创特"力度，加快学校发展，特别是内涵发展步伐。2008 年 12 月将对 6 所乡镇小学进行"达标创特"评估验收，3 月中旬对 7 所初中学校进行"达标创特"评估验收，12 月份对 8 所初中学校进行"达标创特"评估验收。结合"达标创特"的过程，把《江苏省中小学管理规范》全面落实到位，重点抓好校园管理、有效教学管理、设备实施的使用管理等，通过"达标创特"，促进学校整体办学水平、管理水平、教育科研水平、教师专业水平、学生素质发展水平等诸方面全体提升。

不断丰富学校特色建设内涵。从学科特色、项目特色、主题特色等多个方面来推进学校特色的多样化建设，通过创建特色学校的过程，打造学校的品牌，提升学校的品质，更为学生的个性和谐发展提供丰富多样的平台。力争在南通市的特色学校建设中，海门有更多的学校获得相应称号。

"达标创特"将全面提高海门义务教育阶段学校的均衡化发展水平，为高标准通过省基本实现教育现代化市奠定最厚实的基础。

**（七）提升教育科研水平，发挥评价的激励作用。**

通过现场指导、专题培训、共同体带动等多种方式，不断提升各个学校的教育科研水平，让科研来带动教师的专业成长，带动学校的特色发展，充分发挥教育科研在教育质量上台阶工程中的巨大支撑力。各基层学校要把校本教研作为教育科研重要抓手，抓实教育科研的过程，做到教育沙龙制度化、教育反思日常化，并形成各具特色的反思文化，使之成为海门教育科研的亮点。

继续办好"弘謇杯"大型教育科研活动，通过名师讲坛，特级教师示范，学科带头人放样，青年教师比武等多种方式，搭建教师专业成长平台。选送优秀教学能手和优秀班主任参加南通市的评选。

不断改革和完善教育质量百分考核方案，通过目标引领，让更多的学校争创一流。初中学校把原有基础上的提升率作为评价学校教育质量的依据之一，让一些弱势学校获得发展的信心和成功感。各个学校要建立多元的评价机制，用多把尺子评价学生，让学生在多元的评价中人人获得成功感，个个在激励中获得成长的喜悦。同样，对教师也应采取多样化的评价方式，鼓励教师在班主任工作、课堂教学、教育科研、教学质量提升等多方面彰显个性，享受职业生涯的成功感和幸福感。

# 四、让反思成为我们的教育文化

2008 年下半年的新教育实验工作将沿着年初制定的工作目标和思路，在反思上半年各项工作的基础上，以区域教育现代化创建为契机，全面实施素质教育，突出目标引领、机制创新、发展多元的工作导向，促进海门义务教育阶段学校的特色发展、优质发展和均衡发展，以不断丰富义务教育的内涵，提升义务教育的品质。

**（一）深入推进"每月一事"项目，提高习惯养成的实效性。**

上半年在"交给孩子一生有用的习惯"理念指导下，重点抓实"每月一事"项目，举行了新公民教育行动"每月一事"项目现场推进会，提出了"每月一事"项目的基本操作流程，即"主题阅读，实践活动，展示交流，评价反思"，为全市小学、初中每月围绕一个重点习惯，从面上发动，到具体行动，以及评价反思，提供了可借鉴的范式。同时，海门新教育专题网站，设置了"每月一事"交流区，以及时交流各校师生在习惯养成中的做法、感悟和体会。但是，习惯养成教育的实际成效还存在着较大的校际之间的不平衡，少数学校对"每月一事"项目的意义和方法认识还不够深入，行动浮于表面。

下半年各学校要在新教育"每月一事"的主题引领下，结合各校实际，不断丰富完善"每月一事"项目的推进过程。一是构建主题性校本诵读课程。各学校要建立"晨诵午读"的长效机制，每月围绕一个重点习惯，开发并丰富诵读内容，真正让阅读成为孩子日常的生活方式，也使先行的阅读为孩子的习惯养成奠定扎实的知识背景。二是创设多元的实践情景。知行结合是习惯养成的重要环节，实践体验是生命成长中不可或缺的独特享受。学校可以结合日常的学科文化、传统节日文化、主题教育文化、班级文化、社区文化等内容，创设情景，营造氛围，提供学生多样化的体验平台。同时要进一步整合学校特色活动、综合实践活动等板块，使习惯养成教育与学校常规管理、主题活动等融为一体。三是注重反思性的评价。面对千差万别的生命个体，学校要优化操作流程，及时记录典型个案，组织起有效的反思会，不断提高习惯养成的针对性和实效性。市教育局将以征集习惯养成教育故事的形式，借助海门新教育网站，展示交流各校在"每月一事"项目推进中的具体做法、实践体会和成功经验等。

**（二）全面推进"学程导航"范式，追寻理想课堂的高效性。**

上半年教学工作的核心是围绕课堂效率的提高，探索有效课堂实施的路径。各学校抓住有效教学的基本环节，不断探索理想课堂的模型，努力发挥校本教研的团队效应，注重专题研修，取得了较为明显的教学成效。市教育局在部分试点学校展开了"互动课堂·学程导航"模式的探索性研究，有序推进，逐步深入，取得了不少成功的经验。但是，如何获得高效的课堂教学效果，仍然是困扰我们一线校长和老师的难题。

下半年"打造理想课堂"的基本思路是：全面推进"学程导航"教学范式，积极有序地打造具有我市特色的理想课堂模型，在教学的有效性上实现突破性的飞跃。具体工作策略有：一是加强对试点学校重点学科研究与实践的反思、总结，结合前期专题研究活动和探索思考的成果，构建各学科的基本教学范式，确立推进思路，集中学科团队核心组成员深度研讨，认真研究范式的实施路径与着力点，确保推进的有序性和实效性。二是明确逐层、分段推进的路径，谨慎有序地实施推进策略。既以大型现场会的方式分学科全面推进，教研员、试点学校教学骨干示范引领，细述解读各科范式，明晰方向，有效指导；又以区域学科共同体的研修方式深度推进，加强区域化、校本化的落实。三是强化分段过关程序，深化"以学定教"的教学思想。一方面改变备课的基本流程，从三维目标、教学资源、学程预设、导航策略、作业设计、调整反思等环节来构建"学程导航"的基本备课范式，为课堂实施奠定基础；另一方面改变课堂的组织和管理方式，明确课堂组织流程，用有效的课堂管理机制和教学范式确保课堂效率的全面提升。市局将结合"弘謇杯"大型教科研活动，组织专题研修，让教师在展示中切磋，在观摩中成长，在分享中互赢，同时，进行"学程导航"课堂范式首批教师的过关考核，争取用三年时间，所有教师都能基本掌握"学程导航"的教学范式。

**（三）深度研究"阶梯阅读"项目，突出书香校园的针对性。**

上半年以"阶梯阅读"的构建为主抓手，各学校结合实际出台了阅读专项计划，开展了丰富多彩的阅读活动，推动了学校阅读文化建设，取得了较好的成绩。热爱阅读，以阅读撬动教学质量的变革渐渐成为各学校共同的价值取向。但是，年初提出的"晨诵午读"的机制在部分学校有待完善，需要有更多的保障和推进的措施，还有整本书、整套书的阅读，学校间、乡镇与市区间，还存在着差别，尤其是阅读活动的持久性和常态化问题比较突出，少数学校把阅读当成了临时性的活动，而不是日常的生活方式，需要认真反思。

下半年全市"书香校园"推进的思路是深度研究"阶梯阅读"项目，全面指向为每一个儿童寻找到此时此刻最适当的阅读书籍，为每一位教师探求到此时此刻最适合的指导方式，为每一所学校营建起此时此地最适宜的阅读情境，并在阅读的高效性、问题的针对性和学习生活的改变上，放大阅读的功能，让师生行进在幸福而完整的阅读引桥中。因此，我们将进一步打造好全市的阅读品牌，要有阅读文化的思考和追求，真正让阅读成为学生的需要，进入学生的学习生活，在多样化的阅读活动中提升品质。主要推进策略有：一是不断完善阅读机制，特别是"晨诵午读""师生共读""亲子共读"和"阅读挑战"机制，提高"阶梯阅读"的针对性，形成阅读引领成长的完善体系。同时，借助香港陈一心家族基金会的阅读捐助项目，帮助受捐学校建立并完善阅读新机制。二是抬高主题阅读研究的标杆，要组织核心团队，深度开展阅读与教学、阅读与习惯养成、阅读与校园文化等方面的路径研究，还要把阅读与学科课程、社团活动、特色发展等有机结合，不断整合阅读资源，丰富阅读的内涵。三是加强阅读活动的常态化建设，9月份的新教育"阅读节"应成为各学校的基本节日制度，下半年市局还将组织"我的阅读故事"系列征文、初中经典诗文诵读电视大赛、小学书本剧展示等活动，以提供更多阅读活动的展示与交流平台。

**（四）扎实推进新教育共同体建设，加速区域发展的均衡性。**

上半年，各区域共同体以新教育理念为指导，紧紧围绕"互动课堂·学程导航"教学范式的构建，组织开展了切实有效的教学研究活动。各直属学校加强了对乡镇学校的支持力度，有效地促进了城乡教育的均衡发展。但是，各区域共同体在研究的态度、力度和效度上仍有些差异，部分共同体援助学校主动帮扶的意识性不强，计划执行力不够，跨校集体备课研修不到位，送教下乡、师徒结对等共同体传统活动项目也没有得到很好的保证。

下半年，区域新教育共同体着重开展联校研修、双项挂职、资源共享等方面的工作。

1. "联校研修"，提高教师实施课程的水平。新教育学科共同体要成立跨校校本研修小组，有计划地组织优秀教师、教育能手到对口学校紧紧围绕"学程导航"教学范式开展集体备课、现场课堂研修、专题讲座与点评活动等。

2. "双项挂职"，牵手教师专业成长。各援助学校要尽可能多地派出教学业务骨干与区域内的教师建立师徒关系，积极开展备课、上课、教学反思及教研协作活动，努力构建起专业阅读、专业实践、专业写作等形式的专业共同体。在此基础上，还要开展援助学校下乡支教、受助学校进城跟班学习的双项挂职活动。市区学校骨干教师、学科带头人定期到农村兼职授课，乡镇学校选派优秀教师跟班学习。共同体各学校要对双项挂职的教学骨干制订捆绑式考评奖励方案。

3. "资源共享"，促进教师快速成长。通过网络信息平台，推动共同体的教师就计划、备课、上课、教研活动、专业阅读书籍、教学随笔、作业设计、试卷编制、课题研究、案例反思等进行广泛交流。海门新教育网站将建立教师博客群，每个学校要有一定量的教师建立自己的博客。本学期的校长俱乐部活动将围绕新学期工作思路、"学程导航"课堂管理、教师专业共同体建设、班主任与师德建设等主题展开新一轮的探讨与分享。

4. "捆绑考核"，提升学校发展水平。海门作为新教育实验区，是整个新教育大家庭的一员，经过两年多的自觉实验，已经取得比较明显的成效，年内将正式举行"新教育实验学校"挂牌仪式，并与各学校签订新教育实验协议，以促进海门新教育实验的深入开展。市区学校在不断追求自身发展的基础上，还要以《"区域学科共同体建设"考评方案》为指导，切实发挥示范引领作用，带动区域共同体学校的整体发展。

**（五）深入开展"达标创特"工作，提升学校发展的品质。**

小学开展"达标创特"工作已有两年，今年年底前将完成最后 6 所小学的评估验收。初中到目前为止也有 8 所学校通过了评估验收，加上原已创建成"省示范初中"的 9 所学校，现剩下 15 所初中未完成"达标创特"工作，计划年底再验收 8～10 所，预期明年所有初中通过"达标创特"的评估验收。通过两年的实践，我们深深体会到"达标创特"工作，是有效促进义务教育均衡发展的有力抓手。学校通过"达标创特"的创建过程，管理水平、教科研水平、教师专业水平、学生素质等均得到了全面的提升，也为海门高标准通过省区域教育现代化市的验收奠定了厚实的基础。当然，也有少数学校创建任务完成以后，至今没有新的起色，值得好好反思。

下半年无论是"达标创特"的学校，还是已经完成创建工作的学校，都要突出以下重点：

1. 促进学校的自主发展、内涵发展和特色发展。各学校要根据实际状况，确立学校自主发展的方向，找准"达标创特"的突破口，重点抓好校园管理、有效教学管理、教师发展管理、设备设施的使用管理等。要不断丰富学校特色建设的内涵，从学校的学科特色、项目特色、思想特色等多个方面来推进学校特色的多样化发展。要用学校的办学特色引爆学生的潜能，努力为学生的个性和谐发展提供丰富多样的平台。各校都应建立起常态机制下的社团活动模式，组建起艺术、科学、文学、运动等各类社团活动组织，每周确保1~2课时的活动时间，分年段或分年级作统一安排，以活动为载体，以兴趣为导向，还给学生一个完整的学校生活，从而不断丰富学校内涵，提升办学品质。

2. 推进学校管理规范、制度创新和文化建设。各学校要紧紧围绕《江苏省中小学管理规范》中的八大管理项目（20条）和十项管理制度，将依法管理、创新管理的理念渗透到学校的各个管理环节，进一步明确管理要求，落实管理职责，强化管理责任，努力把管理作为一种学校文化加以提炼和营造。同时，不断创新学校管理制度，坚持以人为本，尊重规律，切合学校实际，形成富有人文特色的学校制度文化，以引领每个学校成员的价值取向和行为方式，让每位教职员工对学校有强烈的归属感，自觉地以高尚的职业道德去实现自我，铸就教育的成功。

各校还要高度重视学校文化建设，充分认识学校文化建设的地位和功能，从学校愿景、办学目标、教育理念、核心价值观、管理制度、校园节日、师生礼仪、文化标识、特色发展等方面进行系统分析、整体规划和设计，并不断内化为师生的自觉行动，办人民满意的高品质的学校。

# 五、让知识、生活与师生生命深刻共鸣

2009年海门新教育实验区工作将在新教育理念的引领下，贯彻实践科学发展观，以《国家中长期教育改革与发展规划纲要》的调研制订和颁布实施为契机，高举素质教育大旗，全力推进教育现代化建设步伐，以深化习惯养成和构筑理想课堂为主要抓手，启动学校文化建设工程，深入开展新教育实验，充分发扬争先、实干、创新、奉献的精神，全面推进义务教育的优质均衡发展，为把海门教育打造成海门经济社会发展新的"增长极"作出重要贡献。

**（一）科学运作"每月一事"，形成习惯养成常态机制。**

在"交给学生一生有用的习惯"理念引领下，全面反思前两年习惯养成教育的经验与问题，紧紧围绕"每月一事"展开习惯养成教育，进一步细化、深化"每月一事"内容，从主题阅读、实践活动、展示交流、评价反思等环节精心设计，周密落实，做出效果。

1. 全员育人，全程育人。学校要基于校情、学情细化习惯养成教育的要求，明确全校教职工都是习惯养成教育者的理念，将习惯的规训、濡染、引领贯穿于教育的全过程，并以多元评价促进良好习惯的养成。校长的注意力要从只关注学科教学转移到全面培养学生的现代公民素养上来。学校和教师真正给予学生的不仅仅是知识和技能，还有习惯和方法，尤其是培养学生专注、积累、运用、选择等良好习惯，帮助学生形成积极向上的情感、态度、价值观。同时，要通过"新父母学校""学校开放日"等途径，注重对父母的培训，倡导家长从参观教学到参与学习，主动参加学校的教育教学活动，提高教师与父母的沟通艺术，整合家校的教育合力。

2. 典型引路，榜样示范。不断丰富和拓展"每月一事"项目的内容，特别是根据市教育局出台的《新公民教育行动纲要》，不断深化"规则、尊重、责任、诚信、爱心"主题内容，改进实施策略。德育高位平台共同体将修订和完善十二个月的主题实施方案供各学校参考，同时，搭建更为广泛的反思交流平台，组织区域共同体主题交流研讨会。《海门教育周刊》将征集、刊登习惯养成教育的典型案例，海门新教育网站开设专题贴，及时分享各校的经验。各学校要在校内树立典型班级、个人榜样，定期组织习惯养成教育经验分享会、沙龙、论坛等活动。

3. 学生主体，多元评价。学校习惯养成的主阵地在班级，主体是学生。

教师要高度关注学生在校的生存状态，要树立坚定的学生立场，从学生成长需要出发，把兴趣、志向、人格和良好的行为习惯等作为重要基础性工程，丰富"每月一事"教育主题，把"每月一事"与主题班会、综合实践活动、品德教育等有机整合，进行整体策划，学年、学期初各学校要有详细完整的各个年级主题汇总，并形成习惯养成阶梯系列。要高度重视主题班会课的开设和班级文化氛围的营造，加强班主任队伍建设，发挥学生的主体作用，开展丰富多彩的班级活动，让学生在活动中体验、感悟、发展，形成共同追求的价值观与班级精神。同时，要重视习惯养成教育评价体系的建立，把学生学期素质报告书中品行表现评价与日常习惯养成评价紧密结合，充分发挥学生自主评价的重要作用。市教育局将组织开展"习惯养成示范班级"和"年度优秀小公民"评比，表彰在习惯养成教育中特别优秀的班级和学生，发挥示范激励作用。

**（二）继续构筑"理想课堂"，全面提高课堂教学效率。**

"理想课堂"即是充满生命活力的课堂，不断生成智慧的课堂。通过前两年对"理想课堂"的探索与研究，特别是去年以建构"学程导航"教学范式为抓手，初步形成了"理想课堂"有效教学框架，为课堂教学研究奠定一个坚实的基础。今年小学在不断完善"学程导航"教学范式的过程中着力于激发学生的生命活力，真正实现陶行知先生提出的"六大解放"，让小学的课堂成为"活力课堂"。初中课堂重点攻关如何让学生学会自学、学会反思、学会创新，激活学生的灵性，让初中的课堂成为"智慧课堂"。要在课堂中不断发掘知识的内在魅力，实现知识、生活与师生生命的深刻共鸣。

1. 坚定信念。全市上下要进一步坚定"学程导航"教学范式是提高课堂教学效率的有效抓手，明确"学程导航"首先是一种以生为本的教育理念，其次是一种教学方式变革，再次是一种教学模式的探究。"学程导航"就是根据学习的课程和过程及规律，实施以"学"为中心的教学，以在课堂里构筑一种新型的关系为出发点，即让每个学生带着学习的任务，在与教材、与同伴、与教师、与自我等对话的过程中，形成一种"活动的、合作的、反思的学习"形态，让课堂不断焕发生命活力，生成多元智慧，高效达成学习目标。在具体操作过程中要根据不同的学科和内容，不同学段学生的特点采取不同的教学策略，决不能以一成不变的模式应对千变万化的课堂，以简单的备课方式的改变代替对"理想课堂"的追求。要鼓励优秀教师在各自的课堂教学实践中形成个性化的教学风格，普通教师必须在有效教学框架下形成课堂教学的基本规范。

2. 专业引领。特级教师、专兼职教研员要深入常态课堂，以参与教学研讨、示范上课、专题讲座等形式，给予一线教师更多的专业支持。教研员要多听分管校长、中层、学科组长的课，了解教学常规管理情况，进行现场指导。各学科要全面完善以"三维目标、教学资源、学程预设、导航策略、作业设计、调整反思"为主要板块的"学程导航"备课范式，具体深入研究基于学科特点的以"自学导向、任务驱动、互动合作、展示反馈、有效导学、检测反思"为主要模块的"学程导航"课堂教学范式。校长们必须把最主要的精力投放在课堂上，扎实抓好《学科建设规划》的落实与《海门市学校教学工作行政管理规程》的到位工作，亲自抓"理想课堂"的构筑，深入推进"学程导航"教学范式，带头研究，统筹协调，着力课堂教学效率的全面提升。校长听课、上课、主题报告等情况将纳入校长岗位考核内容。组织分管教学的中层干部进行优课展示与研讨活动。

建立并完善海门新教育网站上的各年级、各学科的"学程导航"备课和教学反思专题帖，教研员、学科带头人及学校教学行政都要积极参与，保证对全市层面的专业引领做到及时、高效。

3. 校本研修。课堂教学的改革必须伴随自下而上的自觉行动，学校要扎实开展"基于学校，为了学校，在学校中"的校本研修活动。所有学校必须建立和完善所有教师一学年至少一次在同事面前上公开课的校内教研体制，并以不断提高教研课和教研活动质量为目标，重构学校教学管理组织机制。乡镇学校要善于借助区域学科共同体的资源，围绕学科建设重点，组织起切实有效的"学程导航"集体备课、同课异构等教学研讨活动。学校行政要带头深入课堂，为教学改革把脉，抓"学程导航"教学范式在各门学科日常课堂中的落实，大力提高随堂课的教学质量。只有教师"教"的改变，才能带来学生"学"的改变，要让反思成为教研活动的主旋律，并不断构建起基于教师自我精神成长的学习文化、基于教学设计意义上的合作文化、基于教学问题的对话文化、基于教学案例的反思文化。

扎实推进分层教学研究，以数学、物理、化学、英语为试点学科，围绕课堂教学分层、作业分层、辅导分层等方面展开项目攻坚，形成分层作业资源库，以满足学生的不同发展需要。市教育局将确定部分有条件的学校先行小班化教育实验，创造以学生为中心的教学环境，使分层教学、小组学习更好地落到实处。同时，在继续抓好初中与小学教育良好衔接的基础上，开展与高中学科及幼儿园的衔接教育研讨活动，以整体提高课程实施的水平。

**（三）不断深化"书香校园"建设，提高阅读课程实施水平。**

不断深化小学"书香童年计划"和初中"书香少年计划"的实施，重点进行阅读情境的丰富与完善，阅读方式变革的研究，阅读内容的二度研发。市教育局要求小学六年、初中三年学生课外阅读总量分别达 500 万字，保底不封顶，各学校还可以自行确定更高的"阶梯阅读"挑战目标。

1. 完善阅读机制。各校要建立书香活动的长效管理机制，一是正常四月份和九月份的学校阅读节活动、每天的"晨诵午读"活动和每学期的阅读挑战行动，促进书香活动的常态化。二是结合校园文化节开展班级诵读比赛、"图书漂流"行动等。三是全面开放学校图书室，丰富教室阅读角的图书，经常为学生提供阅读指南，推荐好书，为学生创造随时有书读、读好书的阅读情境。

2. 研发阅读课程。各学校要结合清明、端午、中秋、春节四大节日文化的营建，结合"每月一事"主题的开展，结合学校特色的打造，积极进行"晨诵课程"的研发。同时，以整本书的阅读指导为突破口，认真开展文学阅读、主题阅读、科学阅读等专题研讨活动，形成校本的阅读课程资源库。有条件的学校要进行"读写绘"项目的研究，不断丰富阅读活动的内涵，拓展阅读的深度和广度。

3. 搭建展示平台。上半年市教育局将组织海门新教育读书节暨市区学校书本剧展演活动，下半年组织全市学校的书本剧表演。同时，围绕南通市语言文字工作委员会组织的"雅言传承文明"专题活动，各校继续进行中华经典诵读活动。香港陈一心家族基金会"儿童阶梯阅读"项目资助学校要根据项目要求认真开展阅读研究，精心策划好基金会国际阅读会议的现场观摩活动。

**（四）强势推进社团活动，丰富校园节日文化。**

积极实施"快乐师生"共建工程。从有志向、想学习、会合作、能创新、爱运动等五个方面来构筑"快乐学生"工程。让孩子在追求理想中获得快乐；让孩子在学习生活中获得快乐；让孩子在合作交往中获得快乐；让孩子在创新创造中获得快乐；让孩子在运动活动中获得快乐。社团活动是一种"玩"的教育，是一个值得花心血的领域，是一条充分挖掘学生个性潜能和提供学生多元发展的路径。如今的学生知晓面、理解力和表现欲都很强，他们需要多种成长的舞台，需要自己做主的时间和空间。一个好的社团组织会让学生终身受益。所以，各学校既要注重盘活学校内部的资源，又要关注社会力量的支持，关注与学校周边资源之间的互哺，关注同社区、家庭甚至和大学建立协作关系，尽可能为具有多元智能的不同个体提供发展的机会，为具有各种才能优势的学生创造多元化的空间。

1. 规范社团活动。为进一步规范社团活动，市教育局拟于3月份组织社团活动现场推进会，总结提炼出社团的活动模块与实施方略，6月份各校形成个性化的社团活动项目菜单，并利用暑期，做好社团活动的实施准备。9月份开始，全市各校必须将社团活动的时间纳入课表，保证小学每周2～3节（用艺术、综合实践活动课时），初中每周1～2节（用综合实践活动课时）的活动时间，并且组建起科学类、艺术类、体育运动类、文学类、动手实践类、主题探究活动等社团，每个类型的社团组织要细化成若干个项目组，聘请专兼职辅导老师，确保活动质量。年底市教育局将评选"优秀社团组织"和"优秀辅导老师"。

2. 丰富节日文化。各学校每年至少要举行1～2次大型校园节日文化活动，如艺术文化节、科学文化节、体育文化节等，以形成学校传统文化，丰富学生校园生活，提供学生展示和发展的平台。为丰富大课间活动的内涵，市教育局拟组织"六一"游戏文化节，让学生亲近各种传统游戏项目，感受游戏活动的魅力。

3. 创新活动形态。各学校要有科技教育、综合实践活动的活动基地（场所），有条件的学校还要建立"少儿科学院"。市教育局将组建专业团队，研发地方综合实践活动资源包，供教师们参考。体育学科共同体要继续推进各级各类球类俱乐部联赛。11月份市教育局将举行第三届集体花样踢毽子、跳绳、跳橡皮筋比赛。学校要在校内组织班级之间的展示评比活动，以不断提高活动的参与面，提升活动的趣味性和创造性。

同时，从政治安全、工作愉快、身体健康、生活改善等四个方面来构筑"教师快乐"工程。要充分关注教师的生存状态、职业倦怠等问题，基层工会要切实组织起丰富多彩的教师健身活动，给教师以更多的人文关怀。市教育工会将举办"园丁杯"体育健身比赛等。

**（五）着力提高共同体运行效率，依托"新教育"引领发展。**

各区域学科共同体要从活动计划、活动内容、活动效果等多方面完善共同体运作机制，通过周密安排、协作活动、考评反思等途径，提高各区域学科共同体活动的有效性，使它成为校本研修的重要组成部分。一是围绕学科建设的一些专题，继续以"联校研修"的方式，提高教师课程实施水平。二是通过乡镇学校中层干部到市区学校挂职锻炼，市区骨干教师送教下乡"双项挂职"的方式，牵手教师的专业成长。三是借助新教育网络平台，建立网上备课组群和博客群，实现更广泛意义上的"资源共享"，促进多层面教师的快速成长。四是设定高位平台的合作研究项目，以更为有效的操作策略反哺共同体学校。

依托校长俱乐部展开多层面的研讨与碰撞，就"学程导航"范式推进的关键要素、新教育实验的多个项目、常规管理的规范性与精致化问题、基于校本特色的学校文化的构建等形成共同的目标愿景。今年，校长论坛的主题主要有班级文化、理想课堂、习惯养成、教师发展、学校文化等，旨在使校长教育理念的转变更加坚决，学校的办学思路和工作策略更加清晰。组织校长们共同研读苏霍姆林斯基的《帕夫雷什中学》和杜威的《民主主义与教育》或《我们怎样思维》，结合管理实践撰写读书笔记，让校长们人人有个性，个个有思想。同时，加强初中、小学教育质量推进组成员的专业建设，组织每月一次的读书交流和主题反思会，提升共同体核心团队的战斗力。

发展部分初中学校成为新教育实验挂牌校，借助新教育实验研究专业委员会的平台，组织起新教育实验项目的联盟活动，邀请新教育专家团队来海门做教师专业发展、理想课堂、阶梯阅读等方面的专题培训。继续建好新教育网站，开创性地推进海门新教育实验工作，精心谋划，悉心组织，举办高水平的全国新教育大会，为海门教师提供更多的专业发展机会，展示海门新教育特色和亮点。

**（六）巩固放大"达标创特"成效，全面启动学校文化建设。**

至 2008 年底，小学已顺利达成"达标创特"工程三年的预期目标，初中还有 8 所学校尚未完成"达标创特"任务，今年年底将全部完成。还未被评为海门市级以上特色学校的初中与小学，今年都要积极创建特色学校。为此，自主发展、内涵发展和特色发展成了当下学校发展的主旋律。各学校都要通过对自身的"优势、劣势、机遇、危机"反省，确定学校文化建设的目标与发展思路，要从"达标创特"逐步过渡到全面的学校文化建设上。因为从一定意义上说，无论是一般的学校，还是所谓的重点学校，都需要不断检视和重建自身的文化，反思自身为学生提供了什么样的课程与教学，在他们的生命中留下的是什么，通过重建学校的价值取向、态度和行为方式，提升教师的能量，促进学生个体的发展。

学校文化建设主要从学校精神文化、学校制度文化、学校行为文化和学校物质文化等方面展开，包括对学校愿景、办学目标、教育理念、核心价值观、管理制度、校园节日、师生礼仪、文化标识、特色发展等方面进行的系统分析、整体规划和设计，其中，学校精神是学校文化的核心。市教育局将组建专家团队重点帮助学校抓学校核心价值观的确立，教师反思文化和学生活动文化的建设，以及如何使学校精神不断内化为师生的自觉行动等等。上半年市教育局拟组织市区学校文化建设研讨与展示活动，下半年以专题视导与展示的方式进行分享交流。

市教育局将不断改革和完善素质教育百分考核方案，建立促进学校自主创新发展的有效评价机制。大胆创新，探索基于学校实际、学生发展基础的开放性评价方式。通过目标引领，过程支持，分类评价，让更多的学校争创一流。学校也要建立多元的评价机制，用多把尺子评价学生，让学生在多元的评价中人人获得成功感，个个在激励中获得成长的喜悦。对教师也应采取多样化的评价方式，鼓励教师在个人专业发展、班主任工作、课堂教学、教育科研、教学质量等多方面彰显个性，享受职业生涯的成功感和幸福感。

**（七）大力提升教育科研水平，发挥教育宣传的导向功能。**

教育科研是学校发展的第一生产力，学校要充分发挥教育科研在习惯养成、理想课堂、教师发展、学校文化建设中的巨大支撑作用。一是通过把一个个项目课题化，不断寻求理论的支撑，研究实践的路径，及时反思，调整实施策略，使研究为一线教师提供最直接的帮助，也使一线教师共同卷入学习、研究的过程中。二是通过现场指导、专题培训、共同体带动等多种方式，不断提升各个学校的教育科研水平，让科研来带动教师的专业成长，带动学校的文化发展，充分发挥教育科研在"教育质量上台阶工程"中的强大贡献力。三是办好第四届"弘謇杯"大型教科研活动，通过名师讲坛、特级教师示范、学科带头人放样、青年教师"比武"、基本功过关考核等多种形式，搭建教师展示平台。

各基层学校要有教科研一体化的意识，抓实教科研的过程，做到教育课题微型化，教育沙龙制度化，教育反思日常化，使之成为学校教科研的亮点。

充分发挥教育宣传的积极导向功能，利用"两报一刊一频道"，开辟各种主题鲜明、喜闻乐见的专栏，全面报道各学校在习惯养成、理想课堂、书香校园、社团活动、文化建设等方面的亮点工作，热忱为基层学校和广大师生服务。

# 六、让每个孩子成为热爱学习的天使

2009 年下半年的新教育实验工作将按照年初的工作目标和思路，在反思上半年各项工作的基础上，以区域教育现代化创建为契机，全面实施素质教育，促进海门义务教育阶段学校的特色发展、优质发展和均衡发展，以不断丰富新教育实验的内涵，提升新教育实验学校的办学品质。

**（一）上半年海门新教育实验区工作简要总结。**

上半年的海门新教育实验区工作可用五个关键词作简要总结：

1. 每月一事。

在"交给学生一生有用的习惯"理念引领下，全面反思前两年习惯养成教育的经验与问题，紧紧围绕"每月一事"展开习惯养成教育，进一步细化、深化和不断丰富、拓展"每月一事"项目的内容，改进实施策略。3 月 31 日在三星中心小学举办了海门市新公民教育行动——"习惯养成教育"现场研讨会，进一步引领各学校科学运作"每月一事"，健全有效规训机制，形成了主题阅读、主题实践、主题展示、主题反思的基本范式。在项目共同体学校和核心团队成员共同努力下，正式出版了《一生有用的十二个好习惯》一书，成为全国新教育实验"每月一事"项目示范性操作手册，各个学校的实验成果展示在全国新教育大会上引起了强烈反响。

2. 理想课堂。

通过前两年的探索，特别是去年"学程导航"教学范式的建构与研究，初步形成了"理想课堂"的有效教学框架，为课堂教学的深入研究奠定了坚实的基础。今年上半年，小学围绕"活力课堂"、初中围绕"智慧课堂"，着力激发学生的生命活力，激活学生的生命灵性，充分彰显"以生为本"的教育理念。为此，教育局不仅组织了全市层面的"学程导航"课堂教学专题展示与研讨活动，而且先后组织了多轮"踏校行"活动，走进课堂听课指导，参与校本研修活动。各学科共同体也积极跟进，平均每月开展一次专题研修活动，主题鲜明，扎实有效，大大促进了全市课堂教学水平的均衡化。

从课堂教学实施水平看，全市教师的课堂教学水平也明显提升，在全国新教育大会上我们推出了近50节展示课，向来自全国各地的代表们演绎了海门课堂教学的精彩，教师们的专业水平赢得了与会代表的啧啧称赞，反映了这几年我们在教师专业成长方面取得了全面的丰收，提高教师的专业素养、职业认同感与奉献精神成了海门义务教育质量上台阶的重要法宝。

为加强学科教学质量监测管理，上半年小学召开了评价改革现场研讨会，启动了音乐、美术、体育、信息技术的抽样检测调研，对语文的朗读和口语交际、数学的计算和解决实际问题能力、英语的口语等学科进行了抽样检测调研。全市初中、小学还以区域共同体为单位组织进行了德育、科技与艺术、体育运动、综合实践、特色教育等方面的分享与考核活动，强化了素质教育评价的多元性与全面性。

3. 书香校园。

上半年，全市小学、初中继续围绕"书香童年计划"和"书香少年计划"的实施，重点进行阅读情境的丰富与完善，阅读方式变革的研究，阅读内容的二度研发。4月23日，教育局隆重举办海门新教育阅读节启动仪式暨书本剧展演，共同迎接第14个世界读书日。会上表彰了2008年度94个"书香班级"、115名"书香教师"和395名"书香学生"，8所直属小学和能仁中学进行了汇报表演。全市各学校都纷纷举办了阅读节活动，每天的"晨诵午读"活动和每学期的阅读挑战行动正逐步成为常态机制，经典阅读、文学阅读、科学阅读以及各类主题文化阅读全面展开，部分高中必读书目下放到了初中阅读，南通 2009 年度中考选出范文共 31 篇，海门占了 9 篇，其中有一篇是临江初中考生的，这充分证明了初中阅读行动取得了显著成效。"六一"前夕，香港陈一心家族基金会又捐助 10 所乡镇小学的"儿童阶梯阅读"项目近万册计 20 多万元的童书，10 所学校的部分老师还免费参加了基金会在上海华东师范大学召开的第二届国际会议。另外，市教育局还组织了全市首届小学生英语口语电视大赛、首届小主持人电视大赛等。《光明日报》对我市的书香校园建设作了专题报道。

4. 社团活动。

社团活动是学校文化建设的重要抓手和师生快乐建设工程的重要载体。3 月 25 日，教育局分别在实验小学和能仁中学举办"社团活动"现场会，两校各展示了 30 多个社团活动，实验小学、东洲小学、麒麟中心小学、能仁中学、包场初中还作了经验介绍。全市各学校全面启动，科技、艺术、文学、体育、实践类的社团活动得到广泛开展。5 月 26 日，在汤家中心小学举行了首届校园游戏节，6 月 13 日，书法社团的学生代表参加了江苏省首届中小学生规范字现场大赛，获奖人数居南通市首位。学生体质健康达标抽测表明，我市学生，尤其是小学生体质健康水平明显提高，肥胖率明显减少。可见，各校开展丰富多彩的大课间活动、体育游戏社团活动已初见成效。

5. 新教育年会。

由于新教育实验在海门取得了卓越的成效，所以，今年的全国新教育大会放在了海门举行。为准备这次年会，教育局机关全体上下，以及全市大部分中小学、幼儿园都参与到了年会的筹备工作。整个年会准备充分，策划精细。为使这次超千人的大会能成功举办，市委、市政府高度重视，教育、公安、交通、城管、卫生、新闻等政府各职能部门协调、配合、敬业、高效。来自全国 23 个新教育实验区，700 多所实验学校的 1300 多名代表齐聚江海门户，共话教师发展。全国人大常委、民进中央副主席、中国教育学会副会长、新教育实验发起人朱永新先生到会并作主题报告，江苏省教育厅厅长沈健先生出席会议并作了重要讲话。年会吸引了国内多家媒体的目光，《人民日报》《光明日报》《新华日报》《中国青年报》《中国教育报》等 10 多家省级以上媒体派出 20 多名记者参与报道大会盛况。特别是在"教育在线"上进行了文字、图片、视频等同步直播，确保了没有到会的全国各地新教育实验学校的老师们能通过网络同时分享到会议的全部内容。3 天的时间，争奇斗艳的新教育实验区展览、震撼人心的海门实验区主题汇报和展演、精彩纷呈的海门 9 所学校主题展示与专家互动点评、充满智慧与挑战的新教育研究中心主题引领活动，富有诗意与理性的年会主报告……无不让每个与会的新教育人感动不已。"教育在线"上好评如潮，甚至用了"精彩绝伦"的赞美之词。

反思上半年的工作，在取得丰硕成绩的同时，也存在着诸多的不足，如学校文化建设的力度和深度还不够，学科建设的重点还不够突出，"学程导航"教学范式有效实施还有待努力。

**（二）下半年海门新教育实验区工作要点。**

下半年海门新教育实验区工作将继续围绕年初确定的四大工程、三大改革的任务，深化、细化工作目标，创新工作措施，务求科学、民主、高效，为全面推进教育的优质均衡发展，为把海门教育打造成海门经济社会发展新的"增长极"作出应有贡献。

1. 思想铸魂，在文化中培育新人。

学校文化建设作为未来海门教育的一项重大战略工程，自从年初启动以来，我们一直在思考，到底以什么作为主要抓手，经过反复研究，我们把它定位在学校核心价值观的建设上，因为一所学校的核心办学理念，是这所学校的发展之魂，它会深刻地影响每一位教师和学生。围绕这一思想灵魂，我们可以演绎出教师队伍建设、课程建设、课堂建设、学生成长等基本观念，学校的各项工作，只有有了清晰的教育观念，我们的教育行动才有方向，才有目标，才有支撑力，这是学校内涵发展的关键要素。当然，我们要把价值文化的建设与制度文化、环境文化、行为文化的建设紧密结合起来，建设师生共同的文化家园，把文化化人、育人的思想落实到教育教学工作的每一个细节中，直入人的心灵世界和精神世界，充分发挥"文化的力量"，以内涵发展、特色发展、文化发展促进海门教育的优质均衡发展。

在学校文化建设过程中，要高度重视班级文化建设，通过加强班主任队伍建设，发挥学生的主体作用，开展丰富多彩的班级活动，让学生在活动中体验、感悟、发展，形成共同追求的价值观与班级精神。在这里，特别向大家推荐《第56号教室的奇迹》，这是轰动全美的教育奇迹，雷夫老师从教25年来近似疯狂地投入到自己热爱的教育事业中，信奉"让孩子变成爱学习的天使"的核心价值观，建立了以责任、信任、尊重为核心的教室文化，他独创的阅读、数学、艺术等基础课程深受孩子们喜欢，依据"道德发展六阶段"理论培养学生的人格，在他的引导下，孩子们的品行发生了令人惊异的变化，谦逊有礼而诚实善良。希望雷夫老师成为海门老师们的榜样，更希望海门的学校涌现出一个又一个教室的奇迹。

下半年，市教育局将举行学校文化建设专题研讨活动。年底前，除组织初中的"达标创特"评估活动外，还将组织对部分初中和小学的学校文化建设专题视导评估，以不断推进学校文化建设发展步伐。

2. 守住日常，在点滴中养成习惯。

习惯养成要在已经研发的课程《一生有用的十二个好习惯》基础上，继续丰富、深化"每月一事"项目。重点抓"每月一事"主题的系列化、活动化、常态化，并与晨会、品德与生活（社会）、综合实践活动、节日活动，以及学生的日常生活与学习紧密结合，把公民教育、生命教育贯穿在一件件小事中、一个个细节中、一次次活动中。习惯养成教育既需要做科学、系统的运筹，更需要老师们在日常教育生活中做非常细致的坚持不懈的工作，如魏书生把培养学生"八个学习习惯"细化为：订计划的习惯；预习的习惯；适应老师的习惯；自己留作业的习惯；自己出考试题的习惯；整理错题集的习惯；筛选资料，总结学习经验的习惯；大事做不来小事赶快做的习惯。我们可以以此类推，细化其他方面的习惯。再如李庆明学校把生态文化节主题定为"轻轻走在大地上……"，组织起六大系列活动：绿色卫士行动、生态文学阅读、崇尚简单生活、传统养生活动、环保影视欣赏、循环经济考察，围绕崇尚简单生活设计了六个节日：素食日、步行日、劳动（体力）日、无电日、旧装日、静心日，以此推动师生、家庭乃至社区在富足的时代逐渐养成深层生态的生活方式，彰显"手段简单，目的丰富"的新生活精神。新学期，各校还要结合庆祝祖国成立六十周年，开展"学张謇，爱家乡，报祖国"主题系列活动，深化"做一个有道德的人"主题实践活动。

我们希望各个学校能够创造性地开展工作，教育局将利用海门教育周刊、教育频道、海门教育研究等媒体及时宣传报道，并选择部分典型，组织全市性的现场展示分享活动。年底将组织"每月一事"百佳主题案例征集活动，开展"习惯养成示范班级"和"年度优秀小公民"评比，表彰在习惯养成教育中特别优秀的班级和学生，发挥榜样激励作用。

3. 坚持阅读，在书香中润泽心灵。

"书香校园"建设在海门已经推行了三四年，初步形成了良好的氛围，但在部分学校，特别是一些初中学校仍然停留在口号、活动、形式的层面上，阅读还没有真正成为师生的日常生活方式。为此，下半年初中、小学将围绕如何使阅读成为生活的基石，把阅读与理解、阅读与创作、阅读与学科学习作为教师指导的重点，以形成基本模式。一是继续深化主题性晨诵课程的开发，除经典诗词、每月一事、农历时节等主题外，还可以以节日文化、童谣游戏、英语诵读、现当代诗歌、科学与艺术等为主题，海门新教育网站将设置专帖，及时交流分享各校最新的开发成果。二是九月、十月各校都要组织广泛深入的读书节暨母语节活动，主题为"亲近母语，传承文明，爱我中华"，要求把书本剧表演作为整本书阅读的重要成果进行展演。三是将特别推出英语课外阅读项目，主要有主题英语阅读、学科英语阅读、英语美文（趣文）阅读、英语小小说（名著）阅读等，要求各个学校充分重视这一项目，从英语课外阅读书籍的配置到班级、学生间图书漂流机制的建立，以及阅读指导课程的研发等作详细周密的组织安排。四是强化大阅读观念，各个学科都要在学科阅读领域不断探索，以求实效。

4. 项目领衔，在课堂中自主发展。

伴随着三年"教育质量上台阶"工程，通过学科规划的建设、理想课堂的打造、学程导航范式的推进，课堂教学质量正在不断提升，但是从面上看，各校"以学为中心"的教学观还没有真正建立起来，学科建设的进展还比较缓慢。为此，我们将把"让孩子变成爱学习的天使"作为学科建设的核心价值观，倡导老师们在日常教学中全身心地投入与创造性地工作，全面提升学生的自主学习能力。针对省质量抽测、中考、小学毕业质量调研以及平时质量调研中发现的问题，确定了以下学科建设的重点攻坚项目，主要有：

小学语文：写话课程；晨诵课程；篇章阅读与整本书精读。

小学数学：数学思维训练；解决实际问题；练习设计；数学课外阅读。

小学英语：美文诵读课程；课外阅读课程；听说训练。

初中语文：阅读生活的构建与研究；晨诵课程；习作课程。

初中数学：预习与检测环节的优化；数学思维方法训练题库的建设；典型错题的再练。

初中英语：听、读训练；课外阅读课程建设；口语训练。

初中物理：实验探究课程研发；物理思维方法指导与研究。

初中化学：多元化阅读能力；任务驱动型预习。

初中思想品德：知识网络建构与运用；时事政策学讲。

初中历史：学习小组建构；微型主题研究。

初中生物：读图识图能力；研究性学习。

初中地理：读图能力；绘图技能。

各学科教研员已经在全市学科组长培训中落实，每个项目都将有比较清晰的研究路径。各个学校要紧扣学科建设的重点项目，创造性地开展富有实效性的日常研修活动和定期主题沙龙活动，并根据教研室要求，系统规划、实施本校的学科建设。海门新教育网站将围绕各学科建设的重点项目建立专题帖，以便及时把研究进展与成果让全市老师分享。

市局将强势推进学程导航教学范式，为此，教研室专门设计了新的备课格式，就学程导航课时教学计划作了详细解读，要求各个学校从新学期开始，全面使用新的备课格式，做到强行入轨，并重点围绕预习与练习、学程预设、导航策略等方面，开展校本研修活动，帮助教师迅速适应新的备课格式，不断提高每一堂课的备课质量，努力追求每一节随堂课的教学质量。魏书生对老师提出了课堂教学十条要求很值得我们借鉴，主要内容有：每堂课都要备课；每堂课至少要有三类不同的教学目的，以供学生们选择；教师讲授时间不超过 15 分钟；新课学生发言不少于 10 人次；学生动笔练不少于 10 分钟；处理偶发事件不超过 20 秒；让学生做课堂教学总结；至少留三类不同层次的作业，以使不同水平的学生找到适合自己的、循序渐进的作业；课间不离开学生，与学生一起活动、聊天；备课簿上写一句话，这节课成功在何处。我们认为，这些都做到了，以学为中心的教学观也就真正建立起来了，"学程导航"教学范式在日常课堂中就落实了，小学的"活力课堂"和初中的"智慧课堂"也一定能实现。

各校校长要坚定以教学为中心的工作思路，把主要精力放在教学上，深入课堂，亲自任课、听课每周不得少于 10 节，教育局准备出台《海门市义务教育阶段校长教育教学管理十项要求》，以加大对校长的管理职能考核，确保校长深入教学第一线，不断提高校长们引领学校教师开展教育教学改革的水平。

市教育局将确定部分有条件的学校先行小班化教育实验，创造以学为中心的教学环境，使任务驱动预习、分层教学、小组学习等更好地落到实处。另外，第四届"弘謇杯"教科研活动，将紧紧围绕学科建设的重点项目与学程导航范式的深入推进，组织教师的学科能力基本功大赛，课堂教学同课异构优课展示与评比活动；同时，开展小学与初中、小学与幼儿园、初中与高中的衔接教育研讨活动，以深入推动全市的学科建设与理想课堂建设。

5. 全员参与，在社团中发展个性。

下半年的社团活动将突出全员化、制度化和课程化，全市各校必须将社团活动的时间纳入课程计划，小学每周 3 课时，初中每周 2 课时，可以集中使用，也可以分散使用，要求同一学段能够同时开展丰富多彩的社团活动，确保学生参与率达 100%，教师人人能够带一个或若干个社团组织，可以外聘兼职教师，通过组建起科学类、艺术类、体育运动类、文学类、史地类、数学思维类、英语类、影视类、动手实践类、主题探究类等多样化的社团组织，并充分利用当地社区和学校课程资源，开发旨在发展学生个性特长的校本课程，还要根据学科建设项目，开设相关的、拓展延伸性的社团活动，从而形成多样化的、可供学生选择的课程超市，为学生的个性发展尽可能地提供多元资源支撑。

希望各个学校要充分重视社团活动的组织管理，确保活动质量，把社团活动打造成为学生热爱学习、获取知识、发展能力和提升教育质量的新的增长点。年底市局将评选"百佳社团组织"和"优秀辅导老师"。

6. 团队协作，在践行中丰富新教育。

随着新教育大会在海门的成功举办，新教育实验的理念与行动在海门教师中的知晓率得到全面提高，我们要借此东风，加大新教育实验的推进力度，下半年将发展部分初中学校成为新教育实验挂牌校，借助新教育共同体这一载体，围绕新教育实验的六大行动，以项目为突破口，不断深化研究内容，培育新教育实验的榜样，让更多的新教育实验故事来言说海门新教育人幸福完整的教育生活。

另外，市局已重组区域学科教育共同体，希望通过调整，使市区学校与乡镇学校的优势得到新的重组，让乡镇学校学习不同的市区学校教育教学与管理风格，并且相互学习、共同提高。工会也将改革传统的"青蓝结对"帮扶机制，针对许多学校多年不能进新教师，以及部分学科教师人数偏少的现状，决定建立新的"同伴互助"机制，不断提高校本研修的层次和效率。通过机制创新，不断健全教师的每日反思机制，团队研修机制，倡导教师像孔子一样做老师，自觉将自己的生命与学生的生命编织在一起，真正摆脱种种虚无与倦怠，追寻理想、超越自我，加快自身专业素养的提升，书写教师的生命传奇，也为区域教育的优质均衡发展提供最佳的智力支撑。

在新的学期里，愿我们共同携手，信守新教育的核心理念，为海门教育再上新台阶、再创新辉煌作出新贡献。

# 七、海门市中小学"课堂效率年"实施意见

为进一步深化理想课堂建设，推进新教育实验，深入实施素质教育，在总结反思、调整巩固的基础上，把 2007 年定为海门市中小学"课堂效率年"，以提高课堂效率为重点，全面推进学校各项工作，提升质量管理水平，促使教育质量取得新的进步、新的成效。特制订本实施意见。

**（一）大力强化教学常规的规范化。**

1. 有效备课。倡导"两备三问"的基本模式。"两备"就是个人备和集体备，要求学科单元重点内容都必须经过个人和集体的二轮备课，强化对课标、教材的学习与研究。"三问"就是在备课的过程中，必须清楚地解决"为什么教"、"教什么"和"怎么教"三个问题。备课力戒形式主义，照抄教参，照搬现成相关资料，杜绝不备课上课现象。电子文档教案必须有明显的二次备课痕迹。备课笔记主要强调以下三个方面：（1）教学目标简明宜检测，倡导目标设置问题化；（2）教学流程清晰宜实施，要有学生的活动安排，教师自己对教学内容的思考，尤其是课型（新授课、复习课、讲评课）范式要规范；（3）教学内容完备宜反思，课时齐全，小结、课堂检测、作业等内容详实。

学校要建立学科间教学协作机制，采取捆绑式考核的方式，强化"一周一大备，一天一小备"的学科团队建设。备课笔记每月至少 1 次的检查或抽查，每次检查或抽查都必须有结果记载，留存学校教务处备查。基教科、教研室组织不定期抽查，并与学校记载情况比较分析。各校也可以开展教师备

课笔记的展示与评比活动。

2. 有效上课。按照"三维六度"的要求细化课堂的教学过程，加强课堂教学的环节管理，逐步构筑起不同学科、不同内容的理想课堂有效教学范式。"三维"就是要有效解决课堂的知识与技能、过程与方法、情感态度价值观的"三维"目标；"六度"就是要有效解决课堂教学中的参与度、亲和度、自由度、整合度、练习度、延展度。同时，在构建课堂教学模式过程中要突出主体性、开放性、有效性和反思性，不断提升课堂的创生能力。市教育局采取"范式引领"的方式，分学科、分类型推出典型课例及基本教学模式，以此推进全市有效课堂教学的深入研究。

各级各类听课，坚持同样内容比效果，同样效果比效率，同样效率比效益。被学校领导或听课老师一致认为是"废课"、"弱课"的，要求限期改进，一周后重上汇报课；被市、县教育主管部门定性为"废课"、"弱课"的，要求写书面反思材料，交给教研室相应学科的教研员。对教师上课的教学目标达成情况，教研室及学校教务处将随时组织测试。

要有力推进课堂观察，基本要求：（1）教师上课要面带笑容有激情；（2）教学节奏要张弛有度、内容讲授清晰准确；（3）教师在教学反馈中要多赏识性评价；（4）要体现"低起点、重方法、实反馈"的课堂教学要求；（5）学生听课抬头率不少于 90％；（6）教学活动学生参与面 100％；（7）学生课堂即时训练时间不少于 15 分钟；（8）教师要尽力关照到不同发展层次学生的不同需要。

3. 有效作业。深化教学管理的"四精四必"。通过全面落实"精选、精讲、精练、精评"和"有发必收、有收必批、有批必评、有错必纠"的作业规范，优化管理流程，提高作业效益。学校要健全检查记录制度，建立并完善各科作业刚性化的检查督促措施，做到定期检查与不定期抽查相结合。并形成月例会集体反思的制度，及时指出发现的问题，提出明确的整改意见和策略，务求细化和实在。对作业要重点强化以下规范：（1）作业布置要精心设计。凡是布置的书面作业（包括课堂作业与课外作业）要精心设计、精心挑选，设计或选题要有典型性、针对性、层次性。凡是布置的书面作业，教师必须先做，并于布置作业的第二天把教师的答案公布在教室里；教研室检查学生作业，首先检查教师预先做题的情况。（2）批改反馈要及时。要做到及时批改，课堂作业当天批完，家庭作业第二天批完。作文批改既要有总批，又要有眉批。教师必须建立作业批改记录本，统计差错题，为补差和讲评提供依据。要及时讲评，课作第二天上课时评完，家作第二天放学前评完。要求学生及时弥补，所有作业有错必纠，学生订正后，要进行第二次批阅，及时反思。小学高年级、中学学生都要备有"错题集"，供学生搭建自我成长阶梯。

4. 有效教研。着力推进学校集体备课和区域集体备课相结合的"二轮集体备课"模式，把"二轮集体备课"作为提高教师专业水平的重要抓手。学校要以"有效课堂教学模式"的探索为主题，务实开展学科教研活动。每次教研活动主题是什么，要达到什么目的，解决什么问题都应有明确的思路。要通过"备课、上课、评课，再备课、再上课、再评课"的二轮教研活动，形成新授课、复习课、讲评课范例不少于 4 个。要提高教研活动的评课实效，听课记录要详细，评议要具体深入，着重提问题，坚决杜绝"应付""老好人"。教务处正副主任及教研组长每学期示范上课不少于 1 节；学科组内每位教师至少上 1 节研究课。

**（二）着力研究学生学习的科学化。**

1. 激发学生学习积极性。学生的学习积极性主要取决于两个方面，一个是对学习"有用"的认同程度，一个是对"学好"的期望值。要重视对学生进行学习目的性教育，提高学生学习的自觉性。要牢牢树立"以学定教"的观念，适当降低难度，让每位学生学有所获，增强学习的自信心。

2. 培养学生良好的学习习惯。与课堂教学效率直接有关的学习习惯主要有：课前预习的习惯，课上动脑（积极思考）的习惯，课上动手（记课堂笔记）的习惯，课上动口（主动提问和积极与同学讨论交流）的习惯。要重视对学生上述四种学习习惯的培养。

3. 科学配置时间。要提高教师备课质量、促使学生积极思考，其前提是必须要有充足的睡眠、休息时间作为保障。要加强对时间的科学配置，要保证学生每天 8 小时的实际睡眠时间和相应的活动时间；除了保证教师要有一定的休息时间外，还要使他们有必要的时间用于专业阅读、钻研教材、认真备课。

**（三）强力加快教师发展的专业化。**

1. 为青年教师成长创造良好的条件。青年教师培养是师资队伍建设的一个重要内容，也是提高课堂效率的当务之急。校长是青年教师培养的第一责任人，要给青年教师配备指导教师，签订青蓝合同，具体明确师徒双方的权利和义务。学校必须对青年教师的教学业绩制订切合实际的考核指标，对师生双方实行捆绑式考核，考核必须与双方的切身利益挂钩。

2. 组织青年教师会课过关考核。从 2007 年起推行青年教师会课过关考核制度，由教研室组织实施，考核对象为教龄三年以内（含三年）未通过过关考核的教师以及教龄虽超过三年，但在平时的教学调研中发现的业务素质不达标的教师。考核结果不仅与青年教师的转正定级、职评和评优评先挂钩，同时也纳入指导教师的业绩考核范围。青年教师会课过关考核的具体实施办法由教研室制订。

3. 组织教师业务考核。继续实行教师业务考核制度。教育局有关职能部门要在每学期初制订出教师业务考核方案并公布。要让教师积极参与，以积极的姿态参加业务考核，使准备的过程成为教师自我进修的过程。

4. 组织优课展示、专家讲座等专业引领活动。教育局有关职能科室要继续组织优课展示、专家讲座等专业引领活动。要认真制订计划，精心组织，确保活动的含金量和应有价值。

**（四）全力增强教学管理的优质化。**

1. 制订有效课堂基本要求。教研室各教研员要会同学科带头人、骨干教师等教学骨干，起草各学科的有效课堂基本要求。初稿于 2007 年上学期初出台，供各校试行并提出修改意见。

2. 学校要制订"课堂效率年"具体实施方案。学校要把提高课堂效率当作目前的头等大事来抓，要运用系统的观念，围绕提高课堂效率这一中心目标，综合考虑影响课堂效率的诸多因素，统筹安排学校的各项工作。"课堂效率年"具体实施方案要符合本校实际，并根据实施情况逐步加以修正和完善。

3. 继续开展区域集体备课活动。继续开展每四周一次的县级集体备课活动。教研员要统筹安排，在2007年上学期初制订出具体的实施计划，提高备课质量，为骨干教师培养创设平台。

4. 组织学科视导活动。发挥学科带头人、骨干教师等教育骨干的作用，利用团队力量，有重点地对部分学校、部分学科进行学科视导。学科视导分年级分学科进行，对教师的主要教学环节进行全程教学调研，以获取第一手资料，为学校教学管理和师资队伍的整体建设提供依据，同时推动教师的岗位自我进修，提升自己的专业素养。

5. 加强实施情况督查。局督查组对各校"课堂效率年"工作的实施情况随时督查，并定期公布督查结果。

本"实施意见"主要适用于中学，小学可根据学校具体情况有选择地执行。

# 八、全面推进"学程导航"范式，
## 探寻理想课堂的高效性

海门提出课堂效率年已经是第二年了，海门新教育实验围绕构筑理想课堂项目也已经三年了，面对课堂教学改革的难题，我们试图从区域的层面上提出一个破解这一难题的基本抓手，现在提出推进"学程导航"教学范式，试图在全市教师心中真正建立起以"学"为中心的教学理念，乃至信念。所以，"学程导航"首先是一种理念，一种信念，一种理想的教育价值追求，其次才是一种以学定教的基本方式，一种范型。

**（一）范式与教育范式。**

什么是范式？"范式"一词由美国科学哲学家库恩于 1962 年在《科学的革命》一书中首次提出。"范式"系指某一科学家集团在某一专业或学科中具有的共同信念。

"教育范式"包括以下四个方面：一是价值追求。任何一个教育范式都有特定的教育价值，不同的教育范式首先体现在教育价值的不同追求上。二是主体定位。教育是由教师与学生共同开展的人文活动，如何界定教师与学生的关系，是每个教育范式必须给予明确回答的。三是教育方式。不同的教育价值目标，其实现的具体方式也是各不相同的。四是教育效果。不同的教育范式落实在教育效果上，学生的身心发展水平是不同的。

**（二）"学程导航"。**

学程指学习目标、内容及怎么学的过程与规律；导航指教师的组织、指导、帮助与引领。

"学程导航"就是根据学习的课程和学生获取知识的过程与规律，指导并引导学生高效地获得相关知识和能力的范式。

它与传统教学最大的不同是观念和思维方式的不一样。传统教学是"教路"优先，学生被老师牵着走。"学程导航"是"学路"优先，"以学定教"，教师跟着学程走，学生是学习的、课堂的主人，真正落实学生的学习主体地位，只有这样，才能彻底革新课堂教学，逐步实现新课程提出的"六大改变"的理想目标。

**（三）课程观。**

从课程本体出发比较有影响和代表性的观点：一、课程是知识。表现为课程（教学）计划、教学大纲（课程标准）、教科书等看得见、摸得到的客观存在物。二、课程是经验。表现为学习者本身获得的某种性质或形态的经验。三、课程是活动。课程是受教育者各种自主性活动的总和。

只是到今天为止，在中国实际影响力最大的是"课程是知识"的观点。随着新课程改革的不断推进，广大教育工作者开始认识到"课程是经验"、"课程是活动"具有的共同优势。

### （四）"学程导航"范式。

一是价值追求：从学习者角度出发和设计课程，并与学习者个人经验相联系、相结合。

二是主体定位：强调学习者是课程的、学习的主体，以及作为主体的能动性、主动性、选择性、感情、兴趣、态度等。

三是教育方式：学习者通过与学习对象的相互作用实现自身各方面的发展，强调活动性、综合性、整体性，重视学习活动的水平、结构、方式，特别是学习者与课程各因素的关系。

四是教育效果：有效地保证关注课程的两极——学习者与学习对象。

"学程导航"范式，即充分关注学习者与课程的相互作用，发挥学习者的主体性和教师主导性，试图在课程的实施方式上充分凸现自主、合作、探究的学习方式，使课程实施更加有效。

### （五）"学程导航"范式推进。

1. 推进的基本思路：

一是以教研室为主导，分学科组织推进会：上研究课、范式解读、专题研讨，构建各学科的基本教学范式，确立推进思路。

二是以区域共同体为主体，明确逐层、分段推进的路径，谨慎有序地实施推进策略。

三是强化分段过关程序，深化"以学定教"的教学思想。

2. 改革备课模式。

备课基本模块：三维目标、教学资源、学程预设、导航策略、作业设计、调整反思。

3. 探索课堂范式。

课堂基本模块：学导设计、任务驱动、自主阅读、实践探究、合作交流、展示反馈、评价反思。

4. 建立有效的课堂管理机制。

空间管理：环境设置和管理、桌椅布局、专项学习区域的划分、为特定活动安排的空间布局、媒体布置等。时间管理：物理意义上的时间；教学计划的时间；心理意义的时间；个体层面的时间；群体层面的时间；基本时间单位的划分；基本时间单位之间的关联；有效学习的时间总量；有效学习发生的频度；有效学习的群体覆盖面；时间控制的微观处理方式；时间控制的宏观处理方式。行为管理：个体的行为养成水平；群体的行为养成水平；学生的行动要素；教师的行为要素等。

**（六）"学程导航"范式推进的困惑与办法。**

困惑：

1. 最大的备课困惑是如何进行"学程预设"（学程、导学双线），改变原来单线的教学流程设计。

2. 最大的上课困惑是如何设计和组织学生的自主学习，并实施有效指导。

3. 最大的作业困惑是如何设计分层作业，保证命题的质量。

办法：

首先解决教师态度问题，如何面对困难的态度决定了变革的效度。

其次是敢于探索，没有现成的路，海门优质教育的路要靠大家走出来。

再次通过各种机制培养反思型教师群体。研课反思、听课反思、沙龙反思、随笔反思等。

寄语海门新教育人：

"哲学家们只是用不同的方式解释世界，而问题在于改变世界。"

——摘自马克思的《关于费尔巴哈的提纲》

"他们野心勃勃，甚至最不着边际的计划他们也认为能够实现。他们终于得到这样一个信念：没有什么事情是办不到的。"

——H·S·康马杰

# 九、海门市地方性综合实践活动课程实施方案

**（一）指导思想。**

综合实践活动课程作为一种开放的实践性课程，与我们所熟悉的学科课程相比，在教学的组织方式上有很大的差异，也没有固定的内容，需要每一位课程实施者结合学生的经验和社区、村镇背景，自主设计，创造性地开发。自综合实践活动课程开设以来，我市很多学校创造性地进行了课程探索，一些学校还初步形成了自己的特色。随着课程改革的深入，综合实践活动课程必将从无意识到有意识、从感性盲目到科学规范、从肤浅到深入。为了进一步规范我市的综合实践活动课程，扩大课程参与面，提高课程实施质量，特制定本《实施方案》，帮助学校确立综合实践活动的课程地位，使之成为常态的、极具个性的、极富地方特色的课程，真正体现该课程独特的功能和价值，成为学校文化不可缺少的重要组成部分。

**（二）课程架构。**

1. 课程主题的选择。

教师要强化综合实践活动的课程意识，从学校特色、办学宗旨、历史传统、文化特点和学校周边资源出发，立足课程实施的可行性、安全性，由点到面、动态生成，在实施过程中逐渐完善，成为学校丰富课程文化的重要组成部分。

2. 活动的过程与方法。

（1）强调在过程中的学习。综合实践活动课程既有别于学科教学活动，也不同于简单的学生活动，而是一种动态生成的学习活动，必须具备课程目

标、课程元素、课程程序，在学习方式上强调自主、探究、发现、体验，其核心是在活动中学习。

（2）教学目标的开放性。综合实践活动课程有很大的课程生成空间和师生自主创造的范围，因此在设计过程中，要结合自身的特点，设定教学目标，探索活动的实施方法、内容和形式。

（3）课程开发的创造性。生活有多宽，综合实践活动课程就有多丰富。综合实践活动课程没有定性的主题、内容和方法，不同的区域不同的主题不同的对象会产生不同的过程，因此，在课程开发中强调师生的积极投入、主动创造，利用集体的智慧完善课程内容。

（4）活动过程的多问题性。综合实践活动课程的实施过程，是以校为本的研究过程，要不断发现实施过程中学校、教师、学生等不同层面存在的问题，认真研究，寻找对策，使这个过程不断深化，以推进课程的实施。

（5）实施方法的灵活性。活动过程中，要坚持计划性和生成性相结合，长线活动和短线活动相结合，主导教师和指导教师相结合，重视过程，兼顾结果。避免求数量不求质量，求结果不求过程，求外在形式不求学生内在体验。

（6）活动过程的指导性。教师要做好活动过程的指导，包括活动具体内容的落实与调整，活动方式的选择与确定，活动资料的搜集与提升，过程中生成问题的指导与解决等。综合实践活动课程的有效实施，是对教师素养的挑战，教师应树立正确的学习发展观，在课程建设中与学生共同成长。

3. 活动成果交流与展示。

（1）综合实践活动的结束，并不是课程的终止，综合实践活动过程性资料、各类成果的交流与展示是综合实践活动课程的重要组成部分。教师既要提出展示的要求，又要给予学生创造的空间，既不包办代替，又不放任自流，要让学生在这种特殊的学习场景中发展能力、受到启迪、获得发展。

（2）交流与展示的方法丰富多样，如：研究报告、手抄报、编排节目、制作 PPT 演示文稿、照片、录像、模型制作、实物成果、统计数据、收获体会、过程介绍、讲演等。

4. 活动评价。

树立多元评价理念。评价标准和项目可以是多项的、广泛的，评价主体有教师、家长、社区人员、学生等，评价方法也是多种多样的，常见的有自我参照式评价、档案袋评价、商讨式评价等。

自我参照式评价，重在自我评价，强调纵向比较，重视学生的自我反思、自我改进、自我提高、自我学习。

档案袋评价突出的是过程评价，主要有活动过程中的观察、记录、作品、资料、小结等，档案袋的制作过程，本身就是综合实践活动的过程，档案袋里主要包括哪些内容、收集的资料如何归类、按什么序列存放等，都要求教师有心指导。

商讨式评价强调教师、家长、学生、社区人员之间的互动评价，强调交流与分享，从而使学生在评价中互相判断、互相欣赏、互相肯定。

### （三）课程内容预设与选择。

| 主题系列 | 具体内容 | 实施途径与方法 |
|---|---|---|
| 地方文化 | 常乐张謇故居、江海风情园、快活林山庄、海门地方文化（风俗、语言、歌谣、民宅、饮食、服饰、特产、游戏等）、海门军营文化（解放军、消防员） | 收集资料、情境体验、观察、调查、参观、访问、采访、访谈、摄影、摄像、欣赏、表演、朗诵、信息发布、制作、展览、交流、统计等。 |
| 工业 | 江苏通光集团、白兔纺织集团、正余雄风汽车公司、晨牌药业公司、余东酱醋厂、海门红木加工厂 | |
| 农业 | 三和猕猴桃生产基地、无公害四色豆生产基地、草莓生产基地；常乐甜瓜、蘑菇生产基地；万年香沙芋艿、山药、香芋生产基地；悦来、刘浩榨菜生产基地；四甲、货隆的莲藕、水芹、茭白、菱角等水生蔬菜生产基地（海门"四青"、"四色豆"、"四杂"、"四蔬"、"四瓜"生产） | |
| 畜牧 | 三和奶牛养殖场（天天乳业发展有限公司）、三和山羊生产基地、海门养猪场、海门种羊场 | |
| 渔业水产 | 东灶港踏浪（了解董竹君、东灶港淡水养殖、蛎蚜山海趣）、三和水产养殖基地、江海河塘养殖 | |
| 商业基地 | 三星叠石桥绣品城、海门建材市场、海门果品批发市场、农贸市场 | |
| 节日文化 | 端午节、亲情母亲节、世界气象日、金花节、中秋节、重阳节、春节和圣诞节 | |
| 时代热点 | 神舟六号、福娃迎奥运、海门新城区建设 | |

**（四）案例解读**。

综合实践活动课程的落脚点在活动，要让学生在活动中获得丰富的感受和体验，课程的前设计非常重要，以五年级的综合实践活动《绣城之旅》为例，介绍综合实践活动课程指导用书的设计与使用。

《绣城之旅》封面是主题名称"绣城之旅"，并由学生填入学校、班级、姓名，空白地方学生可以自由画插图涂颜色。

第一页，是代表全体五年级组老师撰写的"给五年级全体家长的一封信"，目的是与家长沟通，争取家长的支持，内容包括本次活动的指导思想、活动周期、具体活动时间安排以及学生所需要的来自家长的帮助、督促。

第二页，由两部分组成，一部分是"给五年级全体学生的一封信"，主要阐述本周期活动的主要内容，各班参观时间安排，参观需带用品，如笔、笔记本、活动手册、照相机等，人员就餐安排、车辆安排、所需费用公示等。另一部分是"活动小组分配"，请学生填上本组的组长、组员、带队老师及带队老师的联系电话，提醒学生，一旦走失，要保持冷静，打公用电话与老师联系。

第三页，是"绣城一日活动规则"，分两部分，一部分是要求学生必须做到的规则，如上下车规则、参观规则、自带物品安全规则、服从规则，另一部分由学生自己补充填写，根据自己的特点，对自己提出一些合适的规则。

第四页，是一张中国地图，请学生用彩笔圈出江苏叠石桥绣品在全国畅销的 200 多个城市。

第五页，是一幅世界地图，请学生用彩笔圈出江苏叠石桥绣品在全世界远销的 20 多个国家和地区。

第六页，是"绣城档案"，请学生填上绣城的"地理位置"、"人口"、"占地面积"、"人均收入"、"每年为国家创收的数额"。

第七页，是请学生自制的地图，以学校为出发点，用彩色笔标出途经的站点。

第八页，是"学做小记者"，请学生设计并写下采访提纲。

第九页，"学做小导游"，请学生查找资料或询问父母，学会向四面八方的顾客介绍绣城的发展，把自己的介绍词写下来。

第十页，"听介绍，写感想"，由学校邀请"伊丽梦集团"总经理为学生作创业介绍，请学生填写介绍的时间、地点、介绍者、介绍对象及"伊丽梦集团"创业史简录，并写上自己的感想。

第十一页，"绣品流程"，请学生填写所参观的地方，用文字或图表的形式把绣品的生产流程写（或画）出来。

第十二页，由两部分组成，一是为绣品城的某一品牌设计一个商标，要求简洁明快；二是选择一个产品设计一则宣传画，同时加上商品的宣传语。

第十三页，"精彩瞬间"，请学生选择几张感受最深的照片贴在图框中，并给每张照片配上简短点评。

第十四至十五页，"旅途中的数学"，是针对考察活动设计的关于数学综合实践活动题目，如调查一条床单的尺寸，计算其面积；调查一个包装箱的尺寸，计算占地面积、容积和表面积；调查一个公司三年来的销售情况，完成表格后，制成条形统计图；在调查活动中发现的其他数学问题。

第十六至十七页："布料的研究"，这是科学方面的小研究，分四个方面，一是请学生找一些与布料名称相符的"棉"、"丝"、"毛料"、"涤纶"、"化纤"、"尼龙"等，贴上样布，从色泽、手感、吸水性、燃烧后的气味等方面了解这些布料的特点；二是分析市场销路，了解高档产品的主要布料，销路最好的主要布料，人们最喜欢的主要布料；三是请学生联系实际来鉴别一床被套的布料；四是学习反思，通过研究布料，了解了什么，以及现有布料的不足之处以及对未来布料的开发与创造。

第十八页："我的感想"，请学生写一篇参观考察后的随笔、感想。

第十九页："我的收获"，分三个部分，一是请学生自己讲述在活动过程中的优点和不足；二是请家长写一句关于此项活动评价的话；三是老师对学生的评语。

这样的设计，几乎把小学语文、数学、科学、社会、艺术等课程都综合在一起了，具有综合性、实践性、活动性等鲜明的特点。希望从这个案例中受到新的启发，使综合实践活动课程的设计与组织更能体现它的课程价值取向，帮助学生获得更好的发展。

# 十、海门市学校文化建设工程实施方案

**（一）背景与意义**。

近几年，全市各中小学、幼儿园通过各类创建活动，进一步提升了学校的办学品位，提高了区域教育的均衡化水平。至2008年底，已有65％的幼儿园成为省优质园，小学已顺利完成"达标创特"工程三年的预期目标，初中还有8所学校将于2009年底完成"达标创特"任务。所有公办高中都成为三星级以上高中。职教中心和三厂职高分别成为省四星级和三星级职高。据此，自主发展、内涵发展和特色发展成了当下学校发展的主旋律。经研究，决定从2009年起全市启动学校文化建设工程。学校文化建设是学校必须承担的一项重要且富有全局性的工作。中国教育学会会长顾明远曾经说过："学校文化是学校教育的灵魂。"学校文化建设为学校注入灵魂，让学校灵动起来。学校文化的核心是学校师生共同的价值观念、价值判断和价值取向。它产生于学校自身，得到全体成员的认同、共识和维护，并随着学校的发展而日益强化，最终成为取之不尽、用之不竭的精神源泉，也成为一所学校区别于其他学校的显著特征。它既是一项创造性的系统工程，也是全面提高学校办学水平的基础工程。加强学校文化建设，充分发挥学校文化的巨大作用，是进一步推进素质教育的有效载体，是促进学校内涵发展、可持续发展的必由之路，也是海门教育学习实践科学发展观的具体体现。

1. 开展学校文化建设是构建学校和谐文化的需求。

《中共中央关于构建社会主义和谐社会若干重大问题的决定》指出："建设和谐文化，是构建社会主义和谐社会的重要任务。社会主义核心价值体系是建设和谐文化的根本。"这为建设社会主义核心价值体系、建设和谐文化、弘扬中华文化、推进文化创新指明了方向。在全市中小学和幼儿园中开展和谐文化的建设，是社会主义和谐文化建设的重要组成部分。因此，要全面发挥学校文化的育人功能，不断地创造出更加符合时代精神的学校文化，用文化的力量引领人、感召人、塑造人。创造先进文化、丰富传统文化，是新时期学校发展所肩负的必要的文化使命。

2. 开展学校文化建设是构建学校特色文化的需求。

学校文化是以教育价值观为核心的各种观念、制度、行为、环境等要素的集合体，它是凝聚和激励学校全体师生进行教育教学改革的主要精神力量，是推动教育创新和学校发展的强大内驱力。当前，中国教育正经历着中国教育史上最大的发展和最深刻的变革，种种思想观念的交锋，体制机制的冲撞，使学校文化呈现出多样化的态势。学校文化建设，能提升学校的整体竞争力，有利于现代学校的可持续发展；学校文化建设，能促进学校主体的主动、全面、和谐、特色的发展，有利于培养全面发展的人。特色学校的建设最终应体现在学校特色文化的建设中，独特的学校文化是特色教育最本质的标志。

3. 开展学校文化建设是实现海门教育现代化的需求。

教育现代化需要有现代化的学校，现代化学校则要有现代化精神、现代化观念、现代化制度、现代人的行为方式、现代化实施设备等，一句话，现代化的学校要有现代化的学校文化。去年以来，海门教育着力突出区域教育现代化市的创建，在现代化的实施设备上跨上了一个全新的台阶，紧接着就是要在建立现代教育观念和现代学校制度上作新的提炼、提升，形成相对"固化"学校精神文化，并把这种精神文化弥散在学校的每一个角落，体现在每一个师生的日常行为中，这是海门实现区域教育现代化的内在要求。

4. 开展学校文化建设是实现海门教育内涵发展的需求。

海门教育发展到今天，开创了前所未有的崭新格局，也面临着诸多挑战：如何使海门教育与海门小康社会向基本现代化发展以及老百姓对优质教育普遍需求相适应；如何缩短城乡之间、学校之间教育质量和发展的不均衡等等。这需要我们站在一个全新的高度，用全新的视角予以审视，用全新的思维、全新的方式予以突破。对学校的发展而言，其决定性作用往往不是制度，而是全体师生普遍认同的学校文化。因此，在区域范围内开展学校文化建设符合海门教育内涵发展的需求，它是促进海门教育高位优质均衡发展的有效路径，为提升学校的"软实力"，培养全面而具个性的一代新人，提供了内涵更为丰富的平台。

因此，各学校都要通过对自身的"优势、劣势、机遇、危机"反省，确定学校文化建设的目标与发展思路，要从各类创建逐步过渡到全面的学校文化建设上。因为从一定意义上说，无论是一般的学校，还是所谓的重点学校，都需要不断检视和重建自身的文化，反思自身为学生提供了什么样的课程与教学，在他们的生命中留下的是什么，通过重建学校的价值取向、态度和行为方式，提升教师的能量，促进学生个体的发展。让优秀的学校文化成为开发学生生命潜能并具有生命意义的一种力量。

**（二）基本概念。**

基于对学校文化建设的时代背景、研究现状和相关理论的认识，我们对"学校文化"的基本概念作如下表述：

1. 关于学校文化。

学校文化有广义和狭义之分。广义的学校文化是学校生活方式的总和。一般指的是各级各类学校在其发展过程中所留下的各种遗存，包括学校精神文化、学校制度文化、学校行为文化和学校物质文化等。狭义的学校文化是指在特定学校历史发展过程中形成的，反映着人们在生活方式、价值取向、思维方式和行为规范上有别于其他社会群体的一种团体意识、精神氛围，一般指的是各级各类学校在其发展过程中所留下的各种精神层面的遗存，即广义学校文化系统中的学校精神文化子系统。例如：学校办学理念、学校定位、学校三风、校训、校歌等。它是维系学校团体的一种精神力量，即凝聚力和向心力。

2. 学校文化与校园文化。

在学校文化建设与管理过程中，往往把学校文化与校园文化混同起来，认为校园文化就是学校文化，这是一个认识误区。学校文化与校园文化不是同一个概念，两者有联系又有区别，不能混为一谈。学校文化即组织文化，是学校组织成员习得且共同具有的思想观念和行为方式，是社会文化的亚文化。校园文化则是学校文化的一个组成部分，归属于学校文化。从"校园"与"学校"的词义来讲，"校园"一词中包含的内容更多的是指一种空间维度内的区域或者说是一种场所，而"学校"更多指向的是一种培养人、教育人的组织机构。二者相比较，"校园"只能说是"学校"的组成部分之一，因此，使用"学校文化"这一概念，应该可以揭示出更多的建设内容。校园文化相对于课堂文化，是学校中一种非课堂文化，是课堂外的一种物质层面的文化。学校文化是学校的一个整体概念，包括校园文化、课堂文化、与学校有关的社区子文化等。学校文化建设与管理应当重视校园文化建设，但是又不能仅仅停留在校园文化的建设水平，而要追求更深层面的文化建设。

**（三）指导思想、目标与实施原则。**

1. 学校文化建设指导思想。

以邓小平理论、"三个代表"和"十七大"的重要思想为指导，以科学发展观为统领，以弘扬民族优秀传统为基础，牢牢把握社会主义先进文化的前进方向，紧紧围绕基本实现现代化的宏伟目标和构建社会主义和谐社会的要求，树立新的文化发展观。在具体实践中，结合地域文化的特点，挖掘学校文化资源，以构建和谐学校文化为突破口，促进学校的优质均衡发展与特色化发展。

2. 学校文化建设目标指向。

学校文化建设旨在全面丰富全市各类学校的发展内涵，提升各类学校的整体办学水平和核心竞争力，使学校文化成为学校发展的支撑力、生命力，为经济发展、政治稳定和社会进步提供强有力的思想保证、精神动力和智力支持；区域范围内形成"和谐、开放、多元"体现生命成长的，具有海门特色的学校文化现象，构建开放型、多元化、个性化的学校文化建设内容体系和评价体系；学校文化呈现以人为本、个性化、校本化的特征，在学校文化建设的过程中呈现出学校发展的主体性与能动性，历练出一支有智慧、有创造的教师队伍，培育出全面发展、个性鲜明的一代新人。

3. 学校文化建设实施原则。

学校文化建设是一项系统的工程，在这个工程建设中，既要建设物质文化，又要重视精神建设；既要发挥学校校长的主体作用，更要发挥师生员工的主体作用；既要发扬学校传统，又要吸纳时代精神，目的是实现学校的可持续发展。为此，在学校文化的规划、设计与建设过程中要体现如下原则：一是发展的持续性原则；二是发展的系统性原则；三是发展的主体性原则；四是发展的多样性原则。学校文化建设应根据自身条件，有效地利用人力、物力和财力，扬长避短，因地制宜，突出特色，发挥师生智慧，充分体现多样性，不断丰富学校文化建设内涵。

**（四）内容框架构建**。

学校文化建设工程的内容框架主要从学校精神文化、学校制度文化、学校行为文化和学校物质文化等四个方面来构建。在策略上以项目为先导，逐步推进学校文化的整体发展。根据总的内容框架，初步列举了以下一批具体建设的项目：

1. 学校精神文化建设内容与项目。

学校精神文化建设的重点是树立正确的、具有时代特色的学校价值观，如学校价值观（整体/群体/个体）、学校精神（校歌/校徽/校训/等）和学校形象（内在：校风/校貌；外在：知名度/美誉度）。具体围绕以下项目展开：

（1）学校核心价值观（学校精神等）。

（2）学校传统文化与学校内涵发展。

（3）学校办学目标（含学校的发展目标、学校的培养目标）。

（4）学校的办学特色与学校文化建设。

（5）校训、学校"三风"（校风、教风、学风）、校徽、校歌等。

（6）学校教育信条（含教育格言、名言等）。

（7）学校师生关系。

2. 学校制度文化建设内容与项目。

学校制度文化建设的重点是建设"以人为本"的民主的、开放的现代学校制度，主要有学校组织架构、学校管理规章制度、学校民主管理制度、学习型组织制度、校本研修制度、考试与评价制度、学校服务社会制度、家长参与制度等。学校制度文化建设的价值取向是优化教育秩序、促进教育公平、提高学校效能。具体围绕以下项目展开：

（1）简约、高效、民主的学校管理组织架构。

（2）学校制度建设中的文化传承。

（3）以人为本理念下的学校制度重构。

（4）现代学校制度建设中挖掘学校特色文化内涵。

（5）学校制度文化建设促进教师专业发展。

（6）学校制度文化建设与学生习惯养成。

3. 学校行为文化建设内容与项目。

学校行为文化建设的重点是基于爱、尊重、责任与期待的交流与对话，主要有学校行政管理行为、师生在校的日常行为、学校社团活动、节日活动、学校仪式、学校语言、班级文化等。具体围绕以下项目展开：

（1）学校核心价值观在学校管理行为中的渗透。

（2）学校核心价值观在教师日常行为中的渗透。

（3）学校核心价值观在学生日常行为中的渗透。

（4）学校社团（含学生社团、教职工社团）文化建设。

（5）学校节日（含学校纪念日）、活动周文化建设。

（6）学校礼仪文化建设。

（7）班级建设过程中的班级文化。

4. 学校物质文化建设内容与项目。

学校物质文化建设的重点是充分发挥校园环境的教育功能，主要包括校舍的建设、校园的设计、环境的布置等，用"展示"理念来建设教室文化、办公室文化、实验室文化、图书馆文化、运动场文化等。具体围绕以下项目展开：

(1) 学校标识的系统设计与使用。

(2) 学校人文景观、文化象征物的设计与建设。

(3) 学校教室等场所的文化布置。

(4) 学校走廊、墙面文化布置。

(5) 学校网络文化建设。

各个学校根据以上内容具体细化，形成符合学校发展需求的建设细则。

**（五）推进策略与进度。**

1. 推进策略。

海门市的学校文化建设工程将成为未来三年中的一项重大发展战略。本实施方案主要规划未来三年学校文化建设的发展蓝图，明确实施学校文化建设的重点项目。总的推进策略是整合资源、整体推进、分批优化。具体策略有项目带动、课题引领、现场推进、专家论坛、沙龙研讨、展示分享等，组织专家团队在区域的范围内通过诊断、指导、推进、评估等手段，帮助学校从学校愿景、办学目标、教育理念、核心价值观、管理制度、校园节日、师生礼仪、文化标识、特色发展等方面进行的系统分析、整体规划和设计，使整个学校文化成为一门独具魅力的隐性课程，成为一种真实的教育力量。

2. 进度安排。

(1) 准备阶段（2009 年 1 月～3 月）。

(2) 学校方案设计阶段（2009 年 4 月～2009 年 6 月）。

(3) 具体实施阶段（2009 年 7 月～2011 年 7 月）。

(4) 分别评估展示阶段（2009 年 10 月～2011 年 12 月）。

教育局将根据各个学校文化建设状况，在学校自主申报的基础上，分期分批进行现场推进、专题研讨、展示交流活动，对成熟的学校进行现场专题评估总结。

**（六）组织机构。**

1. 成立海门市学校文化建设工程领导小组。

工作职责：

（1）提出规划的总体思路。

（2）协调规划中的各方面力量。

（3）讨论实施方案草案。

（4）形成工作方案正式送审稿。

2. 成立海门市学校文化建设工程工作小组。

工作职责：

（1）制订实施方案。

（2）组织力量进行基础调研。

（3）组织推进会、专题研讨、专家论坛等各种活动。

（4）组织专家组进行现场指导、专业引领。

（5）利用"两报一刊一频道一网站"及时报道相关信息、经验。

（6）组织评估展示交流活动。

（7）总结区域文化建设经验。

3. 成立专家指导组。

专家指导组由对学校文化建设领域素有研究的国内著名专家、省教科院、市教育局、市教科院、大专院校专家组成。拟定朱永新、成尚荣、王铁军、彭钢、王一军、李庆明、陈国安、秦建荣、吴联星、冯卫东等组成。专家指导组主要任务是诊断、设计、引领学校文化建设工程。

# 第二章　习惯养成·交给孩子一生有用的好习惯

# 一、交给学生一生有用的好习惯

习惯是人心理素质的重要组成部分，贯穿于人的一生。在生理上，它是动力定型；在心理上，它是一种内在需要；它是人的身心渴望保持一致性和连续性的反映。习惯其实是一个人不假思索、不知不觉就表现出来的一种稳定行为。良好习惯的形成过程就是一个人的健康人格不断发展和完善的过程。好习惯主宰人的一生。

新教育实验的核心理念之一是"交给学生一生有用的东西"。从 2006 年 11 月开始，朱永新教授正式提出开展新教育实验"每月一事"项目，这一项目试图在每一个月中，让孩子有重点地养成一种终身受益的好习惯。对此，许多实验学校自觉参与，积极行动，展开研究。对"每月一事"的价值和意义有比较一致的认识，认为它是深化六大行动的又一个重要载体，是体现新教育"过一种幸福完整的教育生活"的价值追求，诠释"只要行动，就有收获"哲学内涵的具体实践。虽然习惯内涵很丰富，但从道德生活重构来看，人生的大多数习惯都与道德有着直接或间接的联系。古人云："勿以善小而不为，勿以恶小而为之。"孔子曰："少成若天性，习惯如自然。"大哲学家亚里士多德也曾经留下一句名言，大意是人们反复做什么事，他就会成为什么样的人（引自杨进波、刘胜林主编：《儿童习惯养成训练》）。

好习惯终身受益，坏习惯终身受害。有这样一个小故事：大哲学家柏拉图有一次就一件小事毫不留情地训斥了一个小男孩，因为这个小孩总是在玩一个很愚蠢的游戏。小孩不服气地说："您为一点鸡毛蒜皮的小事谴责我。""但是，你经常这样做就不是鸡毛蒜皮的小事了。"柏拉图回答说，"你会养成一个终生受害的坏习惯。"人的习惯不好，直接影响个体的成长，还给个人形象造成阴影。不少人在公共场合抠鼻子、掏耳朵、打喷嚏，甚至随地吐痰，往往给人没有修养的感觉，直接影响人际间的交往，甚至个人发展。著名教育家乌申斯基说："如果你养成好的习惯，你一辈子都享受不尽它的利息；如果你养成了坏习惯，你一辈子都偿还不尽它的债务；坏习惯能以它不断增长的利息让你最好的计划破产……"（引自林格主编：《决定孩子命运的 12 个习惯》）朱永新教授在给博士生上课的时候说，教育最重要的是培养习惯，我们要交给学生一生有用的东西。到底哪些是学生最有用的东西？他以为要建构一个以培养习惯为主的课程。如：不闯红灯后面的规则是什么？从微笑开始学会交往；从吃饭开始学会节俭；从演说开始学会表达；从走路开始学会规则；从种棵树做起，学会公益；从日记做起，学会自省。一般一个月重点养成一种好习惯，经过六年的巩固，这种习惯基本养成了。他还认为，确定"每月一事"主题是非常关键的，在大的主题下以行为为导向，以一件小事作为引子，要考虑分年段，把公民教育、生命教育贯穿其中，并结合新教育实验的六大行动，在日常教育生活中进行。一生中最重要的习惯有哪些，这可能是现代学校教育中最容易被忽视的内容。经过新教育团队的共同研究，从对一个人一生最重要、最有价值的角度思考，确定了以下 12 个主题：

  1 月，吃饭——节约的主题

  2 月，走路——规则的主题

  3 月，种树——公益的主题

  4 月，踏青——自然的主题

  5 月，扫地——劳动的主题

  6 月，唱歌——艺术的主题

  7 月，玩球——健身的主题

  8 月，微笑——交往的主题

  9 月，阅读——求知的主题

  10 月，家书——感恩的主题

  11 月，演说——自信的主题

12月，日记——自省的主题

"每月一事"项目是新教育实验的又一个重要工程，是培养一个真正的人、形成人的良好素养的基本保证。许多新教育实验学校正围绕这些主题，思考和完善它们的内涵与行动策略，深入研究如何进行主题阅读，如何进行行为训练，如何进行活动反思，如何进行效果评价，如何结合德育工作等。

海门新教育实验区把2007年定为习惯养成年，全面推进"每月一事"项目，他们的特色主要体现在：其一，主题的选择立足于学生一生有用的最重要的习惯。其二，主题的内容都是从一件小事展开，具体落实中，要求在更高的层面不断丰富完善。其三，主题的活动要通过广泛的主题阅读、主题实践、主题研究、主题随笔，甚至聆听、口才、网络等路径，把公民教育、生命教育贯穿其中。一年多的实践中，他们形成了"每月一事"项目的基本操作流程，即"主题阅读，主题实践，主题展示，主题反思"。海门新教育专题网站，设置了"每月一事"交流区，每月初项目核心组开发了主题引领性的课程，为各实验学校提供范式，各实验学校也及时交流师生在习惯养成中的做法、感悟和体会。此后，他们又开始了新的探索旅程，一是构建主题性校本诵读课程。各学校建立"晨诵午读"的长效机制，每月围绕一个重点习惯，开发并丰富诵读内容，真正让阅读成为孩子日常的生活方式，也使先行的阅读为孩子的习惯养成奠定扎实的知识背景。二是创设多元的实践情景。知行结合是习惯养成的重要环节，实践体验是生命成长中不可或缺的独特享受。各实验学校结合日常的学科文化、传统节日文化、主题教育文化、班级文化、社区文化等内容，创设情景，营造氛围，提供学生多样化的体验平台。同时进一步整合学校特色活动、综合实践活动等板块，使习惯养成教育与学校常规管理、主题活动等融为一体。三是注重反思性的评价。面对千差万别的生命个体，各实验学校优化操作流程，及时记录典型个案，组织起有效的反思会，不断提高习惯养成的针对性和实效性。

美德是习惯的结果；习惯是规训的结果，也是濡染的结果，还是引领的结果。相信新教育实验倡导的"每月一事"项目，通过大家的努力，一定能结出丰硕的成果。可以设想，若我国近3亿的少年儿童，人人都养成有礼貌、讲文明、爱科学、爱阅读、爱运动、爱艺术等好习惯，不仅将使他们个人终身受益，而且将使整个国家和民族的素质大大提高，将对全面提高中华民族的整体素质起到不可低估的作用。

为使新教育实验"每月一事"项目在全国各新教育实验区（校）得以广泛的开展，我们在总结海门实验区开展"每月一事"项目经验的基础上，决定编写"每月一事"操作手册。整个操作手册以每个月的习惯养成主题为系列，每个主题主要有以下五大板块内容：（一）主题背景：选择这一主题的主要意义；（二）主题阅读：选择与主题相关的诗词、美文，按年段进行阶梯式编稿；（三）主题实践：按低、中、高阶梯式设计实践性活动，凸显好习惯"日日练"的基本想法；（四）主题展示：采用丰富多彩的形式，与聆听窗外声音、培养卓越口才、建设数码社区等行动融合，并附有部分图片；（五）主题反思：即"暮省"板块，体现每日一省，以学生随笔和教师随笔为主要形式。我们试图通过一个个具体生动的案例，向大家提供可借鉴、可操作的实践路径。当然大家在具体实践中，可以结合本校实际，富有创造性地实施。

# 二、新公民教育行动指导纲要

## （一）指导思想。

以邓小平理论和"三个代表"重要思想为指导，以科学发展观、和谐社会建设理论为统领，全面落实《公民道德建设实施纲要》的精神，以江苏省教育科学"十一五"规划课题《新公民教育研究》为载体，切实加强和改进全市小学生的思想道德建设，培养学生良好的生活、学习、行为习惯，把

2007"习惯养成年"的各项工作落实到实处，全面实施素质教育，促进全市基础教育创新、和谐发展，为教育质量"上台阶"工程打下坚实的基础。

### （二）基本理念。

美德是习惯的结果，习惯是规训的结果。新公民教育是全面提升我市小学生公民基本素养的教育，它以习惯养成教育为重点，以规训为行动方略，其核心价值观为"规则、尊重、责任、诚信、爱心"。

遵守规则是新公民基本的素质要求，要让学生知道一些基本的法律法规知识与公共秩序常识。知道人的生活是离不开规则的，无论与己、与人、与社会、与环境都是有规则可循的。遵守规则，对人的生活、工作乃至成长都会发挥积极的作用，无规则的生活，对人、对己、对社会都是不利的。

学会尊重是人从自然人到社会人发展的重要条件。尊重的对象不仅是对人的尊重，如对自己、他人的尊重，也指对物的尊重，如对自然和环境的尊重。学会尊重要有一颗宽容的心，不仅尊重师长、同伴和弱者，而且不计较有过于自己的人或事。

担负责任就是每个公民在任何情况下都知道自己应尽的责任和义务，在家庭、学校、社会，现在及将来所担负的责任。无论在何时何地，都要用心去做事，要尽自己的努力把事情做得更好，表现出对人与事、社会与环境、国家与世界的强烈责任感。

诚信是现代公民做人做事的基本准则。诚信不仅表现在与人的交往中，如答应别人的事一定要信守承诺努力做到，也要贯穿在自己的整个学习生活中，如在学校生活中，爱学习、守规则就要做到有人在与不在一个样，时刻保持真诚的态度处置学习生活中的一切事情。讲诚信，守信誉，不说谎话。

有爱心是现代公民所必需具备的重要素质。爱心不仅表现在对他人的爱，主动地关心他人，爱护弱小，看到别人遇到困难时主动关心和帮助，积极地参加力所能及的公益活动、志愿服务。而且也要学会善待自己，科学安排学习、生活和休息的时间，积极参加锻炼、强健体魄，珍爱生命，培养热爱家乡、热爱祖国、热爱世界、热爱和平的情感。

（三）**主要内容**。

1. 善待自己。

善待自己是指能关爱自我、尊重自我、珍爱自我，有正确的生命观。养成衣冠整洁、谈吐得体、举止优雅的礼仪习惯；学会自我约束、自我欣赏、自我激励、自我反省，有自我管理的能力；对学习有浓厚兴趣，积极进取、乐观向上，有良好的学习习惯和健康的生活态度。

在低年级学段，主要让学生做到学会保护自己，在家不玩火、水、电等，遇到危险会求救，独自在家时不随意给陌生人开门；分清可食和不可食的食物，不偏食、挑食，定时进食，不吃太饱，少吃零食，拒绝饮用人造色素较浓饮料；讲究个人卫生，穿戴整洁，勤洗澡，勤洗头，勤剪指甲；饭前便后不忘记洗手，不用不卫生的饮食用具，吃饭睡觉不说话；生活有规律，按时作息，自己的事情自己做；课前准备好学习用品，上课时认真倾听，肯动脑筋，积极发言，书写工整，喜欢阅读课外书籍，对学习有兴趣；诚实不说谎，做错了事能主动认错。

在中年级学段，主要让学生做到珍爱生命，远离危险，有一定的安全意识和分辨能力，上学和放学回家路上不与陌生人搭讪，不上当受骗；参加健康有益的课外活动，生活有规律，懂得自我管理；积极进取，热爱学习，肯动脑筋，大胆提问，勇于发表自己的观点，独立认真地完成作业，喜欢阅读课外书籍；热爱生活，热爱劳动，在家能做力所能及的家务，学会收拾自己的房间，保持床上用品整洁、不邋遢；自尊自爱，有羞耻感，爱惜自己的名誉，善于反省自己的生活和行为。

在高年级学段，主要让学生做到珍爱生命，远离危险，学会自护自救，在日常生活中学习安全使用水、电、火、煤气；独自在家时，能进行自我管理，合理安排时间；参加健康有益的课外活动，遇事会动脑筋，不蛮干；学法懂法，不与黄、赌、毒沾边，不上不健康网络，不到网吧或其他成年人场所去；积极进取，喜爱阅读，学习刻苦，不需要家长老师的督促；未满12周岁，不骑自行车上马路；热爱生活，热爱劳动，合理支配自己的零用钱，有科学的理财观；自尊自爱，爱惜自己的名誉，能调节自己的情绪，保持良好的心境。

2. 善待他人。

善待他人是指能尊重、关爱、宽容他人，与人和谐共处。尊重即以礼相待，设身处地为他人着想，要学会平等对话，尊重他人的劳动，并对他人的付出表示感谢；关爱，即给予别人更多的关心和帮助；宽容，即对人、对事不求全责备，要以博大的胸怀宽容和接纳，谅解和支持，学会合作与分享。

在低年级学段，主要让学生做到会使用日常礼貌用语，见面行礼时，面带微笑，颔首问好；在集会、升国旗等重要场合，少先队员行队礼；与人交谈时，语言清晰，不怪声怪气，态度温和，不伸出食指指点对方；乐意和同伴共同活动，知道活动中不能只顾自己，发生纠纷时，在老师的教导下学会宽容同伴的过失；知道要孝敬父母，在父母生日时送上真诚的祝福，关心父母的身体健康。

在中年级学段，主要让学生做到得体地使用日常礼貌用语，尊敬师长，见面主动问好，要用尊称，不直呼其名；了解长辈的爱好，关心长辈的身体健康，接受长辈的正确教诲并乐于接受他人的正确劝告；不欺负弱小，尊重残疾人，愿做学校、班级安排的公益事情；不恶言相向或使用粗俗语言，不拿别人的短处开玩笑，特别不能嘲笑老弱病残等弱者，不给人起绰号，不讲粗言秽语；不打扰别人的工作、学习和休息，与人做事时先协商沟通再行事；了解、尊重少数民族的风俗习惯及基本礼仪。

在高年级学段，主要让学生自觉使用礼貌用语；主动参与社会公益活动，乐群，学习和同伴相互配合完成任务，能通过谦让化解交往中的矛盾；关爱孝敬长辈，主动帮助长辈做事，关心爱护小同学，同情并乐意帮助残疾人和有困难的人；不擅自闯入别人的地方，不翻阅别人的东西或拿走别人的财物；不旁听别人谈话，更不能打断或插嘴，不传、不信没调查过的谣言或打听别人的隐私；向别人提意见或批评别人时，要找合适的时间、场合、用词，不能显露着急或愤怒的语言或表情，说话实事求是，不过分夸奖别人，也不要贬低别人；诚实守信，答应别人的事要努力做到，做不到时要表示歉意；初步具有开放的意识、宽广的心胸、主动的精神和自信的品质。

3. 善待环境。

善待环境是指能选择有利于环境的生活方式，能与自然界中的一切生物和谐相处；学习协调人类与环境关系的一些基本方法，尊重自然规律，积极参与保护环境的公益行动，自觉保护自然环境和生态平衡，追求居住环境的品位和质量。

在低年级学段，让学生知道一些基本的环保知识，有保护环境的意识，喜欢小动物，愿意亲近大自然；做到节约用水，节约用电，爱惜粮食，不浪费纸张等学习用品；不大力关闭窗、门、电器开关，不拿扫把、拖把来玩，不弄坏厕所的门或水龙头；不随意采摘花草，攀折树木，不践踏草地，不随地吐痰，不乱扔果皮纸屑；不在公共场所大小便，大小便要在厕所正确的地方，便后一定要冲水，用过的废纸和脏东西一定放在指定的废纸篓内；图书馆或书店的书看完了要放回原处，不折叠或弄脏书页，初步养成良好的阅读习惯。

在中年级学段，让学生了解人类生存环境的现状，知道保护环境的重要性和迫切性，积极参与保护环境的公益行动，做到主动捡拾果皮纸屑，提倡垃圾分类袋装，防止再次污染；所到之处不留任何的垃圾，不在公共场所吐痰、擤鼻涕，不向着公共食物咳嗽或打喷嚏，呕吐物弄脏了公共地方，要自己或请人立刻清理干净并消毒，不能置之不理；不擅自向动物笼子或鱼池投放食物或饮料；主动保护绿地，爱护花草树木，积极参与植树造林等活动，主动地承担起监督保护环境的责任。

在高年级学段，让学生了解掌握一些保护环境的技能，提高将环境科学知识转化为实际行动的能力，懂得如何保护环境和消除环境恶化对人的危害；不在公共地方如门窗、墙壁、柱子、宣传栏或画上乱写乱画；不乱堆放杂物或乱摆放单车，影响公共环境的美观；不能擅自拆拿功能室的财物，不擅自动消防栓；借用公共财物如体育课的器材或设备，用后及时归还，不据为己有；爱护鸟类，保护有益动物、野生动物，拒食野生动物，注意保护生物链；关心、参与各种可再生能源的开发与利用，自觉参与环境保护的监督管理，做好宣传工作，唤起全社会对环境保护的重视与关注。

4. 遵守公共秩序。

遵守公共秩序就是指在学习、生活和工作中自觉遵守社会所公认的基本准则和规范；要求每个学生无论在学校、家庭还是在社区等公共场所，都能自觉做到有礼貌，讲文明，守规则，讲诚信。自觉遵守现代社会所提倡的最基本的公共秩序要求和道德规范，担负起维护公共秩序的责任。

在低年级学段，主要让学生知道在学校、社区等公共场所应该遵守公共规则，做到上学、上课、参加活动不迟到、早退、无故缺席，有事先请假；上课铃响，迅速、安静进入教室伏案候课，上课认真听讲不做小动作；下课时，从别班或老师办公室走廊经过，脚步放轻，尽量不发出噪音；任何公共场合按先后排队，不插队，上下楼梯轻声慢步靠右走，不追跑；上室外课、去食堂用餐、放学回家时能自觉排队，遵守路队纪律，过马路要走人行横道，不闯红灯；做游戏时，自觉遵守游戏规则；集会时，集中注意力，不随便讲话，结束时要鼓掌致谢。

在中年级学段，主要让学生做到自觉遵守学校的各项规章制度，自觉遵守公共秩序，不妨碍和损害他人的利益；在合适的场合做事情，不在非球场内打球，见到有不遵守纪律的行为能劝阻批评；公众场合不说话，要说话时，必须把声音压至最低或迅速离场，遵守会场纪律，听报告或看演出时，安静、不喝倒彩；在食堂用餐、玩体育器械时能保护公共设施，做到有序、讲谦让；借阅课外书籍时能保持安静，并及时归还；校外活动中能自觉遵守社会公共生活的基本道德规范。

在高年级学段，主要让学生知道遵守公共秩序是遵纪守法的表现，了解扰乱公共秩序的一些行为应受处罚或承担其法律责任的基本知识；能积极地化解同伴间发生的矛盾和纠纷，主动协调解决问题，不做伪证或偏袒一方；乘坐公交车（船）、去超市购物、去影院看电影时能尊老爱幼、轻声细语、有序进退场，争做文明小乘客、文明小顾客、文明小观众、文明小游客。

5. 做世界的中国人。

做世界的中国人就是指从小培养热爱家乡、热爱祖国、热爱和平的情感，用优秀的中华民族传统文化，影响学生的思维方式、情感品质及价值观念，使学生成为既具有中华民族精神，又具有国际视野，关注人类发展的新公民。

在低年级学段，主要让学生做到热爱自己的家乡，知道家乡的一些特产和风景名胜；认识祖国的版图、国旗、国徽，知道祖国的首都，会唱国歌，知道国庆节等重大节日并能积极参加庆祝活动；了解祖国主要的山川河流和一些名胜古迹的名称；能在大人的指导下知道一些国内外大事。

在中年级学段，主要让学生做到能向别人介绍家乡的特产和风景名胜；了解改革开放给家乡带来的变化；了解祖国的面积、民族、主要高山、河流、湖泊和一些自然资源，积极参加以爱国主义教育为主题的活动，能为集体、为家乡做好事；能利用电视、广播等多种渠道了解国内外大事；关心社会，对社会有责任感，懂得并善于与人合作，能主动参与公益服务和社会性的慈善活动。

在高年级学段，主要让学生做到热爱家乡，能用文字描述家乡的风土人情、风景名胜和改革开放以来的主要成就，树立长大报效祖国和人民的志向；通过多种途径，了解祖国上下五千年的悠久历史，了解对中国历史发展产生重大影响的人和事，了解当今中国社会政治、经济、文化等方面的发展现状；认识世界上主要的洋和洲，能对自己感兴趣的国家，进行不同程度的了解；热爱和平，反对战争，关注世界上发生的重大事件，能主动参与一些公共事务和国际性的慈善救灾活动；有一定的创新意识、创新能力和合作精神。

**（四）实施途径。**

1. 建立学校公民教育管理机制。

学校成立新公民教育行动指导小组，由学校校长、教导主任、少先队总辅导员、班主任、校外辅导员、社区相关工作人员等组成。分管校长具体负责组织、实施和协调整个教育项目的工作。在新公民教育行动指导小组的领导下，少先队辅导员、班主任、学科老师具体承担公民教育的任务。

2. 设计形式多样的公民教育活动。

公民教育要有机地渗透在学校教育的各项工作中，要立足于校内，高度重视校外，学校要根据自己的办学特色和传统底蕴，既要有面上的有序推进，又要注意突出重点。要坚持规训和实践体验为主的"双主"策略，组织和指导学生开展丰富多彩的专题教育活动和社会实践活动，要重视和营造学校、家庭和社会和谐的人文环境，充分发挥环境育人的作用。

（1）多学科中渗透公民教育。

公民教育是全面提高学生基本公民素养的教育，其重点是培养学生良好的学习、生活、行为习惯。教育的内容涉及学生全部的学习生活，现在所开设的课程是公民教育的显性课程，全体教师要在学科教学中增强公民教育的意识，针对不同年级学段的要求分层次、有目的地对学生进行公民教育。

《品德与生活（社会）》是学校进行公民教育的重要阵地，学校要严格执行课程计划并认真实施好课程。每月从《品德与生活（社会）》课程计划中开设二节公民教育专题课。每周开设一节公民教育专题的晨会课。在教学中引导学生了解个人生活、家庭生活、学校生活、社会公共生活的一些基本道德常识、规范，开放课堂的教学形式，尽量多地开展一些适时、适度的规训、体验活动，全面提升各学段学生的基本素养。

语文、外语、音乐、美术等学科蕴含着丰富的公民教育的内容，教学中要结合具体的教学内容，对学生进行正确认识自己、尊重他人、爱护环境、珍爱生命等内容的教学活动，陶冶学生情操，激发学生对生活的热爱之情，保持乐观积极的心态，提高学生的综合素养。

数学、科学、体育等学科也要注意课程的特点，有机渗透相关的教学内容，如科学课可帮助学生了解人类与赖以生存的环境之间的关系，学习珍惜资源、保护环境的一些基本方法。数学课要注意培养学生善于思考、刻苦钻研、多路径解决问题的良好学习习惯。体育课可结合学校各阶段的教育重点开展规训、实践活动。各科教学在渗透时，学校需要制订全校性的实施计划，及时组织教师交流和协商教育内容，减少重复和疏漏。

（2）传统节日中进行公民教育。

学校要根据《新公民教育行动指导纲要》的要求，结合学校的实际情况，充分利用传统活动和重大节日开展专题性的教育活动。开展专题教育活动要从学校实际出发，充分考虑学生已有的生活经验，尊重学生的兴趣，力求将相关内容整合起来，有条件的学校可开发并形成校本课程，努力为创建学校特色找到适合的路径。

（3）日常生活中加强公民教育。

公民教育要关注学生的日常生活，深刻理解"从身边做起，从小事做起"的行动方略，加强师生最基本的公民道德规范的规训，把公民教育中"习惯养成"落到实处、细处。在日常阅读生活中，推进公民美德主题性文化阅读。学校应建立一套行之有效的规章制度和评价机制，使全体师生自觉地、积极地参与到学校的公民教育行动中来，促进公民基本公德的形成。

（4）综合实践活动中凸显公民教育。

综合实践活动是对学生进行公民教育的重要阵地，学校每学期都要设计并开展全校学生可分层共同参与的以"新公民教育行动"为主题的大单元综合实践活动1～2个。要带领学生走出校园，到田野、工厂、军营、社区中去，通过组织公共服务活动和公共事务参与，进行角色体验、实地训练、志愿服务等具体行动提高教育活动有效性。

3. 开发和积累公民教育资源。

公民教育的资源是一切可利用的人力、物力、经验、文化等，开发和积累公民教育资源可以从以下几方面去做：学校要因地制宜地安排公民教育的活动场所；建设好校外德育活动和社会实践基地；在学校的图书装备建设中丰富公民文化阅读书籍；在校园内设置公民教育场景等；营造充满生命活力、人文情怀的校园文化氛围，利用公民教育的隐性资源；积累公民教育的个案资料、经验成果，开发公民教育的文本资源库等。

学校要充分利用"新父母学校"这一阵地，建设和完善"三结合"的教育机制及网络。要积极引导家长参与到公民教育活动中来，通过亲子沟通、青少年保护等方面的服务、示范，提升家庭生活的情趣和品位，营造健康和谐的家庭育人氛围，充分发挥关工委、社区在公民教育中的作用，使学校、家庭、社会的教育合力达到最大值。

教师是新公民教育行动的重要资源，其自身良好的行为习惯会对学生的习惯养成产生重大影响，学校要结合队伍建设全面提高教师的公民素养。要切实加强对教师的管理和培训，定期组织教师集中学习研讨新公民教育行动方略，及时反思、总结开展教育活动的经验和教训。通过案例解读、现场观摩等形式提高教师组织与实施公民教育行动的能力。努力使新公民教育行动实现和谐发展、内涵发展、可持续发展的目标。

4. 充分发挥"德育共同体"的团队作用。

新教育德育共同体是新公民教育的核心团队，担负着指导、服务、研究、协调新公民教育的重任。"高位平台"和"联动平台"的核心组成员要通力合作，既要做好学科教学的研究、经验分享、成果推广，又要花大力气策划、组织、引领、指导面上开展好新公民教育的行动。尤其要把"新公民教育在行动专题寻访——《心星访谈》"这一品牌项目做实做好，做出成效。

**（五）评价建议。**

1. 新公民教育行动的评价应坚持下列一些基本原则：形成性评价和总结性评价相结合，以形成性评价为主；单项评价与综合评价相结合，以综合性评价为主；定量评价与定性评价相结合，以定性评价为主；单元评价和多元评价相结合，以多元评价为主；自主评价与他人评价相结合，以自主评价为主。

2. 评价的方法可以多样自主，但要注意把握如下一些要点：学生是公民教育的评价主体，在各学段的教育活动中，要指导学生学会正确认识自我，给自己一个客观公正的评价；他人评价时要充分考虑学生参与公民教育活动中的情况，通过"成长档案袋"等，收集、整理学生在公民教育中的行为表现、行动反思等对学生的情感、态度、价值观作出评价；评价中尤其要关注学生参与教育活动的过程、感受和收获，也可设计一些生活社会情景，让学生提出解决方案和行动计划，以此评价学生的综合能力。

3. 教育行政部门将对学校的公民教育行动加强领导并形成有力的行政监督机制。局机关相关的科室将结合"教育质量上台阶工程"推进、督导工作，对各校开展公民教育行动进行督查。学年的学校工作计划中要有明确的公民教育行动的目标、机制建构、实施方式、时间安排、评价考核办法等内容，保证"习惯养成年"的各项工作要求落到实处。局机关的相关职能部门将及时宣传新公民教育的经验与成果，向学校、社会发布新公民教育新的进展，推动全市的新公民教育行动健康地向前发展。

# 三、让儿童的生命自由生长

国外一所大学在讨论价值观时讲了一个故事：一架飞机在空中飞行时发生了故障，飞机上的人为了减轻负担把行李都扔下去了，等扔完了以后发现还不行，必须陆续把乘客扔下去，直至飞机能安全飞行为止。这时飞机上有四个乘客：副总统、失业的工程师（同时也是两个孩子的父亲）、歌星和科学家。究竟谁作出牺牲最合适？来自不同国度和不同文化背景下的人有不同的理解。面对这个十分为难的问题，学生们的争论非常激烈，然而在这样的情况下，他们还是达成了共识，那就是，要把那个失业的工程师留下来。达成这种共识绝不是因为那个工程师的职业重要，而是因为他是两个孩子的父亲。

这是一个很有意义、很能激发人们阅读和思考兴趣的故事。这样的一个"共识"让我们看到了，在不同国度、不同文化背景下大家对孩子的关心、爱护这种心理趋向是一致的，都认为孩子不能失去父亲，他应该回到孩子们身边。小小的一个故事，留给我们的思考却是深远的。教育、文化、科技等等一切的一切，它们最终的价值关怀是什么？答案应该是不会引起质疑的，那就是人的生命。在至高无上的生命面前什么都得让位，总统要让位，科学家要让位，歌星也要让位。为什么把孩子放在第一位考虑？因为孩子象征着未来，他是一个无限生长的生命，而教育所面对的就是这样无限生长的生命。

因此，教师要经常去唤醒儿童的生命，激活儿童的生命力量，让他们在广阔的空间里、丰富的活动中、多彩的生活中进行平等的对话、情感的交流、心灵的沟通，从而使混沌的人生变得清澈，使沉睡的生命得到觉醒，获得自由生长。通过教育，人要成为真正的人，而不是人以外的任何生物，更不是其他任何工具。这种生命至上的理念，恰恰是我们教育中大大缺少的。教育为什么有时候很苍白，价值主体为什么迷失？我们或许从中可以寻求一些答案。

**（一）对话——儿童生命自由生长的方式。**

人总是在受教育中成长为人的。从一定意义上说，任何形式的教育都是施教者与受教者的一种对话。教育要立足和尊重人的生命存在，就必须构筑起理想的对话方式。这种对话必须是基于理解、平等、宽容之上的。

这个问题在我们教育过程中经常被视而不见。大家都把目光投向了教育体制的改革、理论的建设以至具体到教材体例、篇目的重建与设定，惟独忽略了我们的教育对象本身。他们是什么？他们怎么样？他们为什么这样或者那样？当我们研讨教育新理念、新思维时，惟独没有问一问我们的孩子们真正的所思所想、他们的需要、他们的感受、他们的喜怒哀乐。孩子们的内心世界对我们来说依然是一片神秘而陌生的森林。当孩子们出事了，我们才终于发现长期以来在教育过程中存在的一个致命的盲点，即缺少对于教育对象起码的理解和基于理解、平等、宽容之上的对话。在很多情况下，我们学校里师生关系是不平等的，是猫和老鼠的关系，是警察和小偷的关系，是医生和病人的关系。于是，这种对话便常常以"训示"和"告诫"的形态出现。对话的方式决定了我们的教育理念。相当长的时间以来，我们将这种"以上对下"、"以强对弱"的对话方式发展到极致，过多地强调教育者的塑造作用。认为学生是一张白纸，我们在上边染红的就是红的，染蓝的就是蓝的。这样一种观念制约着我们教育的内容和方法，一方面我们的教育内容有什么，我们就塑造什么，另一方面我们怎么能够使其就范，就怎样来塑造，让学生成为我们所想要的那种模式。

在教育中教师的作用是什么？在很大意义上，在于创设使学生形成良好素质的外部环境，给他们提供平等对话的条件。没有平等对话的条件就没有真正意义上的对话，我们的教育也就无法开始。鲁迅先生早就说了，对孩子的教育，"开宗第一，便是理解"。教育中缺少平等的对话，这种教育本身就是不道德的。苏霍姆林斯基也说过："我敢拿脑袋担保：如果学生不愿意把自己的欢乐和痛苦告诉教师，不愿意与教师开诚相见，那么，谈论任何教育都总归是可笑的，任何教育都是不可能有的。"

### （二）情感——儿童生命自由生长的桥梁。

情感沟通对于儿童生命自由生长至关重要。长期以来"美德袋式"的教育之所以受到批判的一个重要原因就是，它忽视儿童作为一个生命个体的生动的主观性，忽视了儿童的情感体验，学生在接受枯燥的教条的同时自身也被"物化"了，只把儿童看作是等待填充的"道德之洞"（杜威语）或"美德之袋"（科尔·伯格语）。亚里士多德的美德论的关键在于，他认为"美德不仅是'知之'，而且是'乐之'，如果只是知之，而在情感喜好上并不趋向之，就不能说美德已经形成"。种种现实告诉人们只有认识、思维是不够的，教育只有激发主体的内在动机、内在生命体验，让儿童在各种关系中产生、积累、孕育情感经验，才能有效地提高他们的整体素质。缺乏情感沟通或者说是积极的情感沟通，是我们当前教育低效的又一症结所在。这是因为达成能力的基本要素之中情感态度具有最强的粘合力，虽然一定的认知和意志之间也有相互联系和相互促进的一面，但单靠认知的促动，教育产生的力度仍是远远不够的，这点已为教育实践所证明。而有了情感的参与，等于增加了一个新的心理动力和中介环节。有了情感的动力性中介，认知和意志之间的结合才最紧密，意志才能变成儿童的内在需要，行为才能真正得以实施。也可以这样说，情感是教育的催化剂，只有架设了情感这座桥梁，生命个体从认知到意志、行为之间的道路才可能畅通起来。

一位老师给学生讲了一个小故事：有两个年轻人在谈恋爱，女青年对男青年说："你如果要和你母亲在一起，我们就分手；你如果愿意和我在一起，你就把你母亲的心取出来交给我。"男青年选择了后者。他杀了母亲，捧着母亲的心去找女青年，路上不小心摔了一跤。当他还没有爬起来的时候，那颗跌落在地上的心发出了焦急的声音："孩子，你摔着了没有？"故事讲完了，班上的学生长久地沉默了。几分钟过后，学生们还是沉默。又过了几分钟，班上抽泣声四起。这位老师没有打破这种情感氛围，让那种积极的、无声的情感，在学生心头永久定格。融入了情感的教育，它的名字应该叫信服、叫震撼、叫感动，它以最稳定的状态驻存在学生的内心世界，伴随学生终生。

**（三）空间——儿童生命自由生长的条件。**

为了让儿童的生命自由生长，必须拓展教育的空间，通过提供丰富的资源使教育教学达到理想的效果。《哈佛报告》及其提出者认为，自由教育、博雅教育或普遍的课程中内涵的理性与道德的因素对于学生发展的积极影响不仅是必要的，而且是必然的与巨大的。许多国家通过广泛开设相关的人文和社会科学方面的课程，包括文学、哲学、美术、音乐等，使学生从中获得某种熏陶，提高判断能力和选择的自觉性。法国学校的公民教育除了通过专设的公民科来实施外，还融合在历史、地理、经济等社会科中进行。日本的国语科很重视培养学生的爱国情感，文学性的教材则注意挖掘道德教育价值。新加坡语文教材反映了国家的节日、礼仪、风俗、家族观念、奋斗历史、音乐、戏曲等，其目的是让学生了解国家文化，吸收蕴含在课文中的孝亲、守时、礼让、睦邻、公德心等价值观念。这种以寓德性教育于各科教学来拓展教育空间的做法，是各国教育富有成效的重要原因。

传统教育的地理空间也是十分狭小的，一般指的是课堂和学校，儿童的生命在课堂和学校中自由生长，这种"自由"有其明显的局限。既然教育为儿童日后的生命服务，那它就应弥散于儿童生活的各个空间。教育的实义应该是指向于儿童一生的，这一生的背景应该是整个社会。因此，我们的教育，必要时理应走出课堂、走出学校，走向更为广阔的空间。

曾有一位日本老师把学生带到一个大型国际停车场，让学生从头至尾地数一数，在这么多的汽车中，有多少辆是日本制造的，共占了总车数的百分之几。结果，学生们在经过了仔细清数后，发现竟然有 70% 左右的汽车是由自己国家制造的。在停车场这个"课堂"里，荡漾着学生们的爱国情愫。事实上，这种"课堂"还可以是在部队、在工厂、在孤儿院、在社区、在家庭、在法院、在体育馆，在一切儿童可能涉足的地方。美国教育中一般没有德育课，即使有些地方有，课程安排也是十分有限的。但是，美国教育的空间却是很开放的，他们追求的是让儿童在开放的环境下自由吸取和生长，这些正是我们的教育所要大力借鉴的。

**（四）活动——儿童生命自由生长的渠道。**

古罗马有一则谚语：所见所闻虽好，但我仍按坏样子做。学生懂得善恶，并且在课堂里能够作出正确的判断和推理，但他未必能够把它转化成行为。停留于意识层面的教育可以拿来训人，但不一定能律己。许多学校的教育局限于说教，甚至把德育与智育混淆了。德育与智育的区别在于：前者必须帮助学生完成从知到信、从信到行的两次转化。承载这两次转化的理想途径便是多样的教育活动。

一位小学老师设计了这样一个活动：让班上的每一个学生带一只鸡蛋到学校，并将它完好地保存一天。在学生们看来这是轻而易举的事。然而，事情并非学生们想象的那么简单。有的学生将鸡蛋放在口袋里，在上学的路上不小心碰坏了；有的学生将鸡蛋放在课桌里，下课时同学移动课桌，鸡蛋就掉在地上摔坏了；也有的同学一直将鸡蛋拿在手上，认为这样万无一失，可在玩的时候，同学一挤，鸡蛋也坏了。如此这般，一天下来，仅有少数的几个学生能将鸡蛋完好地保存下来。老师说："把一个鸡蛋给你们保存一天，你们就这么辛苦，你们都长这么大了，父母为了哺育你们，该花多少心血呢？"体会父母养育自己的辛劳，懂得要尊重、孝敬自己的父母，在这么一个易行的活动之中，在几毛钱的代价之中，该是怎样的效果！

其实，这种教育活动的源头，一直可以追溯到古希腊著名哲学家柏拉图的"儿童游戏场"，强调通过各种丰富有趣的活动和游戏，对儿童进行以"渗透"为特色的教育，寓教育于活动过程中，在不知不觉中，影响儿童的价值观念。而且学生通过各类活动亦不断地将道德原则内化为自己的道德信念，进而转化为行为习惯。显然，这种方式把抽象的理论寓于具体解决问题的过程中，极大地减少了教育对象的逆反心理，而且对他们的道德认识和行为产生一种无形的、但有足够深度的影响，教育的效果也往往因此而大获改善。

适合于儿童的活动对于其生命的生长具有核心作用。在儿童活动的王国里，非真实的事对未来的生活却具有了完全真实的意义：在游戏中轮流活动可能是克服自我中心的上佳途径，抢救"伤员"或帮助"弱者"可能是利他思想的萌芽，奋不顾身的全身心投入可能是他未来坚强意志的第一次尝试。与同伴的交往活动，为儿童的能力发展提供"现场试验"的机会，同时对孩子摆脱对"大人"的信赖获得相对独立性也很有帮助。教师应主动关注、研究学生中典型、敏感和棘手的问题，在活动中提高学校教育的针对性、形象性和指导性，让学生学起来简明生动，用起来切实可行。通过参与活动，学生补充、深化和整合自己已有的经验，对现实有更多的了解，这样就可以有助于学生处理现实中遇到的问题。活动是生动的、行动的、自动的、联动的全面综合的自我教育，是最广、最久、最深、最活泼、最自由、最实在的活教育。

### （五）生活——儿童生命自由生长的源泉。

联合国教科文组织国际教育发展委员会的著名报告《学会生存》在谈到学校教育时指出，儿童的人格被分裂成两个互不接触的世界——"在一个世界里，儿童像一个脱离现实的傀儡一样，从事学习；而在另一个世界里，他通过某种违背教育的活动来获得自我满足。"造成这种状况的原因是多方面的、复杂的，其中一个重要原因可以归结为长期的封闭式的教育，使之成了"笼中之鸟"，严重地脱离现实生活。学生接触社会后发现社会中的"现实规范"与学校灌输的"理想规范"之间存在着强烈的反差，会感到茫然若失，无所适从，产生心理上的错位和变态。用这种教育模式培养出来的学生，往往毕业就是落后。那时，即使打开笼门，他们也没有胆量和能力展翅翱翔。

当然，我们丝毫不怀疑这一封闭式的教育背后所蕴含的善良愿望——尽可能使儿童在"净土"中免受不良影响。然而，在这一善良愿望指导下的教育实践无异于让儿童在床上练习游泳，一旦下水，结果可想而知。学校不应该也不可能把儿童与鲜活的社会生活隔离开来。事实上，从发生学的角度看，教育原本是生活世界的一部分。在原始社会，教育是与人们的生产、生活过程融为一体的，但这种原始教育是以非主体的形态附属于或隐含于生活世界之中的。制度化教育产生以后，特别是进入现代工业文明以来，教育越来越从生活世界中分离、孤立起来。飞速变化的社会生活越来越强化教育的工具价值，教育也越来越成为封闭化的制度体系。当代社会生活中的利益冲突、技术异化以及人与人的疏离，造成了教育在生活中的日益失落，大大削减了教育在生活中的地位，削弱了教育对生活的吸引力，使教育缺乏了对生活的魅力，加大了教育与生活的距离。现代教育要走出困境，就应回归生活，教育只有植根于生活世界，才能具有深厚的基础和强大的生命力。我们完全可以这样说：生活的外延有多大，那么教育的外延就应有多大。生活世界是教育的根基，因为生活世界是蕴藏着丰富的价值和意义的世界，它在形式上似乎表现为平凡、琐碎和世俗，但生活的价值和意义却泛化地存在于其中，人们在具体的生活中能够探寻和感悟到其中的乐趣、价值和意义。同时，生活世界能够帮助儿童确立生活信念，它是构成儿童的各种素材的主要来源。另外，人类的精神世界也不是凭空构建的，它需要有一定的基础，而这个基础是受教育者所处的生活世界，生活世界为儿童的成长提供了必不可少的背景性知识。如果没有生活世界，儿童对生活、人生及世界的真切认识便无以形成。因此，教育应该把儿童引向现实的生活世界，引导儿童去积极构建个人完整的生活经验，追求生活的幸福完整，在幸福完整生活的构建过程中同时实现教育的目的。

当前有两本"教科书"同时在对学生产生着影响。第一本是学校教科书，其中不乏时代和历史的局限，如对学生要求过高，不分层次，与飞速发展的社会现实脱节；第二本是"生活"这本教科书，由家庭影响和家长身教、社会交往、大众传播媒介等组合而成，反映了生活中各种价值观念的矛盾冲突。令人担忧的是，第一本教科书显然跟不上第二本教科书的急剧变化。教育要根植于火热的现实生活和儿童特殊的生活世界里，儿童既是学校教育的主体，也是其日常生活的主体，其特殊的生活世界是社会现实生活的一部分。基于上述考虑，我们认为，学校教育改革和发展的价值取向应"生活化"，即让学校教育从政治化、抽象化、空洞化的说教王国里走出来，回归生活，关注、指导和引导儿童的现实生活，从衣食住行玩与学开始，教育帮助儿童通过自己的劳动创造新生活，并以文明健康的方式享用新生活。儿童的生命自由生长所需要的最肥沃、最鲜活的土壤永远是生活。

"让儿童的生命自由生长"这一命题，它的提出并不表明可以涵盖全部基础教育的内容，但是，绝不能因此而认为这样的命题就没有意义。我们始终觉得这是一个值得深入思考的课题，因为它直接指向教育的本质，它促使我们以另一种眼光去关照教育对象和教育过程。教育总不能一直处于消极的"维持"状态，教育者也不能只是"消防员"和"救护员"。蒙田有句名言："我们的教育仅仅不使人变坏那是不够的，应该使人变好。"要做到这一点，我们的教育必须从落后观念的阴影中走出来，站在生命哲学的高度，去真正地把儿童当作是一个个独特的生命个体，去关照、宽容、锤炼他们，让儿童的生命得以"诗意地栖居"。为教育在迎接新的国际化时代和信息时代的挑战中作出实质性的努力和贡献。

# 四、多元价值学习与新德育实践

在人的基本素质中，科学的世界观、人生观、价值观，崇高的道德修养是最重要的素质。做人比做学问更为重要。如果德育失败，其余的各育也就失去了依托，素质教育也就失去了存在和发展的价值。长期以来，传统的德育模式束缚着人们的思想，德育课程的设计者站在自己的角度来规范学生的道德情感与行为，德育被空洞的言论所替代，远离学生的生活实际，脱离学生的生活经验，一直未能很好地解决德育的针对性与实效性问题。

比如信仰问题，这是德育的最终归宿。中国许多孩子都缺乏坚定而明确的信仰，以至于他们成人之后，在创办事业的过程中迷失了方向，贪污受贿，腐败堕落，把做人的基本原则和入党时的宣誓置之于脑后。例如原河北省国税局局长、巨贪死刑犯李真在接受记者采访时，记者问："你很年轻，有过重要的工作岗位的阅历，但最终却走向了毁灭，问题的根子在哪里？"他回答："我对党的理想、信念产生了动摇。"问："你为什么把信念看得这样重？"他回答："人一旦丧失信念，就像一头疯狂的野兽，不是掉进深谷，自取灭亡，就是被猎人开枪打死。"（《现代快报》）在国外许多国家的信仰教育都扎扎实实地落到了实处，新加坡是个廉政建设搞得相当好的国家，原因之一是高薪养廉，但更重要的是他们从小接受了良好的道德教育，每天都要背诵"信约"。他们举起右手，做着成人的动作——神圣地将手贴在胸口，稚气的脸上显出庄重的神情，嘴里念念有词。孩子们在每一天的轻轻背诵中成长，"信约"中的每词每句都逐渐融入到了他们的灵魂、他们的血液，成为他们与身俱来的一部分。他们把自己融入了国家之中，他们的所作所为与国家的兴盛、民族的兴旺联系在一起，真切地成为一个有信仰的人。

我们的公民道德教育已实施了多年，但小公民存在着并暴露出来的新问题依然很多，我们的德育教育任重而道远。这就需要我们大胆改革，敢于创新，积极探索提高德育教育的针对性与实效性的途径，为学生提供更多的价值观学习和道德实践机会，把我们的孩子培养成为一个真正有着崇高道德修养的人。

**（一）重构新德育制度文化。**

在我国，一直十分重视对小学生的道德教育，很早就制订了《小学生守则》、《小学生日常行为规范》，对学生的道德从宏观到微观都作了要求。但是，期待着这些守则及规范长期地在学生身上产生效应却是不可能的，因为随着时代的发展、社会的变化，许多内容都会随之发生相应的变化，它应该体现出鲜明的时代性和发展性。

据《江南时报》报道：最近上海市就对《上海市小学生守则》中的内容作了调整，特别是删去了"谦虚、勤俭节约"等内容，这是完全必要的，是与时代的脚步相吻合的行为。"谦虚"尽管是中华民族的传统美德，但是它与中国国际化的要求不合节拍，不利于学生将来在紧张激烈的竞争环境中求生存求发展。上海居民从物质条件上大多数都达到了小康水平，所以，我们完全应该尊重他们的消费观，再提"勤俭节约"的意义就相对减弱了。又据《现代快报》报道：杭州宋城华美学校将"德、智、体、美、劳"放在一边，在学生中评起了"小绅士"、"小淑女"，他们公开表示，要培养具有"贵族气质"的学生。"小绅士"、"小淑女"的评选尽管代替了公立学校的三好学生评选，但它的要求更高于三好生标准，除成绩、品行外，还有才艺、仪表的要求。学校表示："贵族气质是一种现代人文精神，通过贵族教育，我们希望传达给学生的是一种高雅行为准则，一种博爱精神，一种严于律己的道德要求。"

国家站在全局的高度上对学生提出了国家和世界的价值标准，是比较宽泛的，有些甚至是学校和学生无法操作与评估的，例如《小学生守则》中提出"热爱祖国，热爱人民，热爱中国共产党"就比较抽象，有提的必要，但缺乏操作性。各地各校都有自己的具体情况，例如，沿海地区学校与内地学校，大城市里的学校与小城镇里的学校，城镇学校与农村学校，各有各的特色，不适宜用同一条标准来衡量。所以，应该在国家标准的基础上提出具有自己特色的小学生行为习惯要求。

我们根据学校的现状和发展趋向，制订了《东小学生 12 条良好习惯》，它们是：1. 说了就要做；2. 按规则办事；3. 时刻记住自己的职责；4. 每日为父母或班级做件事；5. 节约每一分钱；6. 天天锻炼身体；7. 主动打招呼；8. 耐心听别人讲话；9. 不给别人添麻烦；10. 及时感谢别人的帮助；11. 用过的东西放回原处；12. 干干净净迎接每一天。这 12 条看似简单，其实内涵是丰富而深刻的，学生也宜于掌握，通过自己的努力也能够达到。对一所学校而言，制订本校的学生日常行为规范就进一步地贴近了学生的生活实际。

从管理角度讲，德育教育的核心组织是班集体。每一个学生都是一个完整的人，完整的人应是社会化和个性化和谐发展的人，而且其发展是动态的。在班集体中，同学之间相互了解，共性突出，个性鲜明，最适宜相互合作达成一个目标。在道德教育上就可以从宏观着眼，从微观入手，一旦学生违背了道德要求，也因为教师对学生的思想状况和影响其思想发展变化的外部环境的了解而能作最具针对性的教育，扎扎实实，落到实处。另一方面，班级管理上可以承载国家与学校的道德要求，下可以具体到每一个个体的思想道德要求，是一个道德电磁场的中心。

班级德育制度的制订是很值得研究的一项课题。有些教师在班级管理中制订的班规总是以"罚"当先，一个"罚"字总在学生面前晃来晃去，到处都是高压线，到处都是铁丝网，多么恐怖。一个"罚"字让学生知道了不应该干什么，但除此之外一片茫然，因为他不知道究竟应该怎么做。所以，教师要做学生的引路人，给他们指明一条前进的道路。比如，我们学校已经实施了几个学期的垃圾回收制度，这就是一个班级的创新举措。制度的内容就是每周以小组为单位比一比我们能捡到多少废纸，能获得多少收入，并把卖废纸所得作为班级奖励基金，现在这个制度已经推广到了全校，也收到了明显的效果。因此，我们要提倡约束与引导相结合的德育新制度。

无数的教育实践案例证明，如果单纯地采用教育引导的方式是可能要碰壁的，教育是必需的，但教育不是万能的。我们有时候过于强调了对学生正面耐心的教育，以至于当我们的教育手段用尽之后，教育的弱势就完全暴露在学生的面前，他们抓住了我们的"软肋"，使我们眼看着他们堕落而束手无策。所以，我们不必等待着司法机关来惩罚他们，要在他们走向深渊之前对他们采取适当的惩罚措施，让他们深切地体验到如果违反了道德规范是必将受到惩罚的。

在美国，为了把违纪现象抑制在萌芽状态，他们就可以采取下列措施：对于大多数违纪现象，他们将收到一份书面警告。如果一周内收到两次书面警告，校方将会发出一张传票，无礼、打架、擅自离校的学生将直接收到一张传票。他们将会受到留校处罚，并根据违规程度由教师或校长直接与家长联系。

在新加坡，允许对违规学生视情节轻重采取必要的处理，鞭打、关禁闭，直至开除。校长室里都挂着一条用来惩罚学生的鞭子，如果学生违规现象实在太严重，校长就会行使教育部赐予自己的"特权"——用鞭子抽打犯错误的学生，让他受点皮肉之苦。当然，这种惩罚也必须遵循两点：一是学生行为恶劣，影响极坏；二是实行处罚后学校要填写一张事件记载作为备案，实施惩罚时须有训育主任和其他老师在场。这些小小的措施所产生的意义有多深远已无需多说，它让每一个走在新加坡的任何一条大街上的人感受到安全和舒心就是最好的证明。

邓小平在南巡讲话时说到这么一句话："新加坡的社会秩序算是好的，他们管得很严，我们应当借鉴他们的经验。"当然，各国都有各国的国情，也受到各国传统文化的影响，在不伤害学生的身心健康的前提下对他们进行适当的惩罚是必要的，有时一次惩罚能抵得上十次说教。我们要建立的是具有中国特色的惩罚制度。比如，是否可以变"罚"为"奖"，如果谁违反了规章制度，就"奖励"他每天早晨来开教室门，为大家服务；是否可以取消期末评某些奖项的资格；是否可以让他面壁思过等。我们可以尝试提供多元的价值观学习机会，并形成相应的德育制度文化。

**（二）建设新德育课程体系。**

德育要由没有生命的条例变为活生生的行为，要由思维中的框架变为看得见、摸得着的现实，就要通过一定的载体，这个载体就是德育课程与道德实践。

传统的德育课程的最大问题就在于德育内容与学生生活严重脱节，学生接受的是一种灌输式的、单向性的教育，缺乏生成性的内容，以至于德育就像街头标语一样，未能深入到学生的心灵深处，而只是依附于知识之上，过几年就变成过眼烟云。随着科技的发展和现代文明的发展，有许多新的教育内容需要进入到德育课程中来，而原来的课程很难把各种专题教育融会起来。

如网络道德问题、法制教育、防艾滋病教育、禁毒教育、环境教育、国防教育等。这也需要我们在德育的课程建设上建立一个开放性的、综合性的新课程体系。当然，增强小学德育课程的综合性，绝不意味着取消或削弱小学思想品德课程建设，相反，只会加强，只会更加贴近小学生的生活实际。顺应着这样的需求，我们建设了基于"生活"与"实践"的新德育课程体系，把品德与生活、品德与心理、综合实践活动、少先队组织以及各种专题教育重组成一门大德育课程，并付诸实践。

我们的大德育课程坚持以育人为本，以促进学生发展为本的思想，面向学生的生活世界和社会实践，让学生走出校门，了解社会，形成从生活的视角对自然、社会、自我、科技、艺术等的整体认识，培养主动发现并独立解决问题的态度和能力，促进学生的道德品质、实践能力和个性的充分发展。通过这门课程所获得的认识不是关在教室里通过教师的讲解所能给予的，是他们通过自己动眼、动嘴、动手，通过自己大脑的思考所重新建构的。

心理教育是实现德育的基础。雨果说："世界上最浩瀚的是海洋，比海洋更浩瀚的是天空，比天空还要浩瀚的是人的心灵。"人的心灵最难以捉摸，它是道德情感发生变化的最隐秘的根源。十三岁的刘思影受法轮功的影响，在天安门前自焚。这种变化的产生就是忽视心理教育产生的后果。随着时代的发展，独生子女越来越多，他们大多主观意识强、固执己见、以自我为中心；单亲家庭越来越多，这些家庭的子女大多孤僻、抑郁、愤世嫉俗，这些心理问题已经从家庭问题演变成了社会问题，心理健康教育也越来越显示出了它的紧迫性。

我们心理健康教育的特点除了活动化、生活化外，更重要的就是它与道德教育的密切结合。心理品质和道德品质是既有区别，又相互联系的，都是培养现代人格的主要组成部分，德是导向，心是基础。在实际工作中，不少心理教育活动中包含了道德教育的因素。一些具体的品质，如"关心"、"勇敢"、"勤奋"、"诚实"等，既是心理品质，又是道德品质，这类品质的培养更容易使心理教育与道德教育结合在一起。只要有了两者结合的思想，在教育实践中，就可以自觉地把道德教育内容融入到心理教育中。心理教育与道德教育的结合，不是机械相加，而应是有机地结合，其理想的状态就是育心、育德为一体，做到以心育德，以德育心，以德育德，以心育心。

少先队活动作为培育少年儿童健康道德品质的重要载体，处处体现着少先队"与时俱进、以人为本"的文化特色。少先队名牌活动"中国少年雏鹰行动"，其主题就是借用雏鹰之喻意，寓"雏鹰"之蓄势待发，"雏鹰"之机敏勇猛，而与之相配的"雏鹰争章"过程中的"设章、争章、考章、颁章"等环节，更显示出了少先队活动的特色。雏鹰假日活动作为少先队活动中的主要组成部分也被我们纳入了大德育课程设计的范畴中，属于"组织与生活"的内容。在课程改革中，少先队活动没有引起课程专家的足够重视。在德育这一板块中，少先队活动是不可或缺的重要组成部分，许多德育设想都是通过少先队活动才得以实现的。在少先队活动中，最生活化、经常性的就是雏鹰假日活动。它是在老师的指导之下，学生直接自主地走进社会，在社会活动中构建道德知识、激发道德情感、提高道德修养、实践道德行为的活动。它从学生的日常生活的细节入手，从点点滴滴的小事做起，引导、启发和教育学生怎样学习、怎样做事、怎样做人，让学生设身处地地感受和体验做人的道理，进而转化为长期自觉的行为，形成良好的道德习惯。

据调查，雏鹰假日小队的活动在一些学校都简化成了做资料，以应付检查。究其原因，是因为组织管理不到位，活动内容缺乏，以至于在学生心中逐渐淡化，使这一有着深远意义的活动变成了文字资料游戏，削弱了德育教育的效果。我们把它列为课程之后，在这些方面及时得到了加强。课程是有序的，有系列的。在管理体制上，我们从内容的设计到活动的组织，直到各活动章的考核，都有详细的安排。当然，我们根据出现的新情况、新问题，对课程内容作适当的调整，以使课程更贴近生活，更贴近实际，更贴近时代发展。在激励机制上，我们主要利用东东电视台、东东广播台、《东东小主人报》、《家校风景线》等媒体对雏鹰假日活动作抽样跟踪报道，每月评出特色雏鹰假日小队，对在考章中达标的同学郑重其事地在集会中给予表扬和颁章，并把达标情况作为各班级期末评选"文明班级"和学生申报与评选单项奖的重要标准，以不断激发学生的活动热情。

**（三）开发新德育校本资源。**

德育要深入到学生的心灵中，切实地在学生心中建立美德，以致最终解决道德信仰的问题，除了要在德育管理和德育载体上做文章，还必须充分利用和开发德育资源，这种德育资源就是一系列的德育活动和一系列与之相配套的德育基地。这种活动是以文化为载体，以学生为主体的活动。从以往的德育状况来看，大部分都着眼于德育的表面现象，头痛医头，脚痛医脚，没有透过表面看本质，没有从根本上、源头上来抓。在从事德育教育时，许多老师一般都以说教为主，学生因为经常被类似的说教语言所包围，所以，对说教语言自觉或不自觉地产生了抵触情绪，或听而未闻，没有在心灵深处产生震动。这些老师无暇或无力通过多种活动从各个角度对学生的心灵进行刺激，从而产生道德教育的合力，其根本原因是缺少丰富的德育资源，巧妇难为无米之炊。

基于这种考虑，我们建立了庞大的德育资源库。我们把这个资源库分为五类，一是德育课程库，包括综合实践活动、心理教育、品德与生活、组织与生活等。二是德育资料库，包括图片、音像资料，学校订阅的德育报刊，各类活动的文件资料等。三是德育案例库，特别是学校传统的文化节，如我校定期举行的英语文化节、体育文化节、中秋文化节、国庆文化节、重阳文化节、春节文化节、游戏文化节、"天天感动学生"故事、"师生成长故事"等。四是德育文献库，包括学校出版的各类德育丛书，如《让儿童的生命自由生长》、《学会做人》、《美国小学教育考察》、《心理教育》等，以及其他学校德育教育状况。五是学校德育基地，我校就有地球村、江海风情园、校企联谊会等，为德育活动的开展提供了方便。通过这些德育资源的利用和开发，把潜在的道德发展可能转变为现实的可能。

目前正在大张旗鼓地实施的《中国"小公民"道德建设计划》是"五小公民道德教育行动"、"我做合格的小公民"、"新世纪我能行"体验活动、"公民道德规范建设"活动的延续。它将纳入我校的德育课程库，范围从学校延伸到家庭、社区、社会，从切切实实的小事做起，从看得见、摸得着的事情做起。我们除准备《中国"小公民"道德建设计划》中的内容外，还特别注重活动的校本化。重点以家长学校为落脚点，每天由家长反馈学生在家做家务情况，培养学生做一个"小帮手"；从学生排队进校门入手培养学生做遵纪守法的"小标兵"；把"每天为同学做一件事"作为考核标准，培养学生做善于合作的"小伙伴"；把在校园内不吃零食、不扔一张纸屑作为突破口，教育学生做保护环境的"小卫士"；以发动学生设计校园景点为契机，培养学生做一个勇于创新的"小主人"，与学校德育工作和德育课程改革紧密结合起来。

在这些德育资源中，比较富有校本特色的是德育案例库、德育文献库和德育活动基地的开发。从本学期起，我校提出了"文化、智慧、信仰"的教育新追求，也期待着在办学的各个方面体现出来。每两年一届的英语文化节，都放在圣诞节举行，那五光十色的圣诞树和色彩斑斓的教室以及由英语老师装扮的圣诞老人使学生仿佛身临其境，深深吸引了孩子们那向往美好的心灵和面向世界的胸怀。每年一届的体育文化节，学生们自编游戏、与教师同台竞技，跨年级组合的球类联赛更是把活动推向了高潮。怎样合作、怎样做人、怎样创新、怎样面对困难在体育文化节中得到了充分的体验。中秋文化节更是丰富多彩。同学们精心为家人策划一次特殊的中秋活动；认真阅读了由学生和教师合作编写的《中秋文化节读本》，了解中秋节的起源，月亮的传说等；学唱中秋歌曲，如《爷爷叫我打月饼》，欣赏《月之故乡》等中外名曲；走向社会，调查月饼销售情况，根据调查进行分析，写出小型调查报告；结合中秋文化，在各学科中开展研讨活动。热爱祖国、热爱家乡的道德情感在这一活动中得到了升华。"师生成长故事"更是感人至深，每一则故事都来自于教师的实践，都发自于教师的肺腑，体现了我校"天天感动学生"的教育服务理念，在校园网上公布之后，为我们从事德育研究提供了借鉴。

从1999年起，我们就在长江边建立了"地球村"实践基地，同学们在这里种庄稼、养鱼、养羊、野炊，过起了种植节、收获节，对长江资源进行了考察，学到了生活与劳动的常识，体验到了劳动的艰辛与快乐。江海风情园是我们德育活动的一个场所，寓德育教育于活动之中。在看看做做当中，同学们了解海门的民风民俗，爱家乡的感情就这样被激发了起来。今年教师节，我们为了回报社会各界对学校的支持，本着教育为社会服务、为经济服务的宗旨，与海门市骨干企业及学校周边企业建立了比较稳固、密切的东洲小学校企联谊会。并且签订了校企联谊会章程，把各企业的联系人与联系电话分发到每个教师的手中，借助企业丰富的物质资源及技术优势，开展综合实践活动。同学们进入到这些企业中体验工人们的劳动，感受企业的迅速发展，认识改革开放给企业的生存发展带来的机遇与挑战，对社会充满信心，对改革开放的形势有一个客观而正确的认识。

正因为东洲小学的德育教育注重了针对性和实效性，所以，在短短的十年间，我校德育工作取得了显著的成绩。最有力的证明就是学校连续多年一直在海门市素质教育百分考核中是一等奖，学生的思想状态、精神面貌都焕然一新，老师们开发的德育课程《今日生活》由人民教育出版社出版，《心理教育》（学生用书 12 册，教师用书 1 部）由南京师范大学出版社出版。有了德育的保证，我校的办学前景将越来越光明。但是，德育教育是一项庞大的系统工程，需要全社会都来关心青少年的健康成长。只有坚持"以人为本"，从适应学生内在发展的需要出发，遵循教育规律，实现学校教育、社会教育、家庭教育的有机结合，才能取得更加显著的教育效果。

# 五、构建和谐家庭　与孩子共同成长

2007 年 1 月 6 日，是 2007 年新年的第一个周末。在很多人眼里，这是一个普通的周末，人们利用周末走亲访友、聚会、休闲娱乐。而这个周末对海门来说意义大不一样，因为从这一年开始，以后每一年这一天，都将成为海门的"家庭教育日"，它倡议父母们与孩子共同生活，以共同阅读、共同做事、共同运动、共同计划、共同创造为内容，与孩子共同度过难忘而有意义的一天。在海门这是首创，在国内，也是一件绝无仅有的创举。

此次活动由海门市委宣传部和江苏省《莫愁》杂志社主办，海门市精神文明建设指导委员会办公室、海门市教育局和海门市妇女联合会承办。出席本次活动的领导专家阵容强大。江苏省委宣传部副部长周世康、省文明办副主任周琪、省妇联副主席季俊秋，南通市委常委、宣传部长张小平，南通市教育局副局长秦建荣，海门市委书记曹斌等领导出席了活动。活动汇聚了目前国内的家庭教育方面最为活跃的一批著名的专家学者，有团中央委员、中国青少年研究中心副主任、儿童教育专家孙云晓，全国政协委员、北京海淀区少年法庭庭长尚秀云，中国少年儿童新闻出版总社教育科学研究所所长、作家、教育专家徐国静，中国教育学会家庭教育专业委员会副理事长兼秘书长、中国家庭教育杂志社社长赵刚，新华通讯社国内部评论室副主任、资深媒体人鹿永建，全国劳模、中国作家协会会员、特级教师孙汉洲，以及中国教育学会数学教育研究发展中心理事兼学术委员、特级教师赵公明等。

简朴而隆重的开幕式之后，活动分四块场地开设了四个分论坛。海门全市各中小学、幼儿园的负责人、教师代表和家长共 3000 余人听取了专家报告。下午，还安排了专家现场咨询、家庭教育巡展、专家签名售书等活动，一拨又一拨的家长前来咨询交流，现场气氛十分热烈，引起社会强烈反响。新华通讯社、新华日报、扬子晚报、江苏电视台、江苏教育电视台等重量级媒体对这次活动进行了全面报道。

缘起：和谐家庭，奠定和谐社会基石。

海门是一个濒江临海的城市，与国际大都市上海只一江之隔，"北上海"之称的地缘优势，为海门提供了得天独厚的条件。海门经济总量居全国百强县之列，在苏中遥遥领先。海门有着丰富的人文底蕴，是清末状元、近代著名教育家、实业家张謇的故乡，历来有崇文尊教的优良传统，是全国闻名的"教育之乡"。在新的历史时期，海门市政府提出"建设和谐海门，率先达小康"的宏伟目标。促进和谐发展、构建和谐社会成为海门发展的主旋律和主题词。如何构建和谐社会、怎样促进和谐发展，作为地方政府，他们在思考，也在探寻。而在全国首先创立"家庭教育日"活动，则是他们对构建和谐社会的一个积极应答。

海门市委书记曹斌认为，构建和谐社会要着眼于和谐家庭的构建。家庭是组成社会的基本组织和基本单位，如果家庭关系不和谐、家庭的发展得不到很好的尊重和发展，要想建成和谐社会只能是一句空话。换句话说，只有作为组成社会的最为基本的组织——家庭，和谐了、幸福了，这个社会才会实现最为根本、最为稳定的和谐。基于这样的认识，创立"家庭教育日"，其目的是要引导社会都来关心家庭教育问题，关注影响和谐家庭建设的最为关键、最为核心的问题，使每个家庭的愿望和利益得到最大程度的尊重和实现，从而建立起健康、积极、进取、和谐的新型家庭关系。他强调指出，今年是首届家庭教育日，以后要坚持开展下去，要进一步扩大影响，营造氛围，使之成为构建和谐家庭教育的有效抓手、构建和谐社会的有力支撑、海门全面建设小康社会的有力推进器。

"家庭教育日"高扬"共同编织美好生活"的理念，把"构建和谐家庭，与孩子共同成长"作为活动主题，倡议"父母和孩子共同学习与生活"的教育新主张，把建设和谐家庭的核心定位在家庭教育上。对于这一点，作为活动的主办单位之一，海门市委常委、宣传部长王一鸣这样认为，在海门这个经济较为发达的地区，家庭的观念已突破温饱型、生存型的要求，开始关注家庭生活的质量和家庭教育问题，尤其是家庭教育成为绝大部分家庭的首要问题。但是，由于理念上的陈旧和缺乏，方法上的错位与低效，使家庭教育存在不少误区，影响了家庭和谐，造成影响家庭幸福、社会和谐的不稳定因素。构建和谐家庭首先就要关注影响家庭和谐的最为关键、最为重要的要素，唯有如此，构建和谐家庭才有真正可以依赖的抓手和切入口。

江苏省文明办副主任周琪、江苏省妇联副主席季俊秋等领导对海门确立"家庭教育日"的做法大加赞赏。他们指出，关注家庭教育和谐、关爱未成年人健康成长，事关广大人民群众根本利益，事关千百万个家庭的稳定和谐，事关国家前途与民族命运，不仅是家庭的大事，不仅是学校的大事，更是全社会的大事，也是党委政府的大事。这是海门在总结过去家庭教育方面的丰硕成果基础上的一大超越和提升，更是在构建和谐家庭教育、促进未成年人健康成长、从而促进社会和谐作出的新探索和新实践。

话题：家庭教育，凸显和谐家庭建设核心要素。

此次论坛的主题丰富，有"好的关系胜过许多教育"，"让法律的阳光照亮孩子人生的前程"，"帮助孩子搭建通向成功的阶梯"，"教育的问题呼唤家校合作"，"培育男孩：塑造下一代男人"，"天才就在你身边"，"神奇的教育世界"。这些内容涉及未成年人教育的方方面面，家校合作、成长环境、成功教育、法律观念等等，这些都涵盖了家庭教育的各个领域、各个方面。这本身传递着这样的信息：家庭教育不是封闭的，不只是家庭自身的事情，而是需要多方参与、多方配合、共同作用的系统工程。各种有利于家庭教育的要素协同作用，才能使家庭教育步入科学化、开放式、艺术性的轨道，从而构建起和谐家庭。

●好的关系胜过许多教育。这是孙云晓的家庭教育观点。"代沟"下移是家庭教育中普遍面临的现象，与孩子一起成长，要求父母具有全新的成功观，发展、选择、和谐是新成功观的内容，在原有的基础上提高一步就是成功，应变反复失败为反复成功，用成功引导成功。好的关系包括信任、理解、尊重，父母是孩子最亲密的朋友与伙伴。"家庭是习惯的学校，父母是习惯的老师"，教子成功就是要从培养习惯开始，习惯不是号召出来的，而是培训出来的，教子千遍不如培养一个好习惯，一个好习惯的培养时间在 30 天到 50 天之间。孩子成长固然要表扬，但必要的批评不能缺少，缺少挫折和批评的教育是缺钙的教育，每个孩子的心头都有一个沉睡的巨人，要把巨人唤醒，在好的关系里吮吸成长的阳光、雨露和养分。

●家庭教育要关注孩子的人格发展。未成年人在成长过程中必然要经历两个阶段，一个是生理上的断乳期，还有一个是心理上的断乳期，在孩子独立意识、责任意识和品格形成过程中，青春期的教育显得尤其重要。而时下的家庭教育普遍推崇智育、学习能力的培养，而对人格教育关注度明显不够。所有的教育归根到底是人的教育，如果没有一颗善良博爱的心、缺乏同情责任感，孩子的成长是不健全的，也是不完整的。尚秀云法官结合她审理未成年人案件，从正反两方面引证，谈了家庭教育应该抓什么？显然，做人的教育应该放在首位，父母要给孩子做出好的榜样，多给孩子创造道德实践的机会，不能忽视挫折教育对孩子成长的重要作用。对那些犯有错误或品德有缺陷的孩子，不能歧视和放弃，要善于挖掘"闪光点"、找准"感化点"，利用亲情和社会力量，既要动之以情，又要晓之以利害，持之以恒地进行帮扶。了解、尊重和信任是良好教育的基石，不了解孩子的教育，是盲目的教育；不尊重孩子的教育，是专制的教育；不信任孩子的教育，是错误的教育。

●帮助孩子搭建通向成功的阶梯从保护心灵开始。徐国静认为，孩子健康成长有三种力量，即体力、心力、脑力，体力与睡眠、食物、运动有关，心力与心态、情绪、安全感与障碍有关，脑力则包括语言、音乐、运动、逻辑、空间、交往、反省等多元智能。孩子的成功教育有三大法宝，即要有爱心、充满自信、拥有梦想。她强调手眼耳嘴协调作用，要注重孩子右脑功能的开发与使用，她形象地把右脑比喻成共振的频道、心像信息网、照相记忆卡、高速处理器。父母要充满信心地对待孩子，要让孩子学会为自己负责，让孩子正确面对失败和困惑，让孩子的心灵受到尊重、呵护和激励。

●养育的最终目标是彻底放手。不欺弱者、能护弱者，能与人友好相处、分享与合作，与恃强凌弱的"侵犯者"能正面交锋、不轻易示弱，是男孩应该具备的先天气质的禀赋。鹿永建先生对男孩成长有着深入的研究。他认为，男孩就应该有男孩的气质、性格和特点，在家庭教育中特别是家中有男孩的家庭，要着眼于孩子的未来进行引导和培育。要正确看待男孩子的淘气和经常犯下的"错误"。父亲在帮助男孩控制情感方面起着关键作用，如果没有父亲的指导和带领，男孩遭受挫折常常导致各种暴力行为和其他各种反社会行为，母亲的稳定从容、聪慧体贴、敏感温柔对男孩的成长同样不可缺少。对孩子精心的养育不能给孩子以成长过程中依赖和拐杖，而是要磨砺他们的意志、强硬他们的羽翼，让孩子带着幸福感在该飞翔的年龄勇敢地飞起来。

●家校合作要与时俱进。经济社会高速发展引起了人们价值观念和生活方式的重大改变，孩子的成长也面临着新的问题和挑战，网络游戏、学生早恋、意志脆弱、轻视生命等消极现象呈上升趋势。家庭教育属于基础性体系，学校教育属于主体性体系，社会教育属于人文性体系，三者之间各有优势，各有特点。孩子成长的问题不光是家庭的问题，更是学校和社会的问题，而传统的家长联系与合作方式要进行改革，以与时俱进的视角和标准进行重新构建和塑造。赵刚认为，作为家校联系的重要形式，家长会要进一步活化与创新，报告式的、交流式的、展览式的、表演式的、会诊式的、恳谈式的、辅导式的、咨询式的，从需要与效果出发，不拘一格，创新发展，从而使家校的关系更加紧密，使教育的合力得到更为有效的整合和增强。

影响：和谐家庭教育，共同编织美好生活。

家长们普遍关注家教问题，在家教问题上，家长们思考得很多，也颇有心得。一本厚厚的获奖论文选编，是2006年度海门市家庭教育方面的成果汇聚。集子的名字叫《阳光下的成长》，很耐人寻味。孙云晓在会议间隙匆匆翻阅了一下，立即对这本集子表现出很大的兴趣。在作报告时，他以其中的一篇文章为例，印证大家要善于反思和总结自己家教方面的得与失、经验与教训。在这本集子里，他发现许多非常有价值的观点，比如父母对孩子的承诺一定要兑现，兑现不了的承诺不要轻易允诺；父母要注意自己的言传身教，即使是语言也要做到文明健康，不能让成人化的语言改变孩子的表达方式，使他们过早地丢失了孩子本有的童真，方法不当会造成适得其反的效果；还有些观点，比如真正的教育是自我教育，真正的控制是自我控制，培养孩子的自我教育和自我控制能力应该作为家庭教育的出发点和落脚点。这些认识和观点，充分说明海门的家庭教育水平，也表明家庭教育已成为海门新一代父母亲关注的重点领域，同时，他们在自觉的思考和实践过程中积累了非常宝贵的经验。专家的话语让人们不由想起去年夏天，海门的一位少年被西安一所大学录取，在父亲的陪伴下，15岁的少年千里走单骑，13天行程3000里，这一举动引起了社会的关注，因为人们感觉到，这一路西行，留下的不仅是一位风华正茂、历练体验的少年身影，更凝聚着一位父亲帮助孩子成长的信念和期许。这本身折射出作为海门的一个普通家庭并不普通的家教理念。

如此盛会，不应该缺少孩子们的身影，而孩子们也有了表达诉求和发出声音的机会。他们是《海门教育周刊》的一群小记者，他们向台上的专家递送小纸条，利用活动间隙采访提问："您认为您的孩子身上有哪些优点是您最为欣赏的？""现在中学生的家长大多不愿为孩子买玩具买童话书，这说明什么问题？""刚才我们随机采访了几位家长，问他们平时与孩子交流最多的是什么，他们的回答几乎一致，就是要求孩子好好学习，将来考上好的中学、大学，不知专家老师对这些观点如何评论？"小记者们似乎并不满足于具体的问题，他们的思考和追问有了一定的批判性和深刻性，他们向专家发问："我的一位同学念完初中后，准备到国外上学，他的家长认为，外国的教育比中国的先进，这样的观点正确吗？您又是如何评价中国教育的？""您认为孩子应该拥有一个怎样的童年？"

咨询现场人声鼎沸，家长们蜂拥而至，他们带着各种各样的问题与专家面对面地咨询和交流，每个咨询席前都围了个里三层外三层。三个小时的咨询满足不了更多家长的需求，所幸的是，活动现场提供了专家们的书籍，没有机会咨询的家长购回了一大摞书，希望从中学到家教"真经"。提供售书服务的海门市新华书店负责人流露出抑制不住的兴奋，他说书店要备足家教方面的书，看来家庭教育类的书籍会成为畅销书，会引发书籍销售的新的增长点。

目睹眼前的场景，海门市教育局局长何新深有感触地说，这充分反映家庭教育的需求是多么的强烈，作为教育部门，有义务更有责任创造更多的机会和平台，服务于家长，服务于社会，对促进教育合作，增进教育合作，从而建设有利于教育发展的和谐环境都具有迫切而现实的价值。

2007年的第一个周末，全国首创的"家庭教育日"在海门隆重地拉开了帷幕。从此，她将像一株报春花在每年的这一天妍丽绽放，昭示着未来，寄寓着和谐，也传递着对成长的深情祝福……

# 六、百分之百成功的教育

## ——读马卡连柯的《家庭与儿童教育》

最近，我是带着一种坚定的信仰和敬仰的心态重读了前苏联著名教育家马卡连柯的《家庭与儿童教育》，再一次让我系统地思考家庭教育的问题。父母是孩子的第一任老师，他们制造着不同的教育生活和世界，孩子最初的语言、习惯以及德性的形成与发展，都是在家庭中完成。而这一切直接影响孩子未来的个人命运，社会乃至国家的命运。

对于这一点，马卡连柯在《家庭与儿童教育》一书中有着许多精辟的论述：

"我们的孩子，是我们国家未来的公民，也是世界未来的公民，他们将创造历史。"

"我们的孩子，是未来的父亲和母亲，他们也将成为自己的孩子的教育者。"

"我们的孩子，应该成长为优秀的公民，出色的父亲和母亲。"

但还都不是全部：

"我们的孩子——还是我们的晚年。"

"正确的教育——这是我们幸福的晚年。"

"不好的教育——这将是我们的痛苦，将是我们的泪水，这是我们对其他人，对整个国家犯下的罪过。"

因此，马卡连柯在经过大量的实践研究后，坚定地认为，在儿童教育中不允许有任何不合格品，"不许有1％的不合格品，不许有一个被断送的生命"。因此，家长必须有高度负责的精神，不使任何一个儿童由于不良的教育而成为废品。我们的教育一定要成为百分之百成功的教育。

可见，家庭教育的重要性和父母的重大责任。马卡连柯在本书中，用与父母对话的方式，围绕家庭教育的一般条件、家长的威信、游戏、纪律、家庭经济、劳动教育、性教育、文化修养与培养等八个方面的内容，生动、系统地阐述了家庭教育的基本问题和原则，揭示了家庭教育的新基础，指出了社会教育与家庭教育的全新的相互关系。从书中可以看出，马卡连柯十分重视家庭转变父母的教育态度和发挥父母在智力和实践方面的积极性，并向父母指出了进行创造性教育的途径。

马卡连柯在这本书上重点回答了五个家庭教育中的重要问题。读后，一定会使我们直接受益。

**（一）如何组织日常生活。**

家庭教育的实质不在于父母对孩子的直接影响，而在于父母是如何组织自己的家庭、自己的个人生活和社会生活，如何组织孩子的生活。在家庭教育中没有小事，父母必须十分关注小事情，正是这些小事情每天、每时、每刻都在起着作用，组成日常的生活。父母最重要的任务就是指导这种生活，组织这种生活。

马卡连柯认为，旧式家庭是一种父权的家庭，孩子的生活完全服从父亲的意志，孩子"无法摆脱父亲的权威"，父亲滥用自己的权力，"像刚愎自用的人那样残酷地对待孩子"。在中国的情形，其实是一样的。只是现在要比那个时代进步了很多。平等、民主的思想在有知识、有文化的家庭中得到了较好的体现。不过，由于独生子女的政策，"小皇帝"现象普遍存在，使家庭教育出现新的问题和困惑。所以，每一个做父母的都应该严肃地对待自己的生活，做到以身作则。马卡连柯说："父母对自己的要求，父母对自己家庭的尊重，父母对自己一举一动的检点——这就是首要的和最重要的教育方法。"因此，做父母的要善于组织起与孩子的共同生活，如与孩子共同阅读、共同做事、共同运动、共同计划、共同创造。在共同编制美好的生活中，使家庭教育达到一种"润物细无声"的境界。

**(二)如何在孩子面前获得威信。**

事实表明：粗暴型的父母和溺爱型的父母都不会在孩子面前获得威信。没有威信就不可能进行教育，在孩子的心目中父母的威信就是父母的价值与力量所在。有些父母错误地认为，孩子听话就说明父母有威信，于是为了达到听话的目的而去得到让孩子听话的结果，追逐自己的威信，从而培养出懦弱的孩子，培养出虚伪、不诚实、自私自利的人。

马卡连柯在本书中指出，威信和听话不可以作为目的，而目的只有一个，那就是正确的教育。让孩子听话仅仅是达到这个目的的途径之一。父母的真正的威信的基础在于父母的生活和工作、父母的公民责任感，在于父母对孩子生活的了解和帮助以及对孩子教育的责任心。

马卡连柯认为真正的威信应该是以了解、以帮助、以责任心获得的威信。责任是父母威信的一个重要方面，要让孩子明白，父母为自己也为孩子对祖国承担着责任，因此，对孩子的帮助和要求的基础就是责任心。另外，父母应该了解孩子的生活乐趣是什么，他的朋友是谁，他和谁在一起玩，他在读什么书，他在学校的表现，等等。父母了解和关心孩子，从而能得到孩子的尊重，以了解获得的威信必然会导致以帮助获得的威信。

**(三)如何使教育获得百分之百成功。**

马卡连柯在本书中还特别强调了早期教育的重要性。他认为，必须从孩子诞生后就开始对他进行正确的教育（现在已经提前到胎教了），对一个人的教育成功与否取决于5岁以下的幼儿时期，教育的主要基础是在5岁前打下的。如果孩子在5岁前没有得到"应有的教育，那么以后就不得不进行再教育"。马卡连柯认为，这种再教育工作需要花费更多的时间，需要更多的知识、更大的耐心，并非每个父母都能胜任。这项工作非但更困难，而且是痛苦的；即使取得了成功，也经常使父母忧伤，损伤他们的脑筋，往往会扭曲父母的性格。因此，马卡连柯忠告每位父母要始终做好教育工作，力争在一开始就把一切都做对。

马卡连柯认为，教育一定要获得百分之百的成功，不能培养一个次品，不许断送任何一个生命，做父母的要有对子女和对国家的高度责任感认真履行这样的使命。

**（四）如何把握教育中的尺度与分寸。**

现在，做父母最头疼的可能就是在教育子女过程中如何把握恰当的尺度和分寸了。马卡连柯强调进行教育工作并不需要什么特殊的天赋，教育工作也不是什么很困难的事情，只要具有健全的理智就可以了，健全的理智表现为善于掌握尺度和分寸。一方面家长要善于掌握尺度与分寸，另一方面要从小培养孩子学会掌握尺度与分寸。

马卡连柯直截了当地说，对孩子的爱需要有"一定的限度，就像奎宁和食物一样，谁也不可能吃下 10 公斤面包并为自己的好胃口自豪。爱也需要限度，需要尺寸"。爱，是人类最伟大的情感，它能创造奇迹，创造新人。但是，爱超过了限度就成了溺爱，成为"制造废品"，也就是"造就拙劣的人"的原因。很难找到不考虑和不希望孩子幸福成长的父母，甚至有的父母为了儿女的幸福准备放弃自己的幸福，准备牺牲自己的幸福。

然而马卡连柯尖锐地指出，"这是父母所能给予自己的孩子的最可怕的礼物。关于这种可怕的礼物可以这样说：如果您想毒死您的孩子，给他大剂量地喝您自己的幸福吧，他就会被毒死"。

具有分寸感，善于掌握尺度，是十分重要的问题。父母要善于掌握对孩子的慈爱和严厉的尺度，在干预孩子生活的程度上家长既要放手，给予孩子必要的自由，但这种自由又必须有一定的程度。把握好这种度是一种教育的科学、一种教育的艺术。父母既要发展孩子的主动性，让他有可能去随机应变，进行一定的"冒险"，又不可以放任不管，不可以让孩子习惯于过一种随心所欲的"不受监督的生活，习惯于不受监督地思考和作决定"。

做父母的，应该培养孩子去追求为父母带来的幸福，在孩子的眼中父母应首先有权享受幸福。马卡连柯说："必须教育孩子关心父母，培养孩子产生一种纯朴的自然的愿望，让他们在父亲或母亲的愿望没得到满足之前自愿放弃自己的欲望。"

**（五）如何培养出守纪律的人。**

培养守纪律的人，父母的责任是义不容辞的。马卡连柯认为，纪律是教育的结果，而制度是教育的手段。"纪律不是靠某些个别的'惩戒'措施形成的，而是由整个教育体系、全部生活环境、儿童受到的所有影响造就的……纪律不是正确的教育的原因、方法和方式，而是正确的教育的结果。"

而且，家庭的生活制度是因时、因地、因人而异的，不可能是千家一律的、一成不变的。父母在制定家庭的生活制度时首先要考虑制度的合理性和目的性，必须尽可能地让孩子自己去理解为什么需要制定这样的制度，并且重要的是让孩子经常去练习正确的行为，牢固地形成好的习惯。

良好的习惯就是在长期的生活训练中固定下来的，一旦良好的生活习惯形成了，会让孩子受益终生。甚至有人认为"习惯改变命运"。当然，做父母的在生活中制定的制度还必须具有确定性，不能朝令夕改，家长必须监督孩子认真执行，而且要求孩子做到的家长自己首先应该做到。制度的主要目的是积累正确的纪律方面的经验，有了正确的制度就不再需要惩罚了。马卡连柯提醒家长们注意，"没有正确的制度，惩罚本身不能带来任何好处。而如果有了好的制度，即使没有惩罚也能如鱼得水，只是需要更多的耐心"。

除了以上论述，马卡连柯还对儿童的游戏、劳动教育、经济教育、性教育和文化修养的培养等重要问题，都进行了深入的分析，提出了许多有独到见解的观点。他还把学前教育、情感教育的培养、未来公民的培养推到了第一位。

马卡连柯的这些思想观点，距今已有六十多年的历史了，但今天来阅读这一著作，仍然感觉到它们是多么地适合我们的时代，对今天的父母如何正确地进行家庭教育，尤其是独生子女教育，具有十分重要的指导意义。

愿我们的读者也能像马卡连柯那样身体力行地实践关于"要按新方法造就新人"的诺言。

# 第三章　生活改造·通过新教育走向新生活

# 一、教育生活之改造

　　朱永新教授认为，今天，教育面临着一个"再出发"的问题。我们应该追问教育的原点，应该进行教育的启蒙。应该尽最大的努力提高全社会的教育素养，应该让每一个公民重新认识教育、思考教育，理解教育的使命。任何一个社会，都需要教育哲学的思考，需要教育思想的引领。首先解决教育的根本问题，想清楚"教育是什么"、"什么是好的教育"这样的根本性问题，教育才有正确的方向。教育的本来意义是什么？是努力促进人的全面发展。我们似乎都知道，教育是一个培养人、发展人的事业，教育不仅仅是给孩子分数，而要为孩子的生命奠基。但是，在我们的中小学教育生活中，分数恰恰成为教育至高无上的追求，成为衡量教育品质的标准。在我们的大学，就业成为最急迫的任务，成为判断大学最关键的指标。分数与就业，成为我们整个教育的原点，成为教育的重要追求，这是中国教育许多问题的症结。

　　新教育人一直认为，教育是一个培养人的事业，是一个通过培养人、发展人，让人类不断走向崇高，生活得更加美好的事业。因此，教育最重要的任务，是塑造美好的人性，培养美好的人格，使学生拥有美好的人生。判断教育的好坏，应该从这样的原点出发；推进教育的改革，也应该从这样的原点开始。我们主张，应该让教师与学生过一种幸福完整的教育生活，就是基于这样的考虑。美好的人性，应该从幸福的童年开始。把童年和童心还给孩子，这是教育的基本要求，人的一生其实是围绕童年展开的。因此，给孩子多样化的教育，发现每一个孩子的世界，帮助他们获得多样性的发展，这是教育的重要使命。

我们认为教育生活之改造可以从以下三个维度切入。

首先，教师生活之改造，让教育获得生活的意义。教育是教师生活的核心内容，从某种意义上说，教师的日常生活外延几乎等同于他们的教育生活。鲁洁老师说："人总是在为自己的生活寻找更加合理的理由，更加美好的理想，不断去追寻更有意义的生活，不断提出改变现实的新的目标和要求，为使生活更有意义而努力。生活的意义内蕴于生活的实践之中，它是支撑生活不断向前的东西，意义始终伴随着人的生活。"而从现实的教育来看，教师的生活一直被应试教育所困扰着，"分、分、分，学生的命根；考、考、考，教师的法宝"。周而复始的工作方式和极度超负荷的工作强度使很多教师忘记了自己的生活意义，失去了创造力，丧失了自己表达的话语能力，也丧失了为人师表的尊严。改变教师的行走方式是新教育实验的宗旨之一，新教育实验提出要有效地促进教师的专业发展，提出要让教师过一种幸福完整的教育生活。新教育改变教师行走方式的路径是从读书开始，并且提出"专业阅读—专业实践—专业写作"的反思型教师生活方式。把读书作为教师的"法宝"，通过读书改变教师的生存方式、生活方式、生命方式，实现教育的生活意义。人的生活过程是一个不断发现意义、生成意义、实现意义的过程。

其次，学生生活之改造，让教育在儿童生活中展开。生活中的儿童是生动的人、具体的人、现实的人、生长中的人，尽管对儿童来说生活和存在的根本意义在于发展，但生活和存在的过程幸福及需要满足，依然是相当重要的。所以，教育作为影响儿童整个人生过程的活动，应向儿童的生活世界回归，帮助他们去"进入生活"，走进他们的"生活世界"，从而建立新的学习生活状态。我们需要用融通的思想把"教育即生活"和"生活即教育"结合起来，既要打开学校大门，让学生走进现实的新生活；又要催生社会关注教育，让社会现实也成为教育生活的投射。学校的生活本应就是新生活，我们需要帮助学生以一切可能的形式去实现他们自己，使他们成为发展与变化的主体，体验到现实生活的幸福与乐趣，进而帮助他们通过现实去寻求走向完人理想的道路。教育对人的影响是多方面的，教育是多种多样的。各种教育影响，诸如，德育、智育、体育、美育、劳动教育等，都化为丰富多彩的各具特色的智慧与精神进入儿童当下的生活，共同作用于儿童的生活世界。当不同学科知识、各种教育影响经过生活的整合而化为生机勃勃的精神进入儿童的生活世界并实现彼此融通时，就能打破各学科知识、各种教育间彼此的孤立，人所获得的不再是信息码的简单堆积，而是面向整个生活世界的精神整体。这样就实现了"通过树木见到森林"。人靠精神整合人的存在，人靠生活去整合教育影响来获得人的整体精神构建。新教育实验通过"六大行动"来实现对学生生活的具体改造，让教育整体地在儿童生活中展开，让儿童学会生活，去经历生活的一切，去创造生活。同时，在这个过程中，使儿童的生活内涵不断丰富，生活视野不断广阔，生活世界不断充盈；使儿童学会感受生活、欣赏生活、享受生活，获得生活的意义；使儿童的生活品质不断改善，生活境界不断提升。儿童凭借它走向积极的新生活，践行充实的人生。

其三，师生共同生活之改造，让教育生活幸福而完整。教师和学生自然形成了交往实践共同体，教育生活始终是共同体行为。但是，从个体到共同体，需要一个交往整合的过程。首先要使个体生活的内容适度共同化，这就需要打破固有的共同体习俗，使新的内容不断取代或充实共同体原有的生活内容。其次，个体生活形式向共同体生活形式、规范的转型。其三是个体生活关系向共同体生活关系整合体转型。其实，不管是教师还是学生，作为一个个体，他都会在教育共同体生活中，不断调整自我、变革自我、完善自我，以价值新我取代现实旧我，以新价值取向、生活人格、生活观念和行为、方式来构建新的生活存在，然后重构交往结构，甚至重构共同体的全部交往结构。教育生活正是在这种"主—客—主"的双向建构、双重整合中不断得到重建的。当然，在重建的过程中，必须认真审视和研究重建的合理性问题和重建的机制性问题。这是教育生活意义实现的关键性问题。新教育倡导"师生共读共写共生活"的改造愿景，就是在师生共同阅读的基础上，通过教育日记、教育故事、教育案例分析等形式，记录、反思师生的日常教学生活，促进教师的专业发展和学生的自主成长。"师生共读共写"倡导师生立足于每一天的教育、学习生活，在写随笔（日记）的过程中，体验生活，反思自己，促进超越自我。当然，写只是形式，但写带动的却是阅读，是思考，是实践。

阅读滋养底气，思考带来灵气，实践改变生活。教育随笔还应该实现"讲教育故事"向"教育叙事研究"的发展，能够从自己所研究的教育经验中，解读出"学术与理论"的意义，关注教育实践中的细节，使日常经验获得重新理解，促使教师体认日常教育生活的文化处境、思维方式和价值观念，从我们自身的实际出发，真正变革当下的教育生存状态。师生共读共写，就是要让师生共同享受生活。共读，就是共同生活，就是创造共同的语境。在共读的基础上共同写阅读体会，教师写教育随笔，学生写读书日记。教育随笔是教师进行思考和创作的一种形式，是"批判反思型教师"成长的必由之路。对于学生而言，日记可以记录成长的履痕、反思自己的行为、倾诉心中的秘密。这是一个心灵的窗口、灵魂的寓所、青春的阳台，是一笔人生的精神财富。无论是教师还是学生，为了写得精彩，就必须做得精彩、活得精彩。慢慢养成习惯，阅读、思考、写作便成了教师和学生终生受益的日常生活方式。

当然，新教育的共同生活愿景远不止于此，我们还倡导师生共实践，让实践成为师生的生活特质；师生共运动，让运动成为师生的生活习惯；师生共表演，让艺术成为师生的生活情趣等等。教育要改变师生现实的片面生活，为他们重建有意义的生活方式，赋予教育的生活意义和生命价值。在师生共同生活的改造中，让师生真正过一种幸福完整的新生活。同时，教育生活之改造还包括家庭、社会生活的改造，新教育有一个重要的使命，就是通过建设书香校园，来带动家庭、社会，建设书香家庭、书香社会，进而实现社会生活之改造的宏大理想。

# 二、走向新生活的教育

联合国教科文组织国际教育发展委员会的著名报告《学会生存》在谈到学校教育时指出：儿童的人格被分裂成两个互不接触的世界——"在一个世界里，儿童像一个脱离现实的傀儡一样，从事学习；而在另一个世界里，他通过某种违背教育的活动来获得自我满足。"造成这种状况的原因是多方面的、复杂的，其中一个重要原因可以归结为长期的封闭式的教育，使之成了"笼中之鸟"，严重地脱离现实生活。学生接触社会后发现社会中的"现实规范"与学校灌输的"理想规范"之间存在着强烈的反差，会感到茫然若失，无所适从，产生心理上的错位和变态。用这种教育模式培养出来的学生，即使打开笼门，他们也没有胆量和能力展翅翱翔。

当然，我们丝毫不怀疑这一封闭的教育背后所蕴含的善良愿望——尽可能使儿童在"净土"中免受不良影响。然而，在这一善良愿望指导下的教育实践无异于让儿童在床上练习游泳，一旦下水，结果可想而知。学校不应该也不可能把儿童与鲜活的社会生活隔离开来。事实上，从学生学的角度看，教育是与人们的生产、生活过程融为一体的，但这种原始教育是以非主体的形态附属于隐含于生活世界之中的。制度化教育产生以后，特别是进入现代工业文明以来，教育越来越从生活世界中分离、孤立起来。飞速变化的社会生活越来越强化教育的工具价值，教育也越来越成为封闭化的制度体系。当代社会中的利益冲突、技术异化以及人与人的疏离，造成了教育在生活中日益失落，大大削减了教育在生活中的地位，削弱了教育对生活的吸引力，使教育缺乏了对生活的魅力，加大了教育与生活的距离。现代教育要走出困境，就应回归生活，教育只有植根于生活世界，才能具有浓厚的基础和强大的生命力。我们完全可以这样说：生活的外延有多大，那么教育的外延就应有多大。生活世界是教育的根基，因为生活世界是蕴藏着丰富的价值和意义的世界，它在形式上似乎表现为平凡、琐碎和世俗，但生活的价值和意义却泛化地存在于其中。人们在具体的生活中能够探寻和感悟到其中的乐趣、价值和意义。同时，生活世界能够帮助儿童确立生活信念，它是构成儿童的各种素材的主要来源。另外，人类的精神世界也不是凭空构建的，它需要有一定的基础，而这个基础是受教育者所处的生活世界。生活世界为儿童的成长提供了必不可少的背景性知识。如果没有生活世界，儿童对生活、人生及世界的真切认识便无以形成。因此，教育应该把儿童引向现实的生活世界，引导儿童去积极构建个人完整的生活经验，追求生活的幸福和完整，在幸福完整生活的构建过程中同时实现教育目的。"过一种幸福完整的教育生活"是朱永新教授倡导的新教育的目标，他认为这句话有这么几层意思：一是教育就是生活；二是教育同时是一种特殊的生活；三是教育生活应该是幸福的；四是教育生活应该是幸福完整的。这应是我们教育人共同追求的最高境界。这里的教育生活就是新生活，这样的教育就是新生活教育。

当前有两本"教科书"同时在对学生的成长产生着影响。第一本是学校教科书，其中不乏时代和历史的局限，如对学生要求过高，不分层次，与飞速发展的社会现实脱节；第二本是"生活"这本教科书，由家庭影响和家长身教、社会交往、大众传播媒介等组合而成，反映了生活中各种价值观念的矛盾冲突。令人担忧的是，第一本教科书显然跟不上第二本教科书的急剧变化。教育要植根于火热的现实生活和儿童特殊的生活世界里，儿童既是学校教育的主体，也是其日常生活的主体，其特殊的生活世界是社会现实生活的一部分。我们当下的教育需要克服现行教育脱离儿童生活实际的问题，以日新月异的现代社会为背景，在生活教育的总框架内，进行新的统合。我们倡导的新生活教育的行动口号是："我们爱生命，我们爱阅读，我们爱运动，我们爱艺术，我们爱实践。"为此，形成了系列的主题性校本课程和主题性文化周活动，以主题来统领，以精神来汇通，来实现对学生生活的具体改造，让教育整体地在儿童生活中展开。在整个展开过程中，主要通过新教育实验的营造书香校园、师生共写随笔、聆听窗外的声音、培养卓越口才、构筑理想课堂、建设数码社区等六大行动来贯通，让儿童学会生活，学会去生活，去经历生活的一切，去创造生活。同时，在这个过程中，使儿童的生活内涵不断丰富，生活视野不断广阔，生活世界不断充盈；使儿童学会感受生活，欣赏生活，享受生活，不断领略生活并获得生活的意义；使儿童的生活品质不断改善，生活境界不断提升，应对变化的生活境遇的生活智慧与生活精神不断充盈。儿童凭借它走向积极的新生活，践行充实的人生，生活得更好。事实上，我们现实的教育并没有真正使儿童生活得更好。当然，这可能永远只是一个过程，教育生活之改造应该是一个永恒的命题。因为我们的生活本身就一直在变化中，在发展中。

我们主张的新生活教育是通过生活的教育、关于生活的教育、为了生活的教育、创造新生活的教育。我们要教育儿童热爱生活、了解生活、适应生活、创造生活，做现代生活的小主人。根据可以预见的未来生活图景，指引儿童的生活方向，全面培养适应未来生活所需要的各种素质，使儿童能够迎接未来、驾驭未来、创造未来。

# 三、新生活教育行动研究

纵观古今中外，关于生活教育的论述和思想可谓源远流长，在西方法国启蒙运动的巨匠卢梭的自然教育（实际上是较早的生活教育理论）和美国现代教育家杜威提出的"教育即生活"思想最有影响，在我国陶行知先生提出了"生活即教育"思想，更对中国的教育产生了深远的影响。

2005 年初，我们学校全面启动了新生活教育行动计划。新生活教育强调教育要直面新生活，通过新生活来教育儿童。新生活教育不仅要关注现实中孩子的生存状态，关心他们的生活方式，关怀他们的生活质量，还要关怀孩子未来应该怎样活着，关怀其理想的可能生存状态、生活方式。新生活教育中的"新"，这是在对当前教育发展的现实状况和社会发展的基本方向进行分析之后对原有"生活教育"的一种融合和重组。

我们围绕"让每一个学生喜欢阅读，让每一个学生喜欢艺术，让每一个学生喜欢运动，让每一个学生喜欢实践"这四大行动纲领展开了一系列的研究。特别是阅读挑战行动的展开，亲子阅读氛围的形成，校本阅读课程的建设，体育文化周和球类俱乐部的活动，东小吉尼斯擂台的比武，"六一"文化周的开展，使学生拥有了更丰富的校园新生活。在新生活教育背景下，学校又重构了新的管理制度。周联席会议制度下的周周一张新课表，为新生活教育行动的顺利进行，提供了开放、灵活的机制平台。目前，学校的新生活教育正在四大行动纲领的引领下，以新德育和新课堂研究为主攻方向，使新生活教育研究有一些突破性的进展。

**（一）以学生德性的健康发展为中心，构筑新德育的有效运作系统。**

长期以来，德育的针对性和实效性一直困扰着基层教育工作者。我们全面推进了"我能做"行动计划，使其在学生德性的养成上发挥积极的作用，并在此基础上构筑起学校新德育的有效运作系统。主要包括以下一些内容：

1. 教师在"我能做"中与学生一起成长。

学校建立了"新德育"工作联席会议制度，每月初以年级为单位，形成新德育研究团队，所有任课老师以"我能做"为主题，共同交流实施办法、收获与经验，研究学生德性的成长规律，商讨解决问题、沟通与合作的办法，使每一个老师都建立起强烈的以德育人的意识和使命感。让"天天感动学生"真正成为每一位老师的行动指南，成为教师职业道德的水平标尺，成为老师与学生一起成长的金钥匙。

2. 让习惯在纪律的约束下逐步形成。

学校组织各个部门、各位老师共同梳理学生在校生活、学习的制度章程，有针对性地建立各种新纪律规则，并作为"我能做"的行动系列上墙宣传。比如：教室、活动室、厕所、走廊、操场等，只要学生能到的地方，都必须清楚地告诉学生应该怎样做，不应该怎样做。让学生知道时时处处都要接受纪律和制度的约束，只有在这一前提下的自由，才能是真正的自由，从而让学生逐步养成良好的文明行为习惯。

3. 让每一个学生成为一名合格的小公民。

公民教育应该成为新德育系统中的核心组成部分，学校利用品德与生活、品德与社会等课程，以"我能做一个合格的小公民"为主题，开展系列主题性的公民教育活动，让学生不仅了解自己应享有的权利而且明确自己应履行的义务，在成长的过程中获得一种自觉意识。以"尊重"和"责任"为核心要素，在具体的行动中，培养学生的公民意识。

4. 形成比较完善的自主德育管理体系。

以少先队组织为学生自主德育的载体，以"我能做"为主题，以学生个体和团队为单位，由学生们自己列出自理、自治的内容，组建自我管理的机构，少先队总部的大队委员负责检查、监督，每月组织交流活动等。班主任、辅导员老师负责指导和帮助，做到以班级为单位每周一反思，以年级为单位每月一集会，期末，以学校为单位进行全校性展示、总结、交流。

5. 使主题德育课程建设与活动德育有机结合。

学校协调各方力量，系统梳理海门各地可利用的教育资源，开发成系列化的综合主题课程。组织实施"小社会"教育专题，容纳环境、社会、自然、动植物、安全、税务、保险、法制、政治等各种专题教育内容，以"学会关心"为价值导向，在"我能做"的主题引领下，开展丰富多彩的主题活动。使学生关心自己，关心家人、同学和老师，关心他人，关心社会，关心其他物种，关心地球的生活条件，关心真理等。另外，学校组织德育团队，开发关于"爱"的系列课程（包括爱的行动、爱的故事、爱的歌声）等，培养学生的同情心，让每一个学生拥有一颗善良的心。通过扎实的德育实践，使真善美得以在生命中彰显，使儿童的道德生命得以自由生长。

6. 让家长在新父母学校里与孩子一起成长。

学生德性养成的重点在家庭，学校组织的自主德育、活动德育要获得良好的效果，一定要协同父母的力量。需要在真实的生活中，获得真切的体验，才能让学生获得道德的认同感，形成稳固的良好的行为习惯。教师进行全面的家访，走进学生的家庭，与父母深入沟通与交流。学校成立了新父母学校，聘请著名家教专家为家长上课，使全体家长都到新父母学校轮训一遍。让家长们了解"我能做"计划，支持"我能做"计划，成为"我能做"计划的参与者、合作者。让家长们在新父母学校里成长，在生活中与孩子一起成长。

教育的真谛是培养学生的良好习惯，长期坚持，必能见效。我们在行动中不断完善新德育的运作系统，用信心来培养信心、用坚持来培养坚持、用爱心来培养爱心，用我们崇高的道德理想培养同样具有崇高道德理想的新人。

**（二）以学生的主体学习能力为目标，构筑新课堂的实施范式。**

新生活教育行动的重要追求是要融通"教育即生活"和"生活即教育"的两大重要教育思想。我们建设了在新生活教育理念下的新教室。新教室的"新"首先表现在资源的丰富性，其次是展示空间的多样性。学校组织了各门学科老师共同来设计、配置新教室的各种资源，使教室成为名副其实的资源中心。更重要的是要研究在新教室、新资源的环境下，新课堂的实施模式。随着教室资源的大量丰富，教师的教学方式、学生的学习方式都应该发生重要的改变，我们期望的新课堂是开放的、活动的，充满着学生创新智慧和个性张扬的课堂。课堂的小组学习活动能够逐步体现分层的思想，这种分层要更多地体现在学习内容的难易度和选择性上，科学地进行分层学习、分层辅导、分层作业、分层讲评等，把小组学习研究推向更深层次，使教学的内容和方式更适合学生的个性化发展需要，从而促进学生主体学习能力的充分发展。

1. 让阅读成为生活方式。

随着学校新图书馆的改造，学生的阅读环境得到了很大改变。学生每周都到图书馆借书，每周都到图书馆上一节阅读指导课。图书馆双休日免费对学生开放，欢迎家长带学生到图书馆借书和阅读。语文老师共同开发校本阅读课程，重点开发经典作品的辅助阅读材料。探讨如何用语文课堂的方式，提高精读的水平，形成课堂精读和课外泛读相结合的阅读教学方式。把家庭阅读、学校阅读、亲子阅读、师生阅读、挑战性阅读、研究性阅读、兴趣性阅读等各种阅读形式用活动和制度的方式组合成系统的校本阅读课程新体系，使其成为学校阅读文化的核心内容。通过每半年一度的读书节，充分展示学生、老师、家长们的阅读成长过程和成果。努力追求让阅读成为学校老师、学生、家长的生活方式的新境界。

2. 让实践成为生活特质。

实践是社会生活、学校生活、课堂生活的关键连接点。我们用实践的思想来构筑学生的新课堂，使课堂成为学生动手实践、主动发展的中心舞台。我们还把课堂搬出课堂，走进真实的生活，踏进复杂的社会，让学生去探究，让教育回归本真。这一实验板块的重点是在数学、科学、社会、综合实践活动等课程的校本建设和实施上。为此，我们把教室资源、学校资源、社会资源、网络资源等进行系统梳理，用"大主题引领、多课程整合"思想，为学生创造新生活的实践舞台，不断提高课程的实施水平和效率，使学生的创新思维能力、动手实践能力、认识多样世界、多元社会文化等多方面能力得到培养。

3. 让艺术成为生活情趣。

全面启动艺术课程的整体改革，在低年级重点进行主题性艺术课程建设和实施，把音乐、舞蹈、戏剧、美术等进行大综合，中高年级把主题性艺术课程与个性化课程相结合，通过周课程计划的灵活调整，使艺术课程的实施向生活、向经典、向文化、向学生的艺术素养和个性发展充分开放。同时，还与少年宫的艺术兴趣活动相沟通。成立东东艺术团，精心挑选艺术苗子，常年坚持艺术基本素质的培养，使艺术教育成为一项坚持不懈的工作。用我们的信心和恒心，让学生养成终生受益的艺术涵养。

4. 让运动成为生活习惯。

学校体育组进行了以球类为主的体育课堂的校本课程建设研究，体育老师要很精致地设计好每一堂体育课，逐步形成以球类为主的体育校本课程实施的课堂基本活动模式。同时与课外的球类俱乐部活动和大课间活动相沟通。精心策划，启动球类俱乐部联赛，建设好学校体育俱乐部文化。精心指导大课间活动，使学生的课间生活丰富多彩。细致筹划体育文化周活动，让人人成为运动员，个个都有得冠军的体验。

**（三）以学生和教师的精神状态为基点，构筑新制度的各项策略。**

重视师生的精神状态是新生活教育行动的指导性理念，为此，学校从制度层面上进行了大胆突破，用新制度来构筑新平台，使智慧管理走向更高的人文境界。

1. 信息技术教育平台。

建设以综合主题与信息技术技能学习相结合的校本化信息技术课程，同时把信息技术教育与各门课程学习结合起来。一学期 40 课时，其中 20 课时，由计算机老师与班主任共同设计综合主题性学习活动；另外 20 课时，计算机老师与学科老师合作设计信息技术与学科课程整合的学习内容。在建设好"两院"（教学设计院、课程与教学研究院）、"两中心"（课程资源中心、教师发展中心）平台的基础上，组建新的教师、学生、家长可以共同参与的立体式网络交流平台，探索网络讨论组学习方式。建立新生活教育学科教学案例资源库，提高网络交流的质量和效益。

2. 教师专业发展平台。

学校建立了新的教师工作日记制和教育故事周记制度。为每位老师配备工作日记本，教师把每天的重要工作及时记录。同时，养成周周反思的习惯，把一周中值得记录的教育故事写在"新生活教育在线"和个人的博客网站上。进一步梳理新生活教育专题研究团队，除组建各个年级和艺术、体育、综合实践等专题团队外，还成立班主任与德育工作研究团队，建立严格的活动制度，确定团队活动的专题、形式、时间等，使团队活动成为学校教师专业发展的重要平台。教研组和备课组活动充分整合，保证语文、数学周周有研究课，其他学科双周有研究课，围绕新课堂建设，展开深入、细致的研究，以取得实质性的研究效果。

3. 课程与教学实施平台。

计划是成功的预言。学校充分重视学期课程计划的制订，特别是各个校本化的研究专题，一定会在学期初全面落实，并把相关主题内容、背景资料布置上墙。在周联席会议上，除编制好下一周的课程计划外，重点研究一些合作性的专题内容，并有详细的内容安排。同时，新德育、新课程、新资源的建设都成为周联席会议交流的内容。周联席会议采取年级组长负责制，学校行政插入分管制，以保证每一次活动的质量。

4. 师生校园生活平台。

伴随着新德育、新课堂的深入研究，新制度的不断创新，师生们的学校生活正发生着较大的改变。学校建立了教师喝茶聊天室和活动俱乐部，还为学生创造了更丰富的课余生活，如东东电视台、广播台、小主人报等，并积极开拓更广阔的发展平台，比如建立小主人报记者站、新生活教育网上学生论坛等，让师生拥有多彩的校园生活，共同追求幸福、快乐的新生活。

新生活教育就是要引导儿童走向现实新生活，要不断重建他们的学习新生活。使"生活即教育""教育即生活"得到合理的沟通。新生活教育就是要把儿童从书本和经典的禁锢中解放出来并放飞到新的生活中，为他们搭建一个文化的舞台、智慧的舞台、信念的舞台，让他们在充满现实感、生活感的活动中，在处理与自然世界、社会世界的活动中逐步认识自己存在的价值和意义。新生活教育是一种享受的教育，让师生一起享受新生活，创造新生活；新生活教育是一种幸福的教育，让师生一起体验生命的活力，提升生命的质量；新生活教育还是理想的教育，让师生一起实现今日的理想生活，走向明天的理想生活！

# 四、建构学校新文化　创造校园新生活

　　中国 20 多年的改革开放，在物质经济快速发展的同时，也带来了人们传统价值观和生活方式的彻底变革，它实现了一种文化的转型，也普遍出现了金钱拜物心理和一味追逐经济实惠、眼前利益、自我价值的实现等现象，对于绝大多数中国人来说，精神价值似乎永远不可能再成为首要的追求目标了。这与 19 世纪晚期，美国等西方发达资本主义国家实现了工业化以后出现的社会矛盾和危机，比如贫富分化悬殊、精神文化堕落等是如此地相似。美国的进步主义运动正是在这样的社会背景下产生的。他们主张反对经济垄断，要求改善贫困状况，主张缓和劳资关系，更新人们的思想观念，从而克服社会进步过程中的困难，并为社会进步提供新的活力。在教育上，出现了帕克、约翰逊、杜威等进步主义教育家，他们主张：突出经验的重大意义；强调教育与生活的联系；明确儿童的中心地位；主张"从做中学"等（朱永新，《朱永新教育文集·反思与借鉴》，人民教育出版社，2004 年 8 月版），从而发挥教育在建立民主和进步的社会中的作用。

　　针对中国社会发展的现状，中央领导高瞻远瞩，科学定位。胡锦涛总书记在 2004 年"人口资源环境工作座谈会上"明确强调坚持以人为本，全面、协调、可持续的科学发展观，要求牢固树立以人为本的观念；节约资源的观念；保护环境的观念；人与自然相和谐的观念。建设和谐社会已经成为人们的共识和迫切需要。中国的新一轮基础教育课程改革把"为了每一个孩子的发展"作为核心的理念。著名学者朱永新教授倡导的新教育实验提出了"为了一切的人，为了人的一切"的核心理念，新教育实验主张以人的个体生命为本位，追求从知识的人本化和学习的人本化出发，引导教育圈中每一个人发展个性，舒展自我，在教育中将人提高到"人"的高度，最终把人"还原"为"人"，达到人的"自我实现"。

我们的学校新文化建设就是基于对社会历史、政治、经济、教育等背景认识的基础上，力图建构起一种充满着对生命的关爱的学校新文化，它应该反映了教育对生命意义的重新认识，使我们的学校新文化充分理解生命、尊重生命、关爱生命，在更高的层次上关注以人为本。可以说学校新文化的建设过程是一种人性化、人道化、人文化的过程，它涉及儿童的整个生活世界，为儿童获得一种新的生存方式和精神力量，并且接受生命和人生价值的启蒙，营造一种适合于儿童生存和享用生命的精神乐园，架起学生幸福成长的文化桥梁。这是建设学校新文化、创造校园新生活的价值追求。

如果对传统形式化的校园文化功能和作用，进行一次重新审视和实践批判的话，我们是否可以这样辩证地看问题：一方面许多学校的美丽校园，充满着人文气息，发挥着对学生潜移默化的教育和文化濡染作用；另一方面，这种外在文化魅力的持久性和深刻性却又是值得反思的，特别是当学生对这种"美丽"熟视无睹的时候，对美丽的付出与回报就已经不再一致。所以，我们更需要追求一种内涵文化的永恒性。这种永恒性可能表现在教师和学生现在以及未来一生的创造性，他们精神生活的多样性，比如人与人之间的爱以及对自由和信仰的追求等等。

马克思主张：自由就是个人的意志自由、个人才能的尽情发展。自由意味着独立自主、自我决定；自由意味着是一种责任；自由意味着奋发有为的进取精神；自由同时必须是有限制的；自由应该建立在承认和尊重他人同样权利的前提下。可见，原本传统的知识文化已经不能适应人们对自由的追求了。知识文化需要走向一种新的智慧文化的境界。这就意味着学校新文化的建设，其中必须解决好知识传授与智力开发之间的关系，以防止二者脱节。学校新文化需要用智慧来统领知识，使知识与智慧、科学与人生和谐统一。在这种新文化思想的指导下，展开我们的新教育实验，不断为学生重建学习新生活，并通过今日之新生活教育，使学生追求明日之新生活，在一生中获得一种新的生存状态。

那么究竟怎样才能达到以上理想目标呢？笔者对此有以下五方面的设想与实践：

**（一）建构阅读课程文化，让学生获得人生的智慧。**

阅读学习应该成为现代人的一种基本生活方式。它不仅是生存的需要，并且也是享受的需要、发展的需要。让阅读成为儿童获得幸福感的主要源泉，成为获得自觉学习意识的重要途径，成为智慧生成和智慧发展的关键要素。为此，我们制订了"打造书香校园，阅读引领成长"规划，从多年前的广泛阅读行动开始，到现在的阅读课程文化建设，既把阅读作为学生语文学习的核心环节，又把它作为促进孩子精神成长的有效方式，作为文化传承的重要途径。在小学阶段培养学生的阅读习惯会使他们终身受益。我们朝着"让每一个学生喜爱阅读"的目标，创造一个充满浓郁文化气息的"书香校园"，让师生亲近书籍，享受阅读的乐趣，陶冶高尚的情操，获得智慧的启迪，汲取成长的养料，使阅读成为师生最为自然的生活状态，让阅读引领师生生命的成长，用阅读让师生的精神亮丽起来。

"书香校园"是一种文化氛围，是一种整体风貌，是校园气质的集中显现。师生徜徉其间，浸润其间，自然便能领略到其中的文化魅力，感受到她浓浓的人文气息。为了让学生能更好地走进"阅读"中去，我们应当充分开发和挖掘各种阅读课程资源，并进行有效地组织和管理，改善学生的阅读环境，让每一个孩子都能走进书中。我们把图书馆改造成学校资源中心，建设电子阅览室，开发和利用网络阅读资源。图书馆就是教室，老师经常组织学生直接在图书馆上阅读课，在图书馆进行主题性研究，开展探索性活动，在图书馆收集、整理、加工资料等。另外教室也变成了阅览室，每个教室有充足的适合该年级阅读的图书，孩子们随时可以有书读。图书馆和教室相互协调沟通，让孩子们天天读不同的书，天天有一个新的世界呈现在他们面前。同时，我们还倡导建设书香家庭，帮助家长指导孩子阅读，组织阅读挑战行动，举办读书周活动，由此构建起来"学校—班级—家庭"三位一体的读书乐园，以充分满足学生阅读成长的需求。

如何有序而且富有成效地开展读书活动，是摆在我们面前亟待解决的问题。为了给师生搭建阅读交流的平台，将读书活动持续深入下去，我们组织内容丰富的读书会，如班级读书会、亲子读书会、教师读书会等。为了让学生进行更广泛的、个性化的和富有质量的阅读，我们开展丰富多彩的读书活动，通过活动让学生感受读书的重要、读书的快乐与幸福。如组织阅读挑战活动；举办学校"读书节"；举行儿童文学家报告会；邀请部分家长参加由"学生、教师、家长"共同组成的阅读交流活动；教师带领孩子们去"逛"书店；指导学生建立"阅读个人档案"等。还通过广播、东东电视台播送优美的散文诗歌、经典的小故事。推荐好书新书，报道学生中爱读书的榜样，现场直播读书活动等。营造出浓郁的读书氛围，唤起学生对阅读的关注与喜爱。从而提高全校学生阅读的积极性，养成良好的阅读习惯，提高阅读和写作水平。

"书香校园"绝非只是一种时髦，它需要我们苦心经营才能为学生打造持久而绚丽的阅读时空。我们改革语文课程内容结构，改革阅读教学，加强课内外阅读指导，指导学生制定读书计划，选择精致的"文化点心"。特别是为这些"文化点心"设计专题的阅读训练项目，从字、词、句、篇章以及听、说、读、写等方面逐步建构起以名著为精读范本的阅读课程新体系，并辅之以学生自选泛读目录，形成个性化的阅读空间。

在阅读课程文化建设的过程中，我们特别注重建立多元的阅读评价体系，让学生品尝阅读成功的喜悦，激发学生阅读的兴趣而乐此不疲并持之以恒。我们确立的阅读评价基本理念是：在评价中激发学生阅读的兴趣和热情；在评价中指导学生阅读的方法和策略；在评价中培养学生阅读的习惯和能力；在评价中注重丰富性、多元性和全面性。老师们采用的主要方法有：以学分制评价阅读成绩；建立"阅读之星"表彰制度；结合活动进行评比；每学期进行金、银、铜奖的评定；落实阅读标兵购书制度等。学校还根据各个奖项分别设置了相应的评价标准。通过多样化的评价活动，可以让孩子们与书籍走得更近，形成一种健康向上的"阅读场"。

后现代主义呼吁开放的课程体系，他们强调课程应该具有丰富性、循环性、关联性、严密性的特征。我们的阅读课程文化建设正是印证了这一理论。教师是课程实施者，更是课程的创造者与开发者。"在文化的传播过程中，人们总是根据自己的经验和价值重新界定和认识文化，它不仅是在估价和确定某种文化价值，而且还有增殖和繁衍新的文化的意义"。新课程赋予了基层一线教师一定的课程权力，让教师可以自主进行阅读课程的设计，那么教师的个人经验、知识、价值观念、爱好、情趣等因素必定对阅读课程的文化定位产生重要的影响，特别是教师的哲学思想，会更深刻地影响着阅读课程设计的方向。阅读课程文化的建设得以让学生与人类的崇高精神对话，以书中的智慧培育孩子们的智慧，它应成为学校新文化建设的核心追求。

**（二）建构校园"吉尼斯"文化，让学生确立自信的品质。**

信心是催生办法的心理基础。有了信心，就能积极主动地思考，深入细致地分析，勇于大胆地克服面临的困难，特别是敢于用创新的方式来解决遇到的问题。每个人总会遇到各种大小不同的问题，不同的处理方法就会带来完全不一样的效果。所以，从小就注重对学生自信心的培养，显得尤其重要。

我们依靠文化自信、文化自觉和文化个性的理性思维，重构学生的心智模式。在实践探索的基础上，逐步建立起了校园"吉尼斯"文化。结合学校"六一"、"元旦"庆祝活动，集中进行校园"吉尼斯"大擂台挑战、颁证活动，具有时效性的项目不规定具体挑战时间，统一在接到申报、核实后的两周内进行。校园"吉尼斯"总部在全校所有班级、个人申报项目的基础上，根据群众性、普及性的原则，选出校园"吉尼斯"记录的代表性项目，发动全体学生进行挑战。各班可以在班级内以中队、小队或个人名义征集活动项目，每班可申报项目数量不限，力求"百花齐放"。这是一个集体验教育、耐挫教育、特色教育、成功教育于一体的综合性、多领域的校园"吉尼斯"活动，旨在培养适应未来发展的复合型人才，鼓励全体学生从小热爱生活、热爱艺术、热爱运动、热爱思考，充满自信地面对各种不同的挑战，发现、挖掘和培养学生各方面的兴趣、特长、天赋和各种综合素质，让学生在活动中真正地唱起来、跳起来、笑起来，给孩子们一个真正挑战自我、展示自我的舞台。个性是教育的灵魂。教育的真谛就是充分挖掘每个学生的潜能，形成学生的独特个性。有个性的教育才是最好的教育。

"成功"是每个学生内心中掩饰不住的需要，而处于弱势群体的学生则更渴望成功。我们的校园"吉尼斯"大擂台活动中也特别关注那些处于弱势群体的学生们，为他们"量身定做"活动项目，让特殊的学生享受特殊的成功。"助你成功、祝你成功"，是我们的口号。我们还制订了专门的"我能做"计划，各门学科都根据其课程特点，开发"我能做"的专题内容。在"我能做"计划中将把确立信心、坚持不懈、充分准备、融洽相处四大内容作为核心的人文素质融化在教学过程中精心培养。从而使学生能够学会计划自己的时间、确立目标、独立自主、接受自我，并培养敢冒风险、吃苦耐劳、能宽容别人、善于合作的素质，相信自己的能力，愿意为成功付出努力。让每一个学生走向自信，做有信念的人。这样一种行动满足了学生的好奇心和趋优本能。特别是当校园"吉尼斯"和"我能做"成为一年四季的持续性活动和学校生活的主流文化时，它对学生自信、勇气、毅力等素质的养成发挥着重要作用。

成就任何一件事情，最终成功与否主要取决于坚持的程度。有一些学生在确定目标时，总是信誓旦旦，充满信心，但随着时间的推移，困难的增多，往往意志力就会消退，以至于最终不了了之。有的即使说完成了目标，其实却是含了许多水分。如果是一个意志力坚强的学生，不但会坚持不懈、持之以恒，而且会经常反思，总结分析，调整策略，不断追求新的目标，憧憬更美好的未来。坚持，就是要做到天天、周周、月月围绕目标的实现，一直不断地做一些艰苦的努力。在这个坚持的过程中，别人意想不到的奇迹就会发生，会有大大的超出原先目标的成功。校园"吉尼斯"文化的建设，就是希望学生明白在许多令人羡慕的成果背后是不懈的追求和艰苦的付出。反省是学生对自我目标和学习活动进行自我省察，检查实现目标过程中的状态和效果。自我调节则是反省以后找到适合自己个性特点的发展策略。自我控制是动机水平和学习心向的把握，涉及个人意志力，不断自我完善，最终进入一种不断追求进去的状态中。

校园"吉尼斯"是一种张扬个性的文化。在操作过程中我们注重追求人文化的自由人格，设计动态化、个性化评价方式，发挥激励性评价、肯定性评价在培养学生信心、勇气和毅力中的作用。信心是催生办法、敢于创新的心理基础。恒心则是任何一件事情成功大小的主要决定因素。有了信心又有毅力就能创造奇迹。

**(三)建构球类俱乐部文化，让学生形成精神的力量。**

从某种意义上说，好的精神素质可以成为生活的导向。那么这种好的精神素质是从何而来呢？对儿童来说，体能的发挥是他们的天性之一，因此我们要重视儿童的这一天性，为他们创造适当的体育活动天地，使他们在发挥和发展这种天性的过程中形成另一种使他们受益终生的精神素质。

我们以"让每一个学生喜爱运动"为目标，改革体育课和体育活动课，使它们逐步过渡到以各种球类为主的活动内容，开发以球类运动为主的校本体育课程，把学生身体的基本素质训练融合到球类运动的过程中。为每个班级配备各种大小不同的球，每天上下午各设20分钟的大课间活动，全体学生到大操场上自由活动。在玩球的基础上，三至五年级组建跨年级的俱乐部球队，成立乒乓球、羽毛球、篮球、足球、排球等俱乐部，周末经常举行球类活动和比赛。而且人人都可参加一支球队，推选自己心目中的队长，为自己的球队命名，提出自己球队的精神，设计自己球队的口号等，聘任有特长的教师作为该队的教练，教师也可参与其中，师生同队比赛等。在活动中，俱乐部成员要互相帮助、互相督促、共同提高，并要服从队长、教师、教练的领导与指挥。体育教师合理安排时间、场地和活动内容，组织形式灵活多变，设计的活动内容丰富多彩，充分发展学生的个性特长，让学生在运动中真正享受到成功的乐趣，逐步建设起多彩的儿童球类俱乐部文化。

"让每一个学生都参加一支球队"正成为学校体育的新追求、新特色。通过俱乐部的有效运作，保证全校每一个学生一学期至少能有一次机会代表自己的球队参加比赛，以培养学生对球类运动的兴趣，培养他们的自信心、进取心和合作精神，锻炼他们的意志力，促进学生身心健康成长，使学生在这种活动中获得良好的精神状态。

开发球类为主的体育课程可以让学生在愉快的氛围中学习所喜欢的体育课，给学生以自主创新的空间和机会，充分发展学生的个性特长。让学生在小学阶段就喜欢上一两项球类运动，为他们养成终身锻炼的习惯与意识打下基础，让他们一生中都拥有健康的生活方式。

球类俱乐部文化的建设，十分重视非同龄群体的合作，互相关心和帮助；重视团队精神的建设，有着良好的团队组织管理；重视活动过程的生成，在活动和比赛中，形成一种昂扬的精神力量和公平竞争的意识。让学生不断感受体育运动所激发的精神力量，在运动中体现儿童的自由、快乐与生命活力。

当儿童能够充分享有由体能发挥而带来的乐趣时，他们便从中获得一种更好的精神状态，而良好的精神状态则又进一步地推动着学生各项活动的发展。这就是所谓身体力量与精神力量的互相转化。自由精神对人生的价值不仅在于它是人类存在的必要条件，而且也是人作为一种智慧生物存在的必要条件，它同时也是人类智慧或真理得以生成和发展的催化剂。球类俱乐部文化的建设就是试图在这一意义上有所建树。

**（四）建构节日艺术文化，让学生积淀人文的涵养。**

艺术对儿童的心灵的塑造有着独特的魅力。艺术是人类精神生活的重要组成部分。它创造着幸福，滋养着人生，使生活绚丽而丰富多彩。引导少年儿童享受艺术的内涵与魅力，追求对艺术的理解与欣赏是学校新文化的又一境界。它是一种艺术与人生融为一体的境界，是精神生活达到某种审美层次的境界。

伴随着国家新课程的改革，我们开展了艺术主题大单元综合活动。根据国家新课程改革要求，综合地方特色资源并依据学生学习发展的实际情况，我们根据年级、学科特点，设计出不同的音乐、美术主题大单元综合活动方案，采用收集考察、主题研讨、创意设计、展览比赛、公益活动等形式，让学生在老师的指导下，互帮互学，人人动手，通过"思维体操"，创造出使人心灵手巧、勇于创新的大环境。"让每一个学生热爱艺术；让每一个学生喜欢参与艺术实践"，把美育内化为思想，转化为行动，并能迁移到其他课程的学习中去，形成形美于外、行美于中、心美于内的艺术人才新形象。通过"提倡多元化教育"、"加强过程性评价"、"创设开放的评价活动"、"组织系列艺术活动"等措施，完善艺术新课程的教学体系。真正将艺术教育改革落到实处，培养更多的具有创新素质的艺术人才。使我们的艺术教育真正适合每一个学生的发展。让学生在领略艺术的神奇魅力和享受精神世界的无穷奥妙的同时，树立远大理想，充满朝气地去演绎生活，在快乐中和梦想一起飞翔！

文化是一个积淀的过程，学校在前几年艺术个性化课程研究的基础上，进行了有主题的艺术文化活动的研究与探索，以戏剧表演为载体，举办人人都能参与的"六一"艺术文化节，以班级为单位，让所有的学生都参加编写剧本、设计台词、编排动作、制作道具等演出的准备工作。同时，每月举行月月书、月月画学生书画作品大征集活动；不定期举办小制作、小发明、摄影、剪纸、泥塑等比赛活动；建立名曲、名画、名著欣赏专题网站，开展知识竞赛。活动结束后除评出团队优胜奖外，还将评出个人（小组）单项奖，真正让每一个学生都有机会展示自己的特殊才艺。这种以校本化、专题化研究为特征的艺术综合活动，拓宽了学校艺术课程的领域，丰富了学校的新文化，为发展学生个性，提供了多彩的平台。

我们学校有少年宫这一得天独厚的优势。在少年宫的管理上实行社团制、俱乐部制、导师制。社团制形式是以培养学生兴趣为基础，以发展学生个性为目标，让每一位成员既是学生又是老师。在不同年龄、不同能力的学生组成的这一教育团队中，贯彻能者为师的原则，共同完成教学任务。能有效确立学生在教学过程中的主体地位就能改变传统课堂制的教学形式，为学生走向社会，在丰富多彩的活动中增长知识提供了可行性方案。俱乐部制是少年宫活动向休闲型、游戏型方向发展的需要。寓教育于游戏之中，为孩子们创造一个自由发挥的空间。用俱乐部的形式把少年儿童组织起来，开展有益的活动，将大大有利于他们身心健康的发展。比如，我们有"故事大王俱乐部"、"少年航天爱好者俱乐部"等。导师制是少年宫培养学生个性的需要，也是培养优秀学生和艺术科技尖子人才的需要。采取导师制的教学方法，有针对性地精心培养，为有天赋和特殊才能的学生提供一个优越的发展空间。

学生在独立自主的活动过程中，特别能够锻炼各方面的能力，并且也学会与他人协作和关心团队成员，培养团队精神。少年宫成立了东东艺术研究院、东东艺术团、东东书画社等，为了妥善保存学生的优秀艺术作品，记录学生的艺术发展轨迹，我们还成立了"东东收藏社"，并定期举办作品展览，使艺术课堂上的综合化学习与艺术活动的个性化发展相得益彰，相互辉映，为学生全面而具个性的发展提供优质的教育环境，为学生精彩的"艺术化人生"积淀了的经验。

**（五）建构综合主题文化，让学生打开世界的窗口。**

当今世界，科学技术突飞猛进，信息技术的广泛运用越来越深刻地改变着人们的生产、生活和学习方式，世界各国之间相互交流已经变得非常的方便和迅疾。特别是经济全球化必然带来文化上的国际理解问题。对本土文化和异域文化之间的了解和理解，是解决文化冲突的重要途径。

为此，我们设计开发了综合主题课程，打破学科间的界限，构建综合主题活动系列课程。这个课程联系所有学科，容纳各门学科内容，扩展世界多元文化学习，由各学科老师通过合作研究的方式确定各板块的内容和活动设计。形成一至六年级以本土文化和异域文化学习为重要内容的综合主题校本课程。把"人与自然"、"人与环境"、"人与资源"、"人与社会"的和谐统一作为两种文化的沟通渠道，在实践中不断修正，增加新的内容。课程实施采取合作教学模式，使综合主题研究活动走向一个新的发展阶段。让学生在学习的过程中不但了解自己本土文化和异域文化的特征、渊源，理解各种文化的差异，乃至学会欣赏、吸收异域文化的精髓来丰富自己的本土文化。

另外，我们构建了新生活环境下的大德育综合课程，以"爱"为出发点和归宿点，用"天天感动学生"的服务理念，贯穿整个教育的过程，形成系列的"爱的课程"、"爱的行动"、"爱的故事"、"爱的歌声"等，使真善美得以在生命中彰显，使儿童的道德生命得以自由成长。这是世界道德文化的共同特征。

我们还开发了系统完整的小学阶段的信息技术技能学习与综合的研究性主题活动相整合的校本化信息技术课程体系。计算机老师和学科老师共同参与课程的开发，定期沟通研讨，合作授课。把计算机技术学习融合到一个个综合化的主题性文化活动中。在综合实践活动中使信息技术和研究性课题的学习自然融合。同时，我们还着力研究信息技术与各门课程教学整合的研究，重点进行网络文化的研究，全面丰富各门课程的网上资源库，提高网上资源的利用率，在实践中形成信息技术与课程整合的教学新模式。开辟英语网上论坛，组织教师与学生经常与国外学校在网上交流研讨，使我们的信息技术教育与世界发达国家学校同步发展，让老师和学生们拥有开阔的国际视野。

从"文化人"的角度来看教育，既然人是文化的产物，人性就是文化性，那么教育从其基本意义上说，就是一种使人"文化化"的过程。正如斯普朗杰（Spranger, E.）所说："教育也是一种文化活动，这种文化活动指向不断发展中的主体的个性生命生成，它的最终目的，是把既有的客观精神（文化）的真正富有价值的内涵分娩于主体之中。"教育作为一种人道主义事业就应该关注具体历史文化时空中的人，就应该帮助学生理解多元文化背景中人性的多样性，克服种种的文化中心主义，真正学会尊重和欣赏异文化中的他者。我们通过构建综合主题文化，希望建立一种与自然、生态和环境相和谐的新教育，并藉此培养学生珍惜自然与保护生态环境的意识，使人类文化回归到本真的状态中。

用智慧推动学校新文化，让新文化引爆学生的潜能，培养具有自由人格的新一代。恩格斯说："文化上的每一个进步都是迈向自由的一步。"这是人类文化生成的总法则，是实现真善美高度统一的自由境界，是科学、人文和艺术在文化上的融合。

朱永新教授在他的新教育实验的基本理念中提出要"交给学生一生有用的东西"，我们通过学校新文化的建设，创造校园新生活，让学生获得一种新的生存状态。在这样的新生活里，孩子们可以更好地获得人生的智慧、确立自信的品质、形成精神的力量、积淀人文的内涵、打开世界的窗口。这一切都应该是孩子们一生中最有用的东西。

我们的教育理想是：建构学校新文化，创造校园新生活，塑造有智慧、有文化、有信念的一代新人。

# 五、新教育　新生活

海门，江海之门，万里长江入海口北岸一块人杰地灵的风水宝地，一颗闪耀的明珠。海门教育，就是在这块沃土上秉承近代著名实业家、教育家张謇的教育思想，锐意进取，领先全省，闻名遐迩。

著名教育家朱永新教授倡导的"新教育实验"是继希望工程之后的"新希望工程"，是中国素质教育的一面旗帜。海门教育与新教育的联合、联手、联诀，旨在使高位走强的海门教育持续、健康、和谐地发展，使十五万海门师生过上一种幸福完整的教育生活。

**（一）让阅读为区域新教育开道。**

海门市教育局在广泛调研的基础上，在前两年启动新教育实验的基础上，继续全面实施"书香童年计划"。围绕这一项目展开了"九大行动"。

## 行动一　实施图书漂流

图书漂流，主要是指这样一种读书活动：在教育局书香校园项目组的组织、指导下，各教育基地和各乡镇中心小学积极配合，由市青少年阅读中心将一批适合小学生阅读的优秀书籍有计划地、无偿地逐校提供给全市村小学生阅读。

迄今为止，在全市村小共实施了三轮"图书漂流"活动。首轮漂流，为期1年，倡导的是自由阅读，意在激发阅读兴趣、形成读书氛围。按照教育片的划分，分别配置了5组漂流书架，每组漂流书架包括学生书籍75种、375本，教师书籍20种、40本，用于指导学校开展读书活动的资料夹1个。每个漂流周期为4个星期，期满，指派专人负责按照预设路径将图书运送至后一所学校。

第二轮漂流，为期1年，倡导的是师生共读，意在将阅读活动引向深入，将全市村小组合成3个漂流圈，为每个漂流圈配备了不同年段的30种图书，每种40～50本，确保每校每天都有2个班的共读图书。这一轮每个漂流周期为2个星期，期满，依然由专人负责按照预设路径将图书运送至后一所学校。

第三轮漂流，从2007年9月开始，倡导的是深度阅读，把第一轮与第二轮两种漂流形式组合起来进行。

另外，值得一提的是从面向村小的首轮图书漂流开始，就要求直属小学、乡镇中心小学参照上述形式，同步在校内年级间进行图书漂流。

截止到2007年6月，前两轮漂流均取得了良好的效果，据统计，首轮漂流生均读书30.4本，第二轮漂流所经班级的学生至少共读了12本。尤其让人欣喜的是，在这一活动的带领下，各校掀起了读书热潮，都建立了长期的阅读机制，课外阅读已经全面进入了全市小学教育领域。特别是影响了许多边远学校或是条件比较差的学校学生。

### 行动二　建设书香班级

班级是学校教育的基本单位，书香校园的标志理当是一个个飘满书香的班级。为了高位起步、高效推进，2006年8月，教育局出台了建设书香班级的指导意见——《把最美好的世界献给学生》。其中，提出了书香班级建设的理想目标是：让人类的崇高精神润泽学生的生命，让阅读成为学生的生活方式。过程目标是：1. 所有任课教师、家长进一步认识课外阅读的重要意义，并采取具体行动支持并投身于书香班级的建设；2. 班级中有浓厚的阅读氛围，有共同的读书信条，有立足实际的明确思路，有持续推进的具体计划，有富有成效的管理机制，有面向全体又兼顾个体的促进措施；3. 班级拥有丰富的图书资源，直属初中、小学生均图书至少 3 本，乡镇初中、中心小学生均至少 2 本，村小生均至少 1 本。所有图书每学期至少更换 50％；4. 全体学生均涉猎古今中外的优秀读物，产生浓厚持久的阅读兴趣，掌握正确的读书方法，养成良好的阅读习惯，每学期生均读书至少 8 本。同时，确立了明确的建设思想，提出了 6 条建设原则、4 项建设内容、10 条保障措施。一年多来，全市所有中小学根据上述"意见"扎实地展开了行动，取得了显著的成效：全市 100％的班级建立了图书角，生均拥有图书约 3.5 本，生均读书约 35 本。

在此基础上，许多学校构建了校本阅读课程，编辑出版了主题性文化阅读读本，其中比较有代表性的有：实验学校的儿童文化阅读——《我在文学中散步》，汤家中心小学的科技文化阅读——《科技改变世界》，三星中心小学的绣品文化阅读——《绣品改变人生》，海师附小的童话阅读——《走进童话王国》，常乐中心小学的学謇、弘謇阅读——《张謇故事》，东灶港中心小学的大海文化阅读——《砺呀山的故事》，四甲中心小学的军事文化阅读——《我是一个兵》等。

### 行动三　邀请作家进校园

作家，学生对他们总是怀着一种天然的敬佩心理。邀请作家，尤其是那些通过书籍认识的作家走进校园，让孩子们有机会聆听他们的报告，面对面地和他们对话交流，对于持续激发孩子们的读书热情无疑具有重要意义。在这两年多的时间里，我们邀请了几乎所有国内知名的儿童文学作家来海门和孩子们见面，比如曹文轩、郑渊洁、梅子涵、秦文君，还有黄蓓佳、汤素兰、王一梅、冰波、杨红樱、祁智、沈石溪、管家祺……每次作家见面会就是一次童年的狂欢，就是一次书香的节日。为了放大这一课程资源，各校动足了脑筋，充分把握住"期待——活动——延伸"的链效应，整体策划，努力激发孩子参与的热情。譬如实验学校小学部的曹文轩见面会——"在草房子中寻找飞翔的力量"，先前他们通过"寻人启事"的方式，引导孩子主动阅读作家作品，撰写心得体会，又组织观看影片《草房子》，"影""文"比照。见面会上，通过"寻人启事"锁定的幸运儿自然是夺目的亮点，而小小的游戏也颇具情趣：如果让你给曹文轩叔叔的这些书排队，你觉得哪一部该排在第一位？假如你是图书管理员，你准备把哪部书推荐给爸爸妈妈看，哪部书推荐给男孩看？哪部书推荐给女孩看？这样的话题别说孩子，就是作家本人也被吸引住了。对书籍的思考、对内涵的把握，也就在轻松愉快中潜移默化了。见面会的结束，又意味着新一轮阅读热潮的开始：描述跟作家亲密接触的情景，给拍摄的相片写段文字纪念，阅读作家推荐的好书……

### 行动四  倡导书香家庭建设

儿童阅读兴趣的激发、阅读能力的提高，既要发挥学校、教师的积极引导作用，又要积极开发、利用家庭与社会的资源，这样才能形成行动合力。

在书香家庭的建设过程中，我们因地制宜，针对城镇、乡村的实际，采取分层、分类推进的策略，重点以亲子共读为突破口，取得了良好的效果。从共读的形式看，亲子共读可以是大人读给孩子听，也可以是孩子读给大人听，也可以是大人读给大人听，也可以是孩子读给孩子听，也可以是自己读给自己听；除了"读"的形式，还可以有表演、图画、手工、实验等等多种形式，重要的是，大人与孩子一起享受这个过程。因此，从广泛的意义上说，亲子共读可以理解为大人与孩子共同分享多种形式的阅读过程。成功的亲子共读的秘诀，是与孩子一起享受阅读的快乐，通过爱的传导，让孩子热爱书籍，让快乐阅读的习惯陪伴孩子终身。

为推广亲子共读，采取了多种有效方式：在学校与家庭之间搭建沟通桥梁，引导家长关注孩子在校与在家的阅读活动，获得家长对班级读书会的支持，吸纳家长直接参与班级读书会的活动；不定期地组织家长参加专门的讲座和演讲，讲解亲子阅读的必要性和方法，交流经验；创办专门性的亲子阅读论坛，由老师和热心的家长共同主持，交流亲子共读的经验和方法；鼓励孩子年龄相仿、兴趣相投的家庭建立家庭读书会，共享图书资源，不定期地举办亲子读书活动，交流经验和方法；在固定的时间和地点组织专门的亲子共读活动，邀请家庭参加，在教师、家长和社会人员中招募有经验的志愿者，为孩子们读书，同时也作为共读方法的示范；定期或不定期推荐适合亲子共读的书目，介绍基本内容、适合阅读的年龄范围，以及推荐适合的阅读方法。

### 行动五　举行读书节

"好书伴我成长，好书伴我飞翔"，"读有用的书，做有根的人"，"与经典为伍，与大师同行"，"让阅读成为我们的生活方式"……自 2005 年下半年开始，各校都设立了读书节，每学期一次。整个读书节，各校设定的时间或长或短，但都精心策划、主题鲜明，比如有以阅读内容为题的——"打开感动这本书"，有以倡导愉快阅读为题的——"做快乐的读书人"等等。"我的阅读故事"征文、美文诵读会、书本剧表演、"书香班级、学生、家庭"评比、读写大奖赛、跳蚤书市等丰富多彩的活动充分激发了孩子们的参与热情，读书节成了孩子们的狂欢节。

### 行动六　开展诗词诵读活动

让学生从小诵读诗词，接受传统文化的熏陶濡染，其对于学生语文素养的提高、人文精神的奠基的意义是不言而喻的。为此，教育局首先做的是根据《语文课程标准》（实验稿）的建议，借助朱永新教授、杨海明教授等专家学者的力量，系统梳理了中国的古典诗词和现当代诗词，从中精选了 520 首编辑出版了《小学生诗词诵读》系列丛书。其次，大力提倡、践行诗词诵读活动。2007 年 4 月 27 日，组织 7 所直属小学举行了规模宏大的"春天诗会"，700 多名师生参加了诵读表演，全市 450 余名校长、教师以及 40 余名外省市代表观摩了活动。国内知名教育专家李庆明盛赞诵读水平"国内一流"。2007 年 10 月中下旬，组织了面向全市乡镇小学的"我爱诵读"电视大赛，2000 余名师生直接参加了比赛，掀起了又一轮的诗词诵读热潮。

在日常教学中，许多学校还创造性地开展了诗词诵读活动。其中，实验小学的晨间诵读备受大家的关注，他们的做法概括起来为"五个一"，即一天一首小诗，一周一曲古韵，双周一次联诵，一月一次比赛，一学期一次综合评价。

在中华经典诵读的基础上，又开发了小学《英语美文诵读》和初中《英语美文赏读》本，在广泛推进英语诵读活动的基础上，组织了英语美文诵读电视大赛。

### 行动七  研发校本阅读课程

广泛阅读倘若不能进入学校的课程体系，任由其自主发展的话，也许少数学校依然会做得很好，但在多数学校内难免会遭遇到被慢慢淡化，直至淡忘的结果。因此，全市各初中、小学每周均从地方课程中拿出一节课作为校本阅读课，并明确这节课的用途是指导学生掌握读书方法、组织学生交流读书情况、共读经典名著等。当然，仅仅有一节阅读课是远远不能满足学生读书需求的，所以我们还要求各校每天至少安排 20 分钟的时间让学生在共同的时间内自由读书或同读一本书。这样两者结合才能确保广泛阅读有了固定的时空。

为了引导广大学生真正做到好读书、读好书、会读书，教育局组织阶梯阅读项目组成员开发了两本导读课程：一到六年级的《好书伴我成长》，七到九年级的《名著导读和古诗赏读》。前者分 3 个学段编写，体例一致，主要版块有：推荐书目、阅读指导方案、文学类记录单、百科类记录单、诗词背诵记录单，其中阅读指导方案的内容每学期更换。初中分 3 个年级编写，体例一致，主要版块有：背景助读、阅读赏析、阅读体悟。实践证明，以此为抓手对于激发广大学生的读书热情、指导读书方法、引导深度阅读起到了积极的促进作用。

### 行动八  改革评价机制

首先，市教育局将各校开展的读书活动纳入了对学校评估的素质教育百分考核方案。在此方案中，鼓励学校以展示性的方式汇报师生读书成果，评价内容重现场、重过程、重参与度。其次，将广泛阅读纳入语文课程评价体系，分值占比为 8%，主要采用读书笔记展示、口语交际、纸笔测试等方式考察学生的广泛阅读情况。第三，要求学校根据实际情况制定有效的"书香班级"、"书香教师"、"书香学生"的评比细则，各年级要依据《海门市小学生语文学习水平评价方案》探索适合班级实际的课外阅读评价机制。适时跟进的评价改革保证了"书香童年计划"的持续与深入。

### 行动九　促进教师的专业成长

主要从两个方面入手：一是通过培训促进教师的专业成长。2006年11月，邀请了新教育实验"毛虫与蝴蝶"项目组来海门作了阶梯性阅读的指导培训，活动中，干国祥、马玲等老师通过童书介绍、上课、专题报告、现场对话交流等方式帮助广大教师提高了对童书的认识，并给了广大教师诸多技术支持。同月，邀请了苏州大学文学院的六位教授对全市教师进行了系统而全面的古典诗词培训，增加大家的文学素养，从根本上提高教师的教学水平。二是通过专题研究促进教师的专业成长。在两年多的时间里，通过教育共同体活动，围绕班级读书会、书香班级建设，绘本阅读，整本书的读前推荐、读中指导、章节阅读、读后交流、主题阅读等方面系统地开展了20余次的研究活动，累积了诸如《青铜葵花》、《时代广场的蟋蟀》、《夏洛的网》、《大林和小林》、《逆风的蝶》、《猜猜我有多爱你》等30余本书的阅读指导案例。

**(二)让新教育共同体构筑理想的共同生活。**

1. 以"校长俱乐部"为载体，全力打造卓越校长群体。

校长是学校的灵魂。为了让校长都"能带头、懂管理、会经营"，教育局成立了校长俱乐部，以自由、开放、分享、合作为共同价值取向，每月活动一次为基本制度，旨在让俱乐部里的每一位校长都拥有自己独特的办学理念与风格，从经验型、管理型校长走向智慧型、文化型校长。

校长俱乐部活动在分享经验的基础上，正逐步走向项目研究合作的状态。俱乐部安排了一些校长们最迫切需要的合作项目，比如，如何使学校实现理想的校本发展，分成校本管理、校本教研、校本课程开发与实施等专题，进行合作性研究。校长们共同组建开发小组，开发了系列的地方课程资源，供全市的所有学校分享。特别是在校长们的积极参与下，构建了学生学业多元评价体系，在俱乐部活动中，大家形成了共识：在小学阶段要充分发挥评价正向激励、确立信心、体验成功等功能，而不是甄别、选拔功能。校长们在一起探讨了即时性评价、展示性评价、竞技性评价、累积性评价、目标性评价、成果性评价、奖励性评价等各种评价类型。充分认识到评价的主体是教师和学生，关键在学校和校长，特别是成长文件夹（档案袋）的建立，虽然老师们辛苦了些，学校付出了一些必要的代价，但是，这对让学生在多元评价中学习自我反思、认识自我、建立自信，有着重要的价值。这样，在全市上下迅速形成了整体联动的良好氛围。

正是利用校长俱乐部这一特殊的平台，努力探索着成功校长的成长机制，研究铸就有思想的校长的重要路径。校长俱乐部只是一个平台，在分享交流中激发灵感，在合作研究中迸发智慧，更重要的是促进所有的校长能走向自主创新的专业化发展之路，让校长们与自己所带领的学校同成长，让思想与行动同行，为海门的基础教育实现优质化、均衡化作出更大的贡献。

2. 以"打造理想课堂"为任务，深入推进基础学科建设。

海门市区的 12 所中小学都是省级示范初中或实验小学，教育发展的整体水平都比较高。海门区域教育共同体作为一种"实践共同体"，构建起的是一种新型校际合作的横向与纵向双轨制教育发展平台。即在市区直属学校高位发展层面上，打破学校界限，以学科建设为任务，以特级教师或大市级学科带头人为核心，由相关学科老师组成的教学共同体。另外，还在城乡学校之间联动的层面上，由教研员牵头，建立一所城区学校带动多所初中、中心小学和村小的联合体。通过整体联动，开展互助型项目，全面提升乡镇学校教育发展水平。这两种共同体的运作，主要是靠项目推进的方式来展开的，在共同体的集体活动中，大家信守规则、分工协作、沟通信息，逐步形成了共同体的基本运行范式。

打造理想课堂、开展学科建设是区域教育共同体活动的重点任务，各学科共同体针对本学科的特点都制定了详细的活动计划，举办了各具特色的活动。

比如，从 2006 年 9 月到 2007 年 5 月间，共组织了 7 次由 97 名市级骨干教师分片对全市所有语文、数学、英语教师进行了集体备课，完成了 3 门学科所有教学内容的解读与设计。

为了保证备课质量，从教材解读、片断设计、作业布置三个方面制定了备课标准，从主讲教师和参与教师两个层面规定了细致的活动流程，并打通了集体备课与校本教研的联系，要求所有学校在集体备课后必须进行一次课堂教学研究，活动结束后在规定的时间内将研究内容及时上传至"新教育"相关学科的交流区。实践证明，这种基于同一标准、统一内容的全市性研究活动浓厚了合作交流氛围，对于整体提高教师的课程实施能力具有非常积极的意义。从广大参与教师的反馈意见来看，对集体备课的满意度达 100%。97 位主讲教师也表示：这种集体备课挑战性很强，很辛苦，但真正经历过以后又觉得所有的付出是有价值的，因为在影响一个片教师的同时自己也在成长。

2007 年 3 月，组织特级教师、学科带头人分别在海南小学、三厂镇中心小学、货隆镇中心小学、东洲中学、海南中学、能仁中学、实验学校举行了课堂教学范式展示活动，全市所有教师都参加了观摩活动。事后，将详细的教案和构建的一般教学范式和操作要领发至各校。从事后的反馈来看，此次活动的影响巨大，许多教师竞相仿效，引发了长时间的讨论，同时推动全市中小学的校本教研。

3. 以送艺下村小为切入口，推动乡村艺术教育发展。

位于偏远农村的村小，普遍缺乏专职的音乐、美术教师，也少有能胜任音乐、美术教学的教师，音乐、美术课不是被敷衍而过就是形同虚设，以致村小的孩子无法得到良好的艺术教育。为了提升农村艺术教育的质量，培养村小学生的艺术素养，围绕区域新教育共同体的工作目标与要求，构建了新型城乡联动艺术教育共同体，即由七所直属小学的艺术教师，双周至少送艺下村小一次，一年时间，为每一所村小排演一个大合唱、一支集体舞，举行一次专题美术作品展览。这样的活动将坚持三年，试图实现以下目标：一是让村小学生共享优质艺术教育资源；二是使送艺过程成为培养乡村教师的鲜活案例与生动现场，既提高农村小学教师的艺术素养，也提高直属小学艺术教师的实践指导能力与团队合作能力；三是推动城乡艺术教育的均衡发展。

教育局将以累计送艺下乡的时间，作为下乡支教的方式，以不断激发直属小学艺术教师送艺下乡的工作热情，确保活动的有效性。许多艺术教师克服自身教学任务重的困难，积极参与"送艺下村小"活动。他们从内容的选定、教学方法的运用、教学器材的准备，都作了精心安排，做到切合村小实际，有的放矢，在辅导中因材施教。经统计，一个学期，各直属小学送艺下村小共活动 39 次，已送村小 57 所，占全市村小的 85%，完成或在排演的文艺节目近百个，美术辅导课 100 多节。每当送艺教师来到村小，师生们仿佛沉浸在节日的欢乐中，有力地推进了乡村艺术教育的发展。艺术教育共同体的核心组成员还开发了"海教艺苑"网站，成为师生发表艺术作品的新天地。

除此以外，各学科共同体根据自己的学科特征，各自开展了富有特色的探索性活动。体育共同体组织的球类俱乐部活动，使全市所有的小学都建起了球类俱乐部，市区学校之间还建立了球类俱乐部联赛制度，为保证学生每天一小时的体育活动时间，在全市推进了体育大课间活动，内容更是丰富多彩。综合实践活动共同体组织开发了"江海文化"、"绣城之旅"、"状元故里"、"海港文化"等地方资源包，组织了以金点子小发明、科技小实验、电子小报、拼贴、泥塑、造型、工艺、烹饪等为主要内容的智能杯"小巧手"比赛，搭建了多样化的展示学生动手实践能力和创新能力的大舞台。

通过近两年的努力，我们欣喜地看到新教育共同体成员不断加强实践反思，增进城乡之间、校际之间的分享与交流，不断改造师生的教育生活，使学生有着丰富的阅读生活、道德生活、艺术生活、体育生活、劳动生活，让新教育的理想教育生活转变成了现实。

**(三)让"每月一事"交给学生一生有用的东西。**

"每月一事"，即每月重点养成一个好习惯。在每月"好习惯"主题的确定时注意了以下几点：(1) 依据《新公民教育指导纲要》、《海门市小学生习惯养成 20 条》，立足各个学校实际面临的习惯养成问题。(2) 主题的内容要从一件非常具体的小事展开，实施过程中，还要在更高的层面上不断丰富完善。(3) 主题活动的开展要通过广泛的主题阅读（知）、主题实践（行）、主题研究（展示）、主题随笔（反思），甚至聆听、口才、网络等路径，把公民教育、生命教育贯穿其中。从今年9月份开始，确定下半年"每月一事"的主题分别是：9月，阅读——求知；10月，家书——感恩；11月，演说——自信；12月，日记——反思；1月，吃饭——节约；2月，走路——规则，并附有具体的样例。

为了在全市层面上落实"每月一事"，通过协商，确定了有关学校为"每月一事"的实验学校。要求实验学校在实践中不断丰富完善样例，月底及时总结出富有特色的习惯养成案例，通过网络平台供更多的学校借鉴。其他学校也可选择其他主题，制定出切实可行的实施方案，依托骨干教师及典型案例的过程性引领，及时总结习惯养成的有效途径，打造本校习惯养成的特色。

与此同时，把习惯养成变成教师的一种自觉行动，把抓教师习惯养成作为其中的重要内容。要求各校出台《教师一日工作规范》，从教师最基本的行为习惯入手，提出明确的规范要求，发挥教师在习惯养成教育中的榜样示范作用。市教育局组织力量及时通过海门电视台、《海门教育周刊》等阵地，进行正面引领，树立教师中好习惯的典型。我们还要求学校充分发挥家庭教育、社区教育的作用，有选择地围绕习惯养成教育的主题，以沙龙、访谈等形式，交流家庭教育中养成孩子良好生活习惯、作业习惯的经验。最近又确定：2008年初的海门市"家庭教育日"即以"教给孩子一生有用的习惯"为主题，由各个学校组织开展丰富多彩的家校合作教育活动。

**（四）让新教育网站成为海门新教育人的精神家园。**

与新教育实验同步建设的"海门新教育网站"经过共同努力，已经形成了"特色活动"、"书香校园"、"师生随笔"、"理想课堂"、"幼教特教"、"习惯养成"、"名师在线"等7大版块。由于网站聘请的版主均为海门市教育行政或业务骨干，由他们编辑、上传、管理的各种信息往往具有权威、前沿的特点，更由于一种教育理想的追求，"海门新教育网"吸引了越来越多教师的访问浏览。我们可以自信地说，新教育网站成为海门新教育人的精神家园，通过网站进行交流分享，已经日渐成为每个海门新教育人的一种生活方式。

除了新教育网站外，我们还与海门日报社合作创办了"海门教育周刊"，每周有四个版面发表中小学生的习作，与电视台合作举办了每周一期的"成长在线"，及时播出师生成长的历程和故事。

区域新教育实践让海门大地充满了勃勃生机，海门新教育人正努力让新教育为素质教育开道，让师生们过一种幸福完整的教育生活。我们坚信新教育作为中国素质教育的一面旗帜，必将高高飘扬，永远飘扬。

# 六、让我们插上飞翔的翅膀

今天是 4 月 23 日，是著名文学大师塞万提斯和莎士比亚的辞世纪念日，1995 年联合国教科文组织作出决议，将每年的 4 月 23 日定为"世界读书日"，也叫"世界书香日"，目的是在向全世界发出"走向阅读社会"的召唤，要求社会成员人人读书，鼓励人们尤其是年轻人发现读书的乐趣，使图书成为生活的必需品，读书成为每个人日常生活不可或缺的一部分。虽然这个节日的历史还不长，然而它已受到了世界上 100 多个国家的欢迎和响应。中国许多城市和学校都在今天举行隆重的读书节活动。

新教育相信，一个人的精神发育史，就是他的阅读史；而一个民族的精神境界，在很大程度上取决于全民族的阅读水平。培根说过："读书使人明智，读书使人明理，读书使人聪慧，读书使人高尚，读书使人文明。"

去年新教育阅读节的主题是：让我们静静地打开一本书。今年我们给阅读节确定的主题是：让我们插上飞翔的翅膀。这几年来，我们一直倡导整本书的阅读，并把它作为学校阅读课程的重要组成部分。我们希望通过整本书的阅读，让海门的教师和学生都能真正养成阅读的良好习惯，让阅读成为我们日常的生活方式，并受益终身。接下来市区各所学校将用书本剧的方式来展示他们读整本书的收获，我相信，一定会给大家带来特别美好的享受。

老师们，同学们，让我们静静地阅读，让智慧插上翅膀，愿我们都做一个能够借着书本飞翔的阅读者！

# 附：书香系列颁奖辞

书香学生——

"书虫"、"书迷"、"书痴"是别人送给你们的雅号，手不释卷是你们日常生活的真实写照。

你们就像一条条饥渴难耐的毛毛虫，朝饮甘露，夕尝花草。

你们相信：坚持能创造奇迹，终有一天自己会羽化成色彩绚丽的蝴蝶，在天地之间自由飞翔！

也许，现在距离你们心中的目标还很远很远，但我们分明觉得：你们因读书而越来越气质高贵，你们因读书而越来越思想深刻，你们因读书而越来越举止优雅！

书香班级——

这里是图书馆，精致的书架、错落有致的书籍散发着迷人的光芒；

这里是阅览室，整齐的书桌、轻轻翻动的书页吸引着求知的眼睛；

这里是智慧生长的地方，孩子们在中外经典文化的濡染中英姿勃发；

这里是理想铸就的圣地，孩子们在人类崇高精神的引领下放飞希望。

这里，就是我们共同的精神家园！

书香教师——

你们有永不褪色的微笑、永远青春的心灵，有流淌不息的智慧、澎湃汹涌的力量！

你们用行动阐释了"爱"与"责任"的全部内涵。你们被学生亲切地称为语文老师、数学老师、英语老师……

今天，你们共同拥有了一个朴素而又圣洁的称号——书香教师。因为，你们笃信书籍对于学生成长的重要意义；因为，你们心甘情愿带领学生徜徉书海；因为，静静读书是你们日常生活的习惯姿态。

在学生面前，你们就是书，书就是你们！

# 七、阅读　我们共同的生活
## ——江苏省新教育"儿童阶梯阅读"项目联盟宣言

阅读是人心灵深处的饥渴，是点亮精神世界的火种，"一个人的阅读史，就是一个人的精神发育史"。因此，我们无限相信书籍的力量，愿用一身书卷味唤醒儿童的阅读需要，愿用一路书香温润儿童的精神成长。

儿童阅读，是一项"花的事业，根的工程"。忠于阅读信仰、信于阅读力量、志于阅读事业的学校、团体、个人联合起来，不分地域，不分流派，不分年龄，只要热爱儿童、热爱阅读，我们就可以结成联盟。

阅读联盟，是一个推广儿童阅读理念的信息门户，是一支研究儿童阅读方式的合作团队，是一块分享儿童阅读经验的活动平台。

阅读联盟，坚持以优秀的作品来构建共同话语，坚持以儿童的生命成长来确立共同目标，坚持以开放和包容的心态去赢得共同认识。

阅读联盟，旨在为每一个儿童寻找到此时此刻最适当的阅读书籍；旨在为每一位教师探求到此时此刻最适合的指导方式；旨在为每一所学校营建起此时此地最适宜的阅读情境。

作为阅读联盟的成员，我们愿意：

——尊重并践行新教育关于儿童阅读的理念："没有阅读就没有个人心灵的成长，就没有人的精神的发育。阅读不能改变人生的长度，但它可以改变人生的宽度。阅读不能改变人生的物相，但它可以改变人生的气象。"

——呼吁广大学校以阅读活动为载体，以"书香班级""书香校园""书香家庭""书香社会"为阵地，以"晨诵、午读、暮省"为儿童阅读生活方式，创造共读、共写、共生活的愿景。

——加强合作与开放，定期交换儿童阅读课程、阅读方案、阅读计划等资料，定期开展联盟学校之间的"儿童阶梯阅读"理论研讨会、经验分享会与研究成果展示会。

——注重反思与创新，努力打造一支优秀的儿童阅读推广队伍，开发优质的儿童阅读课程系列丛书，积淀一批有价值的儿童阅读教育案例。

我们坚信：新教育"儿童阶梯阅读"项目联盟，定会发展成为一项在全国有影响、有成效的"儿童阅读行动"！


# 八、让美好的世界占据孩子们的心灵


新学期开学，我与基教科、教科室的同志一起用两周时间，以新组建的区域共同体为单位，听取了所有初中、小学校长对新学期工作思路，主要就学校文化建设、学科建设、社团活动等重点工作的汇报。我现场都一一作了点评，现把即兴点评的内容整理下来与大家分享。

**(一)通过区域共同体建设，改造我们的教育生活。**

这次重组海门义务教育阶段学校的区域教育共同体，目的是让乡镇学校通过与不同的市区初中或小学构筑起的共同体平台，学习分享到各不相同的学校发展特色，以在学习各家之长的基础上更好地发展自己。这是第一次共同体活动，由教育局牵头组织交流新学期思路，算是一个开头，希望大家在制订共同体活动方案时，重点考虑两方面的内容：一是教师发展。我们组建共同体的逻辑基点就是教师发展，其实区域教育均衡发展的核心问题是教师的均衡，促进城乡教师水平的均衡化发展是我们共同体建设的主要目标。通过近三四年的努力，我们已经尝到了甜头，只是需要继续加大力度，特别是在共同体运作机制上要进行大胆创新，比如在前几年校长挂职经验的基础上，可以组织乡镇学校教师到市区学校挂职，有中层干部挂职、学科组长挂职、班主任挂职等等，可以用1～2周时间全职跟班学习。当然，市区学校教师、行政到乡镇学校任职支教，也是帮助乡镇学校提升办学品质十分有效的途径，开发区校区就是一个成功实例。另外，要进一步完善青蓝结对、同伴互助、专题研修等机制。二是学科建设。学科建设既是教师专业成长的载体也是全面提高教育教学质量的核心抓手，希望各区域教育共同体围绕学科建设的重点项目，形成协作团队，进行项目攻坚，特别是围绕课程研发与理想课堂范式构建开展合作研究，以不断提升共同体建设的水准，更重要的是通过这样的载体能够营建起海门新教育人的共同精神家园，实现共同体生活之改造的美好愿景。

**(二)通过学校文化建设，提升我们的办学品位。**

学校文化建设工程是今年年初教育工作会议上确定下来的四大工程之一，下半年建议围绕以下三项重点内容展开。

首先要做好学校文化建设规划。计划是成功的语言。无论是新学校还是百年老校，都需要不断建设学校文化，学校文化具有传承性，也具有生成性和创新性，我们应该通过制订一个三至五年的建设规划，在对学校文化建设现状作一个分析与诊断的基础上，好好对未来发展愿景作一个长远的规划，明确每个阶段的目标与主要任务。学校文化建设是一个长期积淀的过程，是一个不断丰富完善的过程。

其次是建构学校价值文化体系。建构以学校核心价值观为标志的学校价值文化体系，是这次我们提出学校文化建设的重要指向。我以为学校的制度文化、环境文化、行为文化的建设都必须有先进价值观作引领，那是灵魂问题，是最能体现文化特质的。学校的核心价值观主要指学校的学校精神、办学理念、校训、三风等，另外，学校还需要有明确的教师观、学生观、课程观、教学观、活动观、服务观等等。这些基本的观念构筑起了学校方方面面工作的价值导向，达到了教育的育人目标，只有这样，才能使我们的学校教育不偏离方向，使我们的工作回到教育的原点。

再次是用价值文化不断重建学校制度文化、环境文化与行为文化等。有了明确的价值观，就需要在新的价值观的指导下，重构学校的制度文化与环境文化，比如，随着绩效工资的改革，我们需要彻底改革原来只是用考试分数考核教师的评价制度，而是通过德能勤绩来全面考核教师。价值文化建设可以让制度、环境更好地体现以育人为本的基本思想，指导师生的行为，通过一个个具体的行动，不断改变师生的行走方式。我们还要特别注重班级文化的建设，通过确立班级精神，形成良好的班风，营造良好的班级环境，开展丰富多彩的有意义的班级活动，创造更多的教室的奇迹。

**（三）通过学科项目建设，构筑我们的理想课堂。**

海门的学科建设规划已经提出了近两年，通过反思这两年全市层面的学科建设情况，从这个学年起，我们提出明确的学科项目推进的策略，以使学科建设有新的突破。关于学科建设的推进，我提出三点建议：

一是项目推进要科学有序。我们通过对各门学科建设问题的诊断，提出了全市层面上的各门学科的攻坚项目，这些项目的确定，表明在这门学科的某个方面还存在着比较明显的问题，各个学校可以针对自己学校的学科建设实际进行细化。当然，在学校层面上，既可以是学科问题的项目，也可以是学科特色项目、优势项目。既然是项目建设，就应该有一个比较完善的项目建设方案，要有明确目标，具体清晰的路径设计，以及评价方式等，如教研室已经出台了初中与小学的英语课外阅读实施方案，大家可以参照。项目的推进可以组建项目组，类似小课题研究的方法，定期组织研修，不断调整研究方法、内容等，以期取得明显的攻坚效果。二是平台搭建要系统有效。许多学校都有每周一课，每日小教研，抽签听课等多样化的课堂管理平台，我认为无论搭建哪一种平台，关键是要很好地设计这个平台的管理流程，每个流程要精细化，不要形式化，要通过抓系统完整流程管理，最大限度地提高其实效性。三是深入推进学程导航教学范式。通过前两年的努力，已经在全市初中初步营造了学程导航范式的推进氛围。暑假期间，教研室推出了新的备课范式，这是以学为中心的备课新格式，我们要求强行入轨，教师们肯定会不习惯，因为大家太习惯原来的以教为中心的备课方式了，突然转变成以学为先的方式，一定很难适应。其实，学程预设与导学策略可以同步推进的，只是在备课格式上有了明显的差异，目的是迫使教师优先考虑学生的学习内容和学习方法，在此基础上考虑导学策略。我们可以预见，老师们在新的备课格式使用过程中不仅会不习惯，而且备一节课所花费的时间可能是原来的两三倍，建议学科组、备课组加强团队合作与研修，重点加强预习清单与自主合作探究等学习方式的研究，把任务驱动作为重要的方法作细致的推敲，使学程导航教学范式研究有新突破。

**（四）通过社团活动建设，丰富我们的成长方式。**

新学期全市初中、小学全面推进社团活动，要求做到全员化、课程化和常态化，为此，请大家重点做好以下工作：

一是加强社团项目的课程建设。社团活动要从原来简单的兴趣活动，向有深度的课程活动发展，每个社团项目要从课程的高度系统地建设，以形成课程超市，这样才能更好地保证活动的计划性、丰富性和有效性。二是要进行机制创新。在组织管理上，要体现灵活性和多样性，保证活动的时间，学生可以自主选择，甚至可以自主组织社团。社团活动还要形成多样化的展示平台，比如结合艺术节、体育节、读书节，可以让相关的社团进行生动的展示，可以是动态的表演，也可以是静态的展览等，还可以组织专题性的展示、向家长展示等，要建立多元化的评价机制，星级制或等级制都可以，主要是让学生参与社团活动以后得到激励性的评价。我们要高度关注社团活动的质量，小学每周三课时，初中每周两课时，这么多的课时，千万不能是放羊式的自由活动，要向社团活动要质量，特别是各个学科，都要组织起与学科相联系的拓展性的实践性的社团项目，如名著赏读、文学社、剧社、演讲社、英语课外阅读社、生活数学，以及科学类的各种实践或实验性的项目等等，社团活动应该成为提升教育质量的重要空间。三是社团活动应该是师生共同成长的平台。学校可以外聘一些专业人员，主力队伍还是学校教师，我们要求每位教师都能带一两个社团，许多老师并没有太明显的专长，所以需要学习，与学生共同成长。相信，社团活动会成为师生共同成长的新平台。

最后送给各位同行一句话：让美好的世界占据孩子们的心灵。

## 九、齐聚江海门户　共话教师发展
### ——2009 全国新教育实验海门年会综述

2009 年 7 月 10 日～13 日，全国新教育实验第九届年会在江苏省海门市举行，主题是教师的"职业认同与专业发展"。来自全国 23 个新教育实验区，700 多所实验学校的 1300 多名代表齐聚江海门户，共话教师发展。全国人大常委、民进中央副主席、中国教育学会副会长、新教育实验发起人朱永新先生到会并作主题报告，江苏省教育厅厅长沈健先生和美国麻省州立大学教育管理学院院长严文蕃先生到会祝贺并作重要讲话，江苏省南通市副市长杨展里、南通市政协副主席季金虎、南通市教育局局长缪建新、海门市四套班子领导出席会议。代表们受到了海门市市委书记曹斌等领导的热情接待，海门市市长姜龙在开幕式上致热情洋溢的欢迎辞。年会吸引了国内多家媒体的目光，《人民日报》、《光明日报》、《新华日报》、《中国青年报》、《中国教育报》等10多家省级以上媒体派出20多名记者参与报道大会盛况。

此次年会内容十分丰富，有全国新教育实验展厅与媒体见面会；教育在线版主论坛与实验区工作会议；海门实验区主题汇报与主题展演；海门实验区9所实验学校现场展示活动；新教育研究中心专题引领活动；朱永新教授主题报告；表彰先进集体和个人与公益支教、授旗活动等等。整个年会准备充分，策划精细。海门市委、市政府高度重视，教育、公安、交通、城管、卫生、新闻等政府职能部门科学协调、密切配合、服务到位，使这次超千人的大会举办成功，并赢得各地代表的一片赞誉。特别是在"教育在线"上进行了文字、图片、视频等同步直播，确保了没有到会的全国各地新教育实验学校的老师们能通过网络同时分享到会议的全部内容和精彩。本次年会精彩纷呈，亮点鲜明，综述如下。

1. 新教育实验展厅，演绎成全国新教育博览会。

为使这届年会能让全国各地的新教育实验区和实验学校充分展示过去一学年里各自的实验进展情况和收获，组委会特意在会议报到地点——海门市少年宫设置了14个新教育实验展厅，各实验区、实验学校精心准备各类展板、文本资料、电脑投影、视频播放等，各个展区争奇斗艳，美不胜收，立体化的展示方式和全方面的展示角度让本届研讨会成为了一次新教育"博览会"。海门作为本届年会的主办方，其展厅除设立50块展板外，还按"阶梯阅读"、"每月一事"、"新教育共同体"、"学程导航"、"达标创特"五大主题，陈列了各所小学的资料包，吸引了很多外地新教育代表的目光。代表们一报到就很快被各实验区各具特色的新教育展厅吸引，他们顾不上旅途辛苦，争先目睹兄弟实验区的展示成果。

在展厅现场，与会的多家媒体与新教育实验区和实验学校的校长、老师见面，共同探讨新教育话题。在媒体见面会上，新教育实验发起人朱永新与媒体记者畅谈新教育理念以及新教育与海门的缘分。朱永新说，对新教育实验首次完整性的讲演在海门，新教育实验的管理中心在海门，新教育实验是海门实施素质教育的抓手，新教育实验在海门取得了历史性的突破，这都是本届新教育研讨会在海门举行的原因。朱永新希望媒体记者进一步挖掘新教育在海门、在各实验区的发展情况，真实记录新教育前进的步伐。许多媒体记者都不是第一次报道新教育的活动，但当他们来到海门实验区的展厅时还是大吃一惊。一些记者表示，虽然新教育在全国的辐射范围较广，也取得了不少成绩，但从没有哪个地区的新教育推行得像海门这样彻底，并且在小学、初中、高中都取得了骄人的成绩。许多记者认为，新教育在海门的成功，证明了新教育实验可以大幅度提升一个地方的教育品质、提升学校的竞争力，从而提升一个地区的整体教育质量，培养符合现代社会发展需求的高素质人才。

2. 主题汇报与主题展演，呈现海门新教育蓬勃开展的盛况。

大会开幕式后，海门市教育局向与会代表作了《新教育，在海门大地上穿行》的主题汇报，集中展示了海门新教育实验的五大品牌。其一，阶梯阅读，让海门的每一个孩子拥有相似的阅读背景。阶梯阅读，为海门的每一个儿童寻找到了此时此刻最适当的阅读书籍，为海门的每一位教师探求到了此时此刻最适合的指导方式，为海门的每一所学校营造起此时此刻最适宜的阅读情景。其二，每月一事，让海门的每一个孩子养成一生有用的好习惯。主题诵读、主题实践、主题展示、主题反思，将公民教育与生命教育贯穿其中，形成了"每月一事"的操作手册——《一生有用的十二个好习惯》。其三，新教育共同体，让海门的每一个教师拥有共同的精神家园。校长俱乐部、区域共同体、项目共同体、海门新教育网站改变了海门教师的行走方式，形成并丰富了海门教师专业发展的基本路径。其四，学程导航，让海门的孩子赢得了自主的空间，在学程中生长；让海门的教师明确了教学导向，在导航中成长。构建了以"学"为中心的理想课堂基本范式，让每个教师深度卷入课程研发，改变教师课堂教学的行走方式。其五，达标特色，让每一所学校拥有不同的特色品牌。特色打造，让每所学校有特色，有品位；社团活动，让每个学生拥有丰富的校园生活；文化建设，让核心价值观成为引领学校发展的源动力。

　　海门新教育人为代表们献上了一场震撼人心的文化盛宴，独特的构思、别具匠心的创意，生动地展现了海门书香校园建设取得的丰硕成果。主题展演以童声合唱拉开序曲，然后分晨诵、午读、暮省三个篇章渐次展开。晨诵篇突出"经典伴我行"主旨，孩子们或吟或诵载歌载舞，《百家古韵》、《梅兰竹菊》、《满江红》等一首首经典诗文如行云流水，流向每个人的心田。午读篇强调"让我飞翔的是本书"，孩子们以书本剧形式，将《连环画里的小老鼠》、《鼹鼠的月亮河》、《谁动了我的奶酪》中的场景真实还原，惟妙惟肖的表演时不时赢得观众会心的微笑和热烈的掌声。暮省篇彰显"书写我的生命传奇"主题，小品《超级女教师》展示了新教育人蓬勃向上的精神面貌，在新教育这个磨砺成长的大熔炉里，教师们拥有了一个幸福完整的教育人生，找到了适合自身的职业修炼，构筑了适宜合理的知识结构，经历了化蛹成蝶的成长路径；诗朗诵《书写我们的生命传奇》道出了新教育人高度的职业认同和用青春、生命书写职业传奇的心灵呼唤，引起了现场代表们的强烈共鸣。展演在一群"海精灵"的优美舞姿中结束。曼妙的舞姿，撩起新教育人的无限遐思；飘逸的精灵，托出新教育的晴空一片。整场演出余味无穷，让人浮想联翩，感慨万端。

　　3. 九所展示学校，彰显海门新教育实验之精彩。

　　7月11日下午，海门市东洲中学、实验小学、海师附小、东洲小学、育才小学、通源小学、海南小学、实验学校小学部、东洲幼儿园等9所实验学校同时向与会代表展示各自在新教育实验中的探索成果，他们既有诵读开启、理想课堂展示、教师发展研讨等共同的板块，又有各自富有个性的主题内容。

　　东洲中学以校长滕玉英为首的6位市级以上学科带头人立体式演绎"走在理想教育的幸福之路上"，激情智慧课堂、诗意欣赏课堂、审美人生课堂、探究合作课堂、幽默风趣课堂、心灵成长课堂，都给与会代表留下了深刻的印象。学校"学科、环境、活动、心理"四大课程并举的素质教育模式，心理教育进课堂、国际教育交流校本特色，为东洲中学注入了不竭的力量源泉。

　　实验小学"用品质点亮诗意人生"将主题诵读、主题报告、课堂展示、课程背景及互动、沙龙五个板块有机地衔接起来，20 多名教师根据自己对"品质"、"诗意"、"教育人生"这三个关键词的理解，畅谈了怎样求"品"论"质"，怎样通过教育品质不断提升来点亮自己诗意教育人生的心路历程。

海师附小通过童话窗、童话壁、童话剧等不断创设浓郁的童话氛围，为孩子的学习与课余生活注入了童话色彩，丰富了孩子的精神营养，同时也成就了学校最鲜亮的特色。童话墙上，学生自编、自创、自绘的童话故事吸引了很多代表的目光，而学生的童话作品集也成为他们争相翻阅的材料。童话数学、童话美术、整书阅读、绘本阅读和童话故事创编等 5 堂课，将童话贯穿整个教学始终，学校处处都"绽放着童话的美丽"。

东洲小学的专题片《新教育·新生活·新生命》形象地向代表们讲述了东洲小学 17 载不寻常的发展历程，在新教育的引领下，东小人以最恢弘的手笔，谱写了一曲中国教育的神话：短短 4 年一举通过省实验小学的验收，8 年成为省内一流、科研特色鲜明的现代化实验小学。2004 年，点燃了"新生活教育"行动之火，"让每一个师生热爱生命，让每一个师生热爱阅读，让每一个师生热爱运动，让每一个师生热爱艺术，让每一个师生热爱实践"。如今，通过新教育，走向新生活，创造新生命，成了东小永恒不变的主题。

育才小学，书香阅读与"每月一事"；通源小学，彰显生命教育活力；海南小学，一路登攀，绽放风采；实验学校小学部，"阳光教育"的绚烂和精彩；东洲幼儿园，携手经典释放童心。他们选择个性化的主题，用不同的表达方式，诠释着新教育的核心理念，把学校特色文化与新教育文化自然融合，把新教育教师专业发展模型与学校教师发展实际创造性地编织。让海门的新教育实验在呈现自己的地域特色的同时又高度融入全国新教育实验，成为全国新教育实验的一个响亮音符，又是一个不可或缺的和声。

专家与代表们的互动点评让大家受益匪浅，是又一次难得的理念引领。江苏省教育科学规划办公室副研究员、博士张晓东认为实验小学在新教育理念的引领下，确立了求"品"论"质"的学习精神，全面开展品质教育，在一系列探索活动的细节上，让大家看到了素质教育的踪迹。南通市教育科学研究中心副主任、江苏情境教育研究所副所长冯卫东强调通源小学对新教育新生命这一校本课程进行了本真的、有特色的、精深的研究，他们确立了"价值取向，生命第一"、"支点选择，教师第一"、"行为指向，儿童第一"、"追求指向，幸福第一"等理念，这些理念一定能够引领师生过一种幸福完整的教育生活。全国著名教育专家、全国十杰教师、成都武侯中学校长李镇西博士认为在教师的专业成长道路上，教师要多读书、多积累、多反思，不要做一个杯子，要做一片湖泊。最好的培养是自己培养自己，因为自己最了解自己。这为教师专业发展廓清了认识，指明了努力方向。苏州大学教育学院副教授、博士后王海燕，新教育研究中心主任干国祥、教师专业发展项目主持人魏智渊、儿童课程项目主持人马玲、河南焦作市教育局局长张丙辰、苏州职业大学副教授孟丽华等专家都从不同视角对观摩的展示学校作了精彩点评，并结合自身实际畅谈了对新教育实验的认识和理解。

4. 研究中心专业引领，推出新教育"十佳教室"。

围绕年会主题，新教育研究中心教师专业发展项目主持人魏智渊就"教师专业阅读"、"教师专业写作"、"教师专业共同体"等方面阐释了书写教师职业生命的内涵，并针对两位教师的阅读史，结合教师专业发展的阅读地图，解读了阅读的"浪漫—精确—综合"三个相互衔接与渗透的阶段。

新教育研究中心还特别推出了新教育实验"十佳教室"，这些教室里的孩子，情感丰富而真挚，思想由活泼而渐至成熟，乃至深邃；这些教室里的老师，从不失去教育的梦想与激情，同时他们也知道，激情与梦想，需要在漫长的岁月里守护，最终长成一棵树，开出一树花。这十个教室的故事，告诉大家，在儿童教育上，新教育实验有着一个清晰的完美蓝图，不管在儿童生命的哪一个季节，在哪个教室里，都可以有一树鲜花，芬芳四溢。

常丽华、紫藤物语、桃花仙子、快乐小荷……一个个活跃在新教育论坛上的名人，出现在新教育研讨会的讲台上。常丽华和她的30多个孩子，5年共读了500本左右的图书，许多书是与父母亲共读的。2007年，她又领着孩子们用唐诗宋词、用音乐图画穿越24个节气，在小小的教室里，她们一起走过了春夏秋冬，感受着诗词的温暖气息，触摸着一颗颗伟大的灵魂，在农历的天空下，她们唤醒了唐诗宋词，唤醒了中国文化，也唤醒了自己，成为我们民族元语言的守护者和传播者。史桂华带领她的一（12）班的 54 个远离父母的孩子沉浸在讲故事、做游戏、演绘本的快乐里，尽情释放生命的灵性和勃发的创造力。倪颖娟带领她的二（1）班的 50 个孩子通过读、写、绘，播撒幸福的种子，两年时间里，读了 100 多本绘本，开发与整合了多个儿童课程，如"母爱主题课程"、"春游课程"、"端午课程"、"立夏课程"、"清明课程"、"种植豆苗课程"等，并结合孩子们当下的生活开发了丰富多彩的日记写绘课程和绘制了各种主题的手制小书。邵燕飞、敖双英、侯长缨、杜红芳、蔡晶、祁华忠、马继芬、杨红芬、于秋萍、崔晓梅，这些新教育人用生动鲜活的案例传递出这样一个强烈的信息：他们是新教育实验的实践者，也是新教育理念的受益者，新教育不仅仅让更多的孩子在书籍中找到了心灵鸡汤，插上了飞翔的翅膀，还成就了孩子的引路人——教师，他们在新教育实验的田野上播洒汗水，开掘智慧，不知不觉地自己也从平凡走向了卓越。

新教育研究中心主任干国祥以"完美教室与完美教师"为题，以"汇聚"、"唤醒"、"编织"、"穿越"为主干，深度揭示了关注儿童精神世界的教育方法，提出了完美教师在职业认同上求道、在专业发展中为学的观点，要求新教育人应有"判天地之美、析万物之理"的气度和胸襟。整个讲演深刻精妙，博得阵阵掌声。

5. 主题报告，激励新教育人书写生命传奇。

7 月 12 日下午，新教育实验发起人朱永新教授以一贯儒雅的谈吐作了《书写教师的生命传奇》的主题报告，报告分为六个部分：教师的职业天命，生命叙事与元语言，生命叙事的体裁与风格，重建信任，危机与遭遇，像孔子一样做教师。朱永新从子贡倦于学"愿有所息"与仲尼"生无所息"的答复中，教导新教育人应该秉承儒家修身齐家，进而改良社会的传统，担起教师职业之天命；从洪堡特"每一种语言都包含着一种独特的世界观"的论述中，希望教师能成为民族语言的转译与承载者，成为中华文化自觉的传承者；从雷锋、张海迪、孔繁森、袁隆平等英雄的身上，告诉人们教师的生命应该是一首诗，不能失去崇高感，要永远超越与追求；寄望教师能让学生，也让自己，在跨越重重困难以及怀疑之后，仍然能够建立起对于世界，对于人类，对于自我，对于存在的根本信任乃至于信念。朱永新教授希望所有的教师能像孔子那样做教师，在危机前，选择挑战，选择坚持，自觉地将自己的生命与学生的生命编织在一起，把自己的生命汇入由孔子开创的伟大的传统之中，汇入正在形成的新教育传统之中，真正地摆脱种种虚无与倦怠，书写自己的职业传奇、生命传奇，过上一种幸福完整的教育生活。

6.《海门宣言》，号召教师追随理想。

闭幕式上，发表了新教育实验的第一个宣言——《新教育实验海门宣言》，号召新教育人秉承孔子、孟子"得天下英才而教育之"的理想，成为一个知行合一的理想追求者。以孔子为职业榜样，为人生典范，重新体认以儒家精神为主体的依然有生命力及超越意义的思想传统，把它们作为自己生命叙事的元语言；把自己的生命看成一首由自己书写的诗歌，一部精神的小说（传奇）；选择一种优美与崇高兼具的生命文风；无论如何，对世界抱以一种开放的信任，对生命抱以一种坚定的信念，对职业抱以一种深沉的敬畏；既让自己的生命恒久地处于诗与思的状态，又不断地修炼自己的职业技能，以努力达到在教育教学之事上左右逢源的自由之境，并最终把这一职业生涯锻铸成一部精致而隽永的历史……《海门宣言》让新教育人怦然心动，更加意识到作为一个教师的责任之重大，深感只有将生命与教育事业相交融才能真正荷起育人之重任。

闭幕仪式上，新教育研究院院长卢志文先生作了题为《向着明亮那方》的研究院年度工作报告，从"源自理想，构建实验研究有效平台"、"基于实践，诠释课程研究核心价值"、"注重行动，秉持田野培训草根情怀"、"拥抱大地，展现公益行动人文胸襟"四个方面总结了过去一年的工作。网络专家进行了"教育在线"改版演示，表彰了优秀实验区、学校和先进个人，进行了新实验区、学校的签约，年会会旗的交接……每个活动、每个细节，都展示了新教育的勃勃生机，预示着这一颗来自民间的种子将在中国的教育大地上扎下深根，开出鲜花，结出硕果。

3天的时间，争奇斗艳的新教育实验区展览、震撼人心的海门实验区主题汇报和展演、精彩纷呈的海门9所学校主题展示与专家互动点评、充满智慧与挑战的新教育研究中心主题引领活动、富有诗意与理性的年会主报告……无不让每个与会的新教育人感动不已。更多的新教育人则通过电视网络直播了解了整个会议的进展和取得的成果，虽然远在千里之外，却因为共同的信仰有了相同的脉搏。

全国新教育第九届研讨会虽然结束了，但它在新教育和谐可持续发展的历史上，必将写上浓墨重彩的绚烂一页。拉上厚厚的大幕，新教育人将各自回到工作岗位，带着承诺与梦想，继续书写教师的生命传奇，也书写新教育的传奇。

带着这种承诺与梦想，愿所有新教育人联合起来，书写自己的职业传奇、生命传奇，也书写新教育的传奇，书写中国教育的传奇。

# 第四章　教师发展·坚持创造奇迹

# 一、海门新教育共同体建设的实践与研究

　　著名学者朱永新教授主持的全国教育科学规划重点课题"新教育实验"倡导"新教育共同体"的集体行动。在短短的几年时间内把全国属于不同组织机构、不同单位的"新教育人"凝聚在一起，围绕营造书香校园、师生共写随笔、聆听窗外声音、培养卓越口才、构筑理想课堂、建设数码社区等"六大行动"，利用"教育在线"这一共同的精神家园，形成了一种独特的教育研究范式。2005 年 9 月，海门市教育局在广泛调研的基础上，以区域的方式整体加入"新教育实验"。我们的目标是：为全市教师打造专业成长的平台，为全市学校打造研究理想课堂模型的平台，为各学科研究共同体打造深入推进课程改革的平台，为海门义务教育打造全面实施素质教育的平台，从而促进区域教育高位均衡发展，打造在省内外有影响力的海门教育品牌。通过构建区域教育共同体组织网络，开展丰富多彩的专题性研究活动、校际之间的对话合作交流，建立"教育在线论坛——海门新教育共同体"网络平台，改善教师的行走方式，致力于学生素质的全面发展和学校的特色建设，全面推动区域间学校的均衡、整体、和谐、高位的互动式发展。共同体以学科建设为重点，以师生共同发展为中心，以实践反思为方式，优化区域教育资源，强化区域教育共同体的管理模式和运作方式的研究，从而建构起了区域教育的新平衡。

　　区域教育共同体既是一种实践共同体，也是一种科研共同体。海门新教育共同体就是在海门市的区域范围内，以新教育的基本理论为指导，以"让共同体成员过一种幸福完整的教育生活"为价值追求，打破各自为政、自成

一统的办学格局，整合校际间的优质教育资源，形成一个合作、互动、分享的教育协作组织、教育互助组织、教育发展组织。

1. 作为一种"实践共同体"的探索与研究。

海门新教育共同体作为一种"实践共同体"，它构建起的是一种新型校际合作的横向与纵向双轨制教育发展平台。即在市区直属初中、小学高位发展层面上，打破学校界限，以学科建设为任务，以特级教师或大市级学科带头人为核心，由相关学科教师组成的教学高位发展共同体。这些来自不同学校的成员也是一个多元主体，由各个人的禀赋、知识和个性形成了一种多元个性结构。他们围绕一个或多个合作项目，探索多种可行的实践方式，获得最佳的实践路径。另外，更重要的是在城乡学校之间联动的层面上，由教研员牵头，建立一所城区初中或小学带动多所乡镇初中和小学的学校城乡联动共同体。通过整体联动，开展互助型项目，全面提升乡镇学校教育发展水平。这两种共同体的运作，主要是靠项目推进的方式来展开，在共同体的集体活动中，大家信守规则、分工协作、沟通信息，逐步形成了共同体的基本运行范式。

（1）创新机制，保障共同体活动的实效性。

为保障共同体活动的实效性，学科教学高位发展共同体和城乡学校联动共同体都建立了相应的组织机构，要求学年初，各区域学科共同体要紧紧围绕教研室制订的学科建设规划，结合本区域实际情况制订好学年区域学科共同体建设的目标、任务和具体运作方案；学期中要交流、检查共同体建设的推进落实情况，明确存在问题，优化推进策略；在期末总结交流成功经验和做法，为下学期建设工作酝酿新的思路。

海门新教育共同体着重开展了联校研修、双项挂职、资源共享等方面的工作。

① "联校研修"，提高教师课程实施水平。新教育共同体成立了跨校校本研修小组，有计划地组织优秀教师、教育能手到对口学校紧紧围绕市教育局倡导的"学程导航"教学范式开展集体备课、现场课堂研修、专题讲座与点评活动等。

②"双项挂职"，牵手教师专业成长。各共同体学校尽可能多地派出教学业务骨干与区域内的教师建立师徒关系，积极开展备课、上课、教学反思及教研协作活动，努力构建起专业阅读、专业实践、专业写作等形式的专业共同体。在此基础上，还开展共同体学校下乡支教和进城跟班学习的双项挂职活动。市区学校骨干教师、学科带头人定期到农村兼职授课，乡镇学校选配教师跟班学习。共同体各学校对双项挂职的教学骨干进行捆绑式考评奖励。

③"资源共享"，促进教师快速成长。通过网络信息平台，推动共同体的教师就计划、备课、上课、教研活动、专业阅读书籍、教学随笔、作业设计、试卷编制、课题研究、案例反思等进行广泛交流。海门新教育网站建立了教师博客群，许多教师建立了自己的博客。校长俱乐部活动围绕办学思路、"学程导航"课堂管理、教师专业共同体建设等主题展开一轮又一轮的探讨与分享。

④"捆绑考核"，提升学校发展水平。市区学校在不断追求自身发展的基础上，以教育局的《"区域学科共同体建设"考评方案》为指导，切实发挥对乡镇学校的示范引领作用，带动区域共同体学校的整体发展。

（2）项目驱动，提高共同体活动的质效性。

在新教育共同体建设中，抓住一些核心项目，采取项目联动的方式，可以在分享与合作中全面提高共同体活动的质量和效益。

①深入推进"每月一事"项目，提高习惯养成的长效性。

在新教育实验倡导的"教给孩子一生有用的习惯"理念指导下，我们重点推进了"每月一事"项目，即每月重点培养学生一种良好的习惯。为此，全市举行了新公民教育行动"每月一事"项目现场推进会，提出了"每月一事"项目的基本操作流程，即"主题阅读，实践活动，展示交流，评价反思"，为全市小学、初中每月围绕一个重点习惯，从面上发动到具体行动，以及评价反思，提供了可借鉴的范式。共同体学校在"每月一事"项目的主题引领下，结合各校实际，不断丰富完善"每月一事"的项目推进。一是构建主题性校本诵读课程。共同建立"晨诵午读"的长效机制，每月围绕一个重点习惯，开发并丰富诵读内容，真正让阅读成为孩子日常的生活方式，也使先行的阅读为孩子的习惯养成奠定扎实的知识背景。二是创设多元的实践情景。知行结合是习惯养成的重要环节，实践体验是生命成长中不可或缺的独特享受。共同体学校结合日常的学科文化、传统节日文化、主题教育文化、班级文化、社区文化等内容，创设情景，营造氛围，提供学生多样化的体验平台。同时进一步整合学校特色活动、综合实践活动等板块，使习惯养成教育与学校常规管理、主题活动等融为一体。三是注重反思性评价。面对千差万别的生命个体，共同体学校在合作中不断优化操作流程，及时记录典型个案，组织起有效的反思研讨，不断提高习惯养成的针对性和实效性。市教育局以征集习惯养成教育故事的形式，借助海门新教育网站，展示交流各共同体学校在"每月一事"项目推进中的具体做法、实践体会和成功经验等。

②全面推进"学程导航"范式，追寻理想课堂的高效性。

各学科共同体的工作核心是围绕课堂效率的提高，探索理想课堂实施的路径。大家抓住教学的基本环节，注重专题研修，全面推进"学程导航"教学范式，积极有序地打造具有海门特色的理想课堂模型，在教学的有效性上实现了突破性的飞跃。具体策略有：一是加强对共同体学校重点学科研究与实践的反思、总结，结合专题研究活动和探索思考的成果，构建各学科的基本教学范式，确立推进思路，集中学科团队核心组成员深度研讨，认真研究范式的实施路径与着力点，确保推进的有序性和实效性。二是明确逐层、分段推进的路径，谨慎有序地实施推进策略。既以大型现场会的方式分学科全面推进，教研员、共同体学校教学骨干示范引领，细述解读各科范式，明晰方向，有效指导；又以区域学科共同体的研修方式深度推进，加强区域化、校本化的落实。三是强化分段过关程序，深化"以学定教"的教学思想。一方面改变备课的基本流程，从三维目标、教学资源、学程预设、导航策略、作业设计、调整反思等环节来构建"学程导航"的基本备课范式，为课堂实施奠定基础；另一方面改变课堂的组织和管理方式，明确课堂组织流程，用有效的课堂管理机制和教学范式确保课堂效率的全面提升。

③深度研究"阶梯阅读"项目，突出书香校园的针对性。

海门的书香校园建设以"阶梯阅读"的构建为主抓手，全面指向为每一个儿童寻找到此时此刻最适当的阅读书籍，为每一位教师探求到此时此刻最适合的指导方式，为每一所学校营建起此时此地最适宜的阅读情境，并在阅读的高效性、问题的针对性和学习生活的改变上，放大阅读的功能，让师生行进在幸福而完整的阅读引桥中。主要推进策略有：一是不断完善阅读机制，特别是"晨诵午读""师生共读""亲子共读"和"阅读挑战"机制，提高"阶梯阅读"的针对性，形成阅读引领成长的完善体系。二是抬高主题阅读研究的标杆，各区域共同体组织核心团队，深度开展阅读与教学、阅读与习惯养成、阅读与校园文化等方面的路径研究，还把阅读与学科课程、社团活动、特色发展等有机结合，不断整合阅读资源，丰富阅读的内涵。三是加强阅读活动的常态化建设，新教育"阅读节"正成为各学校的基本节日制度，以区域共同体为单位组织了"我的阅读故事"系列征文、经典诗文诵读电视大赛、书本剧展示等活动，以提供更多阅读活动的展示与交流平台。热爱阅读，以阅读撬动教学质量的变革正成为海门共同体学校的共同价值取向。

（3）"达标创特"，提升学校发展的品质性。

至 2005 年底，海门市已有 11 所小学、9 所初中通过了省教育厅组织的"江苏省实验小学""江苏省示范初中"的评估验收，并呈现出良好的发展态势。2006 年起，海门市教育局即启动了农村中小学"达标创特"工程，即所有乡镇中小学达"省实验小学""省示范初中"办学标准，并创建成海门市特色学校，旨在以此为载体全面提高农村义务教育的整体办学水平，进一步加强素质教育，深化教育改革，促进教育公平，提高教育质量，促进城乡义务教育的优质均衡发展。通过近三年的实践，我们深感"达标创特"是促进义务教育均衡发展的有效抓手。学校通过"达标创特"的创建过程，管理水平、教科研水平、教师专业、学生素质等均得到了全面的提升，也为海门高标准通过省区域教育现代化市的验收奠定了厚实的基础。目前，正以新教育共同体为单位，突出两项重点工作：

①促进学校的自主发展、内涵发展和特色发展。各共同体学校根据实际状况，确立学校自主发展的方向，找准"达标创特"的突破口，重点抓好校园管理、有效教学管理、教师发展管理、设备设施的使用管理等，以不断丰

富学校特色建设的内涵，从学校的学科特色、项目特色、文化特色等多个方面来推进学校特色的多样化发展。用学校的办学特色引爆学生的潜能，努力为学生的个性和谐发展提供丰富多样的平台。各共同体学校建立起常态机制下的社团活动模式，组建起艺术、科学、文学、运动等各类社团活动组织，每周确保1～2课时的活动时间，分年段或分年级作统一安排，以活动为载体，以兴趣为导向，还给学生一个完整的学校生活，从而不断丰富学校内涵，提升办学品质。

②推进学校管理规范、制度创新和文化建设。各共同体学校紧紧围绕《江苏省中小学管理规范》中的八大管理项目（20条）和十项管理制度，将依法管理、创新管理的理念渗透到学校的各个管理环节，进一步明确管理要求，落实管理职责，强化管理责任，努力把管理作为一种学校文化加以提炼和营造。同时，不断创新学校管理制度，坚持以人为本，尊重规律，切合学校实际，形成富有人文特色的学校制度文化，以引领每个学校成员的价值取向和行为方式，让每位教职员工对学校有强烈的归属感，自觉地以高尚的职业道德去实现自我，铸就教育的成功。

各共同体学校都高度重视学校文化建设，充分认识到学校文化建设的地位和功能，正从学校愿景、办学目标、教育理念、核心价值观、管理制度、校园节日、师生礼仪、文化标识、特色发展等方面进行系统分析、整体规划和设计，并不断内化为师生的自觉行动。

（4）依托俱乐部，培养卓越校长群体。

海门新教育共同体把"人才强教"作为核心战略，精心打造卓越校长群体，充分发挥校长作为一校之魂的堡垒作用。成立校长俱乐部就是其中的一个亮点，校长俱乐部以自由、开放、分享、合作为共同价值取向，每月一次活动为基本制度，努力将其办成思想者的俱乐部，旨在让俱乐部里的每一位校长都拥有自己独特的办学理念与风格，从经验型、管理型走向智慧型、文化型。校长俱乐部已经彰显了其独特的魅力。

沙龙、论坛是校长俱乐部的主要方式，思想碰撞是每次俱乐部活动的重要环节。比如针对"十一五"发展这一热门话题，校长们交流了各校"十一五"发展的基本思路，他们基于学校的发展现状，立足海门教育的发展要求，放眼整个教育的发展态势，主动思考、积极探索、自主创新，分别编制了各校的"十一五"发展规划。俱乐部组织了由专家、教育行政、校长代表组成的论证组，以区域共同体学校为单位，分别进行了现场论证。这对校长明晰学校的发展愿景，提升学校的办学理念，确定学校的发展特色，优化学校的发展策略等提供了最直接有效的帮助。

校长俱乐部活动在分享经验的基础上，逐步走向了项目合作研究的状态。俱乐部安排了一些校长们最迫切需要的合作项目，比如，如何使学校实现理想的校本发展，分成校本管理、校本教研、校本课程开发与实施等专题，进行合作性研究。校长们共同组建开发小组，开发了系列的地方课程资源，供全市的所有学校分享。特别是在校长们的积极参与下，构建了学生学业多元评价体系，在俱乐部活动中，大家形成了共识。如在小学阶段要充分发挥评价正向激励、确立信心、体验成功等功能，而不是甄别、选拔功能。校长们在一起探讨了即时性评价、展示性评价、竞技性评价、累积性评价、目标性评价、成果性评价、奖励性评价等各种评价类型。充分认识到评价的主体是教师和学生，关键在学校和校长，特别是关于建立成长文件夹（档案袋）的研究，这对让学生在多元评价中学会自我反思，认识自我，建立自信，具有鲜明的引领价值。

"领导学校，首先是教育思想的领导，其次才是行政上的领导"。校长俱乐部有一个重要的使命，就是促进每一位校长成为有个性、有思想的校长。为此，我们努力把俱乐部办成思想者的精神家园，构建了开放、灵活、自由的俱乐部活动运作机制。每次活动都到一所不同的学校；每次活动都有自由论坛的机会；每次活动都有共同的话题；每次活动都有与专家的对话；每次活动都有合作研究的项目交流；每次活动都有集体的反思；等等。

**（二）作为一种"科研共同体"的反思与展望。**

美国著名科学哲学家库恩关于科学共同体，强调了三个方面：一是科学共同体之所以成为一个共同体是由于他们具有共同的研究目标，共同的学术观点，共同的概念、术语和行话，共同的交流方式，共同的文献资料和教材，共同的心理素质等。二是科学共同体的成员之所以具有以上特征，是由于他们在共同的社会历史阶段接受了共同的教育，受教材的范本影响。三是由于上述共同体，使共同体内外产生极大的差别。其内部在心理、趋向、实验选题、话语等各方面日益趋同，使知识呈常规增长；而在外部，在共同体之间，由于没有客体底板，交流就难以进行，甚至不可通约。约束共同体的范式是库恩的一个基本范畴，他曾经赋予它若干的理性含义，如指认识的模式，理论的结构，整理现象的方式、范例、示范性题解或支配科学共同体所共同使用的成规等等。有时，他将之等同于共同体所有成员的共同信念。

我们正是借用库恩"科学共同体"的概念，使新教育共同体在成为实践共同体的同时，还能成为一种科研共同体。我们主要致力于进行新教育共同体的结构体系和文化内涵建设研究；进行新教育共同体的系统实践路径和运行模式研究；进行新教育共同体建设对区域内学校、教师、学生影响的评估研究等等。

反思海门新教育共同体的建设与研究，我们有以下一些基本体会：

1. 构建新教育共同体，旨在为素质教育开路。

海门新教育共同体建设的起点在于教师教育行为方式的转变，终点却着眼于学生的素质发展，因为它所倡导的理念、精神与一系列的行动策略，都与素质教育的基本精神相一致。换句话说，海门新教育共同体是素质教育研究的具体化、行动化和现实化，它符合素质教育的全体性、整体性、主体性和长效性的特征。

2. 新教育共同体的建设，旨在区域教育的开放和共融。

海门新教育共同体体现出鲜明的"破壁"功能：它打通了学校之间的文化界限，分享校际之间的优质教育资源，交流校际之间的优秀管理理念；它突破学科之间的知识界限，一切着眼于学生的发展，一切着眼于教育理想的构筑，从单纯的"学科主义中心"走向复合的"课程中心"；它放大了教师的角色效应，从学校本位走向区域本位，从"学校教师"角色走向"区域教师"角色。

3. 新教育共同体的建设，旨在促进共同体生活世界的改造。

海门新教育共同体建设的重要目的，就是要促进共同体生活世界的改造，包括共同体的学校生活、家庭生活、社会生活，乃至人类生活。希望共同体的每一位学生、教师、家长及其他教育工作者都能从"生活世界改造"的视角重新理解和认识教育的实践形态，进而努力改变自己的生存状态、行走方式，过上一种幸福完整的教育生活。

4. 新教育共同体的研究，旨在区域教育的品质提升。

构建海门新教育共同体，不是某些地区实施的区域内学校之间的"均贫富"，以削弱城镇学校的优质资源来"均衡"薄弱的农村学校，而是希冀"从知识的人本化和学习的人本化出发，引导教育圈中的每一个人发展个性，展示自我，在教育中将人提高到'人'的高度，最终把人'还原'为'人'，达到人的'自我实现'"。这种"为了人的发展"的精神追求，引导新教育共同体中的每所学校改进发展模式，每个教师改变行走方式，每个学生改善生存状态，都能生活在理想的教育境界中，都能生长在超越自我的行动体验中。

5. 新教育共同体的研究，旨在追求教育的普世价值。

海门新教育共同体的建设和研究，其价值不在于追寻特定背景下特定区域内教育发展的特殊规律，而在于探索常态情境下，通过区域教育共同体的组织和实践，形成区域内教育均衡、协调、优质发展的基本范式和普遍规律，以此为辐射，达到更大区域范围教育结构的优化和教育质量的提升。

新教育共同体建设根植于海门教育的现实土壤，引领着海门教育的长远发展，因此从教育行政部门到学校，从校长到教师都对该课题表现出极大的参与和研究热情。市教育局和各学校都能在资金方面对该课题的运作给予充分的保证，特别是直属学校，能积极主动为各项目组的研讨交流活动提供教学现场和后勤服务。不过，我们仍然需要继续完善组织建构，强化团队功能，增强团队凝聚力、形成团队精神；进一步落实各类合作项目，探讨共同研究的合作机制，强化研发功能；丰富活动形式，强化计划功能，实现与新教育实验的全面接轨；继续提升科研含量，强化辐射功能，及时反思，形成"产品"，以对基层学校的各方面工作发挥丰富的影响力。

新教育共同体建设，除了促进区域间教育均衡发展，实现理念、资源、方法、成果等共享的目标以外，还有更高位的目标追求，那就是用"新教育"的理念构建新教育共同体的组织模式，强调合作基础上学校之间的互动，其核心价值不仅在于缩小学校之间的差距，而且是寻求学校在原有基础上更高位的富有内涵和特色的发展。随着其研究的不断深入，必将导致教育新范式的形成，从而通过这种新范式来实质性地推进教育的改革和发展。

# 二、海门市"区域新教育共同体建设"考评方案

**(一)指导思想。**

以新教育理念为指导，全面贯彻落实"创新、实干、和谐"的工作要求，切实加强义务教育阶段学校区域一体化联动工作，强势推进重点学校、重点学科扶持薄弱学校、薄弱学科工程，不断优化校际间合作交流的双赢平台，创造性地开展工作，全力促进区域内教育质量均衡化提升，全面实现我市义务教育均衡化发展。

**(二)、考评内容。**

1. 组织机构建设（20分）。

组织机构设组长一人，由援助学校校长担任；副组长一人，由教育基地负责人或带＊号的中心小学校长担任；组员若干，由各小学、初中校长担任。

组织机构建设要求：①学年初，各新教育学科共同体要紧紧围绕教研室制订的学科建设规划，结合本区域实际情况制订好学年区域新教育共同体建

设的目标、任务和具体运作方案。②学期中要交流、检查共同体建设的推进落实情况，明确存在问题，创新工作思路，不断优化推进策略。③在期末总结交流成功经验和做法，为下学期建设工作酝酿新的思路。

2. "区域学科共同体"活动平台建设（20分）。

以"区域学科共同体"为活动载体，每学期赴受援学校的集体教研活动不少于2次，示范课引领不少于10节。建立项目合作机制，每学期开展合作项目交流活动不少于1次，并为共同体教师的专业成长搭建多样平台。

3. "学程导航"项目合作建设（20分）。

各援助学校要及时将"学程导航"项目的研究成果辐射至共同体各学校，并就某一学校的某一学科建设项目进行实质性的指导帮扶，每月至少1次集体备课活动，可采取典型课例研究、同课异构等方式加强备课、上课、阶段学业质量调研等校本教研活动的合作，逐步构建理想课堂的基本范型，着力提高课堂教学效率。

4. 教学骨干指导及"师徒结对"建设（20分）。

各援助学校要尽可能多地派出教学业务骨干与区域内的其他学校教师建立师徒关系，同时要积极开展备课、上课、教学反思及教学教研协作活动，努力构建起专业阅读、专业实践、专业写作等为基本模式的专业发展共同体。援助学校要对支教的教学骨干制订好捆绑式的考评奖励方案。

5. 实行捆绑式考核情况（20分）。

一是受援学校教育质量综合考核较上一学年度要有进步；二是受援学校教学质量在市局组织的学业质量水平调研中要有明显进步，根据进步情况赋分；三是带领受援学校教师的专业成长，在市局组织的优课评比和教学骨干评比中，每获一个等级奖即赋1~3分，每增加一名教学骨干即赋3~5分。

附一：初中区域新教育共同体

| 援助学校 | 受援学校 |
|---|---|
| 能仁中学 | 包场片各初中 |
| 育才中学 | 天补片各初中 |
| 海南中学 | 悦来片各初中 |

| 实验学校 | 三厂片各初中 |
| 东洲中学 | 四甲片各初中、业余体校 |

附二：小学区域新教育共同体

| 援助学校 | 受援学校 |
| --- | --- |
| 实验小学 | ＊包场、刘浩、海洪、正余、三星 |
| 东洲小学（含开发区校区） | 悦来、三阳、万年、棉种场小学、业余体校 |
| 海师附小 | 常乐、平山、麒麟、海永、特教学校 |
| 育才小学 | 四甲、国强、货隆、树勋、王浩 |
| 实验学校小学部 | 德胜、瑞祥、三和、江心沙 |
| 通源小学 | ＊三厂、汤家、天补、海门镇 |
| 海南小学 | 东灶港、余东、六匡、临江 |

# 三、新教育教师专业发展路径：技术与理念的融合

我们深信，唯有最好的教师，才能办出最好的学校。现代教育对教师的专业素养提出了前所未来的挑战。如何改革教师教育以促进教师的专业发展适合全球化、信息化的知识经济时代的到来，适应现代儿童教育面临的许多错综复杂的问题，这已成为我们教育改革与实践的中心议题。可以说，没有教师专业的新发展，没有教师的继续成长，就不能充分发挥教师持续的创造潜能，教育改革和发展就不会取得新成效。

著名学者朱永新教授倡导的新教育实验，将它行动的起点放在了"改变教师的行走方式"上。"改变行走方式"有两层意思：一是要有效地促进教师的专业发展；二是教师本身的教育生活也应该是教育的目的，应该是幸福完

整的。教师作为课程、知识的传递者，教师自身专业化程度不高往往成为了教育改革难以实现、难以为继的瓶颈，成了整个系统中最难突破、最难改造的部分，从而使整个系统的其他地方的改进劳而无功。教师的态度和专业素养在教育改革中举足轻重，只是拎着一桶数十年不变的死水，是不可能实现任何教育理想的。所以，新教育实验的参与者们正努力地探寻着各种合适的路径。

路径一：专业阅读＋随笔写作＋学习共同体

在教师的专业发展中，知识处于核心地位。教师作为一种专业，知识是其从事教育教学工作的前提条件，是其专业素质的重要组成部分，离开了对教师知识的关注，教师的专业成长也就成了乌托邦。因为"一个专业既是一种高度复杂和熟练的工作，又是一种根植于知识的专业行为。把某些事情称为专业即表示这些事情有一个在学府里被广泛运用的知识基础"。（于泽元，《教师专业发展视野中的高师课程改革》，《高等教育研究》，2004 年第 5 期）对于教育来说，要确保教育的质量，必须提高教师的专业水准，而提高教师专业水准的重点乃是明确教师专业的知识基础。著名学者林崇德、申继亮从认知心理学观点出发，认为教师知识包括四方面内容，即本体性知识、条件性知识、实践性知识以及文化知识。本体性知识即特定的学科知识；条件性知识是指教师所具有的教育学、心理学知识，它对本体性知识的传递起理论支撑作用；实践性知识主要指教师教学经验的积累，包括教师所拥有的课堂情景知识以及与之相关的知识；文化知识即指教师具备的除上述三种知识以外的广博通识文化知识。（曲铁华　冯苗　陈瑞武：《教师专业发展与高等师范院校课程改革》，《教育研究》，2007 年第 9 期）而凸显教师专业发展内涵的是实践性知识。教师只有以这种知识为基础，才能意识到自己的理智力量，去除对专家的迷信，言说自己的知识，找到自己知识的生长点和自我专业发展的空间。（陈向明著：《实践性知识：教师专业发展的基础》，《北京大学教育评论》，2003 年第 1 期）

事实上，随着信息时代的到来，教师原有的专业知识，已经远远跟不上时代发展的步伐，需要在实践中不断更新，所以，养成良好的专业阅读习惯，应该成为当代教师的重要生活方式。有这样一位普通的数学教师，工作将近五年，没有成就感也不想有什么变化。一个重要的原因就是她所在的学校比较差，总觉得"再怎么教，学生也不会有改变了"。一次，在观摩一所学校组织的"思想者俱乐部"活动中，她接触了韦纳的归因理论。归因理论从行动结果推断产生行为的原因，从行为结果提取意义等论述，对她的老观念产生了极大的冲击。她开始追问：自己的学生真的"不行"吗？学生的课堂表现与她怎么教没有关系吗？她把疑惑告诉了校长，随之引发了一个适合全校教师共同反思、研讨的主题。在这里，我们看到专业阅读为教师的专业发展奠定了宽泛的知识背景。

新教育认为，存在着阻碍教师专业发展的"最短的木板"，也就是说，可能存在着一个教师专业知识的合理结构，而可能许多教师在某一方面形成了"短板"，所以阻碍了自身的发展。这里的知识，主要是通过经验内化了的默会知识，而不仅仅是可以通过书面试卷测试的显性知识。为此，我们要开展围绕教师教育教学实践的教师专业阅读研究，在充分考虑到个体成长的特殊性和序列性的基础上，构建一个理想的教师知识结构模型，从而更有效地解决不同水平与学科的教师分别该读什么和怎么读的问题。

教育活动是一种复杂多变、高度综合的实践活动，教师的专业程度不是单单凭借外在的、技术性知识就能保障的，还应通过各种形式的"反思"，促进教师对于自己和专业活动直至相关的物或事有更为深入的"理解"，发现其中的"意义"。（教育部师范司：《教师专业化的理论与实践》，人民教育出版社，2003 年版，29 页）在这里"反思"更是一种理念层面上的专业素养，这种素养在教师的专业成长中占据着独特的地位。经常写"教育随笔"就是一种很好的反思方式。新教育实验将教师的专业写作细化为五种形式：日常教育叙事，教育感悟，师生通过日记批阅和书信相互编织有意义的生活（共写），教育案例及剖析，教学案例及剖析。这五种形式的教育写作各有不同的特点与作用，它们引导教师从各个层面对教育实验与自身进行反思，提升自己的教育思想，改进日常的教育实践。长此以往，教师以自己的教学实践过程为思考对象，对在教学中做出的行动、决策以及由此产生的结果进行审视和分析，就能形成一种反思性的实践品质，有助于提升教师实践能力和在工作中开展研究的能力。

新教育实验认识到教师仅靠个人的专业阅读、专业实践与专业写作，其反思得不到智慧的碰撞，这样的反思是不够深度的，个人的摸索往往由于自身的思维假定而无法看清问题的本质，教师的反思往往无法对自己导致问题的思维方式进行反思，而要突破自身的"见障"，最好的办法是利用对话，构建一个学习共同体的平台。新教育实验提倡建立各种同一教研组、教学组的，或者是本校的、校际的，以及利用网络的各种专业学习共同体，如"思想者俱乐部"、"读书沙龙"、"班主任学习小组"、"火车头俱乐部"等专业学习共同体。在共同体中利用对话来突破个体思维的局限。比如有学校围绕苏霍姆林斯基《给教师的一百条建议》开展共读活动，共读让学习共同体的成员有了共同的话语，也就有可能在一个底板上对话交流，形成共同的价值取向。很多研究表明："不断探索和从内部及外部注入信息，能让教师成为越来越好的专心工作的教师"，"对学习机构来说，寻求帮助是一种聪明的象征而不是柔弱的象征。"（迈克·富兰著：《变革的力量——透视教育改革》，教育科学出版社，2000年版，105～107页）所以，专业学习共同体的建设应该成为学校发展教师的重要策略。

路径二：一课多磨＋有效范式＋学科共同体

教师专业发展的基础和生命是课堂实践。课堂是一种生活，它具有生命性、生动性、生活性、生长性等重要特征。课堂是教育之核，是教育的起点也是教育的终点，也是实施教育影响的实践场。课堂是教师们的田野，是教师们可把握的当下。如何以课堂为核心促进教师的专业发展是基层学校最现实的命题。美国学者 Travers 说过："教师角色的最终塑造必须在实践环境中进行。"教师的许多知识和能力是依靠个人经验和对教学的感悟而获得的，教师应该不断反思自己的课堂教学理念与行为，不断自我调整、自我建构，从而获得持续不断的专业发展。

为了锤炼教师的课堂专业技能，我们采取了"磨课"的方式，即围绕一课堂要做到"十个一"。第一，独立教学设计活动，即个人备课。第二，组织学科共同体内的集体备课，表达自己的观点、困惑和建议，也倾听别人的看法和思想，在议课中进行教材解读、课堂设计、作业布置等。第三，确定一人准备一次试教。这次试教形成的课堂实例，成了学科共同体研讨的一个靶子。第四，围绕课堂实例组织一次完整的案例研究，结合专业阅读和专业实践进行反思，在此基础上，形成一份修正后的教案。第五，进行全校性的公开教学活动。第六，现场拍摄公开课的教学实况。第七，上课老师整理课堂实录。其实，整理课堂实录的过程一定是伴随反思的过程。第八，呈现录像与书面实录，邀请专家、同伴进行课堂诊断、评述，在又一次的专题反思基础上形成这一课型的完整案例。第九，学科共同体成员各自完成一篇反思性随笔。第十，形成一套完整的课题研究资料，存入教师的个人专业成长档案袋。笔者曾经围绕这"十个一"整整做了五年实验，培养了一大批优秀的青年教师。特别是一名普通教师，要入门，要成长为一名骨干教师，就一定要多次经历这样一个过程。"很多时候，教师并未意识到他们在课堂里所做的一切，或者是未注意到他们为什么要进行课堂活动，教师对其缺乏洞察力会导致没有成效的课堂行为"。（古德著：《透视课堂》，中国轻工业出版社，2002年版，73页）一课多磨，让教师有机会从不同的角度，如自我的视角、同事的感觉、专家的引领和磨砺的过程等，运用课堂观察与诊断技术，重新审视、反思自己的教学，由不满足而产生想"变"的愿望，从而不断改进教学、超越自我。

起初，我们把集体备课——说课——磨课——评课活动称之为"校本教研"，后来改为"校本研究"，但理论研究者认为这种说法不合适，不规矩，再后来就叫"校本研修"了。从"校本教研"到"校本研究"再到"校本研修"，这样一种轨迹是有变化过程的。研修是要把反思贯穿在专业阅读与专业实践始终。反思的本质是一种理解与实践之间的对话，是两者之间相互沟通的桥梁，又是理想自我与现实自我的心灵上的沟通。（朱小蔓著：《教育的问题与思考》，南京示范大学出版社，337页）我们可以反思新理念在课堂上的落实是否肤浅或是偏颇，反思教学情景的创设是否因把握不当导致教学质量的降低，反思课堂中生成的教学资源是否被恰当利用，反思教学方法的运用是否合理有效，反思课堂评价是否关注学生的个性差异，促进学生的发展。当然教师反思的角度还有很多，经常性地进行教学反思，反思的内涵就会加宽加深，反思的效果也会加强。这不仅仅在一个简单的、个体的层面上，而是在一个团队、共同体的层面上互动、碰撞，这样一种过程才是真正的研修活动，必定成为教师专业成长的助推器。

美国著名科学哲学家库恩关于科学共同体，强调了三个方面：一是科学共同体之所以成为一个共同体是由于他们具有共同的研究目标，共同的学术观点，共同的概念、术语和行话，共同的交流方式，共同的文献资料和教材，共同的心理素质等。二是科学共同体的成员之所以具有以上特征，是由于他们在共同的社会历史阶段接受了共同的教育，受教材的范本影响。三是由于上述共同体，使共同体内外产生极大的差别。其内部在心理、趋向、实验选题、话语等各方面日益趋同，使知识呈常规增长；而在外部，在共同体之间，由于没有客体底板，交流就难以进行，甚至不可通约。约束共同体的范式是库恩的一个基本范畴，他曾经赋予它若干的理性含义，如指认识的模式，理论的结构，整理现象的方式、范例、示范性题解或支配科学共同体所共同使用的成规等等。有时，他将之等同于共同体所有成员的共同信念。（任平著：《交往实践与主体际》，苏州大学出版社，1999 年 1 月版，81～82 页）

我们正是借用库恩的"科学共同体"的概念，在学科层面上建立了新教育区域学科共同体。围绕新教育提出的"有效课堂范式之构建"展开项目研究，同时，致力于进行学校和区域学科共同体的结构体系和文化内涵建设研究；进行区域学科共同体的系统实践路径和运行模式研究；进行区域学科共同体建设对区域内学校、教师、学生影响的评估研究等等。

路径三：课程开发＋校本研修＋研发共同体

让教师深度卷入课程研发是教师专业成长的又一条重要的路径。让所有教师能够深度地卷入课程研发，一种是校本课程研发，比如围绕地方课程资源的综合实践活动校本课程的开发。一种是国家课程校本化的研发，比如阅读课程的研发，我们组织语文学科研发共同体已经做了以下一些项目：诗词诵读、名著导读、阶梯阅读、主题阅读等等。在这些课程的研发过程中，首先必须大量搜集资料，进行丰富的专业阅读，精选对孩子最有帮助的内容。其次要选取好的呈现方式，比如让各学科之间的联系与沟通，体现课程的综合性、开放性，建立有效的学科文化生态。更重要的是，当教师深度卷入课程研发的过程中，教师们的教育观念、综合素养、专业能力等会得到根本性的改变。

教师卷入校本课程的研发，首先得不断调整自己的知识结构。在进行研发的过程中，需要了解相关的课程理论和课程知识，认识到进行课程改革的重要性和必要性，掌握校本课程开发的内容、程序和步骤以及实施要领。只有提高教师的课程意识和课程观念，不断调整自己的知识结构，才能使他们担当起校本课程开发中的重任，形成自主的专业引导和专业规范的行为方式。

其次，能让教师重新认识所教学科。校本课程的研发是学校全体学科教师共同的使命。在参与的过程中，教师会自觉地从课程结构的整体出发，全面理解分析学科知识的结构，对所教学科的课程有全面总体的认识。譬如，一年级"我爱我校"主题，音乐老师可以抛开音乐教材，教唱尊师爱校的歌曲；美术老师可以带领孩子画自己的校园、未来的校园，每个孩子的作品合起来就是一本书；语文老师与美术老师合作，让孩子们将画画的内容讲给大家听；数学老师可以编写情景应用题等。每个老师在大主题的统领下，都可以大有作为。这会让教师对所教课程有一个重新的认识：原来，课程学习不是单纯的知识学习，而是一种获取和运用知识和能力、发展心智的过程。通过参与校本课程的编写、整合与评价，可以改变教师实施课程时的思维方式，不断提高教师对教育的理解，丰富其学科知识和课程知识，提高驾驭课程的能力，并在实践中对所教学科作出适合学生发展需要的安排。当然，这是教师专业成长的较高境界。

再次，会使教师逐渐养成反思的习惯。传统的"技术型"教师一般缺乏对教育过程的研究和反思，因而在教育行为上很难呈现出自主性、创造性的特征。而只有通过教师自身的反思和研究，将教育理论转化为自己的教育理念和实践智慧，才能创造性地解决复杂变化的教育实践问题。实践证明，校本课程的开发使我们的教师经历了广泛搜集资料进行大量的阅读的过程，处理和加工信息的过程，与同事、课程专家、学生、家长及校外人士广泛合作沟通的过程，以及创造性设计的过程，这四个过程也必须用反思贯穿其间。只有用反思贯穿，才有可能在某一方面有所收获。因为搞课程研发，不研究学生不行，不研究文本资源不行，不研究教育的过程和基本规律不行，不与学生、家长、教育管理者、专家进行多边合作不行。这种以项目为核心的研发共同体，是教师专业成长的重要平台。所以，与其让教师们听一场专家报告，不如让专家来指导教师一起研究和开发一个项目。

过去，不要求教师成为教育研究者。教师只要接受别人生产的知识，能如实地传递给学生，能影响和促进学生的道德成长就可以了。现在，特别要求教师成为教育研究者，这是因为：（1）当下社会变化迅速，教育观念更新之巨大，都对教师原有的教育观念产生了巨大的冲击。教师只有不断地反思自己，研究自己在教育、教学中遇到的诸多问题，并寻求答案，才能应对教育教学面临的挑战。（2）作为教育主体的儿童的身心发展具有丰富性、多样性、独特性等特点。教师要研究、发现儿童之间存在着的差异性与独特性，个别问题个别对待，才能促进每一个儿童的健康、活泼的发展。（3）教师的成长过程也需要研究，特别需要教师自己研究自己，研究自己的教育理念和实践，反思自己的教育行为及教育效果，以便及时调整自己的教育观念，从而提高自己的教育效果。新教育倡导的"课程开发＋校本研修＋研发共同体"的教师专业发展模型正是培养研究型教师的重要路径。

# 四、依托校长俱乐部　打造卓越校长群体

"十五"期间海门教育把"人才强教"作为核心战略，着力打造优秀校长

群体，有计划地组织培训、培养，经常组织中小学校长外出学习考察，开阔他们的视野，拓展他们的胸襟。特别是 2003 年以来，每年暑假都要花大代价，组织一把手校长进行封闭式培训。第一年在江苏教育学院，第二年到华东师范大学，第三年北上国家教育行政学院，延请专家学者，进行有针对性的理论辅导。先后还有 10 多位校长参加了出国培训。理论的支撑很快转化成实践的力量，也进一步激发了他们对教育的热情、对事业的追求、对成功的渴望。经过几年的努力，全市已经形成年龄结构合理、素质良好的校长队伍。他们精神状态好、理论水平高、实践能力强，将一所所学校管理得有声有色。

"十一五"海门教育将继续把"人才强教"作为核心战略，精心打造卓越校长群体，充分发挥校长作为一校之魂的堡垒作用。为此，做出了一系列新的战略决策。成立校长俱乐部就是其中的一个亮点，它是由东洲中学的张炳华和原东洲小学的许新海等知名校长分别领衔，由教育局直接组织管理，分中学、小学两个板块组建校长俱乐部，充分发挥名校长的引领功能。校长俱乐部以自由、开放、分享、合作为共同价值取向，每月活动一次为基本制度，努力把它办成思想者的俱乐部，旨在让俱乐部里的每一位校长都拥有自己独特的办学理念与风格，从经验型、管理型校长走向智慧型、文化型校长。虽然校长俱乐部成立才不到一年，已经彰显了其独特的魅力。

1. 愿景规划引领，提高决策能力。

2006 年是"十一五"的开局年，如何科学制订学校事业发展"十一五"规划，发挥学校愿景的引领作用，成了校长俱乐部活动的首要议题。教育局局长在一次俱乐部活动时，给校长们作了关于海门教育事业发展"十一五"规划的专题报告，具体阐述了"十一五"期间海门教育将坚持素质教育的主题，突出课程改革和教育现代化市创建两大抓手，实施人才强教、均衡发展、特色培育三大战略，做到加大投入、强化管理、深化改革、优化环境四个保障，逐步形成既有南通教育精细化、重质量特点，又有"海派文化"现代化、国际化特征的独特的海门教育风格。现任教育局副局长的许新海同志给全体校长就如何制订学校事业发展"十一五"规划作了详细的辅导，他从如何总结和反思"十五"期间各个学校取得的成绩说起，谈到了"十一"发展的指导思想和主要目标的定位，以及如何制订"十一五"发展的主要措施，明确了制订规划的一般程序，给校长们以清晰的思路，明确的指导。

思想碰撞作为每次俱乐部活动的重要环节，针对"十一五"发展这一热门话题，校长们交流了各校"十一五"发展的基本思路，有百年老校的实验小学的文化传承与创新，有新办学校的文化立校的全新战略，也有农村中心小学期望成为当地人民有口皆碑的学习型学校的务实定位。他们基于学校的发展现状，立足海门教育的发展要求，放眼整个教育的发展态势，主动思考，积极探索，自主创新，分别编制了各校的"十一五"发展规划。俱乐部组织了由专家、教育行政、校长代表组成的论证组，以片为单位，分别进行了现场论证。这对校长明晰学校的发展目标，提升学校的办学理念，确定学校的发展特色，优化学校的发展策略等提供了最直接有效的帮助。使校长们就如何实现在学校的愿景引领，以及进行科学的战略决策有了一个新的飞跃。

2. 着力内涵发展，注重特色建设。

"十五"期间，在政府的大力投入下，特别是伴随着江苏省"六有工程"和"校校通工程"的全面推进，海门各个乡镇学校的办学条件得到了很大的改善，各个学校的基本设施达到了较高的均衡化水平。"十一五"期间，海门教育将突现内涵发展、均衡发展、特色发展的重要特点。为使农村学校走向内涵和特色发展之路，校长俱乐部安排了"学校特色建设论坛"，邀请了著名学校管理专家王铁军教授和《学校管理》杂志主编金薇薇做客俱乐部活动。王铁军教授就"当什么样的校长，办什么样的学校"为校长们作主题报告。他结合自己主持的"名校长、名教师成长机制和规律的整合研究"课题研究成果，高屋建瓴，系统论述了现代校长的角色定位，怎样立足学校发展，协调好多种角色，做一个有个性、有思想的校长，从而把学校办成有思想的学校、有质量的学校、有文化品位的学校、有效能的学校、有特色的学校，为社会所认可、所信赖。王教授理论联系实际，视野开阔，引用了大量的案例，给校长们以诸多启发。

在俱乐部活动中，校长们也报告了自己特色学校的定位和思考，专家们现场给校长们提出建议。同时，就学校特色的遴选、确定和运作，特色的培育、打造和完善，特色与素质教育、与课程改革、与学校文化、与课题研究等如何有机集合，发挥合力优势，展开了多层次的探讨，在互动交流中解决了许多实际问题。俱乐部活动容量大、针对性强、学术水平高，以理论引领、案例研学、专家评点、现场对话、当场指导等多样化的形式，促进了校长的迅速成长和成熟。

3. 开展项目合作，提升学校品质。

校长俱乐部活动在分享经验的基础上，正逐步走向项目研究合作的状态。俱乐部安排了一些校长们最迫切需要的合作项目，比如，如何使学校实现理想的校本发展，大家分成校本管理、校本教研、校本课程开发与实施等专题，进行合作性研究。校长们共同组建开发小组，对地方课程资源进行了系统的设计，供全市的所有学校分享。特别是在校长们的积极参与下，构建了全市学生学业多元评价体系。在俱乐部活动中，大家形成了共识，一致认为在小学阶段要充分发挥评价正向激励、确立信心、体验成功等功能，而不是甄别、选拔功能。大家在一起探讨了即时性评价、展示性评价、竞技性评价、累积性评价、目标性评价、成果性评价、奖励性评价等各种评价类型，充分认识到评价的主体是教师和学生，关键在学校和校长，特别是成长文件夹（档案袋）的建立，虽然老师们辛苦了些，学校付出了一些必要的代价，但是，这对让学生在多元评价中学会反思，认识自我，建立自信，有着重要的价值。这样，迅速在全市上下形成了整体联动的良好氛围。

目前，校长俱乐部正在策划一个"十一五"期间的重大合作项目，就是开展新公民教育行动。在俱乐部活动中，大家已经就新公民教育的目标定位、价值取向，合作开发的校本课程，设计的文化活动，以及评价体系的构建等有了初步的规划。相信，这些合作项目对全市教育改革的深入推进，各个学校自身品位的提升都将产生积极的影响。

4. 探索成长机制，铸就思想校长。

"领导学校，首先是教育思想的领导，其次才是行政上的领导"，这是苏霍姆林斯基在多年从事校长的实践经验中提炼概括出来的一个十分重要的观点，也是校长管理学校的客观规律的反映。校长俱乐部有一个重要的使命，就是促进每一位校长成为有个性、有思想的校长。为此，我们努力把俱乐部办成思想者的精神家园，构建了开放、灵活、自由的俱乐部活动的运作机制。每次活动都到一所不同的学校；每次活动都有自由论坛的机会；每次活动都有共同的话题；每次活动都有与专家的对话；每次活动都有合作研究的项目交流；每次活动都有集体的反思等等。我们坚信，只要行动，就有收获；只有坚持，才有奇迹。

我们正是在利用校长俱乐部这一特殊的平台，努力探索成功校长的成长机制，研究铸就有思想的校长的重要路径。我们希望校长俱乐部只是一个平台，在分享交流中激发灵感，在合作研究中迸发智慧，更重要的是促进所有的校长走向自主创新的专业化发展之路，让校长们与自己所带领的学校同成长，让思想与行动同行，为中国教育的改革与发展作出更大的贡献。

## 五、校长要做"我行我素"的教育家

校长是学校的灵魂。从某种意义上说，有什么样的校长，就会有什么样的学校。对一所学校来说，校长能走多远，往往学校才能走多远。王斌泰厅长曾提出："校长要敢于我行我素。"这一主张是对当前校长如何管理学校提出的新思路、新理念。我对"我行我素"的理解是校长要在应有的权力之内，在不违背法律法规的前提之下，遵循学生的身心发展规律，要敢于和善于摆脱各种干扰因素，对教育不断地进行创新，想好的事，只要是对的，不要患得患失，要一干到底。

"我行我素"是自由的，但不是天马行空，独来独往。校长是学校的法人代表，因此，校长首先要有"法"的头脑，做依法治校的能人，要切实落实好教育法律、法规，坚决执行好国家的课程计划，使我们的学校教育在正确的、规范的轨道上运行。当然，做守法的校长，绝不是简单的、机械的照搬，而是要灵活地运用。同样是执行课程计划，我在东洲小学当校长时，发现不同学科间内容重叠、交叉，耗时多，效率低。鉴于这种情况，我们早在2000年就开展了基于现代生活的综合实践活动课程研究，在操作过程中，打破既有的学科结构，用主题大单元的方式，整合多种课程内容，既保证了国家课程计划中"基础学科、基本内容"的系统教学，又体现了课程管理中的灵活性、开放性和可创造性。这样做，既不违反课程计划，相反，大大提高了执行效果，使课程计划真正全面落到实处。

"我行我素"是"畅通"的，但不是毫无轨迹，背离规律。校长要成为一名"我行我素"的教育家，最关键的是要潜心研究学生的身心发展规律，研究教育的创新策略，从而让每一个学生获得全面而具个性的发展。有的校长为了提高教育教学质量，让老师加班加点，让学生早到迟睡，以牺牲学生的身心健康为代价，这样，只会得不偿失。我在抓教育质量时，从教育科研着手，通过开展"开放性课堂教学模式"研究，把40分钟改成35分钟一课，要求教师通过改革课堂教学结构、方式等，全面提高课堂教学效率，每周多余的课时，开辟综合性课程，促进学生多样化的发展。同时，每天上下午各有20分钟的大课间活动，让学生学得轻松、玩得开心，做到劳逸结合。我还对学生评价进行了大胆的改革，成功地启用了"ABC考试制"、"学生成长档案袋"等评价方法，促进学生素质全面提升。

"我行我素"是一种管理思维，不仅要"敢于"，更要"善于"。要善于从传统的应试教育管理转向以"创新"为核心的素质教育管理；从主要运用行政手段的管理转向主要运用民主与法治手段的管理；从自我封闭的学校管理转向以"三个面向"为指导的开放管理；从做接受、传声型的管理者转向做创新、智慧型的管理者。现在的学校，受到方方面面的干扰特别多，多头指挥的现象比较普遍，许多校长疲于应付，长此以往，就失去了"自我"。因此，作为一名校长，要敢于并善于"我行我素"，在管理、教育、教学上敢于探索，善于改革，有所创新，有所作为。并且，不断学习、总结、反思。只有这样，才有可能成为同行中的佼佼者，向教育家迈进。

# 六、教师是学校发展的第一资本

教师是校长办好学校的关键。在校长管理学校的所有要素中，教师管理是第一要素。"以人为本"的教育观，在管理上首先应该体现在对教师的管理。要确立"以师为本"的管理思想，充分尊重、关心、理解、信任每一位教师。教师是学校的第一资本，是学校最丰富、最有潜力、最有生命力的资源。这应该成为学校管理的思想根基。

我倡导的教师观是：我们唯有拥有最好的教师才能办出最好的学校。最好的教师从最困难的学生身上也能发展最美好的希望。教师是知识层次比较高、自律性比较强的一个特殊群体。因此，多年来，我们一直在追求一种"智慧"管理的境界。"智慧"管理，就是倡导"以师为本"，把教师作为学校发展的第一资本，尊重、关心、信任每一位教师，以"实绩"为导向，激活内需，自主发展，帮助每一位教师挖掘自己的创新潜能，给予充分的"自由度"，发展每一位教师的创新个性。这是现代意义上的"脑"的管理，是管理的智慧，是智慧的管理，是对教师人生价值的管理，是管理的崇高境界。当然"智慧"管理是在制度管理、目标管理、情感管理等常规管理模式基础上的一种新的超越、一种升华，并且有时还必须与常规管理紧密融合的一种管理模式。

1. 尊重：让规范与自由沟通。

教师首先是人。他们需要在人格上得到绝对的尊重。有的学校校长喜欢"推门听课"，表面上看上去是一种很有力的管理措施，但从深层次想，这种行为就是抱着一种不信任教师的管理意识，来监督和检查的，其实是对教师的一种不尊重的表现。我们的共同目标不都是为了提高课堂教学效率和质量吗？反思我们的学校管理制度，有多少内容隐含着对教师的不信任、不尊重呢？这对教师的心理又会造成多大的负效应呢？这几年，我们学校所有管理制度的出台和修整，都是由学校行政和教师共同制定，并在教代会上让教师们充分审议以后，再来共同遵守。这样，制度、规范就会转化为教师的自觉行为。人的自由精神只有在自愿、自觉的心理基础上才能充分伸展。校长只有在充分尊重教师的基础上，才能使规范与自由和谐沟通、巧妙融合。

其次，教师是有个性的师者。作为"一校之魂"的校长，要具有智慧识才的本领，准确把握整个教师群体的优势和不足，特别要正确认识和研究每一位教师的长处和缺点，扬其长，避其短。事实上，从管理的角度上看，一所学校的高效运转，在各个层面上都必须有"能人贤士"，但能人绝对不是样样都行。校长管理教师的最佳境界是能够把每一个教师都安排到最适合的岗位上，并且提供可以充分展示他们个性品质的广阔舞台，让他们人人拥有实现自己人生价值的理想感觉。只有这样才可能出现教师个性的自由发展，使学校发展处于最佳发展状态。

一个好校长应该能让每一个教师都有成功的体验，有一套行之有效的能够提高教师素质的激励机制，有一系列激励性的目标、制度，更有多元的激励性评价和奖励策略，让教师的人生价值始终处于追求与实现的状态中。

2. 关心：让理解与发展融合。

当前的教师现状，毫不夸张地说，老师们已被应试教育、素质教育还有课程改革这"三座大山"压得喘不过气来了，许多老师的身体已经处于亚健康状态，精神上承受着来自社会、家长、校长、教育行政等各种不同的压力。大家一方面希望素质教育、课程改革能改变孩子们过重的负担，另一方面又希望学生考试的成绩节节攀升。这种理想的状态似乎在现实中很难找到。所以老师们真是左右为难。作为校长，要非常清楚地认清这一事实，并认真地研究解决问题的办法。特别是首先要把教师们从中解放出来，在宽松愉悦的工作环境中，发挥教师在克服遇到的各种困难面前的聪明智慧。从今年开始，我们学校全面启动了新生活教育行动计划，我们从让教师获得新的生存状态入手，装潢了专门的喝茶聊天室，上下午各设置 20 分钟的大课间活动，除部分值班老师外，大家都到喝茶聊天室来坐一坐，喝口茶，放松一下精神。另外，学校组织了教师羽毛球和乒乓球俱乐部，体育馆每天早晨、傍晚和晚上都对老师开放，并且每天都有比赛，让老师们养成锻炼的习惯，追求健康的生活方式。其实，教师的精神状态会直接影响到学生，我们深信，只有充满朝气的教师群体，才能培养积极奋进的优秀学生。

如果我们不从理解的角度来看待教师的生存状态，反而层层加码，最后紧绷的弦一定会断的。当然，校长更需要关心教师的专业发展，把精神上的关心和专业上的发展结合起来，才是最理想的方式。我们为老师配备电脑，建立网上的两院、两中心（教学设计院、课程与教学研究院、课程资源中心、教师发展中心），让教师们经常接受新信息，并且课程资源可以共享，更可以把自己的教育教学研究成果，及时上传，互相交流学习。同时，关注教师的终生学习，为教师出国培训、函授学习、外出听课都提供了特殊的支持政策，以满足教师学习知识、专业发展的需要。我们的教师发展中心还开设了烹饪、插花、装潢等课程，让教师获得更丰富的人文素养，拓展了教师的专业视野，为教师们所喜爱。在每一所学校里大多数老师是有理想、有追求的，都有着渴望更快更好发展的强烈愿望。校长应尽最大努力满足老师们的这方面需要，这是让老师获得可持续发展能力的关键所在。

3. 信任：让智慧与创新共舞。

一所学校在教师中建立怎样的导向机制，对整个学校的发展有着至关重要的影响。我们要相信，每位教师都是渴望发展的，教师的创新潜能是无限的，关键是找到这把能开启潜能的金钥匙。要培养学生的创新能力，首先需要有创新型的教师。培养创新型教师群体，必须解放思想、大胆改革，用全新的管理理念和方法管理好教师队伍。

在多年的理论学习和实践探索中，我们探索了"智慧"管理的模式。把培养具有创新精神和创新能力的教师群体作为首要目标，这是培养具有同样创新精神和创新能力的学生的前提。创造需要有相对宽松的环境。强行的制度管理，只会扼杀人的创造性。丰富的情感管理，只能赢得短暂的感情支持。唯有展示潜能的"智慧"管理，才是不竭的动力。"智慧"管理重要的一条原则就是充分信任教师，给予教师充分的"自由度"，让每一位教师在教育教学中充分展示和发展自己的创新个性。当然这里的"自由"绝不是指平时说的自由放任，而是创造条件，给教师以自主发展，获得创新灵感的时空。以课程改革为例，我们让教师拥有充分的课程开发权力，组成合作团队，进行校本课程开发。在这个过程中，各个专题组有充分的自由度，他们边学习、边思考、边实验、边总结，不断创新，不断试验，最后形成富有个性的课程设计，并在实施中取得了显著的效果，甚至在人民教育出版社正式出版了综合实践活动指导用书《今日生活》，教师们的创新智慧得到了充分的挖掘。

这一切都来自于对教师的信任。我们深信教师人人都是要求上进的、个个都是有着创新潜能的。我们需要的是建立起能激发这种创新智慧的信任机制、导向机制和行动机制。

"智慧"管理就是要发现教师的价值，引导教师的价值追求，使教师的自我价值获得创造性的实现，从而建成"创新"型的教师群体，使学校获得发展的不竭动力。

## 七、开展引领型校本研究　促进教师专业成长

海门市东洲小学创办于 1992 年，1996 年成为首批新申报的江苏省实验小学，1998 年被教育部确定为"全国现代教育技术实验学校"。十多年来，我们一直把教师作为学校发展的第一资本，以教师发展作为一切工作的逻辑起点，充分尊重、关心、信任每一位教师，构筑了引领式教师发展模式，即用目标

引领、专家引领、机制引领等方式，搭建了多元的教师专业发展平台，一批批优秀教师脱颖而出，涌现出了 2 位特级教师，56 位市级以上学科带头人、骨干教师。与此同时，学生的素质也得到了全面的发展，每年在省级刊物上发表的作文达到 250 篇以上，发表的书画作品达 1000 篇以上，学校在海门市素质教育百分考核中，已连续 8 年获得了全市第一名，正式出版了 13 部教育专著、论著。回溯这十多年的实践与思考，特与大家分享与交流。

1. 目标引领：明确方向，引爆潜能，着力发展。

许多人之所以能取得巨大的成功，是因为他们的生命有目标。学校作为一个学习型的组织，最重要的是要为这个组织的全体成员树立起一个共同的愿景目标，以此来引领全体成员朝着目标共同努力，从而不断激发每个人的内在潜能，得到充分的发展。1996 年成为省实验小学以后，学校适时提出了"师生苦练五年内功，再谱东小教育新篇章"的二次创业的口号，提出了操作性很强的"四会"，即会当班主任、会操作常用电教器材、会使用电脑、会英语；"四好"，即"说好、写好、上好课、辅导好"；"四心"，即精心设计教学方案、用心钻研大纲教材、专心学习教育理论、尽心培养全体学生；"四转化"，即职业型向事业型转化、经验型向科学型转化、知识型向能力型转化、书匠型向学者型转化。我们把它归纳为一个简单的目标引领模式，如下图：

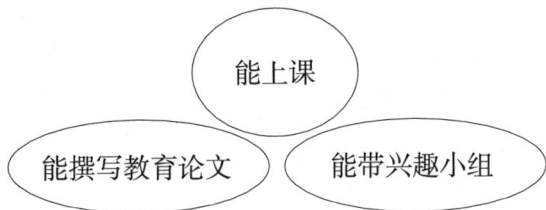

能上课

能撰写教育论文　　能带兴趣小组

以上三者均重合为"一类"，二者重合为"二类"，三者重合为"三类"。我们要求青年教师找到适合自己的坐标点。学校组成专家组，对每个教师进行"会诊"，然后校长与教师签订目标责任状，每半年对学习情况进行小结，从而在学校形成了大练内功的高潮。

1998 年学校又成立了"教师发展中心"，我们立足于学校、教师和学生发展的需要，做到引领的内容随着社会的发展而发展，随着师生的生活变化而变化。把学校的发展需求与师生的发展需求紧密地结合在一起，形成一个和谐统一的整体，相互促进，相互影响。并坚持用每一个周末的半天时间，作为教师发展中心的固定活动时间，开展丰富多彩的练功、学习、研究活动，以使这些目标能够通过一系列的实践活动，得以实现。现以两个小案例加以具体说明：

（1）课程设计行动研究。

学科综合化是学科教学发展的必然趋势，主题性单元综合实践活动更是给学科综合化搭建了一个新的实践平台。2004 年许新海校长在澳洲留学时给老师们提供了一个非常好的课程设计案例，就是"稻米研究"，那一年正好是国际稻米年，澳洲的大多数学校把自己的课程与生活，以及社会发展的事件及时结合起来，充分体现了课程的开放性和灵活性，这一课程理念正是中国老师值得借鉴和学习的，由此揭开了学校主题性单元综合实战活动研究的序幕。在这一案例中，设计了稻米的历史、种植分布、生长加工过程、用途，以及关于稻米的艺术画廊、民间故事等等，涉及到了语文、数学、科学与技术、社会与环境、音乐与美术等学科。我们组织教师认真学习了这一典型而新颖的案例，对综合课程的认识一下子由模糊状态走向了豁然开朗。在此基础上，我们利用教师发展中心活动的时间，自行设计了以"奥运"、"江海文化"等为主题的大单元综合实践活动课程，走出了探索性的第一步。

为了进一步培养教师的课程设计能力，许新海校长回国后，利用教师发展中心的活动相继给教师们作了"学科课程与课程设计"、"综合课程与课程设计"、"信息技术与课程整合"等讲座，使老师们的视野越来越开阔，思维越来越活跃，主题性单元综合实践活动的研究进入了全面开花结果的阶段。在年级主任的主持下，同一年级的各学科的老师都集中在一起，讨论确定综合实践活动的主题。一年级确定了"妈妈，我爱你"；二年级确定了"绿色行动"；三年级确定了"谁不说俺家乡好"；四年级确定了"走进啬园"；五年级确定了"绣城之旅"；六年级确定了"状元故里"等主题。

确定主题仅仅是本次课程设计行动的第一步，更重要的是要设计活动过程。以五年级的"绣城之旅"为例，老师们分工合作，拟写了《给全体五年级家长的一封信》，告知家长的活动时间、志愿者报名方法等。拟写了《给全体五年级学生的一封信》，告知学生活动的具体安排，包括分组情况，带队老师及联系电话等，非常周到细致。确定了《绣城一日活动规则》，绘制了中国地图和世界地图，请学生在图中标出三星绣品的销售点。设计了绣城档案，包括地理位置、人口、占地面积、人均收入、每年为国家创收数等，请学生边走边用彩色笔标出途经的站点，设计采访提纲，设想向顾客介绍绣城的发展语言，听创业史，写自己的感想，用文字和图表表示出绣品从线到成品所经过的流程，为绣品城的某一品牌设计一个商标，选择一个产品设计一则宣传画和宣传语，粘贴典型性的照片，调查床单或被子的尺寸，并计算面积，调查一个包装箱的尺寸，计算一共用了多少硬纸板。调查一个公司近三年来的销售情况，制作条形统计图。会分辨棉、丝、毛料、涤纶、化纤、尼龙等布料，鉴别各种被套的布料等，最后再写一篇以"爱我三星，爱我家乡"为主题的作文。

这些设计涵盖了小学里所学习的各门课程，有着鲜明的实践色彩，充分体现了课程的综合性。这种建立在教师课改需求基础上的，着眼于学生综合素质发展样的校本研究正是最需要的，也是目前普遍缺少的。让教师深度卷入课程设计，已经成为我们学校教师专业成长的重要法宝。

（2）专题学习研究。

我们的教师发展中心活动对这一内容的增添，缘自于对教师生活丰富性和教育实用性的认识。近两年，我们学校全面启动了新生活教育行动研究，提出了"实践新教育，创造新生活，享受新生命"，要使每一位教师都享受到幸福完整的教育生活。教师的生命质量要提升，学生的生命质量同样也要提升，两者是合二为一，融为一体的。当教师学会了美化生活的本领，就会把这种本领有意识地运用到美化学生的生活中去。智慧型的教师不但要体现在教育教学智慧上，还要体现在生活智慧上，两者也是相互依存，相互促进的。于是，装饰、工艺、烹饪、花卉等专题学习研究就引进到了校本研究中。

我们至今记忆犹新的是全体教师学习剪纸艺术的一幕。在教师发展中心活动中，我们请擅长剪纸的美术老师作了专题讲座。他从剪纸溯源，讲到剪纸的概念，从剪纸的特征，讲到剪纸的种类，从剪纸的鉴赏，讲到剪纸的工具，边讲边演示。一幅幅精美的剪纸作品让老师们如痴如醉，娴熟的剪纸技能让老师们发出一声声惊叹。在学习剪纸阶段，老师们更是兴趣盎然，仔细揣摩，相互研究，整个身心处于愉悦当中。

我们还相继组织过音乐、文学、英语等沙龙活动。这样的校本研究，使教师从单纯的教育教学培训中走了出来，但又对教育教学起着内蕴、长远的影响，受到了老师们的热烈欢迎。教师们凭的是自己的兴趣，没有一丝一毫的勉强。也正因为如此，他们越学劲头越足，越学热情越高，内在的需求完全被激发了起来。要使学生获得全面而具个性的发展，教师本身就必须是一个全面而具个性的教师。教师的生活是丰富多彩的，每个教师都有个体差异。将教师良好的个性放大，凸现个性的魅力，使之更好地服务于教育教学，这是我们校本研究所孜孜以求的。

2. 专业引领：开放研究，主体实践，共同发展。

教师发展在目标引领的基础上，必须要有具体的高水平的专业引领。我们首先采取的是专家引领的方式，从实践和理论两个层面聘请了一大批知名的专家学者作为教师发展中心的导师，甚至是研究合作伙伴。我们确定了与教师发展目标模式相配套的教师培养模式。如下图：

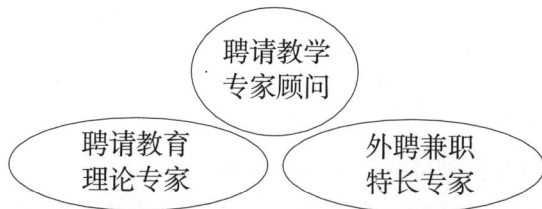

聘请教学
专家顾问

聘请教育
理论专家

外聘兼职
特长专家

十几年来，我校一直聘请李吉林、张育新、亓浦香等特级教师以及 6 位市内很有威望的教育专家担任学校的教学顾问。顾问周周到校，对所带徒弟在教学业务上悉心指导。我们还利用本校学科带头人、骨干教师这一资源，为青年教师举行师徒结对活动，让所有的年轻老师都能在师傅的指导下获得成长。学校还有少年宫这块得天独厚的天地，我们为各类兴趣小组外聘了特长专家。这样，青年教师边学习，边教学，一个能带好兴趣小组的创新性学习范型的教师队伍群体就很快形成了。除了聘请实践型的专家外，我们还从中央教科所、华师大、南师大、江苏教育学院请来了一大批理论专家，与我们的教师形成研究共同体，使我们的教师专业成长有了理论团队的引领和支持。

能否激发教师参与校本研究的热情，确定好的主题是内在的因素，确定好的形式是外在的因素，两者相得益彰，相辅相成，缺一不可。要让每一次活动都能打动教师的心，都能让教师具有新颖感，促使教师全身心地投入校本研究中，我们采取的主要研究形式有集中性研究和分散性研究，而在集中性研究中我们最为常用的是"在线研究"、"团队研究"、"案例研究"。

（1）"在线研究"。学校早在1998年就建立了全数字化校园网，连接到每一个教室，每一个办公室。校园网站上开辟了"两院两中心"，即"教学设计院"、"课程与教学研究院"、"教师发展中心"、"课程资源开发中心"，这是"在线研究"的重要平台。教师上网备课、写随笔、建博客已经成了他们教育生活的一部分。在网上的互动与对话显得更加开放、自由，思考问题也更加缜密和深刻。

在线研究最成功的案例，就是许新海校长在澳洲留学期间，他每天在澳洲"教育在线"上放一个澳洲课程，每周在网上给全校的学生们写一封信，每个月与全体行政干部开一次工作会议，实现了跨半球的专业引领。全体老师在不同地点参加对话，缩短了时空的界限。新的课程理念通过快捷的互联网，连接着你我他，同学科的、不同学科的，都在这块新开垦的园地里播撒着智慧的种子。这一年成了东洲小学校本研究开拓国际视野的崭新阶段。

（2）"团队研究"。我们学校这么多年来，创造了辉煌的办学业绩，成功的原因之一就是发扬了团结协作的精神。我们尝到了团队研究的甜头。在实践中，很多老师总感觉到个体从事研究时不管是理论还是实践，都显得势单力薄，他们需要团队赐给他力量。学校形成了各种各样的团队，如学科课改研究团队、网络教学研究团队、个性化课程研究团队、综合实践活动研究团队、品德与心理教育研究团队、课程资源开发研究团队等等。这几年我校相继出版的综合实践指导用书《今日生活》（人民教育出版社出版）、《走进语林》（江苏教育出版社出版）、《小学心理教育》（南京师范大学出版社出版）、《让孩子的道德生命自由生长》（江苏教育出版社出版）等十多本论著，都是在团队研究的基础上结出的硕果。在这个团队中，大家无私地贡献自己的力量和智慧，使团队研究的力量越来越强大，效果越来越明显。

（3）"案例研究"。教师不是专家，他们的主要工作在于实践，是在实践中研究，在研究中实践。我们案例研究的最鲜明的表现就是教师成长故事和教育教学随笔的撰写。我们曾专门组织教师围绕着"教育的无奈"作过个案研究。每个年级、甚至每个班级都有个别的教育比较困难的学生，老师们就每天认真细致地观察他们，研究这些同学的行为的思想来源，研究他们的生活状况、家庭状况、学习状况，从这些学生的成长轨迹中找规律，发现问题，找到解决问题的方法，尝试着通过各种途径来教育、改变他们。这些内容，老师们都把它记录在《学生成长档案袋》里。通过研究，老师们发现了教育并不"无奈"，只是我们还没找到适合这些学生的教育方法。我们还组织数学老师开展过一个"寻找生活中的数学"的活动，因为教师要求学生写数学日记，而学生又很难在生活中找到数学因素，觉得比语文日记还要难写。教师就走出校园，来到超市里，来到市场上，来到农村里，睁大眼睛找数学问题，体验学生的学习生活，然后把一篇篇当场写成的数学日记发到网上，给学生以很大的启示。

分散研究，也是一种比较实用的研究方式。说分散，其实并不分散，只是学校并不统一组织，没有固定地点，没有预先策划的话题，但研究人员本身就在无形中组成了一个个团体，在这个团体中有骨干教师、教研组长、年级主任、中层，甚至还有校长等，他们在这个群体中具有较高的威信，有意识地引导着研究的深入。这种研究往往能迸发出更多的灵感，能萌生出更多的智慧。研究的内容一般是教学中的一个片断，教育中的一个难题，试卷中的一个分歧等等，每一个话题都来自于教育教学实践，每一次研究的成果都会自觉地运用到教育教学之中。为了使研究更加方便，我们建立了一个"喝茶聊天室"，准备了水果点心，为每个办公室里都配备了一张讨论桌，在这样的氛围中，教师们的研究是广泛的、是投入的、是自由的，更是有成效的。

3. 机制引领：自我设计，实绩导向，多样发展。

一所学校在教师中建立了怎样的导向机制，对整个学校的发展有着至关重要的影响，教师的创造潜能是无限的，关键是找到这把能开启潜能的金钥匙。我们建立了以激发学生潜能的实绩导向机制，形成了全校上下人人讲实绩、事事凭实绩的浓厚氛围。

（1）教师自我发展设计。

大多数人不能成功是因为他们不知道自己的人生需求。研究结果显示，约有百分之九十五的人从未写下自己的人生目标，而在百分之五已写下人生目标的人当中，则有百分之九十五达成他们的目标。所以，我们为每一位教师都建立了《教师发展档案》，其中重要的一环就是要求教师完成"教师发展自我设计"，这一设计以三年为一阶段，每年为一分阶段，三年的目标都分阶段实现。每个人制订的发展目标都是切合自身实际的，每一项目标都要经过年级主任及分管校长审阅，这样保证了目标的层次性，也确保了目标与教师本身的符合度。每学年结束之后，学校专门组成由学校行政、年级主任及教师组成的考核小组，将教师一学年来的表现与制订的目标对照起来，考核他们的目标达成度，并给予相应的评分。这一评分和学校的各种奖励、职称的评定等是密切联系的。

（2）教师"实绩"讲评会。

当我们工作一段时间后，是需要一个系统的整理与反思的，这样才能更好地认识自我，以调整目标，更好地确立自信。我们学校每年均要举办"实绩"讲评会，届时要把每一位教师在一年中的备课笔记、学生作业、试卷及评析、文摘笔记、自制电教软件、撰写及发表的论文，还有其他相关的教育科研成果资料全部展示在展览厅里。每次讲评会同时又是一次学习会，最后评出全年的"智慧"奖。这个"智慧"奖的设定，就是鼓励教师在教育教学过程中要大胆改革、努力创新。我们在实绩讲评中，讲的就是创新，评的就是创新。当然衡量的标准最终要看的是能不能培养具有创新意识和能力的学生，是不是能让学生主动地发展。同时引进激励机制，进行目标激励、成果激励，把每一次外出参加进修、听课、研讨等学习活动均与激励直接挂钩，谁在哪个领域、哪个层面上有所创造，相关的学习研讨活动就由谁参加，让他到更高、更广阔的平台上交流学习，以此找到新的灵感，找到与别人的差距，找到新的奋斗目标，找到产生潜能的新动力。

（3）学分制度促实效。

我们的校本研究建立了学分制的考评新机制，学分制的建立有利于对教师参与"发展中心"活动的情况进行考核与评价，同时，给教师也带来了一定的自由度、选择权。双休日半天的活动，一般都要参与。一学期累计学分不少于10个学分，达10分合格。一学期总学分超过10分，将给予一定的奖励，还与教师的晋级、职评等挂钩。每次活动由各团队负责人具体组织，活动前必须做好充分准备，确保活动实效。每次活动内容及参加人员等情况由各组负责人做详细记录，需要考核的还要进行现场考评。教师出勤是根据具体内容来确定的。课程设计行动研究要求全体教师必须参加的，以兴趣为主的团队研究如果与自己所教的学科有关的，或者自己感兴趣的，是要求参加的，其他的参加与否自由确定，而专题性的学习研究全凭自己的爱好。喜欢花卉的就来学花卉，喜欢烹饪的便来学烹饪，给教师充分的自主权。

总之，我们学校的校本研究既扎实又有效，充满人文色彩。这种效果并不是通过一两次的活动就能显现的，它是一个长期坚持的过程，是一个由量变到质变的过程。我们的行动哲学是：只要行动，就有收获，只有坚持，才有奇迹。许多教师经过参与一段时间的校本研究后，蓦然回首，发现自己与其他学校的老师相比，已远远地走在了前面。我们学校在管理上追求的是智慧管理境界，而智慧管理需要智慧型教师，智慧型教师就要通过这样的以人文性为核心思想的引领型校本研究培养出来。

# 八、校本研修与教师专业发展

**背景资料：** 2008 年 3 月 11 日下午，做客海门实验学校小学部"思想者俱乐部"，为教师们作《校本研修与教师专业发展》专题讲座。

**许新海：** 实验学校自创建以来有近六年了，实验学校的教师团队是一支非常优秀的团队，实验学校教师的发展也非常有特色。我要问问大家："你理想中的教师专业发展路径是什么？"

**钱慧珍：** 如果是一名语文老师，我想首先要进行磨课，在磨课中成长。另外就是有选择地读一些书，看它，研究它，自己可能就会成为某方面的专家。

**徐海鹰：** 最关键的是毅力，其实每个人都想要成才，但是，最关键的是有时我们没有毅力坚持下去。

**施伟东：** 把他们两人的观点综合起来就是：要有自信，要有恒心，平时要多看，多听，多学习。

**许新海：** 说得非常好。今天的讲座我想从几个方面展开，以我这么多年来做校长、后来做副局长的经历，谈谈我们教师专业发展的一些基本路径。站在学校的层面上，往往有两种路径：一个是群体的路径，一种是个体的路径。凭我对实验学校小学部的了解，整体来讲实验学校教师个体素质在海门所有学校中是非常优秀的。卞校长常跟我说教师群体建设问题，我在想：我们实验学校有多少教师，目前到底达到了一个什么样的层次。我们办学五年多，现在该以怎样的形态，怎样的一种前行状态，呈现于社会，呈现于家庭，呈现于教育系统。我感觉到我们这所学校非常特殊，小学部的老师，有很多是从百年老校——实验小学来的，我们传承着百年老校深厚的文化积淀。同时，我们又在开创着一片新的领地。我们用创业的思想在办一所新学校。我们这个群体到底该怎样？需要我们共同地去思考。说实话，周益民是评上特级教师才到我们实验学校来的。我要问，我们自己能培养出多少？我们自己能成为什么？我要问，陆星毅能成为什么？施伟东能成为什么？我们还有一批一批新跨进我们实验学校大门的老师，你们能成为什么？这个问题的答案必须尽快找到，否则，实验学校会因此平庸，这是大家都不希望看到的。今天我要说的更多是个体的目标问题，阐释我们这所学校的教师专业成长到底走怎样的路径。

第一条路径，是专业学习。在"教育在线"网站上，曾经有个关于教师专业成长的讨论，总体是围绕"专业阅读、专业写作、专业发展共同体"这"三专"模型展开的。这么多年来，我带领教师走向专业成长的一个基本路径不是"三专"，应该说是"四专"，即专业阅读，专业实践，专业写作，专业发展共同体。在"专业阅读、专业实践、专业写作、专业发展共同体"中，始终有一根轴线贯穿着，那就是专业反思。我一直觉得教师要成为研究型教师，最基本的前提，是要成为一名反思型教师。你不是一个反思型教师，就不可能继续往前。反思的路径是怎样的呢？反思的背景又是什么？是知识背景，还是专业实践？专业写作是专业阅读、专业实践相互融合的过程，是在阅读和实践基础上的反思。那么，专业发展共同体又是什么呢？我认为：教师仅靠个人的专业阅读，仅靠个人的专业实践，仅靠个人的专业写作和反思，他的反思是得不到智慧的碰撞，这样的反思是不够深度的。这就需要一个平台，实验学校小学部的"思想者俱乐"就是一个专业平台，一个专业发展共同体。

我想问问在座的老师，一个礼拜写一篇反思性随笔，能够做到的请举举手。能做到的不多！坚持一周写一篇，一年也就能写50多篇的，如果能做到一个月写一篇的，一年至少写了10篇以上。我们为什么不能改变？说到底，就像刚才徐海鹰老师说到的，关键是坚持的问题。今天，我打开自己的日记给大家看看，可以想想我为什么这样。大家看，这是我一月份，从元旦起一直到一月底，你打开任何一天的日记，至少会有一千字以上的内容。我写的内容有时要有两三千字，我每天利用这样的一种方式在反思着自己做的工作。这是二月份的，二十八篇。这是三月份的，比如说今天上午一直到下午刚才之前，我去乡镇看教师的备课，先去了三厂，后来又去了悦来。路上，汽车行驶着，我把看到的和别人聊到的记录下来。我在反思，我们的集体备课，和去年相比，改革了哪些，成功了哪些？今天又有什么好的效果？有什么问题还需作进一步的调整，下一次我准备怎么做？我就是这样记录着我每天思考的东西。一天也不会拉下，一年365天，就写365篇。有人说，我们忙，是的，实验学校的老师最忙。我办过这样的学校，我知道，全托班的老师是最苦的，早晨，最早到校，晚上，孩子们睡觉了，我们才放心地离开。每天的工作时间，大概在十四个小时左右。

我建议学校要给老师们安排时间进行写作。如每周半天不排课，老师利用这半天集中读、写、思、研。我称之为研修一体，每个人都做到把研修的内容认认真真写下来，最好是一千字以上，一周一篇，保证能够高质量地完成。当这样的过程经历了一段时间以后，我们会发现，老师们慢慢地会形成一种自觉，一种收集信息的自觉。比如在教室里、办公室里都有杂志、有电脑，只要看到有价值的内容马上把搜集到的信息放到自己的文件夹中，教研活动的时候，可以与大家一起分享。这是第一种自觉，搜集信息的自觉，阅读的自觉。第二种自觉，就是一种反思的自觉。教师们要善于用阅读来反思自己的实践。我们的校本研修水平不高，乡镇学校情况更糟，所以我鼓励乡镇老师，没有经过阅读、实践、思考不要搞教研活动。如果听了一节课就评课，大多数人说的是好话，偶尔有人提提建议，一年四季教研活动就这样重复着，并在低水平线上重复着。这是很可怕的，一旦形成一种习惯，而且这种习惯是一种坏习惯，就非常麻烦。有人做过研究，低水平的操作重复了20次以上，人的思维就会形成惰性，这种习惯养成以后，会大大影响教师专业发展的状态。我觉得，我们备一节课，要围绕这堂课，到网上，到杂志里，到教育专著中，去找与它相关的信息，研讨时，结合各自的阅读背景，再说这堂课。这样的专业反思过程是在专业阅读、专业实践背景下进行的反思……为什么最近几年我们的校本教研名称在改，后来用校本研究，搞理论研究的说校本研究不规矩，再后来就叫校本研修。从校本教研到校本研究再到校本研修是有道理的。你研了，你修了，研就是研究，但修的感觉就不一样。什么是修啊？专业阅读就是修，把专业阅读跟专业实践结合在一起是一种很好的研修。这不仅仅在个体的层面上，还在共同体的层面上，在一个团队的层面上，在互动的层面上，在我们思想者俱乐部的层面上，这样的一种过程才是研修。比如我们思想者俱乐部，围绕一个主题进行沙龙，如果我们没有阅读的背景，直接凭着自己的直观感受，仅凭自己实践经验，长此以往，形成习惯，我们的文章写来写去还在原地踏步或者说在重复。

关于阅读，我们可以以学科团队一起来商量读什么？为什么要共读？因为一旦我们共读了，就有共同的话语，我们就有可能展开对话，在一个底板上对话，在同一个话语的场景下对话。我们需要进行系统的学习，建立终身学习的理念。对于我的观点，你认同了，做不做是一回事，做到什么程度又是一回事。我不喜欢强迫大家做，我喜欢引领大家做。我们不需要强迫什么，我们需要自觉，需要自己为自己多做点事。我一直鼓励校长们每年跟老师一起商量他一年中个人的专业成长的目标，这个专业成长目标应该包括：今年到底要读多少书，写几篇专业反思的随笔，自己的教育教学水平有多大长进，培养的学生达到进步多大等等。在目标引领下，不断引爆教师的潜能。

第二条路径，主要围绕课堂进行磨练。围绕一堂课做到十个一。第一，独立进行备课，个人的备课。要求可以高一点，教材和参考书都不看，就凭你的自我经验进行备课。第二，组织一次集体备课。刚才是个人备课，而集体备课一定是在拥有丰富的资料基础上，每个人都是参与者。第三，是一次试教，这个试教是一个靶子，围绕这个靶子进行一次完整的课堂教学研究，这次研究把别人的和自己的相结合起来，把专业阅读和专业实践通过现场结合起来进行反思。在这一基础上，形成一个修正的教案，这是第四个一。形成修正的教案以后，上一次完整的公开课，这是第五个一。每一堂公开课，一定是一堂录像课。每次公开课都现场录像，这是第六个一。录像以后把它整理成一个完整的课堂实录，这是第七个一。有一次我参加华师大的国际研讨会，美国的一个教育专家介绍的方法跟我做的一样。他们也呈现录像，然后是专家评点。当我们自己看自己上课录像时，会发现自己有时候很美，有时候也很丑。有时候发现自己提的问题恰到好处，有时候发现自己废话连篇。经常这样做磨练，进步就会很快。课堂实录以后就进行一次专题的反思，这一次专题的反思是要详细写下来，并对这堂课的一些重要环节进行专业的解读，这是第八个一。然后组织一次团队反思，听取同伴或专家的意见，这是第九个一。在此基础上，写一篇完整的反思性报告，这是第十个一了，最后形成一整套完整的资料，这个资料作为个人专业成长的原始资料。这是我曾经用整整五年时间取得成功的经验。我们如果围绕一堂课，能够形成这样十个一，那么教师专业素养就能在课堂中慢慢磨练起来。一名普通的老师，要成长为一名骨干教师，就一定要经历反复的磨课过程，同时，要成为一名学科带头人，一名特级教师，就不止这"十个一"啦。大家熟悉的祝禧老师，她在我身边这么多年，一般来说，她上一堂成功的课，教案最起码要修改 10次以上，试教也要有五六次。她的备课、上课，是一个不断反思、前行过程。许多一线老师都希望原生态的课，但是，教师的个体专业素养想达到一个更高的境界，日常的课堂到达这样的境界，必须经历典型的课例，反复磨练的过程。否则，只是在日常中，形成一个很高的境界，是很难的。一个教师一个学期至少磨练一次，一年就磨练两次，两三年下来，那你的日常水平就自然变高了。不过围绕个体成长，围绕一堂课，团队支撑很重要，这就一种学科共同体。科恩认为共同体，就是在一个共同的理念、共同的价值追求、共同的心灵感应、共同的话语下，形成的共同体，否则不能叫共同体。我们的团队研究可以围绕一堂课形成常态的教研方式，并且不断丰富它，打造它，我们团队就会不断地成长。我已经感觉到实验学校小学部这几年的变化，也相信，未来几年里会发展得更快。就像卞校长跟我说的：到了我们走出去的时候了。我们要让更多老师有走出去的机会，我也会努力地为大家创造机会，创造更多的平台。

第三条路径，教师深度卷入课程研发。这么多年来，让教师深度卷入课程研发作为教师专业成长的一个很重要的路径。这是我最喜欢的，我最成功的法宝，也是别人有时候达不到那种境界的。这条路径我曾经把它夸张到我带教师成长最成功的法宝。课程研发有两类，一类是校本课程研发，一类是国家课程校本化研发。课程研发一定需要一个团队的力量来完成。实验学校有个非常好的课题，是关于阅读文化生态的。我想，它需要一个非常重要的课程载体。阅读课程它有很多种类型，如诗词诵读、绘本阅读、主题性文化阅读等等。主题性文化阅读我们有基础，比如，节日、季节、农历、月亮、山水文化等等，让老师们一起卷入这些课程的研发过程。要进行课程研发，必须进行大量的资料搜集，老师们要阅读很多内容，这就是专业阅读。围绕一个主题，在大量阅读的基础上，看看哪些阅读的篇目，适合孩子阅读，找出来，再进行设计怎么读好它！我们不只一个学科，我们所有的学科，都可以围绕这门学科思考怎么样去丰富它、去拓展它，这就是校本化、生本化的过程。我们学校的特色就是阅读文化生态。可以把语文、数学、英语、艺术、体育、科技，每门学科的文化阅读都做出来，这样，学科的文化生态才能真正建立起来。比如数学阅读，低年级的孩子读什么？高年级的孩子读什么？每一个孩子读什么？阅读能打通所有的学科；阅读能打通教师专业成长的各种要素，我们在搜集信息，加工信息，整理信息中用反思的品质融会贯通。反思在阅读中、在实践中、在写作中。我曾经记得有一年，我带领老师们开展生活实践课程研发，寒假里我把六十多位老师集中在一起，进行设计课程框架。在设计的过程中，遇到了很多困难，怎么办？马上去找资料。找了资料再交流、分析、取舍。当教师深度卷入课程研发当中，教育观念会在潜移默化中悄然发生改变。教育观念的转变不是靠一两次专家作报告就能改变的，专家报告的观念是好的，但是做不到就不做了。当教师自己卷入课程研发的过程，必须思考，课程内容与方法适合不适合孩子，应该怎样的才能让孩子更好地接受它。搞课程研发，不研究学生不行，你不研究文本资源不行。研究了文本，研究了学生，研究了教育的过程和基本规律，这时候，教师教育观念的转变就水到渠成了。

这三条基本途径我们可能都做了，我们已经有收获了，但是，我一直喜欢说：只要行动，就有收获，我还喜欢说：只有坚持，才有奇迹。成功多少关键在坚持了多少？坚持的程度就直接决定了回报效益的高低。我们实验学校正在创业，正在创造奇迹，我相信实验学校会通过这样一种方式创造更多的奇迹。谢谢大家！

# 九、学生评教的重要意义与关键环节

## ——访江苏省海门市教育局副局长许新海博士

（《基础教育课程》记者　杨小敏）

参考学生的听课体验，分析学生的评教结果，可以比较客观地发现教师专业上存在的问题，能有效地促进教师的自我反思和教学改进。

**本刊记者：**许局长您好！我们知道海门市在如何从区域的层面进行合理有效的教师评价，尤其是在充分体现学生主体性的前提下开展学生评教方面做了大量探索，您能不能结合海门市的整体情况谈谈为什么格外重视学生的评价？

**许新海：**好的。其实，学生评教作为教师评价的一种形式，早在上世纪八九十年代在我市部分学校就已出现。当初的学生评教更多的是关注教师的师德修养、工作态度等，其方式也很单一，就是问卷调查，学生参与范围也比较狭窄，常常是抽取部分学生。评教的结果大多作为学校管理者甄别和考核教师的一个辅助手段。

2002年秋季，我市成为江苏省首批课改实验区，义务教育阶段全面进入课改实验阶段。随着课改的深入推进，我们越来越清晰地认识到，课程改革实施的关键在于教师，教师什么样的专业状态就决定着什么样的课程实施水平。因此，关注教师专业发展无疑成了课程改革深入推进的重中之重，对教师评价的目的也从服务于管理转向服务于发展。

全市各所学校都纷纷尝试建立以教师自评为主，校长、教师、学生、家长共同参与的评价制度，使教师从多种渠道获取信息，不断提高教学水平，促进专业发展。在多种评价形式中，我市很多学校又一致地把学生评教放在了十分重要的地位。因为在校长、同行、家长眼里的教师与学生眼里的教师不同，校长、家长关心的是教师师德、工作态度和业绩，同行看到的是教师的教学能力和业务素养，唯独学生更关注的是教师教学过程中的细节和效果。尽管同行教师也经常走进教室相互听课观摩，但是所听之课已不是常态课，执教教师面对同行听课往往会呈现最好的一面，对自己的不足之处有所遮掩，因而所见所感没有学生日常听课的感受来得真切。因而，参考学生的听课体验，分析学生的评教结果，可以比较客观地发现教师专业上存在的问题，能有效地促进教师的自我反思和教学改进。教师也普遍认为，从学生中得来的这些反馈意见对改进教学很有帮助。鉴于此，我市很多学校确立了学生评教在教师评价中的重要地位。

科学安排学生评教的工作流程，从内容选择、方式多样化、活动准备与组织、结果处理等关键环节让学生评教工作更有序、更有效。

**本刊记者**：刚才您提到，随着基础教育课程改革实验的全面推进，全市各学校都纷纷建立了以教师自评为主，校长、教师、学生、家长共同参与的评价制度，而且一致地把学生评教方式放在了十分重要的地位，那么这种区域性的普遍做法具体是怎么开展的呢？

**许新海**：首先需要说明的是，这种一致性并非一种无意识的学校个体自发行为，而是课程改革形势发展的必然结果，是一种有意识的积极探索与尝试。至于具体的工作，我们认为科学安排学生评教的工作流程是很重要的。学校组织的学生评教一般安排在学年初，根据学校不同学科教师的专业水平状况设计出评教问卷和座谈提纲。通过问卷、座谈等方式了解教师教学上存在的问题。针对学生反映的个性问题，由学校有关领导找教师交流反馈，向教师提出改正建议，并要求教师制定好专业发展计划。在日常教学中，学校领导组织学科组成员定期听课、评课，教师本人也经常带着问题，深入到学生中间，听取学生意见，从而促进教师自我反思和自我改进，促进教师专业成长。针对教师中普遍存在的问题，形成学期校本研修项目，并制定计划加以落实。为了更好、更快地解决问题，除了集中教研组的力量外，还经常邀请学科专家一起介入项目攻关，通过举行专题讲座、研讨会等多种方式为教师提供持续的专业支持，引领或帮助教师走出问题，获得成功的体验，有效地促进教师的专业成长。在学年结束再次组织学生评教活动，检查教师改进、提高情况。通过学生评教，促进了学校教师们自我反思和自我改进，有效地促进教师专业发展。

**本刊记者：**那么，在学生评教的总体流程中，有哪些关键的环节是需要重点把握的？

**许新海：**结合多年的探索实践和不断的思考总结，我们认为有四个关键环节是需要充分考虑和认真把握的。

第一，学生评教内容的选择非常重要，这影响到评教结果的科学、有效，影响着教师专业发展方向的引领。我市许多学校学生评教内容的选择经历了一个变化过程，起初由学校管理者独立确定，以考核管理为目的，代表管理者的意志，不能真实反映学生的需要和体验，所得结果对教师产生的压力较大。教师根据这种评教反馈，被动地改变自己，迎合着学校管理者的需要。实践证明，这样的学生评教不能有效激发教师专业追求的热情，反而有很大的副作用，有抵触情绪。随着对教师评价理念认识的深入，学校开始把学生评教的目的定位为关注教师的真实教学状态，促进教师的专业发展。在评教内容的选择上开始吸收资深教师、学生家长、学生代表的意见，考虑职业道德、教学态度、教学内容、教学方法、教学手段、课堂管理等多个方面，指标的确定以教学过程理论和有效教学理论为依据，教学过程中师生的互动情况、目标的达成状态、学生的思维状态、教学中的情感因素都纳入了评教指标。

第二，学生评教的方法要多样化，采取问卷调查、座谈了解、书面交流、网络交流（聊天、留言、邮件）等多种形式。问卷调查可以了解教师群体的状况，为学校管理者进行教师教育和校本研修提供了决策思路。但其弊端也比较明显，因采用同样的问题，不能准确反映教师个体存在的问题。座谈了解可以直接掌握情况，但因面对面接触，难免有所顾忌，而不能真实地反映问题。书面交流比座谈了解更有效，可以避免师生关系的尴尬。网络交流这种方式比较便捷，常为学生所喜欢。以上几种评教方法都有其利弊，在实践操作中需要综合使用，做到量化评价和质性评价有机结合，才能对教师素质和教师工作作出客观、真实的评价。

第三，做好评教活动的准备和组织工作。首先，要在评教之前让教师和学生知晓评教究竟是怎么一回事，明白具体的指标有哪些，以及评教的意义，这对教师来说是个明显的专业导向。对学生来说也可让学生事先知道评教的各项指标的准确意思。在评教组织实施过程中要创设良好氛围，消除教师和学生的压力，让学生在宽松的环境中作出客观、真实的评价。其次，采取学校组织评教和教师自己开展学生评教相结合。一种是学校组织的学生评教，这样的活动一学年两次，主要评价教师职业道德、教学态度、教学内容、教学方法、教学手段、教学内容的组织与表达、课堂管理、教师的知识基础等方面。另一种是教师根据自己的需要组织的学生评教活动。这样的活动每学期就有多次，主要调查学生对教学内容的掌握情况，以便调整教学，改进方法。很显然，这两种学生评教其目的不完全相同，前一种评教兼具有管理功能和发展功能，即通过评教，了解教师在本单位教师群体中的位置，掌握教师的专业上存在的问题，帮助教师改善教学，提高教学效率，实施教学活动的最优化。这种评教改变了传统学生评教相对单一的考核管理功能，实现了改进提高同时兼顾考核管理的发展性评价。后一种评教目的比较单一、明确，旨在通过学生的体验和感受，了解自己的教学状况，改进自己的教学。

另外，学校组织的学生评教次数不宜太多，一般一学年不超过两次，教师自主组织的学生评教次数相对可以多些，以便及时了解自己的教学状况，适时作出调整。

第四，对评教结果要做细致分析，要剔除影响评教结果合理性的各种不利因素，形成让教师信服的数据和状态描述。同时要对评教结果及时反馈，反馈时既要指出教师教学过程中存在的不足，便于及时改进，又要明确提出专业发展的建议和努力的方向。对于评教结果的运用要合理科学，不能仅作为考核管理的依据，而要更多地用于教师诊断和改进教学，提高教学质量。

学生评教还需要进一步完善，从评价指标到评教组织都有待改进。但是，让学生参与教师评价，是教师专业发展的必然要求。

**本刊记者：**许局长，经历不断的实践和思考，您认为目前学生评教还存在着哪些需要进一步认识和解决的问题，关于这一评教方式的发展前景您有什么样的判断？

**许新海：**学生评教既有其优势，也有其局限性。如评教结果的真实性问题。由于学生在认识问题、看待问题上还没有成熟，又缺乏相关的评价知识和技能，对教师评价，尤其是对课堂教学有效性的理解还不具备专业的眼光，因此，评教的结果不一定能反映出教师的真实教学水平，一定程度上削弱学生评教的科学性和客观性。另外，有些学生因怕评教后果而不敢真实流露，也有些学生会借评教之机发泄自己的情绪，这些因素都会导致评教结果真实性的缺失。又如评教指标设计的科学性问题。针对教师专业发展状态的评价，显然需要专业化的指标设计，但在实际所做的学生评教的问题和问卷设计中还不能完全做到既能考察出教师专业素养和教学状态，又便于学生理解、思考和回答，因而这也影响了评教结果的合理性。这方面还需要学校管理者和专业人士去研究开发，研制出一个既切合实际又科学合理的设计方案。当然，目前我市的学生评教活动中还有很多不完善之处，从评价指标到评教组织都有待改进。但是，让学生参与教师评价，是教师专业发展的必然要求。

资料链接：学生评教是从 1915 年第一个公开出版的用于收集学生评价教学信息的柏杜教学等级评价量表开始的。在这之后，欧美一些高校尝试采用正式的学生评价表来评价教师的教学，开始了学生评教的探索和研究，美国哈佛大学和其他一些学校最早开始了学生评价教学的实践。直到 20 世纪 60 年代，学生评教的做法还不被教师普遍接受。至 70 年代，关于学生评教的研究有了较深入的发展，学生评教也成为教师评价中的主要内容，开始广泛运用于高校。以美国教育为例，胡森（Husen）曾在《国际教育百科全书》（教学卷）中指出："从 70 年代初期起，学生评教工作成为美国教育研究的热门之一。"进入 80 年代后，学生评教成为大学教学评价的一个重要组成部分。90 年代以后，这一领域的研究发展得更加迅速，出现了大量的教师评价的模式和方法。目前，学生评教已经为美国和西方其他国家大多数高校所广泛应用，并被认为是最基本的教师教学质量评价方式，得到了认可。英国的一些院校也十分重视教学评价，教育家威廉姆斯（Wiiliams）和布莱克斯顿（Blackstone）评论道："应给予教学工作的所有评教类似于教学成绩的重视，应定期进行学生对教师教学情况的评价。"

我国的教师评价起步相对较晚，直到 20 世纪 80 年代中期，才有个别高校开始学生评教的实践。20 世纪 90 年代以后，学生评教在各中小学也逐渐得到了重视。1992 年，中共中央国务院颁布的《中国教育改革与发展纲要》，明确提出"要建立各级各类教育的质量标准和评估指标体系"。人们也深刻地认识到教学评价应同时指向教与学两个方面，即教学评价既要评价学生学得怎么样，也要评价教师教的怎么样？在这样的背景下，各中学的教师教学评价活动开展起来。2001 年，教育部《基础教育课程改革纲要（试行）》第 6 条第 14 节明确要求，"建立促进教师不断提高的评价体系。建立以教师自评为主，校长、教师、学生、学生家长共同参与的评价制度，使教师从多种渠道获得信息，不断提高教学水平"。2002 年，《教育部关于积极推进中小学评价与考试制度改革的通知》也重申，要建立有学生参与的教师评价制度。至此，教师评价已经成为与整个教学活动密切相关、由众多主体参加的活动，加上人们对教师评价问题认识的不断深入，中学生对教师教学的评价活动得到了蓬勃而普遍的发展。（资料来源：钟山. 中学生评教：现状、问题与对策 [D]. 2007.）

# 十、开放课堂　解放学生

2007 年 12 月 24 日，南通教育局组织参加初中校长论坛的会议成员到山东杜郎口中学考察学习。在那里走动听了初一、初二、初三的语文、数学、英语、物理、生物等课，然后听取了崔校长的报告。这是一所典型的农村初中，1997 年学校升入高中的学生只有个位数，是全县最差的初中。学校主要存在两大问题：一是厌学学生随着年级升高而不断增多；二是师资薄弱，60 名教师，19 名中师，16 名师专，20 多名电大教育学院，10 多名非师范。崔校长接任后，提出了四看：领导班子看校长，班主任看领导班子，老师看班主任，学生看老师。他把自己的办公室搬进教室，成天听课，在深入调研的基础上，对课堂教学提出："不看教师讲得多么精彩，而看学生学得是否生动。"要求做到：人人参与，个个展示，激活思维，释放潜能。经过多年的创新实践，到 2002 年教学质量跃居全县第一，创造了又一个初中教育的奇迹，在全国刮起了一股学习杜郎口的旋风，每年来参观学习的人数达 26 万人，光门票收入就 150 万元。这次深入其中，亲自探寻其中的奥秘，半天的学习确实令我震撼，并进一步激发了我大力改革初中教育的决心和信心。主要收获如下：

**（一）展示文化。**

基本特征：三面黑板、小组学习、10＋35。

杜郎口中学的教室，除一面对外的窗子外，其余三面墙上都是黑板，连教室外面走廊上也是白板。教室内外，其他墙面也都布置着学生办的小报，写的作文等等。四个大面积的黑板主要是上课用的，学校规定教师上课讲授只能占 10 分钟，而学生占 35 分钟。他们学习的基本模式是：预习、展示、反馈。第一天晚自修，组织学生预习，上课时每个学生首先把自己预习的成果展示在黑板上各自的区域内，然后分工讲解，教师相机指导。课堂上小组学习是主要方式，所以，课桌始终摆放成方型。教室里不要讲台，教师要站在学生队伍的后面，把前面的空间让给孩子。

他们的学生观是：由课堂接受者变成探究者，变被动为主动；由知识容器变成独立人格；由对考试的准备变成对人生的理解；由内向羞涩变成勇敢大方；由自私自利变成公益自爱。

他们的教师观是：主演变成导演（把语言霸权还给学生）；现成变成生成（教师不能吃老本，语文教师必须写下水文，读给孩子听，印发给孩子）；由经验变成科研（教师每天都有自己的反思，每周都有学科组三节研究课）；师长变为朋友（师生关系优化）；由老师变为学生。

他们的课堂观是：教师由传授者变成策划者；一言堂变为百家鸣；单纯的知识型变为知识能力情感型；唯一答案标准答案变为多种解答；整齐划一变为灵活多变；精英式变为大众化；死记硬背变为体验感悟；听说读写演化为演、唱、画、作；接受式变为探究式；安分守己变为超市自选。

这些形式看似一种形式，但从听课的现场，我们已经深深地感受到，教师们已经把这一系列观念内化成自己的自觉行为，学生们上课，或围坐、或站着，学生轮流上台讲解，自由发言，不需要举手，一切都是那么自然。学生的主体地位、积极主动性得到了充分落实，真正做到了把学习时间、学习自由、学习权利、学习快乐还给孩子。

**（二）评价文化。**

基本特征：课堂是核心、优秀是旗帜。

杜郎口中学在对教师评价中，课堂教学水平占 50%，引导教师全面关注课堂。主要分三个阶段。

第一阶段：学生动起来，课堂活起来，效果好起来。学生如何动起来。

首先看学生活动人次，采取量化的方法，学生100％动起来，算合格课堂。其次看学生情绪。争问抢答，取消举手，有问题自由自主地解答，随时随地说出来。

第二阶段：深刻性。动起来后，实效性如何解决？深刻性有三点要求：对教材挖掘是否深刻；是否有自己的作品；规律、技巧、方法的揭示。

第三阶段：生动性。课堂要成为感人的课堂、成果的课堂、精品的课堂。什么是优秀的课堂？要做到"三动"：主动、生动、感动。

他们在课堂的评价上由单一型管理向多元型管理转化。实施四层级管理：班主任、年部主任、学科主任、验评组。班主任除管理学生外，管理班级的所有任课老师的教育教学。班主任聘任老师，班主任考评老师，负责对老师的奖励和惩罚，对不合格教师，班主任有权辞退。他们把课堂教学管理纳入最基层的班主任管理。对班主任考核是考核本班所有科任老师的教育教学。班主任成了课堂教学质量的保底管理。班主任对本班每周至少听7节课，并作好评价，每天记录本班老师的表现：优秀、问题、措施，进行反思。年部主任负责评价班主任，主要任务也是听课。学科主任管理（六个）是本学科教育教学的第一责任人，主要任务：组织每周一节的公开课，优秀老师示范课，普通老师研究课，薄弱老师研究课。每周量化考核，排序。还有组织业务论坛，推荐学科代表性的创新课作为全校公开课。验评组，每天听课五节以上，以组为单位，三个年级六个学科排序。四位一体的管理全部指向课堂教学改革的密度和力度。据统计一周班主任以上听36节课，这样，教师每天都在同伴的指导之下。凡是不到位的课，进行"一谈二警三停"。

评价是武器。他们认为，真人真事，用事实说话，让老师们清楚地知道自己的水平状态。每个班级、每个学生每天的学习状况都要量化。教师的活页备课展示在橱窗中，以及在校报、校刊发文章都要排序。教师就是在这样的评价过程中自我发展起来的。

优秀是旗帜。他们认为，教学管理中要不断发现优秀、培植优秀，让优秀的力量去辐射、去感染。优秀教师自己在不断体会成功的价值，还会影响别人。每学期学校要评：专家教师、能手教师、创新教师、十佳教师、年度任务、进步教师。这样，优秀教师群体就像滚雪球一样，越滚越大。现在 60 名教师 53 名获得过市级以上荣誉。

### （三）反思文化。

基本特征：天天反思、把反思做到极致。

课堂的最大效益来自反思。他们每天上午、下午各组织一次全校反思会。上午、下午第一节课前是集体反思会。反思围绕课堂在四个层面进行：学科老师代表点评、反馈；值班校长点评；学科主任点评；验评组点评。每天反思，总结，以及时纠正问题，发扬优点。学校还设立反思板：每周两次，第一是收获，第二是不足，第三是措施。反思情况列入教师业务考核量化中。他们在改革中一定遇到了很多的新问题、新困惑，正是这种反思的机制，保证了问题的不断解决，效果的不断提升。

杜郎口中学最大的文化应是反思文化。把反思做到极致。他们把"找问题、寻差距、谋发展"作为立校之本。我们很多时候，想到了、做了，但没有做极致，更没有很好地坚持。

这三种学校文化培养了学生的自主、自信、探索、创新的品质，真正做到了以人为本，关注生命，彻底开放了课堂，解放了学生，课堂因互动而精彩，学生因自主而发展。

杜郎口中学把想好的事、想准的事做精致了，用自己的创新行动，取得了巨大的收获，更用他们的坚持，创造了中国农村教育的奇迹。

# 十一、教育改革：在科学发展中前行

　　自近代以来，中国社会一直围绕着两大主题，一是富民强国，二是现代化。达成这两大主题的先导性和基础性的问题，就是让我们感到十分沉重却又无比兴奋的教育。

　　没有哪个事业如教育这般耐得住咀嚼，各个层面、各个领域都在不厌其烦地谈论、批评、探讨，于是，"危机"、"弊端"、"陷阱"、"悲哀"、"无奈"、"忧思"、"批判"、"解放"……关之愈切，责之愈深，这些带有强烈感情色彩和鲜明批判倾向的词汇和话语与教育连在了一起。这些声音严厉而尖锐，但并不一定是深刻的。就像孩子发烧，任何人一摸其脑袋就知道孩子病了，也能说出一些分析和责怪的话来，但是对其病因和治疗一般人却又不甚了了。

　　在我国社会、政治、经济等各大领域均致力于改革、创新的背景下，对于全社会提供有序性和协调性保障的教育客观上进入了必然到来的转型期。教育改革并非为了实现某种天真的理想，并非为了实践某种抽象的理念，而是为了实现现实的需要、应对现实的难题。自然，衡量教育改革成败得失的标准，不是看它符不符合某种经典理论，而是看它是否解决了现实问题、是否改善了教育现状。当前无论是教育所赖以生存的社会大环境，还是其自身的结构与功能，均已发生根本性变化，教育面临一系列的内外挑战，我们要从教育的社会基础和面临的主要压力入手，抓住科学发展的内涵和演进、科学发展与当代教育的关系、教育的区域平衡、对弱势群体的关照、以人为本的呼唤，以及中国经济的发展突破过去封闭的国民经济体系的限制，在我们的活动对象和工作平台发生了根本变化的情况下，教育的整体发展取向和策略如何相应调整等等一系列问题作出辩证分析和积极回应。同时，还要对诸如智力与非智力、适应与创新、个性与共性、预设与生成、过程与结果等具体的教育问题提出破解的办法。使宏观与微观交替、对照，理论与实践的相得益彰，找到一种途径和依托，拂开浑沌和迷惑，重新明确了教育在社会中所扮演"实然"角色和"应然"角色，从而有利于社会各子系统之间的整合及教育内部各系统的"磨合"，调整其在联系程序和适应程序上的偏差，进而在更高水平和更高层次上适应社会的要求并与时代同步协调发展。事实上，对于科学发展的问题，教育比其他领域更为迫切。社会的科学发展，必定以人的全面发展和可持续发展为前提，而这一切，最终又必将落脚于教育。反思我们的教育历程，一直在探索与纠正中往复，在"相持而长"中进步，我们为之饱尝苦果，也偶获丰收。但客观地讲，在科学的教育决策观、科学的教育改革观、科学的教育政策观、科学的人才评价观等方面，离真正的科学发展尚有差距。"直面教育"，我们需要用"思想"和"创新"的力量，"真实"和"自省"的勇气，推动教育改革的科学发展。

# 十二、常常感动教工

教育工会是教师的工会，是为教职员工服务的组织。今天我想向各位倡导学校工会服务教工的理念：常常感动教工。

教师常常会在什么时候被感动呢？我想，当教师生日的时候，工会送上一个电话问候或一张生日贺卡，还有一束鲜花和一个蛋糕；当教师家里有什么喜事丧事的时候，工会带上一份真诚的祝福或慰问；当教师有困难的时候，得到工会全力以赴的温暖的帮助；当教师上完课后，工会为教师办公室配上一些好茶叶和小点心，让教师有一杯浓茶来消解疲劳；当明天的三八妇女节即将来临的时候，工会为女教师们准备了特别的礼物或组织起联谊的活动……如果我是一名教师，在遇到以上这些情景时，一定会被感动的，这同时也是工会可以做到并做好的。

当前，我们教师的教育生活令人堪忧，主要表现在工作时间长、精神压力大，职业倦怠现象严重，这是学校工会工作面临的现实与挑战，也正可以让我们更加有所作为，我希望工会从以下三个方面来践行"常常感动教工"的理念。

**（一）改变教师的生存状态，倡导新型生活方式。**

运动最主要的是可以改变人的精神状态，运动可以给人带来快乐。我们组织"园丁健身行动"，不仅仅是为了让教师们有健康的身体，更重要的是让教师们拥有一种健康的精神状态，经常能带着积极的心态、快乐的心情走进教室。如果工会能很好地安排好老师们健身活动的时间，增添更多的健身设施，组织多样的健身活动。现在全市初中、小学的大课间活动，我们可以倡导教师与学生共同健体，共同生活。我们需要积极倡导一种新型的生活方式，让每一个教师都能加入到健身的行列中来。这就是在践行"常常感动教工"的理念。我以为，学校文化的核心标志是教职员工凝聚力，而增强凝聚力的一种重要途径是经常组织团队活动。工会可以利用自身的优势，适时组织一些文化娱乐活动，这会让教工有一种组织与团队的归属感，这种归属感也是一种感动。

**（二）提高教师专业素养，倡导新型教育价值观。**

我在这里向大家倡导新教育生活价值观，就是让我们的老师过一种幸福完整的教育生活。教师应该有一种职业幸福感，但这种幸福感首先来自于教师的职业认同感，其次还要有职业成功感，只有这样，才可能有真正的职业幸福感。我们除了满足教师的物质需要（上班拿工资）外，更重要的是满足精神需要，促进教师去自觉地实现自我价值，当这种高层次的需要得到充分的满足后，才是一种完整。建设学习型组织和开展青蓝结对工作是工会的两大面向教师专业发展的抓手，海门许多学校有非常好的学习型组织，比如火车头读书俱乐部、教师发展中心、未来教育家俱乐部等等，我希望工会能充分利用这一阵地，有效地组织教师专业阅读、教育沙龙等活动，并通过青蓝结对、教学基本功比武等，来不断提升教师们的职业成功感。让教师们不断获得成长中的幸福感，这种幸福感也是一种感动。

**（三）保护教师的合法权益，倡导教师爱岗敬业。**

海门教育工会有一个工作亮点，就是在全市基层工会建立了"五必访"制度，多年来，在各位工会主席的努力下，常常会感动教师。有了这项制度，常常感动教工的理念就被落到了实处，我也是受这里发生的一个个故事感动着，而提炼出这一理念的，这是大家共同实践的成果。我希望这项工作做得更扎实，更有创造力，让我们的工会成为教师的知心人。保护教师的合法权益是教育工会的重要职责。目前，老师们很辛苦，休息时间少，待遇不高，这次人代会我的导师提出了要保障教师的休息权，我们要多倾听老师们的呼声，多沟通、多协调，新的劳动合同法已经实行，我们要努力保护教师的合法权益，比如要建立每年帮助教师进行健康检查制度。同时，也要倡导教师爱岗敬业，深入开展学陶师陶活动，做老师的，就是要有一种"捧着一颗心来，不带半根草去"的崇高境界。愿我们的"168爱生行动"因这份境界得到升华。让师生都在和谐的校园里幸福地生活，这种和谐感也是一种感动。

明天是三八妇女节，最后祝愿全市全体女教工节日快乐，身体健康，事业有成，阖家幸福！

# 第五章　特色学校·行动就有收获

# 一、开展"达标创特"工作
# 促进区域教育均衡优质发展

至 2005 年底，海门市已有 11 所小学、9 所初中通过了省教育厅组织的"江苏省实验小学""江苏省示范初中"的评估验收，并呈现出良好的发展态势。2006 年起，海门市教育局即启动了农村中小学"达标创特"工程，提出三年内所有乡镇中小学必须达到"江苏省实验小学""江苏省示范初中"的办学标准，并创建有特色学校的目标，旨在以此为载体全面提高农村义务教育的整体办学水平，进一步加强素质教育，提高教育质量，深化教育改革，促进教育公平，大力推进我市基础教育事业在新的起点上又好又快地发展，促进城乡义务教育的优质均衡发展。通过近三年的实践，我们深深体会到"达标创特"工作，是有效促进义务教育均衡发展的有力抓手。学校通过"达标创特"的创建过程，管理水平、教科研水平、教师专业、学生素质等均得到了全面的提升，也为海门高标准通过省区域教育现代化市的验收奠定了厚实的基础。

"达标创特"工程首先为学校的硬件建设提供了契机，在当地政府和党委的大力支持下，各校的学生均占地、学生均建筑面积和绿化面积都达到了省示范初中或实验小学的标准。许多学校还利用"达标创特"的东风改善、完备了各项教学设施，使学校面貌发生了根本性的变化。更重要的是在"达标创特"的过程中，各个学校的师资队伍正在悄然地发生着改变，一是经过一年创建的磨练，学校中层干部创新超越、独当一面的能力大大增强。二是教师的奉献意识、科研意识和驾驭课堂教学的能力有了明显提高。示范课、随堂课、比赛课一波接着一波，使学校的研讨氛围日渐浓郁，老师们学会由课堂教学中的问题入手，深入研讨提高课堂教学效率的对策。大家把打造理想课堂，提高教育教学质量，看作是在提高自己的生命质量，教师纷纷深切体会到了在创建过程中专业成长的快乐。

朱永新教授倡导的新教育实验提出了"为了一切的人"的教育理念，目标是为每个人的发展提供良好的教育环境。每一所学校都应努力形成自己的特色，为学生全面而具个性的发展提供理想的可能的教育生活。那么如何构建学校的特色教育呢？特色教育评估的几个重要标准：一是明确特色教育的本质内涵。二是正确把握特色教育的关键要素，即要有独特的办学思想；要有特色的教师群体；要开发体现特色教育的校本课程；要形成突出的相对稳定的统领全局的特色项目；要形成独特的学校文化。笔者在新教育理念的引领下，在一个县（市）区域范围内，推动特色教育的形成发展，三年多的实践，探索了出一条以项目或学科为特色基点，以打造学校文化和核心理念为最终目标的特色教育发展之路。

**（一）培育高水平的特色项目。**

"特色项目"是学校在办学过程中合理利用本校教师优势和潜能基础上形成的若干单项性特色，它在同类学校中有明显的优势。选择一个理想的特色项目既是特色教育的表征，也是特色教育形成的基础。因此，创建特色教育，"特色"项目的选定十分重要，它既决定学校教育的发展方向与学生的发展方向，也决定学校最后能否形成"特色"。

笔者在农村学校推动特色教育时，总是帮助学校仔细分析学校原有的传统文化、现有的教师资源和社区资源等，从而寻找到一个好的优势项目，并把它作为发展特色教育的突破口。在选择的过程中遵循了以下几个原则：一是普遍性原则。学校特色项目的选定必须考虑能让绝大多数学生参与，那种只有少数学生介入的特色项目，层次再高，也只能培养部分有特长的学生，不可能对学校整体工作形成有力的推动。比如乒乓文化、排球文化、篮球文化、足球文化、书法教育、戏剧教育等，在定位的时候，我们首先把它作为面向全体学生的教育项目，不但有人人参与的特色课时，还研发了相关的校本课程。特色项目所要培养的是能让学生终生受益的素质。二是个性化原则。特色项目的确定必须从本校实际出发，发扬本校优良传统，充分考虑本校教师的专长和愿望，深刻挖掘和利用独特的社区资源。比如社区教育、绣品文化、学謇弘謇（张謇）、少年军校、海港文化、村校联办等，我们研发了大量的课程项目，形成"课程超市"，可供学生选择性学习。三是综合性原则。其实，选择一个能统领学校全局的特色项目是非常重要的。这个项目要能体现多门学科、多种能力等的融合，要具备上升为学校整体特色的基本要素，而其中最重要的要素就是"特色项目"中能提炼出某种教育思想或是精神特质，并把它辐射到学校的整体层面和各个领域。比如：我们培育了责任教育、感恩教育、励志教育、童话教育、童诗教育等特色教育项目，效果特别显著。

**（二）建设强势的特色学科。**

学科教育是学校的中心环节，学科建设是学校发展的核心工程。很多学校在考虑特色教育建设时，不太在意把特色教育与学科建设融为一体来考虑。笔者在区域推进特色教育中，特别关注这一问题，作了大胆地探索，得到基层学校校长和教师的积极响应，取得了比较理想的效果。比如，结合语文学科建设，帮助几所学校培育了生活语文、经典阅读、文学阅读、主题阅读、科学阅读、童化作文等特色，结合英语学科建设帮助学校培育了快乐英语特色，结合科学学科建设培育了科技教育、创造教育、绿色教育特色等等。

特色学科建设主要是因为学校有一个非常优秀的学科群体，通过特色学科建设可以不断放大这一学科群体的优势和影响力，开拓性地丰富学科学习内容，从而在全面提升学科教学质量的同时，学生的学习兴趣、个性特长及综合素质均能得到很好的培养。在学科特色建设过程中，我们特别重视与学科相关的校本课程开发。我们认为，校本课程的开发过程实际就是特色教育的形成过程，它有以下好处：一是能充分挖掘、利用校内外有用的课程资源；二是能强化教师的课程意识。既然是课程，就必须做到精心策划、要素齐全。要有课程标准、课程教材（或活动设计方案），要有课时安排和评价办法；三是让教师和学生都能认识课程资源的多元形态，克服把教材作为课程唯一资源和呈现形式的狭隘观念，努力把蕴涵在师生中的生活经验、特长爱好转化为与学校特色方向相一致的课程资源；四是促进学生个性特长的发展、学习方式的转变和学习能力的提升。从而从学科层面上推进教育生活的丰富性和完整性，这是校本课程研发的重要价值取向。

### （三）打造独特的学校文化。

学校文化是由学校全体师生员工共同创造的物质和精神的成果，其核心是学校师生拥有共同的价值取向、行为规范与精神面貌。独特的学校文化是特色教育最本质的标志。中国教育学会会长顾明远曾经说过："学校是文化的园地，办学最根本的一条，就是要铸造校园文化，校园文化是学校的灵魂。"因此，要创建特色教育，必须注重学校文化建设。

前面论述的特色项目和特色学科的建设，最终是为了形成富有特色的学校文化和教育生活。我们在一些条件比较成熟的市区学校，帮助他们从学校愿景、办学目标、教育理念、核心价值观、管理制度、校园节日、师生礼仪、文化标识、特色发展等方面进行系统分析、整体规划和设计，使整个学校成为一部立体的、多彩的、富有学校个性和吸引力的教科书，成为一门隐性课程，并对学生起着潜移默化的教育作用，使人一走进校园就能感受其独具特色的魅力。如新生活教育、新生命教育、新公民教育、品质教育、魅力教育等等，这些文化特质会不断内化为师生的自觉行动，成为一种持续的、恒久的、无所不在的精神文化。特色教育的目的是为了全面提高学生素质，多出人才，出好人才，而适应现代化社会需要的人才，必然是全面发展、优化个性、各有特长的各级各类合格人才。因此，一个理想的特色教育，应该在特色的教育思想和理念之下，由多样化的特色项目、多模块的特色学科和丰富多彩的特色校本课程组合而成，它能使学校的每一个学生都有较多的选择空间，能帮助每个学生知道自己的潜在长处，能让每个学生都有机会发展自己的个性潜能，使特色教育成为一种"扬长教育"，一种开发潜能的教育，一种高品质的教育。

我们在区域的范围内通过诊断、指导、推进、评估等手段，从学校的项目特色、学科特色培育到特色文化的建构，使特色教育从外显走向内涵，从局部发展到整体，让城乡学生都能享受到优质的教育，有力地促进了区域教育的均衡化发展水平。

创建特色教育的过程，其实就是重构富有特色的教育生活的过程。生活是儿童的生存方式，生活过程就是儿童的生存与发展过程。儿童在生活中生存，在生活中被"文化"和被"人化"，所以，生活也是儿童生存的一种背景。特色教育是一种真正理解儿童、尊重儿童，融入儿童生活领域的文化背景，为儿童天性的激发创造了一种理想的可能生活。儿童的快乐和幸福来自于个体潜能的充分引爆和个性的全面成长，完整并不是什么都要，什么都有，只有个性潜能充分发展的教育才是完整的教育，特色教育为实现"过一种幸福完整的教育生活"创造了一种新的教育形态。

## 二、教师·学生·学校共同发展

这是第二次跟常乐中心小学的全体老师见面，非常高兴。虽然只是第二次，但是我已经感受到常乐中心小学的变化，而且是充分地感受到了。

刚才施校长跟我谈了你们"达标创特"的有关准备工作，说我们全体老师已经形成了共识，我们全体老师都有这样一种强烈的愿望，想改变这所学校的现状，想把这所学校办得更好，想让我们的孩子接受更多更好的教育，想让我们自己有更好的发展，有更高的人生价值的追求，我觉得这是一种非常好的改变。我也非常高兴。

下面我围绕"达标创特"，特别是"创特"这块工作，谈一些自己的想法。我觉得"达标创特"工作首先带给我们的是老师的改变，如果我们把这个过程作这样定位的话，那么我们老师是最受欢迎的。"达标创特"有许多的设计，这些设计不是靠我们校长一个人来做的，这些事是让我们所有的老师共同来做的，而且是深度的参与，作为一种主体的方式来做的。在做的过程中，我们来学，在做的过程当中，我们来提高自己。通过改变我们自己，来改变老师，改变我们老师的行走方式；通过改变我们自己，来改变我们的孩子，改变我们孩子的生存状态；通过改变我们自己，来改变这所学校，改变这所学校目前的一种发展模式。这样我们就有了一个很重要的定位。那么在此之前，我们学校已经作了很好的规划，特别是基础设施这些方面的改变，施校长刚才也说了，学校现在虽然经费很紧张，但他还是想改变学校的一些环境、一些状态，校门口也好，走廊也好，教室也好，他都有很好的设想，还有校园文化这种环境。

老师对创建资料这一块总是非常害怕，我上次在校长会议上说过，以前的资料有多少算多少，不再去补，从现在开始，必须按照省级实验小学的标准规范做资料，这样的话我们就变得很轻松了。轻松的原因是什么？因为以前我们专门在做什么，在做自己骗自己的事情，以前是省里的验收，所以我们得骗省里的人，而现在我们教育局自己来验收，我想我们干吗自己骗自己呢？我也是做校长出来的，我知道这样做是没有意义的，没有任何价值的，已经过去的就过去了，但是，为什么现在要按照省级实验小学规范来运作呢？因为这是一个很高的管理平台，我喜欢这么说，我说"达标创特"已经改变了我们的老师，但是在这个过程当中，最最得益的首先是我们一些管理人员，从校长、副校长到中层干部。为什么，因为按照省级实验小学的标准管理上的要求是非常精致化的，我们要达到这样精致化的要求，日常的工作是很辛苦、很细致的，一块一块全都要到位，而这每一块资料是不能缺的，你做了才有，你不做就没有，你不能到暑假的时候补这个学期的资料，这是不行的，如果现在还用这种姿态来做的话，那就达不到这样一个目的了。比如说今天我们两个人的报告就要留下来，给你们做到资料里去，比如说我们上次的课题，整个课题的资料是非常完整的，比如我们校园环境的每一处改造，都有个详细的方案，到招标投标这一系列的要求它都非常完整，比如说我们搞月教学常规反思，每一周行政组听课，教研活动、集体备课等等，都应该是非常非常规范的，非常完备的。所以，从这个学期开始，我们应该按照这样的一种规范来做。让我们感觉到办一所有品位的学校，办一所规范的管理层次高的学校，是这样的。这样的学校，才像个学校，而不是像原来有时候连最基本的制度都不完备，基本的日常生活都不是一种在规范的管理之下、科学的管理之下的生活，而是自由的、放任状态的生活，那就很麻烦，组织就应该有组织的文化，有组织的制度。

然后说我们教师的个人发展。我以为，教师的个人发展不光要靠校长、靠学校，首先要靠自己。我们每一个人都要有自己的发展计划，一年准备读几本书，一年准备写几篇文章，一年准备上几节公开课，一年准备帮助孩子投几篇稿子，一年准备让班上的孩子们读几本书，一年准备让孩子们写多少篇日记，都应该有非常精确的计划。只有这样，才能把自己的个人成长规划好、设计好。我们要善于设计自己的未来，不失去方向，把自己未来的一种愿景与当下的发展沟通好，自己有一个目标，就不会偏向。不管是年轻教师还是中年教师，甚至临近退休的教师，况且我们这儿大多数以年轻教师为主，这些都应该起很好的作用。

再说说如何主动卷入特色建设。学校的特色需要我们每个人共同地、深度地卷入，通过这样一个卷入的过程，正好锻炼自己、成长自己。

我特别要讲教师的专业发展，"达标创特"的第一定位就是发展教师，只有发展教师，才有可能发展学生，只有发展教师，才有可能发展学校，唯有最好的教师才有最好的学校，才可能有最好的学生。教师成长的一个基本的路径是阅读。每一个老师，对自己一年的阅读内容和目标都应该非常清楚。学校也要有共同的阅读计划，比如全体老师共读苏霍姆林斯基的《给教师的一百条建议》，这是整个团队的阅读，一个月、两个月学校里还组织一两次阅读沙龙，大家都来讲一讲，个人又懂得了些什么。假如说我下一次到常乐中心小学来听课，听完你的课，问你最近在读什么，你能够非常清楚地告诉我。当然，阅读不一定是读书，读杂志也是可以的。我非常喜欢读杂志，因为杂志是最新的东西，我也非常喜欢看网络，我一天不看网络是不行的，因为这能够让我天天看到每天发生的最快的信息。所以，我主张办公室里老师之间要合作，一个老师订一份杂志，办公室里5个老师就是5份杂志，每个人订的不一样，一个老师订两份杂志，5个老师就可以看到10份杂志，每一个月都可以看10份杂志，我们办公室里的阅读氛围就不一样了。学校要为教师搭建教师成长的专业设计平台，比如说备课，或者是双周一课，或者是青年教师的赛课，教师基本功，这都是专业设计的平台，更重要的是教师为自己搭建平台。举个例子，我为自己树立一个目标，要带着班上的孩子，养成每周写两篇好日记的习惯，每一篇日记一定会精心批改。我非常喜欢老师用对话的方式给孩子批作文，从文章的内容出发，跟孩子来讨论生活，讨论文章所表达的思想、所表达的情感。一年四季都朝着这个目标来努力，你就会养成一种好习惯。国外的研究表明，一种习惯它重复了21次以后，这种习惯它基本上不大容易改变了。我主张老师要写反思日记，以前我们要求老师们写教后记，我现在对教后记有了新的想法，与其应付着天天乱写教后记，你还不如一个礼拜写一篇，或者是半个月写一篇，写好一点，写实在一点，写真一点，而且写千把字，这样写就更有意义，更有价值。我们小学老师跟初中老师比，跟高中老师比，最起码晚上的时间是属于自己支配的，几乎没有一个中学老师晚上的时间是属于自己支配的。我分管初中我知道的，晚自修结束已经9点左右了，作业还要批改到十来点钟。高中学校我去过，我到几所高中给学生演讲，给老师演讲，我跟他们说读书，"哪有时间读书哇？"我跟他们说写随笔，"哪来时间写随笔呀？"晚上回家已经拖着疲惫的身体，还读书呢，还写作呢，这是不可能的。但我还是认为，时间是可以挤的。小学老师完全可以做得更好。我希望常乐的老师们给自己定一个目标，常乐中心小学的老师就是能做到半个月写一篇、一个月写一篇的，可以做到的！没什么做不到。我许新海够忙的吧！我现在做局长，还要到苏州大学攻读博士学位，每次都有很多的阅读任务、写作任务，但是我可以告诉大家，我从来不会改变每天记日记的习惯，一天都不会落下的。我把日记展示给你们看，不是说要你们像我一样做，要做到像我这样也不是一般人了。今天我已经写了一部分了，今天的题目叫"新农村教育"，因为刚才在三和中心小学，跟他们谈新农村教育。上午去王浩初中学去听课，下午去看他们朗文英语的活动，刚才到三和中心小学与校长讨论，我当场想当场讲，已经写下了很多东西，到晚上我都要整理，每天我都这样。譬如昨天去看诗词诵读，八所学校，每到一所学校我都要当场发表自己的观点，我都要写下来。一般来说，我每天写的内容都是两三千字，天天如此。那我能做到为什么你们不能做到呢？难道你们比我还忙吗？关键还是一种态度、一种习惯，我从来没有感觉到这样做很苦。倒是没有做好，反而会觉得很不舒服。

教师专业发展离不开专业发展共同体。教育，它是靠一个团队来完成的，不是靠一个人来完成的，一个孩子，是靠好几门学科的老师一起合作教育的，老师之间一定要形成一种凝聚力。我们可以有学科组形态的共同体，还可以围绕一个班级形成共同体，打破学科，这应该成为学校共同体的重要形态进行建设。我还喜欢推荐案例团队研究的方法，以项目研究来形成团队，如围绕班级文化建设、学习习惯的养成等项目，一个班的所有学科老师，一个月一次例会，共同来研究，共同来碰撞，这个班的问题在哪里？如何改变？每个学科都来谈，这才叫专业的共同体。班级管理不是班主任一个人的事情，学生的习惯是这个班所有老师的事情。再如围绕学科建设的项目也可以形成。在这个过程中一个关键词叫反思。阅读不引入反思，阅读就不够深入，实践不引入反思，实践的水平就不够高，写作没有反思的介入，内容就缺乏思想和智慧。每一个老师不可能都成为研究型的老师，但所有的老师都可以成为一名反思型的老师，让反思成为在座所有老师的习惯，而这种习惯，就是通过我刚才讲的专业规划、专业实践来逐步形成。

接下来谈常乐的特色建设。我刚才听施校长介绍了特色建设的一些基本思路，我即兴地把这个特色做了一个概括，叫"学謇弘謇"。首先这个特色是要"弘扬张謇精神"，那么张謇精神是什么？今天王科长在路上也问我张謇精神是什么，我脱口而出说了个"强毅力行"，我为什么会脱口而出说"强毅力行"呢？因为我知道海门精神"强毅力行"这四个字是张謇思想里的，海门精神是"海纳百川、强毅力行"，那为什么不把"强毅力行"作为我们学校的精神呢？我觉得是可以的，因为我研究过张謇，张謇他一辈子就是"强毅力行"的代表，想当年，他在办学校的时候遇到过多大的困难，办师范、办小学、办纺织学校、办卫校，最后几乎把自己所有的钱都用光了，但是他为了自己认定的目标，从来就没有放弃过，这就是"强毅力行"的最好印证。让常乐中心小学的每一个孩子，六年毕业以后，养成一种特有的品质，什么品质？就是"强毅力行"的品质，就是坚持不放弃的品质。新教育倡导只要行动就有收获，只有坚持才有奇迹，这是对"强毅力行"的最好解读。当然，我今天不是把这意思强加给你们，是跟你们一起讨论，一起研究这个话题，我觉得对"强毅力行"可以有一个完整的解释、完整地解读，把它在小学阶段可以做的东西完整地解读出来。而"知謇、学謇、弘謇"一根线索就出来了。

"知謇"就需要知道张謇这个人。张謇小时候其实有很多优秀品质的，他写的字多漂亮，他小时候天资很聪明的。他从小读书的这个过程，相当我们常乐中心小学的学生六年的学习，如果把张謇小时候这段时间的学习的过程作为资源，跨越时空移到我们校园里来，看看他们之间有什么关系，是不是有联系。其次是"学謇"，我们研究张謇小时候的事、研究张謇与教育，研究张謇与纺织业、轻工业，研究什么？还是"强毅力行"。然后是"弘謇"，施校长说，新时代的张謇，不管是中南集团的陈锦石也好，还是常乐村的叶剑生也好，都有"强毅力行"的品质。常乐不只这两位名人，还有很多，我们都可以把他们作为资源挖掘出来。

为了更好地做这项特色，我结合新教育实验的六大行动为大家设计一个基本框架，建议"从读张謇故事开始，营造书香校园；从听张謇故事开始，聆听窗外声音；从讲张謇故事开始，培养卓越口才；从写张謇随笔开始，师生共写随笔；从学张謇精神开始，构筑理想课堂；从作张謇网站开始，建设数码社区"。

◆从读张謇的故事开始，营造书香校园。

我们的书香校园建设，不是只读张謇的书，但可以先读关于张謇的书。常乐中心小学的每一个孩子，走出常乐，人人都知道张謇的故事，张謇小时候读书的故事，张謇做教育的故事，张謇创业的故事。用张謇小时候爱读书的故事，引领常乐中心小学的每一个孩子养成爱读书的品质。营造书香校园，建设书香班级，甚至每个孩子的家里都有图书角，每个活动室里都有孩子们喜欢读的书，每个学期都有一次大型的读书节，要表彰奖励学生，设计有张謇头像的表彰奖励卡，还有张謇的名言，用来激励孩子们，让孩子们从小养成爱读书的习惯，让读书成为孩子们的第一需要。

◆从听张謇的故事开始，聆听窗外声音。

我们带孩子们到张公馆，到南通博物馆，聆听张謇的故事。不仅听张謇的故事，还可以聆听科学家的报告、教育家的报告、企业家的报告、农民的报告，叶剑生不就是个现代农民嘛。聆听窗外的声音，可以开阔孩子们的视野，这是一项独特的课程。这些人的报告里，其实就有"强毅力行"的精神渗透其中。

◆从讲张謇的故事开始，培养卓越的口才。

学校里可以开辟一个讲坛，让孩子来讲。我们能不能确立这样的目标：一个月搞一次集会，让每一个孩子每一个月都有一次在大庭广众之下讲话的机会。最起码在一个年级里，或者是在一个班级里，每日一讲，早晨的晨会课，班上三五十个孩子轮流讲就可以了。最好有些主题，做个系列的设计，从而形成"每日一讲"的微型课程。

◆从写张謇的随笔开始，师生共写随笔。

当孩子们去博物馆，去张公祠，读了张謇的故事，听了张謇的经历，学生自然就有了写作的素材和欲望。当然，更多的是让学生写生活，写自己的生活，让孩子们养成写日记的好习惯。能不能让常乐中心小学在毕业之前都"出版"自己的书，要求不高，每个孩子一个礼拜两篇，一年就能写100篇，六年就能写600篇。那么，在常乐中心小学有个"my book"（我的书）的评比，每年进行一次评比，评出最佳图书。

◆从学张謇的精神开始，构筑理想课堂。

什么是理想课堂？张謇的教育思想，张謇的精神和学习品质，能不能通过我们当下的课堂反映出来呢？我觉得是可以的。我们可以梳理一下张謇教育思想中可以发扬的内容，作为常乐中心小学课堂教学重点研究的方向，从而使张謇精神得以更好地弘扬。

◆从做张謇的网站开始，建设数码社区。

常乐施洪若校长是搞信息技术研究的，信息技术是综合实践活动课程的重要组成部分。我们可以做一个非常漂亮的关于张謇的专题网站，以知謇、学謇、弘謇为线索，分成几个板块：一是关于张謇的故事；二是孩子们学习张謇的内容，比如去参观的图片，写的随笔；三是弘扬张謇的内容，比如对现代张謇人的研究，有关于叶剑生创业的网页，有中南集团创业的网页。另外，能不能研发一个以学謇、弘謇为主题的信息技术课程呢？想办法把小学阶段所要掌握的计算机技能统统由这个特色的主题来统领与贯穿，常乐中心小学的信息技术课都以此为内容，随着时间的推移，网站就会越来越丰富。只要打开常乐中心小学的网站，天天都有新的内容在上面。

我曾到南京的北京东路小学参加一次全省的小学网络作文研讨活动，他们三四年级的孩子，一堂作文课，只要用半节作文课的时间，所有的孩子会在电脑里把自己的作文写好，并且上传上去，放在小学生作文网站上，还可以同步看到班上其他同学的作文，并且可以点评别人的作文，效率多高！我们写作文要花两节课时间，他们只要花一节课时间，不但把自己的作文写好，还分享到其他同学的作文。为什么人家三年级就能做得这么好呢？有一个很重要的原因，他们学生打字的速度非常快。他们在学生刚接触电脑时就训练学生打字。其次让学生通过电脑获取信息。让孩子到不同的网站上去浏览各种各样的信息，而不是让孩子玩游戏。我在澳洲留学的时候，发现澳洲的孩子一接触电脑，就知道电脑主要是来帮助获取和处理信息的，电脑不是用来玩游戏的。所以他们课上不玩游戏的，他们就是让孩子去收集信息。老师经常会布置许多任务给孩子们，如收集中国的大熊猫、长城等资料，另外，他们还让孩子们把自己写的作文打到电脑里，然后转成网页模式，就可以做成自己的网页了。这样，让孩子们可以充分感受电脑的信息加工能力，而且做成网页模式以后就可以放在互联网上，一连接网络全世界都可以看到了。这很值得我们学习借鉴。

最后，我想把张謇文化打造成学校的品牌文化，比如，可以开展"张謇杯"教师比武活动，组织弘謇文化阅读节、艺术节、科技节、体育节等，还可以建立"状元"评价机制，把张謇的箴言放在奖励卡上。在"弘謇"的意义上可以做很多品牌活动。今天我是以一个研究者、学习者的身份来的，跟大家共同来讨论学校的特色建设，看看哪些可行，好好落实，扎实行动，一定能形成丰富的成果。愿常乐中心小学做得更好。谢谢！

# 三、军校联办特色教育

四甲中心小学的特色建设，学校已经有了很好的定位，就是军校联办，这还是南通市级的课题。我对四甲中心小学军校联办特色教育有过感性的认识。我也曾带孩子们到四甲部队参加过夏令营，半夜带着孩子们在军工路上拉练，印象非常深刻。另外，我上网搜索了全国500多所少年军校的资料，看到各有自己的特色。其中印象最深的是深圳的一所，叫四点半少年军校。他们将"四点半"作为自己的一个品牌，让我很受启发。那么我们的少年军校如何定位呢？我想，作为军校第一大特点，一定是爱国主义教育；第二应该是习惯教育，换句话说是一种品质教育；第三应该是自我教育。我们少年军校应该有三大鲜明的标志：

第一标志是少年军校本身的文化。少年军校本身就是一个品牌。大家来四甲中心小学看见孩子们穿着军服在那儿打军体拳，这是不是我们的一个品牌、一个标志？我们是不是可以把它办成暑期少年军校？我们的少年军校以暑期运作为亮点来打造。一个月、一周为一期，或是三天为一期，一个月十期，都可以。我们需要设计一整套完整的运行体系，比如暑期少年军校从入营开始到出营，一套完整的活动方案，每个活动贯彻了什么思想，活动具体怎么展开的。例如，半夜里，在解放军的帮助下把孩子拉出来夜行，带着孩子们拿着手电筒到田野里找东西。整个活动的过程要设计得非常完备，从资料收集、活动安排、安全保障，甚至摄影、摄像等等，都要一一到位。既然是一个品牌，暑期少年军校不仅要有独特的运行体系，还得确定鲜明的主题。第一，爱国主义教育的主题；第二，革命传统教育的主题；第三，纪律教育的主题；第四，英雄教育的主题；第五，意志教育；第六，信念教育等等。四甲中心小学的孩子们都以军人为英雄的，而不是以明星为英雄，这就是我们教育的效果。我们可以把这六大主题设计成一个个内容丰富的活动，而且是体验性的活动，在体验过程中贯穿六大主题教育思想。我们需要研究到底如何展开爱国教育、革命传统教育、纪律教育、英雄教育、意志教育、信念教育等等，当然这都是老话题，当下我们需要结合社会的发展作深入的研究，才使我们的教育更有效。

第二个标志是开展主题性文化阅读。我建议组织团队研发军事文化阅读课程，分低、中、高三个年段，让不同年段的老师们进行大量的搜集、整理，从几个维度来编排，如从时间维度分，有古代的、近代的、现代的、当代的；从内容维度分，有爱国、革命传统、纪律、英雄、意志等方面的；从空间维度分，有国内的、国外的。我们可以把长征系列所有的文章编在一起，《金色的鱼钩》、《丰碑》等老教材中的名篇，现在的课本里已经没有了，这些内容非常好。我们需要更多催人泪下的、感人肺腑的好文章来打动孩子们的心灵，来润泽孩子们的心灵。我们不仅让语文老师来做，还可让所有的老师都卷入其中，通过网络、图书等各种方式去搜集资料。通过主题性文化阅读，把爱国、守纪、英勇、意志等教育内容自然渗透其中，把这些抽象的内容具体化、故事化，让一篇篇为国家、为民族抛头颅洒热血的动人故事震撼孩子们的心灵，让他们自觉地建立对军人的特别情感。以军人为榜样的教育活动就是需要这样的阅读载体。四甲中心小学研发这一校本阅读课，并作为必读内容，就能比较好地彰显我们的特色。当然，还可以有影视阅读，进行军事题材影片赏析。这类影片非常多，我们可以挑选一批特别经典的影片，作为周末影院放给学生们看。例如《美丽人生》，我和女儿看了两遍，边看边掉泪，电影最能打动人、震撼人，并从中深刻理解战争的残酷，体验人性的美丽，把追求和平的种子根植于孩子的心田。看了这些电影还应该让孩子写赏析、写随笔、写日记、写影评，然后进行交流，组织沙龙、评析活动。这也是课程，是影视课程。这可能与打军体拳效果不一样，当然，我并不是反对以前的东西，只是我们要丰富、创新，需要用更好的方式做我们的教育。

　　第三个标志是开展大主题军事综合实践活动。综合实践活动每周有三课时。我们四甲中心小学可以有一个特别的安排：那就是一个学期每个年级有一次大主题军事综合实践活动，这是一次长线的活动，可以是一个月，也可以是一周。每个年段，每个学期确定一个重点内容，而且作为我们这所学校的必修内容，四甲的孩子从一年级到六年级一定经历十二次军事主题的综合实践活动，就特别有意义。我们可以把军事教育的思想逐步渗透其中，不同年级不同阶段，孩子们对军人的理解是不一样的，随着年级的升高，孩子们的武器、军事高科技兴趣会更浓。我们需要做一些深度的有价值的研究。另外，还可以建一个少年军事网站。利用信息技术课的时间，让学生在教师的任务驱动下，逐步积累起丰富多彩的适合孩子们的军事文化主题内容。我们可以把军事网站分成几个板块，一些板块让孩子自己去搜集相关的资料，把让孩子们开展综合实践活动，到四甲部队去体验军营生活的镜头都放在网站上，甚至把高年级学生研究海陆空的内容做成网页，那会很有吸引力。信息技术不仅仅为了技术，而是通过这样的主题活动培养孩子搜集信息、加工信息和整理信息的能力。

　　我们开展大主题活动时，所有的学科教师都要介入，如何介入，我给大家一些建议。语文老师怎么介入？阅读、习作就是介入。让孩子们走访军营时设计采访军人，听军人讲部队里生活的故事。语文老师帮助学生事先设计采访提纲，搜集一些资料，最后写成采访文章。数学怎么介入？部队里的数学问题太多了，如让孩子们搞一些数字搜集。部队里的什么团、营、连、班等都有很多数字组成，部队里还有高尖技术的数学问题，去搜集的话一定有很多值得去研究的东西。艺术怎么介入？让孩子们可以画画，把部队里的军人画下来，把军营的生活画下来。选择一部分非常动听的部队歌曲，让孩子们学唱。我们四甲中心小学的孩子走出去人人会唱几首军营歌曲，这不是很好吗？体育，那就更多了，比如队列训练、军体操等，还有更多的军事体育的高难度项目，军人们一表演，孩子们就会惊叫起来。科学也很多，电视里有军事科技和军事天地等栏目，现代军事科技内容十分丰富，让孩子们在活动中去接受军事科学教育，效果一定很好。综合实践活动就是让孩子们把平时学到的学科知识综合运用的过程，让他们感到自己所学的知识，原来到处可以用的。

当我们三个标志都做好了，我们学校的特色也就基本形成了。老师们也会在这个过程当中成长起来，孩子们在这个过程当中接受的教育是整个人的教育，不要认为特色只是一方面的教育，特色不是接受单一的教育，特色是利用一个有特色的载体让孩子接受全能的教育。老师们有时认为军校教育就是德育，其实，军校教育的内容远不止德育，它有着比德育更丰富的内容。我刚才建议的少年军校的三大品牌，不是孤立的教育活动，是要进行整合的教育活动，三者完全可以结合在一起进行。

我再说说少年军校的校训。作为一所少年军校，首先当然是爱国；其次是自律，我觉得部队里的人都是很自律的，一切行动听指挥，自我约束好；第三是勇敢。军人不勇敢，就不是军人，不管是男孩、女孩，从小培养这种品质也是很有意义的；第四是顽强。爱国、自律、勇敢、顽强看看能不能作为少年军校的校训，当然，还可以作更个性化的定位。

四甲的少年军校已经有很多年了，我们该逐步形成哪些传统文化呢？

第一以爱国为重点。部队是保卫国家的，爱国的文化通过军事主题的阅读、实践等活动，让孩子们对祖国的感情更加深厚，从而明确自己的国家责任和义务。军队里艰苦的训练为什么，为了有朝一日为国家赴汤蹈火，爱国情感是需要慢慢积淀的。

第二以军人为偶像。其核心是要让孩子热爱军人，让孩子去崇拜军人，以这些英雄为心中的偶像和榜样，以军人为偶像应该成为少年军校的一大文化亮点。

　　第三以和平为追求。部队的存在是为战争服务的，让孩子们建立一种怎样的概念？我们不要战争，我们热爱和平。我们建部队是为了战争，同时又为了不打仗。热爱和平应该成为少年军校教育的重要价值取向。从小在孩子的心中就播下和平的种子，教育孩子们坚定世界和平的信念，反对战争的信念，这种信念，就是我们的一种文化，

　　今天我只是为大家打开一扇窗，在此基础上要做的事太多了，我的话题中留下的空白更多，更需要在座的老师们创造更多的丰富，创造教育的奇迹。只要我们不断学习、不断实践、不断创新，四甲中心小学的军校联办特色教育一定能成为非常亮丽的教育品牌。我愿意与大家一起努力。谢谢大家！

# 四、创造教育特色建设

　　非常高兴参加南通市首届青少年科技创新论坛活动。今天，这样一个活动能够放在德胜中心小学举行，让我感受到南通发明创造学会对我们农村学校、农村儿童未来发展的关注。这样的定位是非常了不起的。我要代表海门市教育局深深感谢南通市创造教育学会的各位领导！

　　今年恰逢海门市德胜中心小学 100 周年校庆，用这样的话题来纪念它，让我感到由衷的欣慰。德胜中心小学提出创造教育是经历了一个很扎实的实践研究的过程的，我们是从非常具体的一个项目或者说一个简单的航模项目开始的，随后从航模走向科技，又从科技走向了创造教育，是一个台阶一个台阶地走到今天，是我们德胜中心小学所有老师在沈校长的带领下慢慢实践出来的。今明两天呈现给大家的现场，也许还非常稚嫩，但有这么多大学的教授、专家莅临指导，有我们在座的各位老师共同探讨青少年创造教育的工

作，对德胜中心小学创造教育的发展有着非常重要的意义。

下面我就谈谈自己对创造教育的认识，权作抛砖引玉，接受各位专家的指导。

我以为创造教育首先是一种理念，其次是一种方式，再次还应该是一种课程形态。

作为一种理念，人的本质特征是什么？最简单的两个字就是"创造"。我觉得人类到今天，都是人的不断自我创造的过程，所以我认为创造是人最本质的特征。既然它是人的最本质的特征，很显然它也应该是我们教育最本质的属性，换一句话说，它也是我们素质教育最本质的特征之一。创造教育作为一种理念，它应该弥散在我们校园里，内化在我们每个教师的素养里，传递在每个孩子素质发展的过程中。也许这一些，我们更多时候还停留在口号的层面上，或者体现在某一个简单的方式的变化上。

创造教育更应该成为一种课程形态。世界上很多发达国家，把创造教育作为一种课程形态来研究的，内容非常丰富。我最早接触的就是 SPS 项目，它就是以课程的形态表现出来的。我在澳洲留学的时候，曾研究过他们的课程，在研究过程中，我发现澳洲从小学一直到高中，有一门非常有意思的课程，是"设计与技术"课程。我详细研究过这门课程的体系，发现其实这就是他们创造教育的课程。澳洲的孩子从小就开始学设计，设计衣服、设计家具、教室里面的布置，还设计宇航服，甚至设计花园别墅等。在设计与制作的过程中所表现出的创造教育理念是非常丰富的。我们现在有一门新的课程——综合实践活动，综合实践活动的四大板块中，有一大板块就是劳动与技术教育。原先我们叫劳技课，为什么变成劳动与技术教育呢？就是吸纳了国外的新的技术教育的理念，而技术教育理念当中很重要的一点就是培养孩子创造的技能、创新的思维品质。我们德胜中心小学就是试图努力去探索一种校本形态的创造教育的课程。这门课程还很稚嫩，期待大家对德胜中心小学的这一研究给予批判，并给予更多的指导与帮助。

创造教育对于学校教育的意义是重大的。我把它理解成三种意义：

第一，创造教育能够充分挖掘、发展儿童的个性潜能。我的导师朱永新先生倡导的新教育实验，有一个基本理念就是"无限相信教师和学生的潜能"。我们不仅要相信教师和学生的潜能，更重要的是要提供平台引爆学生的潜能。创造教育是真正能引爆学生潜能的载体，包括创造教育所涉及的各种课程形态。今天幼儿园的老师也在这儿，幼儿园中的游戏、绘画等教育活动，都可以充分地引爆儿童的潜能。挖掘潜能的同时，我们还要相信每个人是存在差异的。比如说科技创新问题，我们德胜中心小学原来搞的航模，在引爆个人潜能中提高了学生的兴趣。同时，这样一个平台也存在客观的差异，我们理解这种差异，就会更好地理解创造教育这样一种课程形态，研究如何满足引爆各种不同孩子潜能的需要。

第二，创造教育能够不断地发展儿童的思维品质。创造教育能发展儿童的两大思维品质：一是直觉思维，二是想象思维。我们发现儿童初期的发展过程中，他的直觉思维是需要我们充分关注的。教师们真正掌握了创造教育最核心的理念，就可以在各个学科教育中充分地关注他思维品质的发展。不管哪一门学科教育，最重要的是保护和激发儿童的好奇心，激发儿童的好奇心就是培养儿童的直觉思维。我们需要研究如何找到更理想的方式，培养他的直觉思维和想象力。

第三，创造教育能够培养儿童的自由人格。没有自由就不可能有创造，特别是人的思想自由。人的思想自由来自于是不是给他提供了自由发展的平台。当前的应试教育不能给孩子留下自由的空间，当然在小学好点。在座的多数是小学老师和幼儿园老师。我非常钦佩两位高中的校长，我跟他们在一起的时候，总是跟他们说，你们在高中阶段还能搞创造教育真是非常的了不起。其中一位校长是启东大江中学的，我去考察过，在那儿不仅有创造教育的理念，创造教育的课程形态也非常丰富。我们小学是完全可以留给孩子足够的自由空间的，让老师、孩子们去发展他们的创新人格、他们的创新人格的自由品质，这种自由需要我们用制度化的方式来保证，而不是更多地去创造这种思想。德胜中心小学每个星期都有固定的时间，让孩子能够去参加各种各样的创造活动。这个固定活动是用制度化的方式来保证的。我们海门已经做了三年特色教育创建活动，今年年底还有六所学校在创建。我强调特色教育必须形成课程形态，必须形成一种制度，用制度化的方式来保证你的特色教育理念与课程的实现。德胜中心小学是海门最早创建成江苏省实验小学的农村小学。当初，我跟沈校长研究创建计划时，就是按这样一个方向去努力的，孩子们在这儿有足够多的空间去引爆自己的潜能，去不断地形成他们的自由人格。自由人格当中有个很重要的精神，是科学精神。我相信，创造教育在我们中小学阶段会有很好的发展，并引领我们学校的发展，希望创造教育在更多的学校开花结果。

这次活动，会引领我们这样一所百年老校，在一个新的起点上，追寻创造教育更高的境界、更好的品质，再次感谢南通市的领导，感谢我们德胜镇的领导为我们学校创造了这么好的条件！谢谢大家！

# 五、让书香伴随我们成长

生命的质量需要锻铸，阅读是锻铸生命质量的重要一环。学者余秋雨曾说过："阅读的最大理由是摆脱平庸，一个人如果在青年时期就开始平庸，那么今后要摆脱平庸就十分困难。人胸中久不用古今浇灌，则尘俗生其间，照镜觉面目可憎，对人亦语言无味。"青少年正处在认知世界形成、人文素质养成的重要时期，阅读，尤其是阅读经典名作，对他们的发展有着不可忽略的重要意义。

新教育实验发起人朱永新教授认为，一个人的阅读史就是他的精神发育史。确实，没有阅读就没有个人心灵的成长，就没有人的精神的发育。阅读不能改变人生的长度，但它可以改变人生的宽度；阅读不能改变人生的物相，但它可以改变人生的气象。外在的相貌和物质的构成基于遗传而无法改变，但人的精神可以因阅读而蓬勃葱茏，气象万千。因此，一路的书香引领我们的生活更精彩，一路的书香浸润我们的品质更高尚。

走进名著经典，需要我们用心灵最崇高的敬意去呵护。面对一颗颗艺海明珠，汲取其精华，就要掌握一定的阅读方法，养成良好的阅读习惯。

一要学会与作者进行心灵的对话。苏霍姆林斯基曾说："在人的心灵深处，都有一种根深蒂固的需求，这就是感到自己是一个发现者、研究者、探索者。"读名著就是在发现。我们在阅读时心态要平和，静下心来，深入到作品的内部，要像听柔美悠扬的古典音乐一样，让自己的心灵沉浸在宁静和谐中，去感受，去体验，只有这样，才能穷通作品的内涵，陶冶精神，增进智慧，提高语言感受能力，达到阅读作品的真正目的。

二要学会不求甚解。陶渊明在《五柳先生传》中提到"好读书，不求甚解"，意即不必拘泥于咬文嚼字而重在领会要旨，求其真谛。书海茫茫，自然无法处处求甚解，同时由于年龄和生活经验的限制，对名著中某些内容，初中学生也无法做到求甚解。读任何一部作品，都要根据自己的实际情况，浏览其精要，精读其要义，咀嚼其要旨。阅读需要个性化，名著具有内容的丰富性和多义性，一本名著，从不同角度和层面进行解读，就会有不同的理解。同样的书，不同的学生会有不同的感悟，同样的学生不同的时期也会有不同的体会。我们要学会自主体验，自主思考，自主发现。

三要学会阅读的基本方法。如默读、朗读、浏览、赏析、圈点、摘录、批注、比较等。有意识地在老师指导下读、写、摘、评，掌握阅读名著的门道。当我们习惯用某种正确的方法解读文本时，就拥有了一把打开名著大门的钥匙，能够自由地进进出出，将里面的风景看个究竟。波澜壮阔的历史画卷以及时代生存状态和文化精神追求，对我们的人文素质的提高都有极大的作用。所以有必要确立好阅读的主题，明确阅读方向，只要乐于阅读，善于阅读，都能从中摄取丰富的精神营养。

阅读即生命，阅读即生活，阅读即探索，阅读即审美。书是我们共同的语言、共同的密码，让读书成为我们的生活方式，让书香伴随我们一路成长，让我们共读共写，赢得一种共同的阅读生活。

# 六、阅读的真谛

书是一艘美丽的小船，她会引领你驶向胜利的彼岸；

书是一把神奇的钥匙，她会帮助你开启知识的大门；

书是一座无尽的宝藏，她会等待你发掘享用的财富……

一位位精神的传播者，在用毕生积累思想，勾画着一路行进的吟唱；而一个个继承者则在用一生的时间品味着书香。读书就是品读人生！

朱永新教授说，一个人的成长发育史，就是一个人的阅读史；一个民族的精神境界，在很大程度上取决于这个民族的阅读水平。阅读是教育的最重要的活动，新教育将"营造书香校园"列于六大行动之首，并已经将它细化为若干具体的行动项目，规划了阅读的内容、方式、行动路径等方面的愿景。学校就要通过建设浓郁的阅读氛围、整合丰富的阅读资源、开展丰富多彩的读书活动，让阅读成为师生最日常的生活方式，进而推动书香社会的形成。

新教育，新阅读，让师生与人类的崇高精神对话。如果我们把阅读还原成一种本能的审美享受，就会产生最为理想的学习效果。营造书香校园，是新教育理念的核心之一。我们要在新教育实验的核心价值观的引领下，通过创设浓郁的读书环境与氛围，推荐优秀的阅读书目，开展形式多样的阅读活动，培养师生强烈的阅读兴趣和阅读习惯，使阅读成为伴随人终生的生活方式，从而为建设书香社会奠定基础。

基于这样的认识，我们必须站在课程的高度认识新阅读，即通过阅读、鉴赏活动，引导学生欣赏经典名篇和时文绚丽多姿的语言世界、魅力十足的文字天地，积累相应的文学作品。教师要在教育活动中主动地捕捉课程信息，搜集有效的课程资源并开发成课程，从而能够有效地实施阅读课程，着力提高学生的阅读水平和阅读能力。

教育就是使学生的精神世界不断走向崇高。教师要设法让学生领悟经典名篇和时文中的民族智慧和精神引领，培植民族精神、高尚的道德情操和健康的审美情趣。通过传播人类的这些崇高的精神、先进的价值观念，让学生们不断接受思想的熏陶和洗礼，从而走向新的崇高。

本书根据初中学生的学习生活实际，选择了适合学生阅读的部分经典名篇和时文，以主题组元，设置符合学生的生活实际和认知水平的单元，打破阅读文体的界限，阅读内容安排上注意了分层次，有梯度，努力使同学们能够在足不出户的室内，在目之所及的文字世界里，领略古今中外的文学精华，构筑善良本真的心灵王国。

苏霍姆林斯基曾要求他的每一个学生都必须要拥有个人藏书架，拥有自己最喜欢的、终生都可能去读的图书。"个人藏书架"可以有不同的呈现方式，希望同学们根据学习中的"长计划，短安排"的原则，循序渐进，步步为营，在阅读中享受轻松愉快的心境，在阅读中体验酸甜苦辣的人生，在阅读中品尝事半功倍的学习效果。

阅读中澎湃的是激情，涌动的是理想，激起的是热情，付出的是真心，发展的是智慧，收获的是每一刻的生命。如果我们的学生能够在阅读中学会品评，学会联想，学会咀嚼，学会欣赏，学会自励……阅读的生活中以书为友，以经典为友，以大师为友，成为精神明亮的人、思想崇高的人，在这样的文化积淀和经典熏陶之下，逐步拥有深厚的哲理素养，形成宽广的文化视野和基本的价值判断，智慧明达，目光敏锐，意气风发，徜徉精神的求索，将丰富、宝贵的文化财富内化为自己的精神血脉，这样的阅读生活才是完整的、幸福的。愿我们在一路的书香中享受心智发育、精神成长、思想提升的过程，为崇高与伟大孕育一棵不朽的种子。

# 七、改变初中生的阅读生活

最近，我看到报纸上有这样一则报道，我国国民的阅读量在连续下降。我把原因归结为在市场经济发展过程当中，人们过多地追求功利，追求市场经济下的一种浮躁的物质生活状态，不知道去追求那种有品质的、有文化的生活状态，所以，许多人基本上不读书。我很高兴，今天包场初中有很多家长也来参加阅读现场会。如果我们对家长调查一下，问家长有没有读书的话，我敢肯定，如果不是知识分子，几乎很少有家长看书。因为大家做生意还来不及呢！看书跟做生意没什么直接关系，看书跟下田劳动也没什么直接关系，跟到海里捕鱼也没有什么直接关系。我们的生活除了下田、捉鱼、赚钱，其他就没有什么更多的生活内容了。其实人的生活应该是幸福完整的。前段时间我请著名学者李庆明老师到海门来作报告，他讲到在俄罗斯考察时遇到的一个情形：俄罗斯路边上一个乞丐向你讨钱的时候，你给他钱后，他给你的回报是什么，不是说一声"谢谢"，而是朗诵一首普希金的诗给你听。这是一个非常真实的例子！在俄罗斯的一些广场上会有人站在那里整段、整段地朗诵诗歌，朗诵大文学家的作品。我们讲俄罗斯人是精神贵族，很有文化品位。我们都很讨厌不讲诚信、没有礼貌、不讲规则的人，会说他没有文化。这些都与读书有关。

1. 我们面临的困境。

目前我们学校教育也面临着许多的困境，特别是初中阶段面临的最大的一个问题就是应试问题。在应试的问题上很多的校长和教师就是摆脱不了这一怪圈。许多人有这样的一种误解：认为读书，特别是课外书肯定会影响考试，肯定会影响成绩，不舍得把时间浪费在读书上。上次校长会议结束以后，有位校长打电话跟我探讨，我要求每天有一个小时的时间给孩子读书，校长说，哪有一个小时的时间给孩子读书？大家从早到晚的时间都排得满满的。我说中午不可以拿半小时时间出来吗？傍晚不可以拿出半小时时间出来吗？甚至晚自修的时候不可以拿出半小时时间出来吗？他说怎么可能呢？中午的时间学生做作业还来不及呢，晚自修时间怎么舍得让孩子读书呢？这两个问题让我听了很担忧。真的，我们校长脑子里都这样思考问题，更不要说教师了。我能理解现在校长们的这种心态，但是校长们的这种心态是偏激的。我希望，我们的校长、老师换一种方式试试看，是不是比原来做得更好，说不定考试成绩会比原来更好。这也是家长们所关心的。家长们关心的往往不是你怎么做，而是做的结果。结果好的就是你做得对的，结果不好的就是错的。我告诉大家，现在整个结果不理想，那就说明原来做得有问题的。我们全市的语文分数并不高。我还不能预言这个学期我们靠读书马上就能改变学生的语文成绩，但是希望现在的初一、初二、初三同步进行。我的目标是：海门市初中学生语文水平是南通市最好的，成绩也是南通市最好的。要实现这个目标，前提是要一起做好、做到位，我们共同地为这个目标去努力。现在要说的是首先要改变我们的观念，改变那种陈旧的观念，陈旧的观念是什么？读书跟考试没有直接联系。我说，读书跟所有的考试都有直接联系，跟语文有联系，跟数理化等学科都有联系，有深刻的联系。我们不要再去找借口没有时间让孩子读书，而是想办法挤时间来让孩子尽心尽力地读书、全心全意地读书。许多老师太习惯于拿着试卷让孩子一直不停地做题目，这一定要改变。前段时间我在省里参加会议了解到，去年全省质量抽测江苏省的整体阅读水平都很差，苏南比苏中好，苏中比苏北好，但是有一点。专家分析说，江苏对阅读这块重视不够。可以想像，一天到晚做练习题得到的结果是什么？阅读和作文的成绩不是靠一天到晚机械地练习能够得到的，它必须回到阅读本身，你不多读书怎么可能有很深刻的思维水平呢？大家有没有发现，孩子们失分率最高的往往是在阅读板块。不相信，可以统计一下这次初三模拟考试成绩，基础知识、阅读、写作三个板块，保证失分率最高的肯定是阅读，其次是作文。所以，我们需要改变这种状况。如何改变呢？

2. 我们要解决的问题。

我奉行的是行动主义。到底怎么去做？目前最主要解决的几个大问题：一个是初中三年到底读什么书的问题，哪些书是最适合初中生的，初一读哪些书、初二读哪些书、初三读哪些书？必须要有一个基本的目录。我们已经有了初步的研究结果，初步列出了初一、初二、初三要读的书目。毕竟时间还是有限的，还需要进一步研究，我们必须选出最适合初中生阅读的书目。第二是解决怎么读的问题。到底怎样让孩子读进去再读出来，读得有效，这是非常重要的。

作为语文老师、作为校长、作为家长，我们应建立怎样的理念，阅读到底给孩子带来什么？不要认为阅读只是语文的事情，我把阅读概括为四个方面功能，这四个方面对于孩子成为一个完整的人来说有着重大的影响。第一，阅读对孩子德性的影响。阅读对学生道德品质的成长有重要的意义。一篇篇感人肺腑的文章、一本本指向人生的好书，一定会对孩子的道德认识、道德观念产生极大的影响。很多时候你会发现，一些人，往往就是因为读了一篇文章改变了他的一生。这个改变一生的是什么？是一个观念的问题、一个价值的问题。第二，孩子自主学习能力的提高。阅读不仅仅让学生获得基本的阅读能力，更重要的是阅读应当成为学生的一种学习习惯。阅读是学生要养成的所有习惯中最核心、最重要的习惯。因为阅读习惯能带动的东西很多。喜欢阅读的人一定是一个学习自觉的人。第三，思维和行为方式的转化。学生为什么在考试的时候，阅读这一块失分比较多，是因为学生阅读的质量和对阅读的指导没有跟上去，阅读深度不够，思维的深刻性没有到位，思维能力没有随着阅读而真正得到提升。这样，不仅语文学习会受到很大的影响，数学、英语、物理学科都会有影响。说得功利一点，数学、物理、化学的学习，没有很好的思维品质、思维习惯，要想解决数理化中难的问题，是不可能的。第四，精神生活。我们对学生精神生活的状态关注不够。在初中阶段往往只看考试分数，不知道孩子心灵的成长。孩子的心灵成长在初中阶段是极其关键的，初中阶段的心理教育尤其重要。初中阶段心理教育最好还是从阅读入手。选择能够滋养孩子心灵的阅读材料，他们的心灵成长一定会受到积极健康的影响。请注意，培养学生的阅读习惯，提高阅读能力，不单是语文课和语文教师的职责，而是整个学校的教育任务和全体教师的职责。

3. 我的阅读观。

下面简单地阐述一下我的阅读观。（1）阅读即生命。我的导师朱永新教授说：一个人的精神发育史就是阅读史，一个民族的精神境界取决于阅读的水平。（2）阅读即生活。一个没有阅读的学校永远没有真正的教育。我感到包场初中开辟的阅读区非常实用，在初中，看到的这是第一家。下半年我会让教研室推出一套"书香班级"的建设意见，把它作为我们整个课程学习的一部分。（3）阅读即探索。我们要让学生获得完整的阅读体验。（4）阅读即审美。一所书香充盈的学校，必然是美丽的学校。我期待，我们每一所学校，校园、教室是书香充盈的，我希望把学校图书室、资料室、藏书室里的书要"清仓"，放到教室里，教室里的书要流通、要漂流，让更多的学生读到不同的书。

4. 我们的阅读行动。

我想更多地谈行动，从营造书香校园说起。通过创设浓郁的阅读氛围，整合丰富的阅读资源，开展丰富多彩的阅读活动，让阅读成为师生最日常的生活方式，进而推动书香社会的形成。

让阅读成为初中学生的生活方式，就是让初中生一天不读书就会有精神上的饥饿感。如果老师们、孩子们都能做到这样的话就好了。古人云：三日不读书，则言语无味，面目可憎也！试问自己，如果说三天不读书的话，说出来的话还是那样的话吗？你要让自己的面目不可憎，让自己的言语不无味，做老师的首先自己要读书。养成阅读的习惯对于每个人来说并不是很过分的。做老师的都很累、很苦，甚至没有时间来读书，但是阅读的方式可以是很多种的。我建议学校要把报纸、杂志放到每个办公室，教师上完课回到办公室喝一杯茶、看一会儿报纸、杂志，这是一种休闲阅读。

初中生读什么？教研员李志军老师已经组织团队策划了一个书目。我相信，学生们通过这样的方式，不仅可以拿到较好的语文成绩，还可以取得较好的数理化成绩，更重要的能够得到丰富的精神生活。我们可以把这些必读书目、推荐书目很好地进行总结，还可以推荐一些文摘类、历史类的、科技类的报纸杂志。比如《读者文摘》《青年文摘》《学生文摘》等，这几份杂志都是非常好的。

怎么读书？我的基本想法是：让初中生获得完整的阅读体验。希望语文老师特别要注意这句话，我们仅靠语文课本是不能让孩子获得完整的阅读体验的。第一是精读和泛读。比如必读书目要精读。今年暑假我们将组织核心团队对《课标》推荐的必读书目进行研发，推出一系列的阅读指导和训练范式，纳入整个初中的语文学科建设体系，将语文课内和课外结合起来。这种精读训练，老师也读、学生也读，共读一本书，就有共同的话语，有共同的话语就能讨论共同的问题。初中生的阅读体验应该是丰富的，阅读方式也应该是个性化的、自由的，所以，初中阶段要引导学生们养成一种自主探究式阅读的习惯，提高他们自主阅读的兴趣和能力。第二是诵读和默读。有的老师认为初中阶段的孩子是大孩子了，不让孩子去诵读。请语文老师试试，每天自己诵读一篇最经典、最漂亮的文章给全班同学听，试一个学期看看，结果怎样。如果你们高兴的话，每天傍晚吃完晚饭请全班同学一起来读，大声朗读自己喜欢的诗词、美文，每天半小时，试试看，我以为对孩子获得一种完整的阅读体验，以及阅读能力的改变都是有益的。第三是共读和自由读。初中经典的、必须背诵的古诗词《课标》上是 80 篇，老师怎样带孩子精读这些文章，是需要高明的技巧的。刚才俞玉萍老师跟大家介绍过她的一些做法、经验，我们要关注初中生的阶梯性阅读，就是他们初一读什么、初二读什么、初三读什么。我们不能跟着感觉走，或者简单地沿着语文课本走。课外阅读与课内是有沟通的，是有联系的。

另外，文学名著的阅读、主题文化的阅读、学科文化的阅读、影视文化的阅读和网络电子阅读等之间的关系，也需要很好地来组织。老师们更多的可能是组织文学名著的阅读，希望有兴趣的语文老师，是不是可以考虑开展主题文化阅读。初中的语文材料它是按照主题来安排的，当学习到某个主题时，能不能围绕这个主题拓展更多的相似主题文化篇目，这是语文老师很重要的一个任务，孩子们的学习过程会变得更加丰富。我们可以组织一个团队，开发一些自主的、校本的阅读课程。语文学科组长领头，大家共同合作，围绕一个主题，延伸、拓展一些名篇佳作，甚至整本书。要以一篇带多篇，以多篇带一本或多本。以一个主题带一组阅读，课堂的沟通性就强了，这是非常有意义、有价值的。关于学科文化阅读，我主张请历史老师、理化生老师、数学老师，能够从学科角度来选择一些适宜孩子阅读的材料，也是非常有意思的，这些书还是很容易找到的。关于影视文化阅读，我想，假如从小学一年级到初三毕业，九年时间，能让孩子看 100 部经典的适合孩子的影片，那有多好啊！俞老师喜欢让孩子看《音乐之声》，我女儿在小学时《音乐之声》至少看过 10 遍以上。这样的影片是很多的，我们可以组织这些资源。双休日拿出半天的时间，让孩子到学校里，看经典电影。看完以后，让孩子和老师一起来赏析电影，一起来写，那是多么美好的体验。让他们得到这样的一种体验，也是非常有意义的。我们可以围绕必读书和选读书形成一个大的阅读挑战计划，让全校学生都来参与阅读挑战行动，每年都颁奖。从书香班级开始，注意处理好几个关系：一是课内与课外的关系，主题性文化阅读的活动应该组织把课内的阅读点与课外的拓展紧密结合起来，这是非常重要的。二是共性和个性的关系，就是必读的篇目、学生个性的篇目。阅读是开放的，阅读应该是个性的。三是正确处理文学作品和现实生活的关系，孩子的阅读要回到现实生活中来，我们发现，现在阅读考试中许多的作品跟现实生活是很接近的，甚至是融合的，而且许多地区选编的阅读材料，是新出名的作家写的一些东西。越贴近生活，越能激发学生的阅读兴趣。四是读进去与读出来的问题，就是读写结合的问题，读一定要写，只读不写，肯定收获不丰。写是对读的进一步的提升、进一步的反思，读书跟看电影、看电视不一样，读书时思维是处于主动的状态，看电视、电影时思维往往是处于被动。老师们要让学生写多种方式的阅读体会，不一定只写读书笔记，读童话可以编自己的童话，读散文可以写自己的散文，或写自己的赏析，读出来的方式应该是丰富多彩的。我们还要加强阅读指导课的研究。比如说经典名著类、诗词类的阅读指导课等。还有读书会的推进与研究，班级读书会要有基本的组织架构，经常要有读书沙龙、读书交流活动、读书讲坛活动等，比如每日一讲，每天拿半小时出来，哪怕一刻钟也可以，有几个学生演讲，讲讲读了什么书，有些什么收获，跟大家分享，还可以培养他们的口才。

书是我们的共同的语言、共同的密码，我们可以共读共写，来赢得我们共同的一种教育生活。期待着我们初中生阅读生活的重构在在座的各位老师的努力下真正成为现实。我想通过推进阅读来撬动海门整个初中教育的改革，只要我们共同努力，这个目标一定能实现。谢谢大家！

# 八、"童化作文"的哲学意蕴

这几年看着吴勇老师快速地成熟起来，感受着他痴迷于"童化作文"的研究，逐步形成了他独具特色的习作教学主张，成为海门实验学校的一张亮丽的名片。分享着他厚实的研究成果，为他高兴，为他自豪！笔者试图从哲学的视角理解一下他的"童化作文"。

1. 以文化的方式浸润儿童的心灵世界。

教育回归生活，回归儿童的生活，但教育仅仅回归儿童生活是不够的，我们应该关注教育回归儿童生活之后的问题。教育的本质是以文化人，教育走向儿童生活之后，更应该从生活走向一个健全的人文之路。吴勇和他的"童化作文"，正是走在一条人文的路上，开启着一种本位的、健康的、和谐的、积极向上的儿童文化，用它浸润儿童的心灵世界。

儿童文化是儿童的生存方式，教育培养人就是在孕育儿童如何生存的方式，儿童在教育中接受的文化陶冶越广泛，儿童生存的空间、生命的姿态就越丰富，儿童就越有可能成为有教养的人。吴勇老师的"童化作文"正是从构建儿童文化、利用儿童文化、发展儿童文化等多个视角进行着大胆地探索，让儿童的作文迈向一种文化人的理想境界，带给我们的启示良多。

2. 以尊重的态度回归儿童的生命本真。

尊重儿童的前提是理解儿童，即把儿童当"儿童"看待，理解儿童身上的"童性"；尊重儿童还要解放儿童，即放手，让儿童成为独立的自我。"童化作文"体现了一种回归儿童生命本真的教学方式，在显现儿童本真性情感的同时，也显现了对儿童的热爱，对儿童和谐生长的期盼。

习作实际是一个人存在方式的表达，言为心声，而传统的技术化的作文训练方式使儿童的习作变成了一种文字游戏，失去了活生生的生命情怀，失去了真实。"童化作文"遵循了自然，尊重了儿童生命自然，关注儿童生活的本真，力求使作文教学吻合儿童生命自然的轨迹与内在要求。"童化作文"站在儿童的立场看世界，写世界，这是吴勇老师基于自己的童心把握儿童生命的内在逻辑，并且以他的充满爱与想象的行动给儿童建构了一个立足世界的逻辑，又引导儿童在写作中提升和超越自己的世界。

3. 以经典的陶冶提升儿童的生命质量。

朱永新教授说："一个人的精神发育史就是他的阅读史。"刘铁芳教授认为，儿童的成长不能仅靠天性，天性是必要的基础，还必须加以人类文化经典的影响与渗透，以人类文化的基本精神来呵护他们幼稚的心灵世界。美好的生活首先建立在人的内心，未来美好的社会首先萌芽在儿童的心灵世界之中。这就是经典阅读的重要性，我们需要以阅读来开启儿童的心智，以经典来丰富儿童的心灵世界。

"童化作文"一个重要的策略就是"化阅读于儿童的习作"，这是建立在经典阅读的基础上的再出发，一方面提升了阅读，使学生对文学作品有了发现，有了对话，有了内化；另一方面升华了感悟，蓄积起内心言说的欲望，从而使阅读有了更深刻的走向，那就是写作。经典阅读就是这样点亮儿童心灵，生长儿童智慧，提升儿童生命质量的！

4. 以美好的生活丰富儿童的理想人格。

教育作为影响儿童整个人生过程的活动，不应该对儿童的现实存在和生活置若罔闻，而应给予极大的热情和关注。关注的目的不仅仅在于了解他们怎样生存着，而且还在于试图促进他们更好地生存和生活，体验到生存的意义和幸福。吴勇老师探索的"童化作文"教学，最大的精神理念就是留住童年的"魂"，它从儿童的哲学出发，扣住其切面上纯朴、浪漫、幻想、激情、自由等性质，将学校生活"还原"为儿童的生活；它从儿童的文化出发，扣住其行为层面的活动、游戏、操作、想象等因素，将写作过程"潜藏"在儿童的实践之中。通过这些方式来营造美好的童年生活，从而逐渐让儿童"恢复"自然感性，不断"生长"属于童年的精神气质，从而形成理想的人格，这与朱永新教授的新教育所倡导的"过一种幸福完整的教育生活"的理念在本质上是一致的！

"童化作文"教学在于认识儿童的生命本真，以儿童的立场，来构建儿童本位的习作教学，这是"童化作文"的文化基础和出发点；呵护儿童、回归儿童生命的本真，是"童化作文"的核心原则；遵循儿童生活世界的内在逻辑，以优秀文化经典来浸润，这是"童化作文"的基本策略；促进儿童理想人格的培育和成长，这是"童化作文"的理想归宿。让我们一起来聆听吴勇和他的"童化作文"成长的声音，让我们一起聆听在"童化作文"场景中的儿童内心的欢呼声音！

# 九、金色之箭

从《后羿射日》到《射雕英雄传》，中国人从孩提时起就对射箭不感到陌生。大漠孤烟百步穿杨，那是多少男孩梦里追寻的境界。射箭运动作为一项古老的技艺在我国有着十分悠久的历史，在人民群众中有着广泛的基础。射箭是一项体育活动，更是一簇厚载华夏民族文化精神的奇葩。这是因为它在漫长的发展历程中，不仅有翔实的文字记载，还伴有许多美丽动人的传说，它不仅为人民群众所熟悉，也深受人民群众的喜爱，极大地丰富了东方文学艺术的宝典。

自 2005 年来，海门市包场初级中学尝试研究以射箭为学校办学特色，挖掘中国古代传统文化的精髓，将射箭精神融入学校的素质教育之中，以弘扬射箭文化为载体，独辟教育的蹊径，致力于学生个性的充分发展，探索实施素质教育多样化的途径。2006 年，该校被国家体育总局中国射箭协会定为"全国射箭重点学校"。

我以为射箭精神最核心的体现是瞄准目标、勇敢果断、自信坚毅，这也是人生成功的金钥匙，是学校教育的重要任务。学校课题组精心编辑的校本课程《金色之箭》，是学校承担的南通市教育科学"十一五"规划立项课题的研究成果之一，他们把射箭文化与精神融入其中，为素质教育作出了有益的探索，为全校学子提供了一份精神大餐。射箭文化的内涵是丰富的，研究也是无止境的，愿包场初中在打造"金色之箭"的路上奋进不已，铸造辉煌。

# 十、走向新生活

海洪中心小学作为一所革命老区的乡镇小学，也许从未有过漂亮的校舍，但常有令人感动之处，我感动于他们十多年来坚持到市区小学听课，向课堂要质量的行为；感动于他们全员参与多彩校园集体舞的展示；感动于他们充分挖掘社区资源，开发"走进二月红玉"综合实践活动；如今，更让我感动的是他们对学校特色的孜孜追求！

一年前，在反复研讨的基础上，大家立定研究农村小学的生活技能教育。生活技能教育在国内已应用于中学生，并初见成效，但在小学进行系统的研究还是不多见。我很支持他们把生活技能教育作为学校特色来培育和发展，因为，生活技能教育其实是影响学生一生的教育。新教育的核心理念之一是交给学生一生有用的东西。通过生活技能教育，我们可以交给学生一生有用的很多东西。

生活技能的概念很广，我以为，对小学生来说，生活技能主要指小学生能够采取正确的、恰当的行为，有效地处理日常生活中的需要和挑战的能力。而生活技能教育，不仅要让小学生更好地获取这种能力，还要获得基本的生活态度、价值观念等，并在生活实践中相互转化，相互影响，相互促进。

当前，中国独生子女的生活能力，已经从日益残酷的社会竞争中暴露出许多复杂的问题。如他们对现实生活状况不甚了解，锻炼机会被剥夺，基本生活常识淡漠，生存意识和生活能力严重弱化等，生活自理、自控、耐挫能力，以及动手实践能力令人担忧。在这个全球化时代，中国新生代能不能更好地走向世界，值得基础教育深刻反思。海洪中心小学的老师们通过收集资料，学习研究，进行校本研发，从家庭生活、学校生活和社会生活三个板块来构筑小学生生活技能综合课程模块，比较科学、规范，具有时代性和针对性。

通过阅读，丰厚生活观念。阅读即生活。新教育倡导让阅读成为学生的生活方式。通过阅读，我们可以打开生活的另一扇门。那是一扇可以通往过去、现在和未来生活的门，是一扇通往乡村、城市，全国各地和世界各国生活的门，是一扇通往人们心灵与精神世界的门。小学生可以在阅读中，发现生活世界的丰富多彩，了解生活世界的变化多端，懂得生活世界的美好与丑陋，儿童的生活观，可以在阅读中得到丰润，在阅读中得到纯净，在阅读中得到发展。我很赞赏海洪中心小学首先通过阅读方式，来帮助学生丰厚生活观念，把小学生对生活的认知建立在广阔的阅读背景和现实的生活相互的沟通和联系中，我相信，这样的方式，带给小学生教育的附加值是无法估量的。

强化实践，掌握生活技能。生活技能教育的目的是让小学生能够掌握生活的基本技能，正确认识自己、他人和环境，调整自身行为，发挥个人潜能，建立健康的生活方式，较好地适应社会，健康成长。它以技能教育为基础，是素质教育的一部分。要让小学生获得良好的生活技能，必须强化实践活动，让学生在丰富多样的活动中，提高生活的基本能力和社会心理能力，掌握处理问题的特殊技巧，帮助他们学会自我表达，友好交流，体会他人情绪，合理地表达自己。由于生活技能教育活动过程，具有生活性、综合性、可操作性、基础性等特点，并非孩子学不会生活方面的技能，而是一些家长认为孩子小，等孩子长大自然就会了，结果孩子失去了学习这些技能的最佳时机。海洪中心小学的特色，正是试图抓住小学生的年龄特征和需求，提供适合的生活技能教育内容和方法，促进学生获得更好的发展。

整合课程，提高实施效率。对于生活技能教育，在小学的课程体系中，品德与生活（社会）、综合实践活动（劳动与技术教育、社会实践与社区服务、研究性学习、信息技术教育）以及其他学科课程中都有渗透性内容。海洪中心小学试图把这些内容进行统整，形成家庭生活、学校生活、社会生活三大综合课程模块，并重视学校、家庭和社会相结合，充分体现了新课程改革的理念，把家庭、学校、社会资源全面整合，使课程得到综合化、校本化，从而大大提高课程的实施效率，使他们课程的实施更具有适切性和开放性。

海洪中心小学把知识、态度、价值观、健康行为等动力因素有效地连接起来，通过多元整合的方式，实施生活技能教育。其基本模式是：通过阅读，在具备了更丰富的知识、态度和价值观以后，进行实践性的生活技能的训练，促使其行为得到强化或改变，从而构筑起比较完整的生活技能教育课程体系。生活是教育的核心，教育本身也是生活。相信，在海洪中心小学老师们的共同努力下，不仅能给孩子们创造多彩的学习生活，也为他们自己创造幸福的教育生活，更给孩子们的未来创造了可能的幸福完整的新生活。这就是学校特色教育的魅力所在。

# 十一、在展示中成长，在成长中展示

　　人类进入 21 世纪，交通、通讯手段日益便捷，经济文化的交流与渗透，使世界融合为一个整体。在经济全球化的时代背景下，中国于 2001 年正式加入了 WTO，这标志着我国将进一步全方位、多层次、宽领域推进对外开放和现代化建设的进程。经济的全球化进程推动了各国之间的密切联系，并不可避免地带动了教育的国际化。"小学英语教学"在这种形势下得到了前所未有的重视。海门镇中心小学的老师们不但重视英语课堂学习，还十分注重课外活动交流，通过各种不同的方式，激发和保持学生对英语的学习兴趣，让他们拥有良好的学习习惯。他们指导学生在跨文化交际情景中高效、真实地学习英语语言知识，发展综合运用语言的能力，让学生们在学中用、用中学，边学边用，从而，促进学生养成英语思维和英语交际的习惯，进一步改变了学生英语学习的方式，在更广阔的生活领域中、丰富的语言层面上，扩大英语实践的时空，拓宽外语学习的环境，培养学生的英语思维能力。他们为孩子们的英语学习打开一扇扇不同的窗户，让学生们看到了一个斑斓的新世界。

　　从 2001 年开始，海门镇小的英语学科组就承担了全国、省、市多个课题的研究。在研究中，老师们逐步积累经验，撰写了 20 多篇论文、教案发表于国家核心期刊、省级报纸杂志；并辅导学生近 200 篇英语习作得以发表。老师们又改编、创作了很多儿童喜闻乐见的英语童话故事、歌谣等英语文字作品，提供给学生们阅读、表演。孩子们浸没在浓浓的英语语言氛围中，不但学习了语言、了解了中西文化差异，他们的心灵也得到了健康的成长。

　　"在成长中展示，在展示中成长"一直是海门镇小人倡导的学校文化。今天，海门镇小的英语老师们向我们展示了近几年来在英语教学旅程中师生们共同成长的足迹，充满了生命活力。我们说：行动了，就有收获；坚持了，才有奇迹！相信海门镇小的孩子们在老师的引领下，在英语教学园地里会更加身心舒展地学习、成长，也期待着他们有更多的收获、更多的精彩展示。

# 十二、让感恩之花常开常新

感恩是人类精神生活的重要主题，是人类社会中普遍存在的行为规范，是中华民族的传统美德，更是一种人生境界的责任体现。

包场中心小学开展的感恩教育，是弘扬民族精神，共建和谐社会，加强思想道德建设的重要举措，是促进学生健康发展，引领学生求真向善、提升学生道德素养的必修课程，是培养学生良好行为习惯，实施"教育质量上台阶"工程的关键所在。包场中心小学编写的校本教材《故事感动你》，是一本内容丰富、通俗易懂、情感真挚的好读本。书中的人物有个性、有高度、有文化、有感情、有韵味、有震撼力，能在人的心灵深处留下不可磨灭的印象，能让学生在读书活动中识恩、知恩，并懂得报恩和施恩。

轻轻地翻开一张张书页，用心灵感受一个个涤荡人心、催人泪下的故事，仿佛我的生命在作一次次漫长的旅行，我感受到了母爱的无私和伟大，父爱的坚毅和深沉，师爱的广博和高尚，友爱的纯朴和温馨。我的热血在这感天地、泣鬼神的人间真爱中不停地涌动，我的灵魂在这原生态的、不精雕细刻的迷人风景中陶醉净化，我的心绪在这平平凡凡、不惊天动地的生活细节中似柳絮于清风中放飞。"谁言寸草心，报得三春晖"。

是谁哺育我们？是谁教育我们？是谁保护我们？是谁让我们过上了幸福

美满、和谐快乐的新生活？是我们的父母、老师、朋友，是我们繁荣昌盛的伟大祖国！

回首我们走过的足迹，我们承受着各种太多的庇荫，享受着各种太多的恩赐。优越的生活条件成了吹胀的气球，五颜六色、美丽无比。我们在父母无微不至的呵护下成长，却不懂得父母的良苦用心，不了解父母的默默付出，不理解父母所做的一切。更有一些孩子，认为自己的父母太平凡、太土气，失去了对父母的尊重。我读过这样一个故事：有一对母女迷失在雪崩后的阿尔卑斯山。为了使自己的女儿获救，母亲割破了自己的动脉，让鲜血染红了大片冰雪。急救人员通过鲜血终于发现了小女孩。当女孩知道一切后痛哭不止，她多么后悔曾经认为当清洁工的母亲是卑微的，甚至因此而耻。在这么伟大的母亲面前，我们还有什么理由怀疑父母们的大爱呢？我们还有什么理由不能成为一个心存感恩的人呢？

心存感恩的人心灵最美，因为感恩的人见云知雨，拥有一颗聪慧善良的心。

心存感恩的人道德高尚，因为感恩的人爱心永驻，懂得"给"永远比"拿"的愉快。

心存感恩的人情感丰富，因为感恩的人爱憎分明，他们爱真善美，恨假丑恶。

心存感恩的人胸怀广宽，因为感恩的人能超越时空，包容天地，被世人歌唱。

在天地间，中国是感恩的故乡，中华民族是最懂得感恩的民族，中国人民是最懂得感恩的人民。

当我们以感恩的心态面对生活时，春天的鲜花，夏天的凉风，秋天的明月，冬天的丹阳，都将以更为美妙的英姿走进我们芝麻开花——节节高的幸福生活。

我希望你们一辈子都喜欢读书。"书中乾坤大，笔下天地宽"，"历尽千载书，时时见遗烈"。文字是生命的酒，越品越醇香，语言是生命的歌，越唱越响亮。期间，你的智慧会更加丰富，你的品性会更加纯美，你生命质量会更加提升。

　　我希望你们一辈子都懂得感恩。知恩是福，感恩是金。多一份感恩的心态，去实现人与社会的和谐、人与自然的和谐、人与人的和谐，那么天空会变得更加湛蓝，空气会变得更加新鲜，我们的周围会变得更加美好，我们的生活会变得更加甜蜜。

　　让我们携手并进，用我们的智慧去创造美好的世界，让感恩的花朵越开越艳、常开常新。

# 十三、以智慧启迪智慧

　　教育既是一门科学，也是一门艺术。教育需要智慧。

　　智慧教育与新课程理念是完全切合的。其实，很多学校、很多老师都在不知不觉中实践着智慧教育，甚至可以说，教育的每一个环节中都体现着教育者的智慧，但将"智慧教育"作为办学特色，把"智慧教育"列入课程的，天补中心小学是我市的第一家。

　　该校的"智慧教育"研究以美国学者李普曼的"儿童哲学"理论为核心，以培养和训练学生的思维能力与创新精神为重点，使儿童从日常思维转向反思性思维，从不假思索转向深思熟虑，从常规思维转向批判性思维，从而，关注学生的全面发展。这套校本教材分低、中、高三段编写，每册分"认识"、"方法"和"实践"三个篇章，搜集的故事既具有生活性、趣味性和可读性，又具有发散性、多义性和哲理性，不同的学生读后可能有不同的看法，有利于引导孩子批判、创造、有效地思维，促进学生学会独立思考、学会主动探索，培养学生的主体意识。"智慧泡泡"、"聊天室"、"思维对对碰"、"高手点睛"、"生花妙笔"、"小小调色盘"、"超级链接"等栏目的设置将阅读、写作、语言表达、艺术等相关学科紧密地统整在一起，这样的整合是多层次的综合，有利于小学课程综合化的实施。

没有智慧的教育是乏味的教育，没有真情的教育是应付的教育。天补中心小学的办学理念"让学校充盈智慧与爱"，是一种很好的概括和提炼。

智慧教育的研究是一项很有难度的研究，希望天补中心小学全体教师能秉承"女娲补天"的精神，以教者的智慧启迪学生的智慧，促进学生全面而具个性地发展。

# 十四、学校·社区和谐育人

很高兴再次到三和中心小学参与学校"社区教育"校本课程开发研讨活动，就"社区教育"校本课程研发再谈谈自己的想法。

## （一）"社区教育"校本课程研发的意义。

教师深度卷入校本课程的研发，是教师走向专业发展的一条成功秘诀，是一种法宝。教师专业成长的路径途径很多。多年来，我最推崇的还是教师深度卷入校本课程的研发。

1. 教师深度卷入校本课程研发，得认真研究孩子的需要。

专家讲要转变观念，要研究学生。当在设计课程方案的过程中，就会想，这个设计是否适合孩子们呢？孩子们需要它吗？譬如，三和中心小学的校本课程实施方案中，"社区·人文"、"社区·产业"、"社区·责任"中，各年级研究主题的确立，就有它的道理，就有自己独特的思考，就是孩子们所需要的。深度卷入的第一层面，就是你对学生问题的关注，得了解学生的问题，这是教师专业成长很重要的一个层面。

什么是教师专业？简单地讲，教师所从事的专业、从事的工作，是别的行业不可替代的，这个不可替代性就是教师的专业性。比如医生为病人看病、开刀，别人不可替代，是医生的特有专业。教育中不可替代性颇多，核心部分是对孩子的研究，对孩子的了解。做校本研究，就要研究孩子，研究孩子的需要，研究孩子的发展。

2. 教师深度卷入校本课程的研发，能重新认识自己的学科。

校本课程的研发应是全体三和中心小学教师共同的使命，所有学科老师共同的责任。在校本课程开发中，每个人都可以想一想，自己扮演什么角色？该有什么作为？

举个例子：你们的校本课程中一年级的"我爱我校"主题，作为音乐、美术、语文、数学、体育等老师，都可以考虑各自学科的作为。音乐老师可以抛开音乐教材，教唱尊师爱校的歌曲，美术教师可以带领孩子画美丽的校园、未来的校园。每个孩子的作品合起来就是一本书。围绕这个主题各学科教师协作教育，效果会特别好。

每个老师、每门学科在大主题的引领下，都可以大有作为，并让自己对所教学科有一个全新的认识：原来，课程学习不是单纯的学科知识的学习，而是学生学习运用知识的过程。在澳洲人的观念中，课程的学习，是一种获取知识能力的学习，他们认为，知识是可以从书本、电脑中搜集而来，教育要培养的是如何从书本、电脑里获取知识的能力。这与中国人以知识为本位的观念正好相反。因此，我们必须逐步转变课程观念，这是教师专业素养的重要内容。

3. 教师深度卷入校本课程的研发，会逐渐养成反思的习惯。

实践证明，课程使教师经历了一个广泛搜集资料的过程、大量阅读的过程、处理信息和加工信息的过程、创造性地重新设计的过程，这些过程都是需要用反思来贯穿的。我认为一名教师可能暂时不能成为一个研究型的教师，但你必须努力成为一个反思型的教师。反思是所有教师最重要的专业素质，养成每天都反思的习惯。课程研发可以培养教师的反思习惯。当然，培养反思习惯，最好是每天写随笔，我每天坚持写随笔，记录每天最有意义的内容与反思，希望三和中心小学的教师，也能坚持经常记反思随笔，这很能帮助我们提高专业素质。

我以为教师最重要的专业素养，一是研究学生素养；二是准确把握学科定位；三是不断反思的能力。

**（二）"社区教育"校本课程研发的路径。**

"社区教育"校本课程到底该怎样做？我建议可以沿着这样的路径：

1. 专业阅读。简言之，就是围绕主题，广泛地搜集与主题相关的信息。所有教师，所有学科教师都要出动搜集，每一学科的老师根据学科的特性来搜集。

2. 专业考察。以年级组建为团队进行专业考察，围绕项目，所有老师参与其中。团队要共同阅读、共同行动，有一种共同生活的感觉。如到三和文化中心、循环农业园等不要一个人去，而应一起去看，进行专业考察。

3. 专业设计。建议用分和合的办法，是先分后合。分就是每一个教师，根据自己学科特性，准备在整个活动中，设计什么内容，占据多大空间。设计不要无限放大，但也不要过于缩小。份额的多少是有学问的，这个专业设计也是有学问的。

分的过程有几个基本的板块：

第一板块，预热。

预热就是阅读，或者叫主题阅读。阅读板块会让孩子们走进一个比较好的知识背景，综合实践活动在良好的知识背景下组织起来更加有效。如果没有良好的知识背景，活动的有效性是不够的。

举个例子，我们到汽车城研究汽车前，应大量阅读关于汽车的信息，如国产汽车与进口汽车的不同，汽车与人们生活的关系？汽车与道路有什么关系？未来汽车的设想等等。然后建立一个文件夹，将下载的内容形成三和中心小学关于汽车研究的网页。孩子们没进入考察以前，就已经进行了大量的阅读，有了宽广的知识背景，之后所进行的综合实践活动的意义是不一样的，其效果也是不一样的。

第二板块，活动设计。

活动设计主要是设计学生怎么活动，教师怎样配合指导与帮助。设计中，别忘了有一个小贴士（提醒安全，工具携带，实施注意点等）。活动设计过程中，把各学科的内容进行重组，切忌不要拼凑。合的过程是非常有意思的。

如澳洲某小学的一个"沙漠旅行"综合实践活动：活动前两个月，教师让每个学生算出活动中所需要的食物数量，然后分组去超市购买。活动中，有序地安排好饮食生活、观察、记录等一系列事情。活动一个礼拜的时间，全部是学生根据事先编制的小册子来进行。孩子们充分感受到了在课堂上学到的各种知识，在实践中是可以运用的，都是融合的。

第三板块，活动展示。

活动展示要很好地设计。展示应该是立体式的展示，学校的网站有三和"社区教育"专门的网页。各活动小组在完成考察之后，千万不要认为任务完成了，还有更加重要的任务去做，特别是计算机老师要带领孩子们围绕主题，做网页、做 PPT 报告等。学校要有一个完整安排，这样，不同年段的学生的综合实践能力会逐步得到提高。

我们研究社区教育的时候，思维不要狭隘，要往外扩散，不仅在三和、海门，要着眼放眼中国、全球。比如研究"三和汽车一条街"项目，不仅研究一条街上有的汽车，更要延伸，拓展研究三和一条街上没有的汽车。

社区教育要回归生活实践，各学科相互沟通，相互联系，与生活紧密联系，这是社区教育的理论根基。希望三和中心小学的"社区教育"课程早出成果，我愿意与大家一起努力。

# 十五、实施责任教育　让师生幸福成长

来到麒麟中心小学，扑面而来的是"责任教育"芬芳的气息。独具匠心的环境布置和与众不同的人文气息使人的心弦不禁为之颤动。我感到麒麟中心小学的教师正在以认真、严谨的工作态度行走在新教育的幸福之路上。

说到"责任教育"，我的脑海中出现了两个关键词："春花精神"、"责任感"。麒麟中心小学对春花精神理解很深，从奥运精神到春花精神，再把春花精神和责任感教育结合在一起。"责任感"这个词提得非常好，现在年轻的一代人在责任方面是很缺失的。一个有责任感的人首先是一个诚实、守信的人；其二，肯定是一个仁爱的人，就是真正懂得爱别人、爱自己、爱社会、爱大自然，懂得真爱的真正内涵的人；其三，是一个懂得怎样追求，懂得去做哪些事，为社会作出更多贡献的人；其四，也是一个非常善良、求真的人，是一个有文明素养的人。

"春花精神"与"责任教育"学校怎么实施呢？麒麟中心小学的教师不懈追寻、努力探索，实践中逐步触摸到了教育的真谛。

**（一）以春花精神作为学校文化的精髓，构筑学校的文化活动系列。**

学校文化最主要指学校的课程文化、课堂文化、教师文化、学生文化。学校设计了"春花杯"系列的三大文化活动：春花杯读书节、春花杯体育节、春花杯艺术节。这三个节日应该成为麒麟中心小学传统的固定节日。每个节日的内涵很丰富，很好地反映了春花精神，可以打造成一个总的品牌。体育节，蕴含着春花精神，不只是个运动会，而且是一次系列活动，孩子们共同构筑游戏活动、球类的比赛，建立起班级的游戏俱乐部和球类俱乐部，把班级的俱乐部，变成学校的文化。读书节，学校组织丰富多彩的活动，班级读书会、师生共读、亲子阅读、村小图书漂流，各个层面同时展开，效果显著。这些都表明一个学校成为特色学校，并不是学校某个项目特别了不起，而是定位在文化上。

**（二）以责任感教育作为学校课程的核心，构筑校本德育课程。**

责任感有这么几种维度：对人的责任维度，对自然的责任维度，对社会的责任维度。根据维度，确定德育课程主题。

1. 丰富目前学习的课程。品德与生活、科学、综合实践活动课程，这些课程都可以打造。现在《品德与社会》书上有多少好东西？课本中正好也有责任教育这个主题，我觉得我们可以做得更丰富、更好，我们实施的时候就用校本课程。麒麟中心小学的特色就是德育特色，是以"春花精神"为精髓的学校文化，它有一套以自己构筑责任教育为主旋律、主线索串起来的校本德育课程体系，这一个体系直接打造学校特色。

2. 构筑校本课程。课程的价值取向是多方面的，首先是情感、价值观，而不是双基的，这是三维目标中的第一个效应。课程理念在活动中架构起来，对课程的认识、活动的认识、学生的认识，在活动中有一个很大的飞跃。在麒麟中心小学的校本教材中，《走进红木》富有特色，《学习春花精神，做有责任感的少年》层次分明，很有张力，现场展示的大队活动效果非常好，"责任"成了师生追求的信仰和精神的归宿。

"达标创特"对麒麟中心小学来说是一个全新的起点。我们还可深入思考：怎样构建以"责任"为核心的和谐校园，锤炼有"爱心、责任心"的过硬师资，全力打造"春花式的好少年"……进一步放大学校特色，让"春花"走出海门，走向南通！相信麒麟中心小学的师生们一定能在责任研究中研究责任，在责任培养中培养责任，在责任教育中担当起教育的责任。

# 十六、三星小学的"三新"

走进三星中心小学，洁净温馨的校园环境，浓厚特色的文化氛围，积极向上的人文气息，给人留下深刻的印象。教师座谈会上，教师们对学校创建发自肺腑的心声，令人感动。我对三星中心小学充满了期待，三星中心小学闪耀着灿烂的"星光"，可以概括为"三新"：

**（一）理念新**。

走进三星中心小学，"天天进步一点点"的校训显得特别醒目，使每个三星的孩子时时受到校训的熏陶，在心底埋下"天天进步一点点"的种子，并懂得人的一生中要使自己每天都有进步，就得不断学习、认真读书。同时也使教师知道，要用"天天进步一点点"激励自己，激励孩子。"天天进步一点点"是孩子成长过程中的一种反映，正是这"天天进步一点点"，才使整个人生充满阳光。孩子成人后，也会记得这校训。"天天进步一点点"的理念将深深扎根在每个人的心中，给人力量，给人信心。为了师生"天天进步一点点"，我们就要舍得投入，不断创新。

**（二）人气新**。

所谓"人气"就是指三星教师的精神面貌。教师在座谈会上的发言，有许多感人的故事。我们的老师在"达标创特"过程中无畏地参与、艰苦地工作、不懈地努力，是一种珍贵的人生体验，也使我们感受到教师崇高的精神境界。学校通过创建提高教师整体素质，更新教师的观念，非常有意义。我们虽然做得很辛苦，但是回味是幸福的。教师通过创建过程，改变了自己，也改变了学生，使教师学生都能做到"天天进步一点点"。

孩子们的文章也生动地反映了他们日常的生活状态、成长历程、丰富的人生，这也是一种独特的教育资源。

### （三）特色新。

"特色新"表现于绣品文化的新。学校构建了以绣品文化为主题的校本文化，《绣品改变人生》、《"绣品文化"主题性校本课程设计》两本校本教材已成功面世，放大了校本特色。以校本特色推进素质教育成效鲜明，学生的随笔、教师的课题研究都体现了绣品文化的特色。围绕绣品文化开展广泛的读书活动，这也是学校一个非常耀眼的亮点。

理念、人气、特色，构成了三星中心小学的"三新"，三星中心小学走到今天，可以说星小人付出了很多心血汗水，牺牲了很多个人利益，我们也看到了付出终会有回报。我们要继续朝更新的目标努力，然而，我们不再是用眼泪付出，而是用更好的状态、更新的方法去付出。以后我们要做的是以绣品文化为主题，以教育改变人生。为此，要认真挖掘绣品文化的内涵，从绣品文化挖掘精品文化、创业文化、价值文化。

精品文化的核心是"创新"、"卓越"。卓越是我们努力目标的制高点，不创新就不会有卓越。我们要构建"创新"、"卓越"的教育生活，追求"创新"、"卓越"的生活状态。

创业文化的重要标志是"诚信"、"勤劳"。创业要靠"诚"、"勤"，绣品走向世界，非诚信不可，创业为主题的教育文化必须具有"诚"、"勤"的重要品质，这样，未来的三星人才可以走向世界，做到只要有绣品的地方就有三星人。

价值文化的核心是热爱生活。绣品改变人生是改变人的价值观，从改变生存方式到追求改变生活质量。教育的使命，就是要让孩子从优越的生活中考虑人生的价值，要打造绣品文化的教育生活。

要使这三种文化渗透于教育的方方面面，我们要通过三个抓手来实施，一是人才，二是制度，三是课程。师生共同成长在一个平台上，师生成长的方式要创新，我们需要的是教师的内涵发展，用文化打造教师队伍，这就是构建阅读、创新、智慧、研究的人生。制度要完备，制度管理的最高层面是不要制度，是无为的管理，这时制度已成为教师的自觉、价值的认同，教师行为的自由是在制度下的不以侵犯他人自由的情况下的自由。在目前的情况下，我们要反思，怎样使制度创新，达到无为管理的境界。

课程的创新就是要有一套自我管理的运作体系，课程要挖掘内涵，通过绣品文化打造孩子完美的素质结构，打造孩子完美的人生，用绣品文化统领各课程的校本化实施，让孩子生活在幸福中。

# 第六章　对话教师·编织共同生活

# 一、走进大海

　　非常高兴，刚才听了东灶港小学老师们的"走进大海"的主题阅读教育沙龙，老师们对大海主题文化阅读的认识与实践都是非常到位的，我感受到了老师们大海般的勇气与热情。当初我在这里策划"海港文化"时曾有过担心，现在已经随着大家的付出与收获完全放心了，而且增强了我与大家一起继续深入研究的决心与信心。这几年学校充分挖掘当地海港资源，精心策划、强势推进，"海港文化"特色逐渐鲜明，并逐渐成为学校的办学品牌。如今，人们提及东灶港中心小学就与他们的"海港文化"特色联系起来。学校成立了校本课程研发小组，结合学校、学生实际，经过不断探索、实践和反思，研制出了体现学校特色的校本课程《走进蛎蚜山》，这套教材低、中、高三个学段各一册，每册分为民俗文化篇、渔民文化篇、大海文化篇、旅游文化篇，共计 28 篇课文。学校还组织教师们开发了《推开蔚蓝色的大门》海洋文化主题阅读课程，分低、中、高三个学段，内含大海百科知识、大海诗文、大海童话故事等。每年校园读书节的主题就定位为"阅读大海、亲近大海"，有课程为载体，有活动为平台，有课时作保障，实施校本课程水到渠成，学校特色发展也在课程的层面得到了保证。对今天的沙龙，我还想说几句：

　　一是"主题性文化阅读"。有主题的文化阅读其实是让我们走进一种主题鲜明的独特的生活，获得一份独特的感染、意义和价值。让孩子们走进充满个性的独特世界，打开一扇具有个性魅力的世界之门。走进大海，就是走进大海的生活，走进大海的世界。一般来说，读书的方式仅限于一篇课文、一本书，是比较单一的。如今，主题性的阅读会给予孩子们一种特别的感受。

地球三分之二是大海，如此宝贵的财富，应好好珍惜。海洋本身不具备文化的特质，大海作为一种海洋文化，是人（作家）赋予的，是被人化了，是人赋予海洋博大、勇敢的品质。所以，孩子们走进大海，并不仅仅走进海洋本身，更是走进被人化了的海洋世界，产生人与大海之间"人化"了的沟通与交流。

二是海港文化。人是大自然的造物，是被环境改造的结果，人不可能真正意义上改变自然。海港人身上表现出来的勤劳勇敢的品质正是大海赋予的。主题性文化阅读就是让孩子们走进海港人的世界。打开海港人的心灵之窗，获得独有的文化濡染与传承。作者写大海、写海港，代表的是作者个体对海洋的感受，孩子们的阅读就能获得一种理解的理解，是孩子们走进作者心中的大海，结合自己的生活感受，获得与作者共鸣，阅读滋润着孩子的心灵，丰富着孩子们的感受。阅读解决的不仅仅是知识，更是心灵的成长。

三是新的期待。建议把共读、赏读、探究、反思、习作、活动等多种方式综合起来运用。师生共读，甚至亲子共读，获得一种共同的生活与理解。今天听的一节大海文化主题阅读指导课，有赏读的味道，但还没有心灵的感应。我们要通过阅读指导，帮助学生探究大海。再通过综合性的活动进行主题统筹，例如举办海港文化节，组织开展一系列活动，如让孩子们看《未来水世界》的电影，进行影视文化阅读的探索。希望学校里不仅仅有一间贝壳工艺制作展览室，还要有一个大海主题文化阅览室。收集更丰富的图书放在阅览室里，以后大海文化主题阅读指导课就在那里进行。让孩子们走进这个阅览室，就是走进一种海洋世界，以此，让孩子们获得一种新的阅读生活方式。

期待通过大家努力，让孩子们在大海文化的濡染下，获得丰富的文化底蕴，塑造完美的性格，促进孩子们的全面而具个性的发展，并且拥有一种独特的生活观念，去追寻幸福美好的现实和未来的生活。

# 二、倾听生活语文的拔节声

今天，我已经真切地倾听到了包场中心小学这一年来成长的拔节声，感觉到了老师和孩子们在生活语文理念之下成长的拔节声。

今年年初，在深入研究与论证的基础上，我们学校把"生活语文"确定为特色创建项目。经过近一年的实践探索，初步建构了教育框架，即基于生活的阅读、基于生活的倾听、基于生活的交流、基于生活的写作四大板块。学校开发了阶梯式的主题性阅读课程。低年级：从认识生活的维度考虑，开发了《趣文启蒙你》（游戏文化）校本课程。中年级：从回报生活的维度考虑，开发了《故事感动你》（感恩文化）校本课程。高年级：从创造生活的维度考虑，开发了《美文陶冶你》（审美文化）校本课程。其次，与书香校园的建设活动统整起来，开展丰富的读书活动。浓郁的读书氛围，加上贴近学生生活、心理的读本，极大地激发了全校学生的阅读兴趣，涌现出了一大批读书之星。资料显示，高年级学生每年的读书量达到了 50 万字以上，低年级学生也达到了 10 万字左右。学校以倾听通东民俗风情、倾听通东艺术之声、倾听通东名家风范为线索，逐步形成了低、中、高不同学段的倾听主题。在具体操作时，结合综合实践活动，分年级组织开展个体或集体倾听活动。一系列基于生活的倾听活动，不但厚实了学生语文方面的素养，而且有效拓宽了学生的学习渠道。同时，通过倾听，使学生初步掌握人民群众的现代生活理念与方式，以及生活水平逐年提高等真实情况，以此不断丰富学生的情感生活；通过倾听，使学生了解通东的发展历史，帮助学生逐步树立正确的人生观、世界观和价值观。学生还创设了多种基于生活的交流平台。在班级设立学生讲坛上，学校要求每个班级每天早晨安排 5～10 分钟时间组织学生进行交流，保证每位学生每学期至少拥有 2 次以上的发言机会。交流的内容由辅导员老师提前一周告知学生，主要包括以下 4 个方面：家庭生活，当地生活，外面生活，校园生活。另外为了激励学生，学校从选材、撰稿、演讲三个角度组织评选了一批"火眼金睛星"、"能工巧匠星"和"伶牙俐齿星"。基于生活的交流，为学生提高口头表达能力提供了支持平台。学校还为每位学生配备了一本日记本，分成了 3 大板块，要求学生以叙事性日记为主分门别类地记录自己的生活，要求学生每周至少写 2 篇，鼓励多写。到学期结束时，鼓励每个班级积集成书，在评估组看到的班级书籍中，如《社会播报》、《心灵驿站》、《实践乐园》、《自然频道》、《遐想空间》等内容丰富，插图精美，富有生活气息、儿童气息。在组织学生广泛阅读、倾听、交流的基础上，采写家庭生活、校园生活、社会生活，学生文章的内容与表达出来的情感明显丰富，无论是语言表达水平还是投稿发表数量均较以往有了明显提高。

我在一边分享大家的收获的同时，思考着"生活语文"研究的继续深入问题，想借此机会谈几点感想：

一是基于生活的语文学习。这是我们正在做的，语文在生活中，把生活当作学习的重要资源，基于现实情景，走向文本、走向知识、走向工具，使人文走向工具。

二是基于语文的生活学习。生活在语文中。上语文课，就是沟通生活与学习。语文即生活，就是要求老师挖掘语文中的生活元素。我把它归纳为：1. 基础性的生活元素，如爱、责任、尊重、知识、生命、自由、幸福等；2. 精神性的生活元素，如真、善、美、完整、完满、完善；3. 社会性的生活元素，如秩序、正义、和平、合作、民主、分享、忠诚等。"生活语文"就是融通生活和学习。把语文当作学习资源，通过语文开启世界、开启历史，与历史对话，与生活对话，使孩子们跨越时空。把未来的生活拉近，这样的学习更具有历史感、未来感和想象力。

生活总是过去、现在、未来的结合，语文就能通过语言文字进行融合，沟通过去、现在和未来。这是从工具、文本走向人文、智慧，让学生获得真正的人文素养和人生智慧。

我建议"生活语文"下一步要在"语文即生活"视角上作更深入的研究，如开展主题阅读，拓展感恩主题，做好责任文化、爱的文化等生活中的重要命题；学科阅读，如科学文化、历史文化阅读。收集不同主题的图书，经典作品、纯美作品、绘本、童话等。也许这样的归类并不完全符合逻辑或图书管理规范，但一切从实际需要出发，从效果出发，我相信建立不同的主题阅读区域，一定更适合孩子们的阅读兴趣，更富有生活的引领意义和价值。老师引领孩子走进语文中的生活，获取语文中蕴涵的人生价值。

在生活中学语文，在语文中学生活，我们要通过"生活语文"，让学生逐步懂得生活的意义和价值，从而追寻有意义、有价值的生活，这就是幸福完整的生活。这样，我们就自然地从"生活语文"走向了"生活教育"。

我期待通过大家的继续努力，创造更大的拔节声。


# 三、让自信伴随每一天


六匡中心小学从乒乓文化中提炼出了自信的品质，我觉得很有价值。我也喜欢体育运动，坚持每天晚上打 40 分钟的乒乓球。我的自信从某种意义上说是体育运动带给我的。我女儿在很小的时候，我曾尝试着通过运动的方式培养她的自信心，当然，培养自信心的途径和方式还有很多。

我曾编译过英国学者坦尼娅《自信心》（SELF-ESTEEM）一书。坦尼娅（Tanya Dalgleish）认为所谓自信心就是我们是如何感觉自己的。对于一个孩子，自信心包括：你怎样认为你是被你的家庭、老师和同学尊重的；你如何同样地觉得你自己是一个学生或是一位朋友；是否你认为其他的学生喜欢你；

以及你觉得应怎样有效地管理你的生活。孩子们都"不同程度"地有缺乏自信心的倾向。如果孩子处处有否定他们自己的感觉，他们更可能在许多方面都显示出没有足够的自信心，在学校里就不能充分发挥学习的潜能，并且会出现行为发展问题，甚至会出现反社会的行为。

儿童时期是培养孩子的自信心最适宜的时期，随着孩子年龄的增长，就很难制止孩子缺乏自信心的状况。重要的是要从小帮助孩子维持平衡他们自己的想法，包括评价自己的力量，当缺乏足够的信心时，要鼓励学生设定现实的目标。让他们感觉到自己绝对是最好的，这是一个值得花时间的目标。如果老师经常鼓励学生进行自我评价和相互评价，在合作和宽容中，学生将会形成积极、乐观的生活态度。

自信也是一门课程。一般来说，课程有两类，一是显性课程，一是隐性课程。今天，老师们能大胆提出这样的隐性课程建设，很了不起。大家谈到那么多的故事，源自大家对孩子的尊重，自信是被尊重出来的。自信也是可以培养和训练的，我翻译的书中就提及孩子的自信是被同学、老师、亲人尊重出来的。在一系列真实的情境中，在尊重和赏识中，孩子的自信心逐渐培养起来。

六匡中心小学有一个很好的乒乓文化的载体，体育运动最能强化人的自信心。自信作为一门课程，还需要我们老师继续用心设计这门课程。要根据年龄、个性特点去设计，也许有的学生乒乓球打得不好，但其他项目很不错。通过今天的沙龙，找到一个新的定位，在我们六匡，以乒乓文化为主轴，配以其他的活动项目，构筑起关于自信的校本化课程体系，形成乒乓之上的课程文化。同时，乒乓文化课程除了隐含着自信以外，还有意志力的培养，判断力、敏捷性、创新力的培养研究，通过一些深度的研究与探索，让我们六匡中心小学的孩子在参加省级比赛时，见到城里孩子时毫不惧怕，自信心就会更足。让乒乓节变成乒乓文化节，成为学校的校本课程文化，使乒乓精神熔铸在孩子的心灵里，影响他的人生，不仅是显性的影响，还有隐性的，我们要使六匡的孩子们的自信心、意志力等品质胜人一筹，那我们的乒乓文化就做到家了。

# 四、让孩子拥有一颗感恩的心

## ——教育沙龙点评

各位老师，我想请大家首先感恩一下三阳中心小学的顾振东老校长。一年半前正是在他的提议下，形成了感恩教育特色，才有了这取之不竭的精神财富，后来又是在丁校长的引领下，做出了许多新的探索。

今天，我们欣喜地看到，三阳中心小学的教师们群策群力，通过构筑感恩文化，让学生在环境中熏陶（如：学校向学生征集感恩心语，编印成集，利用晨会组织学生诵读，并精选了一部分——张贴在走廊内，时时激励学生）；构建校本体系，让学生在学习中明理（如：学校从六个维度（感恩父母、感恩老师、感恩伙伴、感恩自然、感恩祖国、感恩社会），编写了校本教材；开展感恩活动，让学生在活动中蓄情（如：在"感恩父母"主题教育活动中，让学生收集温馨照，算算亲情账，讲讲亲情故事，写写感恩信等，让学生感受父母深切的爱，并学会用自己的实际行动回报父母的爱）；关注感恩细节，让学生在生活中践行（如：学唱感恩歌曲、诵读感恩美文、讲述感恩故事、自办感恩小报、书写感恩日记等，让学生说感恩之言，做感恩之事）；实施感恩评价，让学生在激励中成长（如：每一次主题教育活动结束后，都由班主任对全班每一位学生在感恩活动中的表现作出客观公正的评价，评出"感恩之星"，发给阳光激励卡，学校评出"感恩教育"特色班级，召开总结表彰大会）等扎实有效的措施深入推进感恩教育，让孩子找回感恩的心，领悟生命的真谛。

学校还及时总结感恩教育的成果，出版了《师生感恩故事集》；汇编了老师们实施感恩教育的成功案例，出版了《感恩教育案例集》。在第 35 期的

《海门教育周刊》上，刊登了该校"感恩教育"的专版，那上面有学生的感恩文章和相关的美术作品。让我们看到感恩行动已成为三阳中心小学最亮丽的风景线，感恩教育成为三阳中心小学最和谐生活篇章。三阳中心小学通过感恩文化引领孩子成长，用感恩活动陶冶孩子的情操，把感恩细节融入孩子心灵，从而把感恩教育作为学校特色，进一步放大做强而成为特色学校。

我以为，感恩教育有三种境界——

第一种境界是从感恩教育走向尊重教育。即让学生养成一种尊重的生活习惯，习惯于在生活中尊重父母、老师、同伴、社会、自然。今天我就感受到了孩子们对我的尊重，一声问好不仅仅是一份热情。在这儿，三阳中心小学的老师们也一定回报一声："同学们好!"

第二种境界是从感恩教育走向责任教育。这是一种生活心态，一种生活价值观。心态有积极的，也有消极的。责任教育是感恩教育重要的组成部分，让孩子们自觉担负起对父母、社会、自然的责任，就自然会滋生起一种感恩，这种境界基础上的感恩就不同于一般形式上的感恩，是发自内心深处的，是来自灵魂深处的自觉。

第三种境界是从感恩教育走向幸福教育。这是一种生活状态。也是最高的境界，是所有人的人生追求。幸福是一种心理感受、情绪状态，她带给我们以快乐感、愉悦感。

所以，我们的思考不能只停留在感恩上。有意义、有价值的生活，是我们共同追求的、倡导的。让我们成为给别人带来幸福的人。我曾在开学初的"成长在线"中撰文：锻炼自我，对自己说，"让人们因我的存在而感到幸福"。如果我们能让周围的人因我感到幸福，这是多么幸福的事。让祖国因我而更自豪，让社会因我而更美好，让自然因我而更美丽!

希望三阳中心小学不断丰富感恩教育的内涵，构筑起有意义的日常生活，也就是构建一种和谐的教育境界：和谐家庭、和谐校园、和谐社会、和谐世界，其中的核心元素就是感恩、尊重、责任、幸福。

我还希望学校有自己的感恩节，可以评选感动父母的孩子、感动孩子的父母、感动学校、社会的人和事，让我们的节日充满着感动，让尊重、责任与幸福融化在感恩中。

# 五、智慧与爱

在主持人充满灵动的引领下，老师们娓娓道说着课堂教学上、班级管理中、习惯培养时以及校本实施过程中的智慧教育故事，从老师们渐入佳境的对话与碰撞中，我们也领略到了天补中心小学教师的智慧风采，也似乎经历着智慧教育的实践行动。

分享的同时我也得到了智慧的启迪，所以，我也想给我们的智慧教育注解以下三个观点：

一是智慧教育要以爱为基础。智慧是爱的产物。面对天真活泼而又调皮任性的孩子，我们只有坚定爱的信念，才能生成"山重水复疑无路，柳暗花明又一村"的胜景。我们也许没有精湛的教育技艺，但我们完全可以依凭对事业的爱、对学生的爱、对学校的爱化解一切困难和埋怨。做老师的，一定要有大爱的精神，有"捧着一颗心来，不带半根草去"的崇高境界。

二是智慧教育要以激情来飞扬。面对日复一日、年复一年的教育生活，我们如果重复过去的劳动，我们最初的那份热情就会慢慢消退，我们的智慧也会随之烟消云散。智慧需要激情来点燃，我们要保持智慧的状态，就要不断捕捉智慧的生长点，确定时时是智慧教育之时，处处是智慧教育之地的信念，唤醒、点燃孩子们的智慧。教育如果没有激情，就不可能有智慧的生成和传递。愿老师们不断用自己的激情来让智慧飞扬。

三是智慧教育要以思想来提升。仅有爱与激情是远远不够的，要得到取之不尽、用之不竭的智慧，我们就要做有思想的芦苇，进行富有创造性的劳动。只有思想才是智慧的源泉。为此，我们要在广博的专业阅读、紧密的团队合作、不断的反思碰撞中生成思想。思想是教育的根，她揭示了教育的本性，同时，需要我们在创造性的劳动中不断提升思想，让思想引领智慧。

课程是实施智慧教育最重要的载体。让我们不断构建和完善基础性、拓展性课程体系。相信，我们的校园一定会成为充盈智慧与爱的乐园。

# 六、培养学生良好的学习习惯

非常高兴，刚才听到了临江中心小学老师们的"培养学生良好的学习习惯"养成教育主题沙龙。这是一个非常值得研究的话题。从大家的探讨中，我看到，临江中心小学的养成教育特色进行得很扎实，做了很多实实在在的工作，研究也已经有了一定的深度。在这"养成教育"的研究中，你们是有发言权的，你们已经走在了同类学校的前列。对于你们的"养成教育"工作，我再提以下几点意见：

首先，我要提几个在习惯培养中的注意点。

1. 习惯培养不仅有阶梯性，还有螺旋性。刚才，老师们分年段对学习习惯进行了梳理，制订了各个年段的学习习惯。不过，学习习惯还有螺旋性。行为习惯的形成需要长时间的循环反复，是螺旋上升的。低年级训练过的习惯，到了中高年级还要经常重复训练，否则很难巩固。要注意学习习惯培养的反复性，不断地巩固强化，提高学习习惯养成的效果。因此，如果学生已经培养过某些习惯，我们可以选择不同的时间进行循环，每过一段时间就有意识地强化一下。

2. 习惯培养要注重学科相通，形成教育合力。学习习惯有学科差异，但更多的是学科之间的共通性。我建议大家，以班级为单位，针对班级的情况，各科任课老师共同研究，一起制订培养计划，选择培养方法，形成教育合力，系统地培养学生的学习习惯。

3. 习惯培养要注意个体差异，鼓励个性化的学习习惯。学生有个体差异，学生的学习习惯也各不相同，很多个性化的学习习惯对学生的成长有着不可忽视的作用。只要对学生的成长有利，我们就应当鼓励、支持学生养成具有个性化的学习习惯。

4. 习惯养成要特别注重培养自主、创新、独特的学习习惯。我注意到，我们学校研究的学习习惯都是一些基础的学习习惯。良好的学习习惯包括许多方面，除了这些必备的外显行为以外，还要在学习习惯养成的过程中，导向于创新的学习习惯，尤其要尊重和保护学生学习的自主性和创造性，鼓励学生养成自主、探究、创新的学习习惯。

其次，我再谈谈习惯培养的几个原则。

1. 习惯是规训的结果。（1）习惯培养具有长期性，绝非一日之功，必须坚持"反复抓，抓反复"。学生的领悟能力有高有低，技能掌握的速度有快有慢。通过教师的指导，学生的学习习惯有所见效，可是过一段时间可能又会走样，我们必须有足够的耐心和毅力，反复抓，抓反复，一丝不苟，持之以恒。稍有懈怠，便会走样；经常中断，就会前功尽弃。（2）习惯培养要注意科学性。学生的认知发展是有规律可循的。同样，学生的习惯培养也具有一定的规律。这些规律决定了我们在习惯培养中，一定要遵循规律，注重科学性，而不能根据自己的主观愿望办事。习惯培养要讲究科学性，要按照科学的规律，用科学的方法，去培养孩子的习惯。（3）学习习惯的培养还应当注重有效性。要用最有效的方法来提高学习习惯培养的效率和效果。

2. 习惯是濡染的结果。学生是在家庭、班级、学校、社会中学习成长的，良好的学习习惯也是家庭、班级、学校、社会濡染的结果，我们要将家庭、班级、学校、社会联合起来，营造出适合学生习惯养成的环境，通过环境的濡染，促进学生的习惯养成。

3. 习惯是引领的结果。学生的习惯培养离不开引领，我们要通过活动引领、评价带动、榜样激励，让学生在引领中明确目标，不断进步，从而养成良好的学习习惯。

最后，我想送大家两句话：

1. 习惯培养重在积极的体验。兴趣是最好的老师，最大的兴趣就是学生在习惯养成中产生快乐的体验。只有让学生不断地体验到学习习惯养成带来的快乐，才会产生习惯培养的动力，才会自发地、积极地投身到习惯养成中去。积极的体验能带动学生以十倍、百倍的精力投入到习惯养成中去，真正起到事半功倍的效果。

2. 习惯培养重在不断的坚持。习惯培养是个艰巨的任务，是个长期的过程，我们必须坚持不懈，老师要坚持习惯研究，学生要坚持习惯养成。只有坚持下去，临江小学的"习惯养成"教育才能够做出令人欣喜的效果。

希望大家继续研究、实践，努力构建"养成教育"文化，营造"养成教育"氛围，让孩子们在文化濡染中，形成良好的习惯，促进孩子们全面而又具个性地发展。祝愿临江中心小学的"养成教育"特色走向更加美好的明天。期待你们的成功！

# 七、生活技能教育

非常高兴，刚才听了海洪中心小学的老师们的"技能之舟，扬帆起航"的主题沙龙。老师们在这一年中对生活技能的理解、认识、实践都比较到位，一年来的收获是沉甸甸的。当初我在这里策划"生活技能教育"时是有些担心的，现在已经随着大家的付出与收获完全放心了，而且增强了与大家一起研究的决心和信心。学校成立了校本课程研发小组，结合学校、学生实际，经过不断探索、实践、反思，研制出了体现学校特色的校本教材——《生活技能教育》，这本教材分低、中、高三个年段，每个年段又都设家庭生活技能教育、学校生活技能教育、社会生活技能教育三个板块。学校有课程为载体，有活动为平台，有课时作保障，学校特色发展已在课程的层面得到了保证。对今后的生活技能教育我还想说几点：

**（一）建议学校通过五大实施路径，加大学校特色活动的开展力度。**

1．日常生活实践活动。

希望根据学生的年龄特点，细化每个年级的内容，特别是日常生活实践的操作内容。如低年级可以从整理书包开始，到课前准备，再到生活自理，让学生通过活动积累做到在日常生活中自己的事情自己做。

2．主题实践活动。

与"每月一事"相结合，统一以生活技能教育为主线索，每月一个生活主题，12 个月各有一个主题，这样学生就在 12 个月中学会了 12 种生活技能。

3．社团活动。

每个教师均带一个社团活动项目，每位教师带一个活动小组，确保每个学生均能参加一个社团活动项目。建议学校利用社区资源来组织实践性社团：如养殖园：（兔、鸡、鸭、蚕……）、花卉种植、庄稼种植、小百花园地、服饰、编织、摄影、泥塑、工艺、小发明小创造……让学生在某一项生活技能上有长足的发展，让每个孩子都有一手绝活。

4．节日文化活动。

每年组织一届生活技能节，或叫小鬼当家节。精心策划，使活动充满文化味。

5．多元评价激励。

把评价贯穿在日常的实践活动中，建立一整套完整的评价体系，与家庭结合起来一起评价，通过评价促进学生的日常生活更幸福、更有质量。

**（二）建议学校教师转变四大理念，提升生活技能教育的品质。**

1．从生活技能转变到生活情趣。不断提升师生生活质量。

2. 从生活技能转变到生活探究。让学生学会探究生活问题，如垃圾分类，生活污染问题等。

3. 从生活技能到生活智慧。让学生学会智慧生存，如组建理财小组等。

4. 从生活技能到生活创造。充分挖掘学生的聪明才智，如组建创新发明社团，创造出更多的科技作品，并争取在市级以上各类竞赛中取得优异的成绩。

期待通过大家的努力和学校的生活技能教育，拓展师生对生活的认识、理解，让师生的生活不仅仅满足生存的需要，还要追求更美好的幸福新生活。

# 八、用励志演绎精彩人生

万年中心小学有戴志康先生特有的资源。我以为戴志康先生给这所学校带来的不仅仅是物质上的财富，更重要的是带给这所学校精神上的财富，而且是正在不断生长的财富。戴志康先生现在正演绎着他的精彩人生，他的财富是鲜活的、不断发展的财富。我当初建议以励志教育作为我们万年中心小学的特色来培育和建设，正是因为从戴志康先生所表现出来的特有的品质而想到的。

今天大家围绕课堂，不仅仅是小课堂，更重要的是从大课堂来谈励志教育。我想还是先回到励志本身，励志教育最核心的思想是什么？励志作为一种品质，他的精髓是什么？我想用三个带有"坚"的词来表示：第一个是坚信，第二个是坚强，第三个是坚持。我认为这是励志最重要的三个层次。第一个层次是坚信的层次，就是对信心的坚定，是解决一个理想和目标的问题。如果我们对目标没有信心，那不可能是励志的。不过，励志还需要在信心的基础上再前进一步，再往上一个台阶，就是有信念。信念比信心还要高一个层次，像戴志康那种人还有更高层面上的是一种信仰。信仰是抬头仰望、心空高远的东西，那是一种理想境界，是自觉追求的一种东西。对我们老师来说，我相信，应该去追求心中的理想，并努力培养拥有理想的学生。第二个是坚强的问题，它是指面对困难和挫折所表现出来的勇敢。最典型的例子就是司马迁，大家都知道司马迁的故事，他在监狱里受到那样的酷刑，还是忍受着巨大的身体和心理的煎熬，为我们中华文化留下一笔丰富的财富——《史记》。他是多么坚强！励志就是要敢于面对困难，面对失败，有挑战困难和失败的勇气。戴志康身上就体现了这种品质，他失败的时候，那种坚强是值得我们好好学习的。第三个是坚持，大家刚才就谈到，我觉得坚持是人的意志力的问题，只有坚持才有奇迹。励志就是要用坚持来创造奇迹。励志教育就是让孩子们明白，只有不断坚持才会创造奇迹。我想用这三个"坚"字是不是能够概括励志的精髓？励志应该成为人身上最重要的品质。

教育就是在我们的孩子心中留下美丽的痕迹。万年中心小学创建励志教育特色就是想把励志这种品质扎根在学生心中。把励志这颗种子，在小学六年当中深深地埋藏在他们的心中，成为他们一辈子都能享用的一种财富。

我们通过哪些路径来展开励志教育呢？我设想有两条基本途径：一条是主题活动的路径。通过阅读励志类的书籍，诵读励志名言名句，聆听励志报告，观看励志电影，还有一些励志实践活动，开展励志文化节，以及开展励志之星的多元评价。其实，从今天的评估情况看，你们已经都在做了，虽然刚刚开始，但是只要一直做下去，我相信坚持六年下来，这颗励志的种子，一定会深深扎根于孩子们的心田。第二条路径是课堂。课堂是孩子们生活的主阵地，怎样把励志这个主题演绎到我们课堂中，刚才大家已经谈了许多很好的观点，如从教材中挖掘励志资源，我赞同这样的观点，在教材中可以挖掘的励志资源很多。其实，无非是从两个维度来挖掘，第一个是教材背后的励志人物和励志故事，我们好好地梳理一下语文、数学、艺术、体育、科学等课程里面的励志人物、励志故事，应该是非常丰富的，那么我们可以选取适合小学生阅读的人物、故事来开展励志教育。第二个维度是这门学科本身的教学实践活动，比如数学课中让学生每日口算练习，天天坚持，这就是一种励志教学活动。再如写字，这是万年小学的一大特色，天天坚持练字，也是一种励志类的实践活动。还有体育、艺术等都可以选择一些项目，让学生练习。我还从刚才一位英语老师的沙龙发言中得到一个启发，英语中有很多的励志名言，每节英语课可以用一分钟的时间说一句励志名言，一周熟练记住一句就可以，一年下来就能记住四五十句，既培养了励志品质，又提高了英语水平。沿着这两条线索去挖掘励志资源，孩子们的收获一定是丰富的。通过一系列的励志实践活动，培养学生拥有坚信、坚强、坚持等励志的核心品质。我想，我们每门学科的老师都是可以做到的。

最后，我建议与教育教学评价结合起来，建立一种成功阶梯式的励志评价体系，鼓励学生每天进步一点点，敢于并善于克服困难、挑战挫折，这种成长阶梯也就是励志阶梯，对学生有着重要的引领作用。

当然，励志的孩子同样需要具有励志品质的老师来培养，期待万年中心小学的老师从自我做起，每个人成为励志型的教师，只有这样，你才能带出励志型的学生。我期待着万年中心小学尽快打造出一批又一批励志型的教师，并在你们的带领下，让每一个孩子都拥有励志的崇高品质。

谢谢大家！

# 九、构建基于校本特色的学校文化

听了悦来中心小学老师们的沙龙很感动，我给你们的沙龙一个很高的评价：你们对学校文化的理解很深刻，沙龙很有深度、很有品味，非常成功。排球是悦小的特色，你们从排球特色中提炼出了学校文化的核心理念：爱拼才会赢。我以为包含四个方面的意思：一是精神，把"爱拼才会赢"作为一种学校的精神，这种精神将成为悦小人生活、学习和工作的动力。全体师生在这种精神的引领下不断拼搏，奋勇前进。二是信念，要坚定地相信它，有了信念的支撑，就有了明确的方向，就能铸就我们的成功。三是态度，态度决定一切，我们的老师以激进的态度对待生活、对待工作、对待学习，那么就可以改变平淡无味的教学生活，以愉悦的心情享受每一天的工作。四是生活状态，让"爱拼才会赢"这一理念渗透到教师、学生生活的每一个角落，为生活而拼搏，因拼搏而精彩。

如何将排球文化发展为拼搏文化呢？

首先要让拼搏文化成为教师的群体文化。构建与新课程改革相适应的拼搏型学校文化不仅影响着学校发展的竞争力，更是学校可持续发展的基础与动力。拼搏就像一颗种子，拼搏文化的"基因"是什么？是有目标、有勇气、有耐心、有持久力。教师是学校拼搏文化"基因"的实践者，同时又是拼搏文化"基因"的传承者。因此，我们的教师无论做什么事情都必须目标明确、勇于拼搏、持之以恒、不懈努力，直至成功。那么，怎样传承这种拼搏文化呢？可以从以下两个维度去践行，一是认知的维度，教师要不断地去搜集、整理、开发阅读内容，组织以"拼搏"为主题的阅读，让拼搏文化陶冶教师的情操。二是实践的维度，老师们要给自己找个定位，可以每两天写一篇教育教学随笔，可以开一个博客，定期把自己的所思所想、所作所为在博客中与他人交流，在交流中不断成长。积极参加学校为教师搭建的多种活动平台，在活动中让拼搏的精神深入人心，流淌到每个教师的血液里。

其次要让拼搏文化成为学生的群体文化。我们可以通过什么途径展开呢？一是主题阅读，可以阅读学校研发的校本教材，还可以收集阅读各个领域的拼搏故事，如奥运冠军邓亚萍的故事、科学家爱迪生的故事、数学家华罗庚的故事等等，从这些故事中感受他们拼搏的艰辛、拼搏后成功的喜悦，从而激发学生的拼搏欲望。二是实践活动，学校可以举行各项有关拼搏精神的实践活动，如排球文化节、校园吉尼斯、校园 PK 赛等等，通过这些活动的开展为学生营造拼搏氛围，设计成功阶梯，让孩子在实践活动中丰厚拼搏文化，让拼搏文化的价值观植根于孩子的心田，升华为自觉的行为，这样就能全面提高学生自身文化内涵和综合素养，更好地为自己的成功人生奠基。

最后送你们两句话：目标引爆潜能，坚持创造奇迹！

# 十、我心目中的理想课堂
## ——兼谈教师的角色定位

刚才能仁中学的老师们就各自心目中理想的课堂，以及教师的角色定位，谈了自己的想法，我很认同。其实，课堂是师生共同的课堂，课堂既不是单纯的教师的课堂，也不是单纯的学生的课堂，它是师生共同围绕教学目标和任务，共同生活和发展的课堂。

我的导师朱永新教授倡导的新教育理想的课堂应该具有三个基本性质。

第一，真实性。课堂是一种生活，课堂也是一种求真的过程，在本质上很多的问题它是不能预设的，它只能是生成的，因此课堂的真实性是课堂一个非常重要的特征。

第二，兴奋性。在课堂里没有师生情感的投入，就很难达到理想的状态。课上得好不好，很大程度上就是看师生有没有快乐的情感体验，有没有成长的理智感、愉悦感，有没有智慧的发现和领悟，所以说兴奋是很重要的。

第三，有效性。课堂的学科特点和其他的一些问题都是和有效性紧密地联系在一起的，包括知识与能力、过程与方法、情感态度价值观三个方面都要进行有效性的分析。

由此，朱永新提出了新教育的理想课堂的"六度"问题，我试图结合这"六度"来谈一谈教师的角色定位。

一是参与度。理想的课堂，是全员参与的课堂，教师的角色定位由控制者、灌输者到组织者、指导者。

参与度是学生自主学习能动性的体现,是学生在课堂里思维活跃程度的写照,是学生主动学习的真情流露。学生在教学过程中能做到全员参与,而不是个别尖子学生的参与,全程参与而不是暂时片刻的参与,有效参与而不是形式主义的参与。课堂教学不能是教师的表演,不能是事先预设程序的再现,更不能是教师始终控制着的"满堂灌"。学生的参与是激发其思维的基本前提。在学生全程参与的课堂中,教师更是一个教学过程的组织者,学生学习的指导者、帮助者。

二是亲和度。理想的课堂,是和谐互动的课堂,教师的角色定位由简单传授者、表演者到合作者、赏识者。

亲和度是教师在课堂中善于从情感因素与非情感因素入手,与学生从多角度多渠道建立良好的融洽的亲近感情,使学生愿意接受教师,达到"亲其师"、"信其言"、"传其道"。课堂中,师生之间要有愉快的情感沟通与智慧交流,这就要求教师具备理解尊重的心、宽容宽厚的爱。课堂上可能是愉悦、欢乐和合作的,也可能是紧张、沉默和不快的,"情不通则理不得",良好的合作是课堂成功的基础。课堂,是在教师与学生、学生与学生的互动中完成的,人际关系是课堂中的重要因素。就师生而言,是合作的而非对立的,就同学关系而言,是切磋的而非竞争的。他们相互之间的合作与交流不仅需要尊重,还需要相互激励、相互赏识。

三是自由度。理想的课堂,是民主开放的课堂,教师的角色定位由知识垄断者、话语霸权者到自主建构者、智能促进者。

自由度是师生互动共同营造的一个民主和谐的氛围,教师能够激情点燃学生,同时也被学生的激情、热情、浓烈的参与欲望感染,更加自主自由地发挥,使课堂在一种民主、和睦、融洽自由的状态中达到最佳教学效果。传统的课堂如战场,强调的是严明纪律、正襟危坐,学生如履薄冰、战战兢兢,少了一些轻松,少了几分幽默,少了一些欢声笑语,少了几许神采飞扬。尤其是要求学生齐声回答,不允许交头接耳、与师争辩,是违背自由原则的。理想的课堂是生活化的课堂,没有生活味的课堂是死的课堂,生活化应该凸显人的地位、展现人的生命价值。理想的课堂还是民主开放的课堂，课堂充满着自由轻松的氛围，这时，教师不是知识垄断者，不是话语霸权者，而是课堂现场的自主建构者，是学生获取知识和智慧的促进者。

四是整合度。理想的课堂，是综合活动的课堂，教师的角色定位由课程的使用者、执行者到课程的研发者、探究者。

整合度就是教师要对文本、学生、教学手段纯熟驾驭的程度。课堂切忌过度的"分析主义"，把完整的知识支离为鸡零狗碎，如语文老师把字、词从具体的语言环境中分割出来，学生得到的只是肢解的知识，而不是真正的整合知识的智慧。我们应该组织教师深入地研读教材、解读教材。用怎样的理念、怎样的思想、怎样的眼光来解读教材，发现教材的精髓、精华，选择适合学生学习、适合学生发展的教学内容，设计适合学生需要的学习形式和方式。现代课堂更需要教师做课程的研发者和探究者，而非简单的使用者和执行者，教师要善于对国家课程进行二度开发，利用地方和校本资源研发校本课程，这是我们特别需要关注和培养的能力，也是新课程背景下，教师角色转变的一个重点研修的项目。

五是练习度。理想的课堂，是自主学习的课堂。教师的角色定位由机械的使用者、模仿者到设计者、指导者。

练习度是学生运用知识、解决问题的能力，是学生有效地、有机地将知识融会贯通的过程，是学生进入知识海洋并自由畅游的深浅度。理想的课堂不在于它的有条不紊，不在于它的流畅顺达，而在于它是否真正地让孩子练习和实践，让学生在课堂上动脑、动手、动口，通过观察、模仿、体验，在互动中学习，在活动中学习。理想的课堂，是学生自主学习的课程，我们主张一般的课堂，学生自主学习与练习的时间不能少于二分之一或者更多一些。对于自主学习和练习的内容，现在的教辅资料可以说是铺天盖地，眼花缭乱，教师千万不能简单地做拿来主义，学生们的学习负担已经够重了，所以，教师要善于搜集、梳理、加工，精心设计每一道练习题，让学生练出效果，练出水平。

六是延展度。理想的课堂，是留下足够空间的课堂。教师的角色定位由知识传承者、输出者到学习自省者、智慧生成者。

延展度是师生在时空与容量上的互为拓展，是知识流动发展的渠道。课堂的延展，不仅包括课堂拓展学生的思维，进行延伸练习，如课堂培养学生多方探究、质疑的思维；还包括课外的多种形式的学习、活动，如资料的搜寻是师生双边进行的，绝不能教师不动，仅学生开展，那样反馈时教师被动，学生无趣。师生互动才是最好的延伸。理想的课堂，能够在知识整合的基础上向广度与深度延展，从课堂教学向社会生活延伸，为学生的进一步探究留下空间。只有紧紧地把教材的问题深入地解读，把握了实质之后，老师在课堂上才能有一种游刃有余，有一种自由度，才能发挥自己在教学中的一些长项。所以，教师要善于学习、善于反思。学习教育新理论、现代科技知识、现代教育技术等，反思自己的教育教学行为，使自己的课堂成为智慧不断生成的课堂。

当今教育改革的核心是由教育的"物化"转向"人化"，大力倡导"人本教育"。"人本教育"的真谛是"开发人"，这便需要课堂教学过程成为教师带领学生主动认知、探究问题的过程，教师要做一个激励学生思考的人，为学生提供帮助的人，同学生平等交换意见的人，帮助学生发现问题而不提供现成结论的人，点燃学生智慧火花的人。因此，教师在课堂中要做到"目中有人"、"心中有本"、"充满激情"、"富有智慧"，把课堂演绎成体现以人为本，重视人格教育，重视全面发展，重视个性特长，重视潜能开发的理想场所。

愿在座各位老师为心中的理想课堂而不懈追求！

# 十一、初中小班化课堂教学导学艺术

刚才实验学校初中部老师们讨论的课堂教学导学艺术有两个重要的限制条件，一是初中课堂，二是小班化的课堂。小班化课堂的最大优势一是教师对学生的关照度特别高，国外研究表面，教师课堂关照面最理想的学生人数是 28 人；二是学生对学习过程的参与率特别高。当然，还有师生的亲和度、思维度、有效度都会不同于大班教学，教师在课堂中的主导作用和学生主体作用的发挥，在小班化教育环境下，可以达到比较理想的程度。

那么，初中小班化课堂学习有哪些特点呢？我想，主要有以下四个特点：

1. 主导学习。初中学生在小班化的课堂学习中，教师为学生的主体参与学习创造了便利条件和较多机会，学生的学习在教师的引导下，自己主宰掌控，自己主导着自己的学习进程。学生的主体地位得到极大的强化，主体作用得到最大的发挥。

2. 建构学习。在教师组织的课堂教学情境的引导下，初中学生更有能力循序渐进，充分内化学习材料，理解学习内容，自主开展建构学习，走出一味以灌输式、接受式为主的学习模式的樊篱，学得更为轻松、更为有效。

3. 互动学习。小班化环境下小组合作学习互动的方式和范围，比起大班教学有很大优势，学生的小组组成不断变化更新，更灵活多样，在小组中，合作互动性学习机会大为增多，学生交流、合作的意识与能力得到培养，综合性学习能力得到全面提高。

4. 探究学习。在小班化环境下，更有利于学生在学习过程中对课本的开放性理解，对背景材料的加工、处理、应用，更好地把握学习的主题，提高应对复杂的信息材料处理能力，培养学生开展探究性学习的综合素质。

可见，新课程倡导的自主、合作、探究的学习方式在小班化环境下更容易实现。

根据以上学习特点，我从四个方面来谈谈初中小班化课堂教学导学艺术。

1. 目标导学艺术。海门的中小学曾经搞过"目标—分层—导学"教学模式的研究，这一点，大家很有体会。我们教任何一堂课，必须有清晰的目标意识，而且也要把学习的目标很清晰地让学生知道。在小班化的课堂教学中，学习目标可以有更强的指向性，甚至可以针对某些不同的学生提出不同的引领目标，这样，能直接地引导每一个学生在学习的过程中，不断联系目标，调整学习过程，提高学习效率。

2. 任务导学艺术。我们的理科教学经常会运用这样的方式，比如在实验教学中，会给学生一个任务单，上面有目标要求、操作要领，以及实验步骤和实验情况记录等，这是很好的任务导学方式。其实，各门学科很多内容都是可以采取类似的任务导学方式，而且在小班化的课堂里，不同的小组可以设计不同难度的任务导学内容，甚至，有的任务导学内容可以专为某一两个学生专门设计，从而，充分体现小班化可以更好地面向每一个学生的优势。

3. 设疑导学艺术。设疑导学是老师们最常用的方式。通过设疑，激发学生学习兴趣，激励学生积极思考、开动脑筋，启发学生的思维火花，引导学生思维有深度、有广度。不过，如何设疑是一个很值得研究的大问题。我们要善于针对不同的教学内容，设计问题情境，在小班化课堂里，还可以根据不同的学生来设计问题情境，这样的设疑更有针对性，其导学效果也更有实效性。

4. 互动导学艺术。小组合作学习是小班化教学的重要学习方式，所以，在小班化课堂里，小组的组织方式、活动内容都要很好地研究。有时，小组可以采取学习能力相近同学组合在一起，学习相同难度系数的内容；有时，可以让不同水平的学生组合成小组，发挥同伴互助和引领的作用。这两种不同的组合方式，其导学内容和方法的设计都是不一样的，还有教师的指导和介入的方式也是不同的，这就要求老师们作深度的研究，逐步积累起丰富的资源和良好的组织与指导方式，从而，更好地发挥小班化课堂在互动导学中的独特优势。

当然，课堂导学还要基于学科和教学内容，基于学情，基于教学情境，它的艺术性就是要体现在教学过程中的灵活性和创造性中，体现在针对性和有效性中。我建议，要把它作为教师专业发展的重要内容进行研修。实验学校初中部就小班化教学有"四让"的理念，我期待在座的老师们在"让时间、让空间、让讲坛、让精彩"的"四让"实践中让出教育的精彩，让出学生发展的精彩。

# 十二、让"提问"打开学生知识之门

这两年我们围绕有效课堂展开了丰富多彩的研究，余东初中从课堂中的一些基本要素出发，组织大家研究，非常实在。刚才大家讨论了课堂中"提问"的话题，很有价值。以前，我们批评"满堂灌"，也批评"满堂问"，这是对的。不过，课堂总是由许多有价值的问题贯穿起来的，那么"提问"能打开学生学习知识的哪几扇门呢？我认为，"提问"打开了学生学习知识的"四扇门"：

1. 让"提问"打开学生学习知识的兴趣之门。兴趣是最好的教师。教师要善于通过提出精巧的问题，触动学生，提高学习兴趣，激发学生的好奇心和求知欲，使学生积极投入到学习活动中来。

2. 让"提问"打开学生学习知识的注意之门。学生注意力的集中与分散，是衡量教学有效性的重要标尺。抓住了学生的注意力，就调动了学生学习的兴趣和动力，用巧妙的提问吸引学生的注意力，让学生走上主动发展的道路。

3. 让"提问"打开学生学习知识的思维之门。教学是为了使学生开动脑筋、掌握知识。在课堂教学中，用精巧的提问拓展学生的学习思路，促进他们思维的发展，培养他们的创造性思维，是教学取得成功的重要手段。

4. 让"提问"打开学生学习知识的认知之门。好的提问，可以使新旧知识建立联系，对已有的认知结构加以重组、改造，实现知识的巩固与强化。提问就是要善于启发学生在已有知识的基础上，经过分析、综合、判断、推理，获得、强化新的知识，发展新的能力。

通过"提问"可以打开学生学习的兴趣之门、注意之门、思维之门、认知之门，要真正做到，需要教师重点进行四个方面的研究：

1. 研究课程目标。教师认真研究自己所任学科的课程目标，特别是所教学内容的基本目标，只有目标清晰了，提问才可能有更加明确的指向。

2. 研究课程内容。每堂课的教学内容是什么？哪些是重点、哪些是难点？都需要教师研究清楚，这样，才可以根据不同的内容，来设计不同的"提问"。

3. 研究学生需要。研究学情是教师进行有效教学的重要基础，要组织起有效的提问，必须研究学生的现有知识基础，可能达到的目标，根据学生的需要与可能设计出的问题才更有针对性。

4. 研究教学情境。教学情境是教师设计与把握的关键要素，在不同的情境下，"提问"的方式和内容都是不一样的，只有组织起理想的教学情境，适时适度地在情境中提问，才是最有效的。

进行了四个方面的研究以后，在设计提问时还要注意以下"四性"：

1. 科学性。提问要有规范性，用语要科学、规范，让学生清晰其中的要义，明确问题的指向。

2. 针对性。提问要有目的性，设计问题时要明确目标，有针对性的提问才是有效的提问。

3. 层次性。提问要有逻辑性，要体现分层思想，让不同层次的学生都有思考的空间。

4. 开放性。提问要有灵活性，要对学生、对教材、对生活开放，答案不是唯一的，不一定有标准答案，培养学生思维的灵活性和创造性。

在课堂教学中，教师们都知道要遵循以上这些"提问"的特性，刚才大家也都提到了，那么，具体说来，到底有哪些"提问"方法呢？我提供给大家四个主要的方法：

1. 浅问法：课堂提问要拾级而上。教师要根据具体提问内容的难易程度，由浅入深，对基础知识内容提问时，可面对中、差生，而知识难度较高的提问应面对优、良生。每一堂课的提问要有广度、深度、坡度，要面向全体学生。

2. 分解法：课堂提问要合理分配。一定要遵循思维规律来化大为小、化繁为简，使之形成合理的梯度。分解法，即将庞大复杂的问题拆分成几个小问题。这样，才能进一步提高学生思维的欲望，刺激和诱发学生不断地深入探究与拓展延伸。

3. 搭桥法：课堂提问要灵活多样。提问时要加强各疑问个体之间的相互构成、协调、配合、互补，既要有由此及彼、由点到面的横向拓展，还要有由浅入深、从易到难的纵深发掘，让学生从不知到知，由浅知到深知，由少知到多知转化。

4. 曲问法：课堂提问要艺术多变。直露的提问，激发不了学生的动脑欲望、思考兴趣。而曲问则指通过旁敲侧击提出问题，这种迂回设问的方法，问在此而意在彼。让学生的思考更有挑战感，更能体验解答后的成功感。

"提问"是教师在课堂教学中最常用的方法，也是组织教学时必备的基本功。经过教师精心设计的、有创造性的提问，能激励学生敢于尝试和挑战，启发学生不满足于现状，大胆探索，保护学生的学习热情和动力，有效地培养学生的创新意识和思维能力，从而优化课堂结构，真正发挥教师的主导作用和学生的主体作用。

最后，建议我们在研究"提问"艺术的同时，还要关注提问后的回答，以及回答后的评价。这可以成为我们以后有效课堂教育沙龙的主题。期待余东初中的有效课堂研究不断深入，为教育质量上台阶作出新贡献。

谢谢大家！

# 十三、课堂：因和谐而精彩

　　刚才三和中心小学的老师们结合自己的课堂教学实践，围绕主题，从感性的层面上进行了很好的讨论，我试图从理性的层面上对这一主题进行一次解读。回忆我第一次来三和中心校时，曾用"天时、地利、人和"来解读"三和"这一名称，我想，这不就是我们所追求的和谐课堂吗！

　　我们能不能构建起"天时、地利、人和"的"三和课堂"呢？

　　首先，"天时"的课堂就是教育在恰到好处的课堂。它主要指课堂的自由度和练习度要恰到好处。我们在课堂中要做到"天时"，我认为基本策略是因层施教、动静结合。我想改写一下孔老先生的"因材施教"，现今的小组学习其实就是"因层施教"。我们没有小班教学的条件，面对现实，做分层教学的研究很有价值。课堂的基本定位，专心活动、深思活动，从明了到深刻理解，这就要求体现课堂的科学与高效。

　　其次，"地利"的课堂就是教育在丰富底版的课堂。底版是一哲学名词，是客体的意思，主要是教材等资源。就是要关注课堂的整合度和延展度。基本策略是广泛联系和开放整合。杜威先生认为最不好的课堂只是把一堂课当作一个整体。聪明的老师注意系统引导，利用过去的功课帮助目前的功课，利用目前的功课加深对过去功课的理解。他还认为最好的课堂是把生活和学习联系在一起。养成一种态度，要习惯于找到最佳结合点。地利就是要利用各种丰富的教育资源，丰富课堂的底版。

　　再次，"人和"的课堂就是教育在多元主体的课堂。世界上所有的人都是主体，客体是指物，课堂上教师与学生形成了自然的主体群。课堂的"人和"

主要指课堂的参与度和亲合度。基本策略是民主和睦和融洽愉悦。要用尊重、宽容、轻松的教育心态体现课堂的真实和人本。这是人本主义思想在课堂中的体现，以学生发展为本应作为课堂的价值观，学校的育人观。

只有"天时"、"地利"、"人和"的"三和"课堂才能正确处理刚才沙龙中老师们讨论的预设与生成、形式与内容、老师与学生的关系。

谢谢！

# 十四、有效课堂交往

很高兴参加常乐初中的教师沙龙，这是我在初中听到的第一个教师沙龙。我认为教育沙龙是一个好的校本研修方式。一段时间以后，把老师们聚集起来，围绕教育教学中共同关心的话题或问题，分享经验、碰撞智慧，形成价值认同。学校教师作为一个学习型的共同体，它的一个重要标志是具有共同的目标远景、价值观和凝聚力，而教育沙龙，就是让老师们形成共同价值观的重要方式。我希望所有的初中在2008年都能形成教育沙龙的制度，保证一两个月有一次沙龙活动，并选准好主题，我一定尽量抽时间参加老师们的沙龙活动，与老师们共同研讨、学习提高。

刚才，大家围绕有效课堂探索中的有效课堂交往的话题，谈了什么是课堂交往，怎样进行有效课堂交往，以及课堂交往中的一些困惑，交流得很精彩。其实，这本身就是一次特殊的交往活动，围绕这一主题，老师们进行了一次有效的交往。常乐初中在课堂交往研究方面是有着很好的基础的，"十五"期间黄忠校长就主持了《课堂教学中小组合作学习模式的构建研究》，大家对师生之间、生生之间、学生与教育影响之间、学生与自我的交往的行为之间作过较多的研究，所以，刚才大家谈的观点中，特别富有个人的见地。那么如何实现有效的课堂交往呢？听了老师们的交流，我试图作一个比较理性的概括。

我以为有效的课堂交往应实现以下三个转变：

一是从师生单向交往向师生多重立体式交往转变。课堂要从教师的话语霸权转向学生的众口争鸣。教师要善于根据教学需要，组织起各种形式的交往活动，特别是小组学习活动，让每一个学生在课堂里都有开口讲话的机会，都有表达自己意见的时空。只有教师把时间、空间真正让给了学生，才有可能从革命性的意义上改变教师一言堂的现状，才有可能促进教师转变自己传统的角色定位和观念，重新找到作为主导者、帮助者、启发者、引领者的崭新角色，从而深入思考如何做优秀的学生有效学习的指导者。

二是从学生与教育影响之间的外在交往向学生与自我之间的内在交往转变。通过组织各种形式化的交往行为，教师、学生与学习内容之间展开了丰富多彩的外显的交往活动，使学生与教育影响之间有了交往的广度，而交往只有广度是不够的，必须要有深度，其标志是这些外显的交往活动要促进学生内隐的学生与自我之间的内在交往活动的形成，使其触动学生的心灵，活跃学生的思维，丰润学生的情感，帮助学生形成正确的态度和价值观。

三是课堂交往从技术性交往向技术与情感相融合的交往转变。面对学习内容，教师与学生互动的交往行为，这种师生、生生交往不可能只是围绕知识的学习的交往，它需要丰富的情感的介入，才有可能实现有效性。爱是交往的情感基础，有爱心的交往才是真心、真情的交往。如果老师是发自内心地爱着学生，学生爱着老师和同伴，那么相互之间交往的心里距离就没有了，情感的趋同性会形成强大的学习力量，从而提高学习的效率。

有效的课堂交往其实是一种"主—客—主"之间的双向建构、双重建构的过程。它与传统的"主—客"与"主—主"的单向度的关系发生了重大转变，我们需要彻底转变那种单向的思维方式，真正从充分发挥学生学习主体性的角度，全面改革我们的课堂交往方式，建构新的课堂交往模型，正确处理好过程与方法、权威与自由、过去现在与未来、教育与生活、师道尊严与尊重学生人格等相互之间的复杂关系，从而实现有效的课堂交往，甚至是高效的课堂交往。

# 十五、有效课堂与教师的专业成长

今年是海门教育的"课堂效率年"。四甲中心小学选择这样一个话题是很有价值的，因为教师专业发展的基础和生命是课堂实践，课堂是教育的起点，也是教育的主阵地。课堂就是我们教师的田野，是可以把握的当下。刚才，老师们也基于专业阅读和丰富的实践基础进行了互动对话，但总觉得还没有沿着主持人的思路进行有效的团队研讨。所以借此机会，谈谈我对构建有效课堂与教师专业成长的思路——

路径之一，基于教学方式的变革，重构有效课堂。新课程最重要的变革，就是教学方式的转变，刚才老师们也谈到课堂上关注学生的自主体验、组织小组教学等。我们还可以尝试新的教学方式，研究如何真正做到以学定教，比如，语文学科应该让学生先自读感悟，再作交流点拨，数学学科应该多进行一些尝试教学。再有，分层教学与分层作业设计都可以运用在各个学科中。只有在不断的变革中寻找到适合不同年龄阶段孩子的最佳的教学方式，达成最有效的课堂效果。

路径之二，基于学科课程的开发，重构有效课堂。课程开发有国家课程校本化的开发与校本课程开发两种，前一种课程的开发一定要确立"用教材教"的理念，把整个世界当作孩子的教材，而不是拘泥于一个单词、一篇课文。我们熟悉的主题文化阅读课程的开发就是属于后一种。坚持学科课程的开发，才能把薄薄的教材读厚，让我们的课堂不断焕发生命的活力，不断增加师生生命的厚度。

　　路径之三，基于共同体的建设，重构有效课堂。之所以觉得今天的沙龙没能真正碰撞起来，关键是我们的反思都停留在简单的、个体的层面，而不是在同一个底版上，展开团队智慧的碰撞与生成。希望大家基于学科共同体、专业阅读共同体、课程研发共同体层面上多进行团队反思，以形成共同的价值取向，不断改革我们日常的行走方式，实现理论与实践、理想的课堂与现实的课堂之间的无缝对接。

　　唯有最好的老师才能办出最好的学校。真诚地希望四甲中心小学的老师能在行动与坚持中，获得又好又快的专业成长，过上一种幸福完整的教育生活。

# 十六、知行并进，实施有效教学

　　常乐中心小学的"学謇弘謇"特色真是越来越丰富，越来越有深度，从这次沙龙主题就可以看出，你们把张謇先生的"良知之学，重在知行并进"的教育名言与我们当前的有效教学结合在一起讨论，非常有价值。

　　进入常乐中心小学校门，就可以看见西花园里开辟的"小啬园"，矗立张謇先生的铜像，刻有张謇先生"良知之学重在知行并进"话语的石片，放眼望去就是布置着张謇语录的长廊，这些都成为学校的标志性景点，彰显了学校的个性魅力。为了充分发挥校园文化的育人功能，让学生时时刻刻都能受到文化的熏陶，学校给三幢楼分别取名知謇楼、学謇楼和弘謇楼。学校走廊悬挂着校级小状元事迹介绍，楼梯间有发表文章的学生照片；拐角处贴有文明警示标语；每间教室前都张贴师生的书画作品，那是师生展示才艺的窗口，给人自信，催人奋进；教师办公室的墙壁上贴有张謇先生的教育名言；教室前布置了"知謇学謇弘謇"的墙裙；弘謇楼天井中有"追寻张謇足迹"综合实践活动的精彩瞬间展览……每面墙壁都在"说话"，每一处景点都渗透出一股人文气息，这些静态与动态的结合，构成了常小独特的教育空间。

如今常乐镇人在张謇先生精神的鼓舞下，在改革开放的大潮中顶风踏浪，成长了一批先进人物，如培育村支部书记、江苏省劳动模范叶剑生，中南集团董事长陈锦石。他们是新时代的弄潮儿，是常乐人的骄傲。常乐培育村的草莓培植、常乐中南村的新农村样板房建设、蝴蝶兰基地、常中村的甜瓜大棚种植，这些给学习研究弘扬张謇思想提供了一个很好的鲜活资源。学校发挥地域优势，抓住这些新的可持续性释放资源，开展了一系列综合实践活动：寻找张謇足迹、参观培育村草莓、走进甜瓜村、参观颐生酒厂等。在活动过程中，学生进一步感受到了张謇先生及现代张謇人身上强毅力行的品质。学校编著了《张謇故事文集》（电子稿），组织学生阅读，并以年级为单位，开展"知謇"故事演讲比赛，"学謇"书法比赛，"弘謇"征文评比活动，使学生增加了对张謇的了解。学校成立了画张謇画的绘画小组，以张謇一生的经历为蓝图，绘制张謇画像百米长卷。百米长卷绘制活动加深了学生对张謇先生的了解，提高了艺术素养。学校还以张謇先生为常乐镇初等小学作的词为基础，通过改编并重新谱曲，创作了校歌，教学生唱校歌，用竖笛吹奏校歌，形成学校千人合奏《常乐中心小学校歌》的壮观场面。

特别是学校以课题研究为载体，学习张謇先生强毅力行的品质，更加明确了学校学謇弘謇特色。目前该课题的阶段性成果——《综合实践活动——信息技术校本课程》已经正式编辑出版。此校本课程以大单元主题综合实践活动为背景，以"知謇——学謇——弘謇"三个板块为主要内容，将学謇弘謇活动和网络技术的学习与运用结合了起来，使学校的特色创建更加深入地推进了课程改革。同时，今年学校还建立了特色网站，网站中专门设立了知謇、学謇、弘謇三块内容，着力宣传学校学謇弘謇特色建设。

刚才的讨论是有效的，理清了知行的关系。其实，今天的话题主要应该讨论"正确处理知行的关系"。对此，历史上有三大论点，一是"先知后行"。

程颐最早提出"知先行后说"，认为先有知而后有行，知是根本、前提，是行的指导。其最具影响力的是朱熹的"知先行后、知轻行重、知行互发"的知行观。二是"先行后知"。代表人物是陶行知，他认为，行是知之始，知是行之成，重知必先重行。三是"知行并进"。早期，王阳明明确反对前儒将知与行截然分离，首倡知行合一。张睿先生认为"良知之学，重在知行并进"。

我以为，应该基于以下几点重要的现实来思考知行的关系，设计我们的教学。

一是基于儿童的年龄，一至六年级知行的方式是不一样的。在低年级时，许多内容的学习先行后知比较适合，到了高年级更多的知识学习就可能先知后行了。

二是基于学习的内容。针对不同的学习内容，需要考虑资源的可能，行的可能性和必要性，有时候，有的内容在课堂中没有行的情景，就要创设情景。所以，要根据具体的内容进行灵活的设计。

三是基于儿童的个性特征，在儿童的初级阶段，有超常儿童，不需要行就能知。但有些儿童，不行（如初期学数学，要摆小棒来学数学）就不能知。另外，行的范畴是非常丰富的。

四是基于资源的可能。中国的传统文化是非常丰富的。目前，初中的理科教学就是注重知识的传授。以知识体系架构教材。西方是以能力架构，注重做中学。我们为了让学生更好地通过行来获得知，需要尽量的丰富课程资源，开发必要的行的资源，以获得更有效的学习效果。

希望常乐中心小学的老师能一切从教育教学的实际需要出发，从学生的需要出发，正确处理好知行的关系，最适合的才是最有效的。

# 十七、让我们做分层作业的设计者

—— 对汤小教育沙龙"作业，想说爱你也容易"的点评

看到汤家中心小学沙龙的主题"作业，想说爱你也容易"，我马上反应到一句话："作业，想说爱你不容易。"孩子面对作业有各种不同的心态：有的讨厌；有的不喜欢；有的无所谓；还有的是喜欢，但喜欢题海作业的孩子恐怕不多，尤其是高年级学生；而对作业最高层次的态度就是"爱"，这是一种很高的境界，我看到过这种高境界，不是在中国，而是在澳大利亚。那里的孩子为作业而痴迷，因为他们接受的作业都是实践探究性的，很少有机械的抄写。孩子们根据老师的作业，到图书馆去搜集资料、去访问有关人士、去社会调查，然后跟他们父母一起完成作业，这样的一份作业往往要一个多月才完成，最后形成的作业如一本厚厚的书，孩子们为完成这份作业感到自豪、幸福，这才是对作业的一种爱。

说"作业，想说爱你不容易"，是因为目前的教育价值取向决定了教师把作业的功能定位于巩固与反馈，教师想通过作业反馈来了解孩子们掌握知识的情况，并及时作好调整，但这只是抓了作业温习功能的一个方面，而忽视了作业的拓展功能，作业能激发孩子继续向前学习的动力，能挖掘孩子学习的潜力，作业的拓展功能把学习内容大大加以延伸、丰富，由一个点出现满天星。而这在实践中几乎是做不到的，因为我们是以掌握知识为价值定位的。教师们重在要求学生掌握基础知识，而忽略了培养学生的学习能力。我们对"双基"的要求非常高，所以孩子们在有限的时间内只能做这些，如果换一种方式，也以能力为定位，然后再去看双基，是否对双基产生影响呢？确实有！在澳洲，我发现他们掌握"双基"的程度确实没有我们全面，但他们在能力

的价值定位上指向性更强，不要说孩子，就是成人，你与他交流后会发现，若谈论的内容在他研究的范围内，他对这方面内容知道的细致性和深刻性会让你惊讶！若在他的研究范围之外，则茫然无知。而中国人接受的是完整的基础教育，我们是博而不专，所以只能说：作业，想说爱你不容易！

面对这样的现实，我们就该脚踏实地、实事求是地说：让我们一起做分层作业的设计者！

2004 年，《中国教育报》连载了我的《澳洲之行》，其中有一段是我最难忘的教育纪实："不同的小组会领到不同的作业，而且一年四季，坚持到底……"再看我们的作业，市教育局文件关于布置"分层作业"的要求提了好多次了，但是谁能常年为学生设计分层次的作业？再放低些要求来看，谁能坚持为班上的一部分差生设计简单的作业，让他们也能寻找到成功的阶梯。可以断言：几乎没有！我在澳洲曾做过深度的访谈，他们是用 40 多年的时间才能把分层作业的资源库建成。作业如何分层，如何针对不同的学习内容、不同的学生布置不同的作业，都是以科学的态度认真研究、不断实践的。我们现在就提这么高的要求是不可能的，但是可以从现在开始研究、逐步积累经验。也不要求一开始就分多少层，从分两层起步也好，先把班上基础相对薄弱的学生作为一个层次，每天能针对他们的学习实际设计能提高他们学习自信的一点作业。

今天沙龙的主题是：作业，想说爱你也容易！这"爱"包含着我们教师对教育的一种追寻、一种愿景、一种希望、一种理念，在这种理念的支撑下，我们应该为不同的学生选择合适的作业，让学生从心理上接受作业，这样，学生才会发自内心地喜欢作业，爱上作业。为此，我们应该做好这样的几件事情：

1. 研究学生。研究学生个体、群体，研究他们的习惯、爱好和知识基础。

2. 研究学习内容。根据学生的实际，为学生选择合适的学习内容，让一些差生也能体验到学习的进步、成功。教师要发挥团队精神，用集体的智慧为学生编制合适的学习内容，共同努力建好分层作业资源库。只要我们有这样的责任感和使命感，就能精致地做好教育，提高教育质量。

3. 设计分层多样的作业。我们要面对现实，充分考虑学生的个体差异、所学的知识内容等，为学生精心设计分层作业，哪怕是先分两层，在分层的基础上让作业的形式更多样化，使孩子喜欢作业。

4. 遵循设计分层作业的原则：①开放性。我们的作业一般都是收敛型的，直接指向目标的，我们要让作业开放些、丰富些，让孩子的思维在这样的作业中不断地拓展，我们的作业虽不可能像国外那样拓展，但也可以面对现实有所拓展。比如语文作业，我们就可以让学生创编童话、编童话报，这样的作业既达到了温习巩固及反馈的作用，又取得了拓展延伸的效果。②综合性。随着新课程改革的不断深入，我们都明确了小学阶段的课程是以综合性为主的课程体系，这是课程目标的一个定位。面对综合化的课程，尽管我们举步维艰，但方向是不变的，因为世界上任何一个发达国家，几乎都是这样一种综合性课程。理论家们通过反复研究发现：儿童在小学阶段的发展应该是完整的人的发展，他的知识结构处于一种综合状态，我们如果支离破碎地以分科的方式来培养儿童的话，是不符合规律的。我们作业的综合性必须要考虑到学科内的综合，让作业尽量走向生活。比如数学作业，就要发现生活中的数学。③实践性。这是分层作业一个很重要的方面，多一些实践性的作业，能激发孩子自我挑战的欲望，会促使孩子产生一种积极的心理驱动，让孩子觉得这样的作业是有意思、有价值的。

最后再次回到主题上，我希望通过今天这样一个话题，让作业有效性的理念深入人心，让课堂教学的效率在大家的努力下不断地得到提高。同时，我也期待着汤小以及我们其他学校的老师们在"分层作业"这一领域能真正地深入地做一些工作，积累一些经验。让老师们布置的作业更适合我们的孩子，让孩子们真正喜欢上作业。

# 十八、打开读题的天窗

今天包场镇中的教育沙龙在人员的组成上发生了重要变化，有学生参加，这是第一次。刚才讨论的时候，老师们用了许多自己教学中发生的生动的案例，来分析问题、解决问题，几位同学也把自己学习中遇到的难题带到现场请老师指导，这很好。

这次沙龙的主题是打开读题的天窗，那么读题的天窗是什么？即题是什么？简单地说，题就是题目。

1. 从学科分：文科题、理科题；

2. 从题型分：填空、选择、改错、阅读、习作、计算题、几何题、应用题、材料题等等。

所以，我以为读题能力的讨论，最好是基于学科或者某学科不同类型的题目来讨论如何读题，这样会更有针对性。刚才有老师谈到"门其实开着"，而读题的"那扇天窗其实也开着"。

那么，为什么还要打开这扇天窗呢？是因为：

1. 审题：理解题意，理清条件与问题，明确条件与问题的种种联系。

2. 解题：使要解决的问题在头脑中有一个清晰的印象，为解题作良好的铺垫。

打开天窗的本领就是读题能力。什么是读题能力？我以为主要包括以下四种阅读过程中的思维能力。

1. 理解能力：就是根据语言文字及图像、数字等，对其意义、逻辑关系的了解水平。

2. 判断能力：就是肯定或否定某种关系的存在，或指明它是否具有某种属性的思维能力。

3. 归纳能力：就是从部分到整体、从特殊到一般、从个别到普遍的信息处理本领。

4. 推理能力：就是通过对所阅读内容的再三考查，并引入新信息，而引申出新的结果的才能。

可见，这四种思维能力的培养十分重要，这些能力是一种思维习惯与品质，有了这些良好的思维习惯和品质，不管遇到何种类型的题目，都会迎刃而解。同时，良好的思维习惯与品质，自然会迁移到日常生活中，影响着自己做事、做人的习惯和方式，正所谓，"好习惯、好品质，成就好人生"，就是这个道理。

那么，到底如何打开读题这扇天窗？具体有些什么好办法、好步骤？我们在学习中遇到的一些难度比较大的题目中往往有很多机关，如何打通一个个关节，最后找到打开天窗的金钥匙，我以做一些比较复杂的题目的思维习惯和方法来试着理一理，请大家一起讨论。

第一步：整体把握，分清主次，去粗存精。不管哪一门学科，面对文字量多的题目，很多学生往往有些望而却步，退避三舍，其实这么多文字是背景介绍，通常与解题没有多大关系。因此，要想解这类题目，首先要克服心理障碍，然后进行整体地阅读，使自己对题目有一个初步的认识与评价，了解题目的情节梗概，有目的地对题目做出分析、理清框架，分清主次。把主要信息找到，搁置无关信息，甚至可以进行"圈点勾画"、"作批注"，以去粗存精，从而将阅读进一步引向深入。

第二步：重点突破，抓住本质，扫除障碍。在完成第一步的基础上，就要对重点字、词、句的理解，即重点突破，扫除题中障碍，对重点、有疑问的内容进行细细推敲，阅读时不只是停留在文字上的理解，还要懂得挖掘其内涵和外延。对陌生术语要克服畏惧心理，有些题中的一些陌生术语，只起一个"障眼法"的作用，出题者的本意是扰乱学生视线，往往不影响解题。因此，学生想进一步深入读题时，应抓住关键，理解本质，进行重点攻破。

第三步：理清脉络，梳理信息，沟通联系。很多题目常以"图文并茂"的形式出现，即既有文字又有图像或表格。图像、表格是信息的良好载体，它能直观、形象、简洁明了地表达信息，能突出考查学生的分析能力、观察能力。所以，遇到这样的题目，要善于对各种类型的信息题进行搜集、整理，要善于联系、比较、总结，发现其异同，找出其关系和规律，做到融会贯通，从而提高综合分析能力。

第四步：联想推理，简化关系，建立模型。完成以上三个环节后，对题目从文字、图像等信息上达到了整体加局部理解，接着就要求将题目的各种信息根据提问要求，运用联想、推理等方法，进行条理化、系统化、简单化的理解，尽量将问题转化成一个比较熟悉而又简单的题解。最终，找到解决问题的路径，建立解题的方法和模型。

我想，有了这四步，一些比较复杂的题目就可能得到顺利解决。不过，这还是有点抽象，不知道在座的同学是否能比较清楚地理解这些方法，但愿能给大家带来一些帮助。常言道，"功夫在诗外"。学生读题能力的提高，我建议还可以从抓学生的学科阅读入手，以不断丰富学科阅历和学科背景。比如语文的文学阅读、数学的数学阅读、理化生的科学阅读、英语的英文作品阅读、历史的历史故事阅读、思想品德的时文阅读等等。我们初中的书香校园建设要向深度发展，学科阅读是重要的方向，期待初中在这方面有突破的进展。

谢谢大家！

# 十九、学生作业的优化设计

今天和东灶港中学的老师们共同探讨学生作业的优化设计的问题，非常有收获。你们都讲得很好！如果叫我点评的话，我想，首先是对作业概念的界定，学生的作业到底是什么？简单概括，一个是课堂作业，一个是课外作业。其实课堂和课外作业的任务还是有一定的区别的。课堂有现场的针对性，课外是进一步丰富扩展和延伸。刚才在这一点上忽略了，我想，这很值得老师们思考。

目前的作业问题，主要面临着两个大的问题：一个是量的问题，一个是质的问题。量的问题就是负担问题，质的问题是作业的针对性问题。其实这两个问题是融合在一起的，刚才大家的讨论就是根据这两个方面来谈的。关于作业为什么要优化，大家讨论得很到位。对作业的目标性、针对性、层次性、趣味性、及时性，启发性、自主性等，我还帮你们概括了适切性，适合、贴切！那么要做到这些怎么办？怎么做到目标性呢？怎么做到趣味性呢？老师们用自己的例子来谈，谈得很好。要实实在在把作业设计作为教师的重要专业素质来提升，我以为要关注以下几个方面的研究。

（一）研究学科特点。只有认认真真地研究自己所教学科的特点，才能够整体上把握这门学科作业布置的特点，比如语文教师，在研究自己的学科特点前提下，就不会机械地叫学生写、抄、背，他就会考虑学科整体性、目标性、针对性、层次性等。

（二）研究知识的梯度。也就是说初一的老师不能只看初一的知识梯度，要看初中六个学期的知识梯度。很多初三老师在上初一的时候，往往直奔主题，直接用中考的内容，并没有考虑知识的梯度，梯度把握有问题！

（三）研究情智现象。作业的布置也有情感价值观的教育。我们很多老师有时忽视了学生的价值观和情感的教育。不同的学科情感价值观的介入是不一样的。语文有语文的特点，数学有数学的方式，需要我们做深入的研究。

（四）研究作业的方式。孩子的作业的方式应该是多样性，虽然作业大部分是笔头的，但老师要根据不同的学科特点，采取多样的作业形式，比如阅读、操作、社会实践等增强学生的兴趣，提高学生多种解题能力。

（五）研究作业反馈和提升。这是教师很重要的一个工作。每次作业必须批改，只有批改后你才能关注孩子的现状，哪些孩子掌握了，哪些孩子还没有掌握，这样你可以安排你的作业布置的侧重点，孩子可以在不同层面上得以提升。

（六）研究学生的差异性。两个层面，一是学生个体的差异，二是作业内容本身的差异。

总之，我们要形成一个共识，就是作业设计能力是教师的一个重要专业素质，要努力提升自己的这一专业素质。其次，学校要用长效的机制保证作业管理问题。要形成协作研究团队，通过团队合作解决作业量和质的问题。同一学科通过协作解决质的问题，通过班级或年级不同学科的协作，解决量的统筹问题。希望通过本次沙龙，东灶港中学的教师们能够把作业设计提升到一个新的层面上。通过作业的优化设计，提高教师的专业素质，减轻学生的负担，提高学习效率。从而，使东灶港中学的教学质量更上一个台阶！

# 二十、课堂教学有效评价策略

听了天补镇中老师们的沙龙，很受启发。对于课堂教学有效评价策略，我想追问一个问题：课堂评价主要有哪些功能？我以为，课堂评价首要是诊断功能，通过评价帮助学生判断正误，明辨是非。其次是引领功能，通过评价帮助学生矫正偏差，提升思想。再次是激励功能，通过评价让学生体验成功，激发潜能。教师们在运用评价的策略时要有比较清晰的评价目标指向。

鉴于以上功能，概括提炼刚才老师们讲的内容，课堂教学评价的主要策略有以下几种基本类型：

1. 情境性评价，也可以说是际遇性评价。这是一种基于教学情境的评价，要求教师善于利用现场情境，即时诊断，帮助学生反思问题，明确正确的标准。刚才我听了一节英语课，正好有一个很好的案例：课的最后英语老师让学生翻译一个句子，第一个学生说："鸟巢将成为 2008 年奥运会中最具有历史里程碑意义建筑。"第二个学生说："唯一有历史里程碑意义的是 2008 年奥运会。"第三个学生说："鸟巢将成为 2008 年奥运会中唯一有历史里程碑意义建筑。"这位老师现场的评价是：你们说的都有道理。这样的评价诊断性就不够，事实上第一个孩子说得最准确，其他两个都有问题。教师应该明确正误，让所有的学生都清晰哪一个说法是正确答案。

2. 引领性评价，也可以说是指导性评价。这是在教学情境的基础上，进行现场指导，有错误的进行矫正，有偏差的进行纠偏，发挥正确的导向功能。刚才这个翻译的关键点在 ONLY 一词的理解上，一般解释为"唯一的"，但这里可以解释为"特别的"更为恰当，如果教师抓住关键点，现场进行指导，学生就会把知识点掌握得比较牢固。引领性评价，往往能激起学生追求科学真理的热情，养成良好的学习习惯，从而不断确立新的发展目标。

3. 个性化评价。刚才老师们讨论了课堂评价要因人而异的问题，这很有道理。我们在基于教学情境下的评价，比较注重科学性、真理性，这里往往并不太多地考虑学生的情感因素和心理因素。所以，教师在评价的过程中要有情感的介入，要针对不同个性的学生，运用不同的评价语言，甚至是肢体语言，有时候，一个微笑，一个眼神，都能对孩子发挥重要的激励作用，会让学生心中涌动一种进步的渴望和成功的喜悦，这样的评价才更体现有效性。教师注重了个性化评价，往往能激发学生自我发展潜能，使学生的个性得到更加充分的张扬。

4. 互助性评价。刚才老师们也专门谈了课堂教学中要充分发挥学生之间相互评价的作用，这是一种同伴互助性评价。这样的评价方式，更能培养学生的判断能力，发挥学生学习的主体性，让学生获得自主发展的时空。在新课程理念的引领下，课堂教学方式正在不断发生着改变，学生是课堂的主人，课堂中更多的时间还给了学生，学生相互间的互动机会、互助学习变得越来越多，教师不但要指导学生如何学习，还要善于指导学生如何自主学习，如何互助学习，当然，也包括如何进行互助性评价。让学生懂得在如何追求真理的同时，学会自尊并尊重别人。

5. 展示性评价。展示更多的是激励性评价，可以让学生在展示中建立成长的自信，获得成功的喜悦，体验学习的快乐。刚才大家讨论了课堂教学中的表扬与批评问题，认为表扬、激励很重要，但是必要的批评也是不可缺少。我们可以利用课堂这一主阵地，更多地创造时空给学生充分展示，比如能不能提出每一堂课都能让每一个学生有展示交流的机会，让学生不断地感受成功、体验成功，从而能够不断地相信自我，不断地挑战自我。学生的"成功"，不能再仅仅停留在"一考定终身"这样一个层面上，还要倡导课堂教学要着眼于个性的发展，着力于特长的形成。

以上这些评价方式，会对学生产生一系列积极的心理效应，使每一个学生都有被充分认可的感受。学生经过努力取得的成绩，被老师欣赏了、肯定了，强化了学生的成功体验，会产生积极的内驱力，激发学习的动机。通过老师、同学之间多种方式的评价，确认了学生的阶段成果，会激发学生更大的创造潜力。当然，课堂评价的过程中，老师、同学也会诚恳地指出存在的问题和不足，使学生不断地矫正自己的不良行为，消退自己学习中的某些失误，带给他们更多的进取动力。因为这个过程注重了学生优点的积累和生成，帮助学生圈点了自己的学习轨迹，灿烂了自己的学习岁月。它是学生自信的宣言书，是他们获得成功的精神支柱，是以后采取自觉行动的起点，是学生成长中不可缺少的心理助力器。教师要鼓励和引导学生，依据标准和要求评价自己的学习效果，反省自己的学习过程，从而发现自己的优势和不足，明确改进的目标和途径，形成追求进步的愿望和信心，也有助于学生的反思能力、自我评价能力、自我监控能力和自我反省能力的发展。教师也通过多角度、多元化、多途径、多形式的课堂评价，可以对自己课程实施行为进行不断地诊断与反思，从而大大提高课堂教学的效率。

最后，我想倡导一种积极的课堂教学评价理念：让每一个学生在课堂评价中不断激发自我发展的潜能、体验学习成功的快乐。

谢谢大家！

# 二十一、让评价充满诗意　让种子熠熠生辉

感谢平山中心小学的教师带给我们精彩的沙龙，记得第七次小学基础教育课程改革现场会在平山召开时的主题就是学生的多元评价，一年以后，再来看看我们平山有什么进步，看看大家有什么变化。今天的沙龙主题仍然是评价，听了大家的研讨以后，我已经充分地感受到，这次课改现场会与上一

次明显不一样，大家已经有了更丰富的实践，已经有了更多样的思考，这是值得高兴的事情。这一年，平小的老师们做了很多工作，思考了很多，不过还需要进一步的反思，需要更系统、更深度的研究。我们希望再过一年，研究能更细、更深，为了使今后的研究更有序、更有深度，我提出几点建议。

首先说说关于评价的功能。我认为评价最大的功能就是对人的心理影响。其实，任何时候，任何人，不管大人和孩子，就像平山中心小学希望得到视导组的评价，听课之后，老师们希望得到视导组老师的评价一样，当听到对你们有一个非常肯定的评价时，大家心里面就会开心很长时间。当我在这里对你们整个学校有充分肯定的时候，我相信平山中心小学的全体老师，包括校长都会记在心里，感到幸福和快乐，这种幸福快乐就是一种心理的体验。同时，更重要的是这样的一种评价对人的另一个层面的影响，不是一个简单的影响，是对人的一种信心层面的影响，精神层面的影响，在这个层面的影响要有更深度的研究，我想评价的功能有更大的可能性发挥对人精神状态的改变。在改变人的精神状态的基础上改变人的努力方式。所以，我用三句话来说评价功能，也是三个层面、三个维度、三个阶梯：

第一句话，让每一个学生在评价中不断体验成功的快乐。这是比较浅显、外显的一个层面。一个好的评价，它能让人感受到快乐，能给人带来一种快乐的心理影响力。

第二句话，让每一个学生在评价中不断获得自信的风帆。怎么叫获得自信的风帆呢？我以为评价对一个人的自信心的影响是巨大的，当我们用评价架起这个风帆的时候，他就会不断地完善自我。

第三句话，让每个学生在评价中不断产生信心的飞跃。有了这份自信以后，在一次又一次积极的评价之后，他就会产生一种信心的飞越，而这种信心的飞越会使人从信心走向信念，从信念走向信仰。信心、信念、信仰是不同层次的概念，也许对小朋友来说，信仰可能高了一点，但通过一个好的评价模式，让孩子对自己学习、生活或成长的某一方面产生一种坚定不移的追求，产生一种矢志不渝的追求，这就是信念，而这种追求是他一辈子认定的东西，就有可能上升到信仰的层面，那是评价功能发挥到极致的一种状态，一种极高的境界。

今天老师们不但说了评价，还说了让评价充满诗意。我也想说说如何用诗意的评价让孩子体验成功的快乐，让孩子架起自信的风帆，让孩子有信心地飞跃？我也说三句话：

第一句话，诗意的评价是恰到好处的评价。评价不一定都说好话，批评也是一种评价。评价不一定全是激励性语言，体态也是一种。恰到好处就是用到恰当之时。

第二句话，诗意的评价是一个充满期待的评价。只有充满期待的评价才有可能让孩子的心灵产生一种积极的状态，才有可能激发孩子的原动力，才有可能让孩子不断地积极主动地去行动。只有原动力被激发，他才会去做，有了行动就会有收获，有了行动，那么潜能才会不断地被引爆，所以我觉得这种充满期待的评价也是一种诗意的评价。

第三句话，充满诗意的评价是建立信心的评价。刚才说行动还要有坚持，没有信心就不可能坚持。做事的前提就是有信心，当我们不断地强化这个信心时，他才会不断地去努力，使得这份自信得到增强，不断地使得他为了这个目标坚持不懈，不达目的不止追求。有了这样的追求过程，我们的评价就达到了非常理想的效果，只有这样我们才可能感受到这个过程也是充满诗意的。诗意是在过程中的，当孩子为一个目标不达目的不罢休的时候，这个过程就一定是充满诗意的。不是说你今天说句话就充满诗意了，我希望更多的是过程充满诗意的，这样才更理想。

平山中心小学的评价载体主要是种子、花朵、果实，这是一种很好的评价模式。每所学校都可以创造富有学校文化特色的评价模式。在我们平小人启动之始，我就非常支持。我也一直在反思这样的模式，这种模式绝不是唯一的一种评价模式，但是这种模式是目前比较理想的，当然还需要不断地去完善。

一是要让种子、花朵、果实的评价过程成为一个学习的过程。在孩子的成长过程中，在老师的成长过程中，构建一个理想的评价模式的过程本身就是学习的过程。孩子们在不断接受种子、花朵、果实这些评价的学习过程中，要对它产生一种心理的认同，产生了心理的认同，才有可能发挥它对心理的影响力，否则，他拿到一粒种子，不知道它是什么意思，拿到一个果实，也不能理解这个果实的价值。这个过程实际上是非常重要的，这种学习的过程是一种心理认同的过程，也将成为孩子心理成长的过程，而这种认同度就有可能影响到你评价的效能，很值得去研究。

二是要让种子、花朵、果实的评价模式成为孩子快乐成长的过程。从种子到花朵到果实，它应该是快乐的，充满阳光的过程。想像一下从种子到开花，开花以后又结了果，这个过程对孩子来说，不管是一个月形成一个循环，还是一个学期形成一个循环，它都应该是个不断体验快乐成长的过程，像在某一方面，某一阶段，某一角度，某一层面，从种子到花朵到果实，就是一个成长的过程。

三是要让种子、花朵、果实的评价模式成为幸福生活的过程。刚才说是快乐成长，现在说是幸福生活，因为生活的概念更完整。新教育实验倡导过一种幸福完整的教育生活，我希望孩子们在学校里的生活是幸福完整的，通过这样一种模式的构建，让孩子们在这种评价中，生活着、幸福着，这就要求我们不断地在实践中反思，让孩子们真正能体验到幸福感。

我希望平小的老师们去做三件事情：第一，深入研究如何发挥评价的积极功能；第二，不断丰富发展评价的方式方法；第三，经常反思评价的实际功效。只有一切从实际出发，不机械地套用这个模式，才能从这个模式中跳出来，从实际出发，从孩子的需要出发，去实现刚才提出的评价功能，要用一种科学的态度和精神，灵活、开放地运用这种评价模式，从而使其成为一种前进着的、流动着的、充满活力的、充满一种对成长关照的激励模式。希望通过平小老师们的共同努力，使这种追求开出更多的花朵，结出更多的硕果。谢谢大家！

# 二十二、阅读，为成长奠基

非常感谢余东中心小学的老师们，让我分享了近几年来阅读改变你们的教育生活的幸福。我一直关注着余东中心小学教师的阅读。2005 年以来，学校致力于构建良好的阅读生态，广泛开展师生的读书活动。特别是组织教师成立了"梦想家俱乐部"。"课堂热点问题大搜索"、"相遇在游园路上"、"个性展示"等主题活动在"梦想家俱乐部"生动活泼地开展起来。"梦想家俱乐部"成立半年后，为更好地推动、引领青年教师的专业发展，又把"梦想家俱乐部"改组为"梦想家读书会"，先后组织开展了多次读书沙龙活动。"做一个点灯的人"、"秀出精彩的职业生活"、"小课题研究交流会"、"教学案例反思"等沙龙活动从多方面启迪教师思考，用语言碰撞出智慧的火花。从刚才的讨论中，我真切地感受到老师们确实读过不少书，作为老师，不读书，就会重复几十年的故事，如果每天都在变化，我们的教育生活就会丰富多彩，充满激情。我希望大家能坚持走下去，所以，给我的点评取个题目叫：将阅读进行到底。围绕这个主题，谈几点想法：

**（一）阅读需要从活动式走向常态化。**

阅读节里的阅读更多的是一种任务式的阅读，而不是习惯式的阅读。我们要引领学生把读书像每天吃饭一般，一天也不落下，让阅读真正成为一种生活方式、生活习惯，通过阅读不断改善我们的精神伙食。平日，也许有很多借口，但那么多新教育人都能做到，我们也能做到，幸福感也会越来越强。常态化的阅读绝不排斥活动与机制。比如，如果我们建立每天坚持阅读一万字的机制，对形成一定的阅读习惯很有帮助。

**（二）从浅表式的阅读走向深度阅读。**

啃完整本书，做好读书笔记，不一定就是深度阅读，深度阅读需要目标、设计与研讨。以后的阅读沙龙可以就一本本名著，如《爱的教育》、《安徒生童话》、《草房子》等，展开研讨，一月一本，通过碰撞，不断读深这本书，并研究如何指导学生进行有效阅读，还可以进行学科化、板块化的设计，以满足不同个性需要的阅读。

**（三）从自由阅读到共读、共写、共生活。**

即一起读一本书，一起写读书笔记，一起展开交流、沙龙，一起表演，一起设计，一起描绘生活，就是共同生活。日记记录的是一天中最有价值的东西，也可以记录自己的阅读体会，或通过阅读印证自己的想法，这样的阅读就更有针对性，更有深度。

希望余东中心小学老师们在今后的教育生活中，因阅读，生活会更丰富、更有意义，用良好的阅读习惯把自己的精神生活演绎得更精彩。


# 二十三、让阅读成为初中学生的生活方式


今天悦来镇中的教育沙龙主题与昨天有些相似，只是角度更小了些，老师们谈得很深入、很有水平。我想先简单重复一下昨天讲过的我的阅读观：阅读即生命，阅读最主要的是促进人的心灵的成长，精神的发育；阅读即生活，阅读的过程是精神享受的过程，是心灵成长的过程，这就是生活；阅读

即探索，阅读可以让学生探索世界、探索人生、探索生活；阅读即审美，阅读可以让学生获得真善美的真谛。

昨天我还表达了这样的观点：改变初中学生的阅读生活首先在校长，关键在教师，目标是要让学生终生热爱阅读。我希望我们的学生将来不论从事何种职业，他们都是终生的阅读爱好者、精神富有者。

如何教给学生一生享用的阅读习惯？我以为，美德是习惯的结果，习惯是规训的结果。听了老师们的沙龙，我又有了新的想法，习惯也是濡染的结果，习惯还是引领的结果。刚才老师们特别讲到了如何营造阅读氛围，来濡染学生，通过教师指导，激发学生阅读兴趣，养成良好的阅读习惯。

如何让阅读成为初中学生的生活方式，其核心问题是建立适合初中学生的阅读机制。从老师们的讨论中我概括了六大阅读机制：

1. 阅读组织机制：悦来镇中有一个"致远"文学社，还有班级读书会，建立了晨诵暮读的阅读方式和图书漂流机制，开设了阅读指导课，把语文和英语的课外阅读课内化，由老师进行名著、名篇的指导，指导学生撰写读书笔记等。这些都是很好的机制，能帮助初中学生阅读习惯化、常态化，这种习惯化、常态化的阅读方式就是一种生活方式。

2. 阅读活动机制：这学期悦来镇中开展了"百日阅读活动"，期间将有作家进校园、读书沙龙、读书推介会等多种活动，刚才老师们讨论了师生共读问题，认为教师与学生共同阅读，对学生阅读习惯的养成有着重要的促进意义。另外，大家也讨论了亲子共读、社区阅读推广活动，作为一所农村初中，在这两个专题上有所思考，并已经付诸了实践，是非常了不起的。

3. 阅读挑战机制：这是一种激发与引爆阅读潜能的好机制。初中学生三年的阅读量，以及每年的阅读量，每月、每天的阅读量，都应该给学生明确的目标，这种量化的目标，不但能够引领学生，更能激发学生挑战目标的激情和潜能。当然，还要有质量的标准。当学生阅读的量、质在一段时间后达到要求后，就应该进行表彰奖励。

4. 阅读展示机制：悦来镇中有一份"致远"报纸，各班级有作品展示墙、板报，校园里有展示师生作品的橱窗，还在海门教育周刊上开辟了学生习作专栏。在学校"百日阅读活动"中还有演讲、征文比赛等等。这一系列的展示平台，一定能让学生不断获得阅读成功的体验，品尝阅读带来的快乐。

5. 阅读评价机制：我一直希望初中的校园里不要总看到学生月考排名的张榜，而是有各种各样的成长之星榜，比如每月都可以进行阅读之星的评比，通过评比，让获得星级的学生更加喜欢阅读，向更高的目标挑战，让没有获得星级的学生在榜样的引领下，激起不断努力的欲望，让创星作为学生评价的重要机制。同时，还要研究考试评价机制，通过考试评价改革引导学生深度阅读、有效阅读。

6. 阅读研发机制：我们要为每一个初中学生寻找到他此时此刻最适宜的书籍。有了晨诵暮读机制，还要解决阅读的内容和形式的问题。悦来镇中已经有了很好的探索，开发了"校本阅读"课程，内容非常好，还可以继续丰富和拓展。晨诵暮读诵什么？读什么？怎么诵？怎么读？都需要进行深度研究。我们要建立专门的研发团队，进行项目攻坚，还要研究学生阅读内在机制的激发等，让阅读成为学生持续不断的学习习惯。

让阅读成为初中学生的生活方式，贵在行动后的坚持。我期待悦来镇中用你们的行动和坚持，让学生在阅读的世界里幸福成长，使悦来镇中的教育更具品质、更有内涵。

谢谢大家！

# 二十四、用故事演绎故事

一年前与我刘浩中心小学的校长们一起讨论，决定把"故事教育"作为特色建设的内容，一年过去了，刚才老师们的"我们在故事中成长"的教育沙龙让我充分感受到了一年来大家在"故事教育"特色建设过程中的付出与收获，我结合沙龙对故事教育再谈几点想法：

一是"故事教育"的定位："故事教育"就是用故事演绎故事，用别人的故事来演绎自己的故事。

二是"故事教育"的意义：人的生活离不开故事，人的生命成长也离不开故事。人在故事中得到教育，人在创造故事中重建生活的意义、生命的价值。"故事教育"的意义就在于生活的意义，在于生长的意义，在于生命的意义。让我们在故事中不断成长，享受生命拔节的喜悦，精神世界的不断充盈。人类对生命，对心灵世界都有自己特有的理解。故事引领我们走进自然、社会、生活、人的心灵世界，演绎我们自己的故事，再通过自己的故事来揭示故事的意义。

三是故事的选择：孩子们到底读、听哪些故事呢？当然是孩子们最喜欢的故事。孩子们喜欢的故事有哪些？我们可以从两个维度加以分类。其一是文学类，如童话、寓言、神话、民间故事、人物故事等等，其二是主题类，如历史故事、科学故事、自然故事、社会故事。社会故事又包括亲情、感恩、励志、成功、战争、奥运等故事。值得一提的是英语小故事，原版英语小故事短小、生动，有利于培养学生英语语感，使学生在生动的故事情节中巩固新知，增长智慧。

怎样进行故事教育呢？基本的方法有听、说、读、编、演。另外，要注重故事情境平台的搭建。学校里布置故事长廊，举办故事讲坛或擂台赛、故事节、故事社团、故事小报等。新教学楼落成后，开设一个故事馆。故事馆里有不同类型的故事书籍。这些故事书要分类摆放，以后的故事指导课在书馆里进行。

四是故事的深度：故事教育要有一定的深度。故事教育的深度和宽度还有待拓展，实践中要多思考故事是如何开启儿童心智的，故事是如何发展儿童语言的，故事是如何丰富儿童精神世界的，故事是如何引领教师专业成长的，从而丰富特色教育的文化内涵，实现"故事教育"的多元价值。

# 二十五、阅读之路，你我同行

## ——正余初中"文学阅读"教育沙龙点评

正余初中是海门初中界专题开展文学阅读的学校，刚才的"文学阅读"沙龙很耐人寻味。苏霍姆林斯基在《帕夫雷什中学》一书中有大量的篇幅谈关于文学阅读的问题。教育部新颁布的《语文课程标准》明确规定：7～9年级应该能"欣赏文学作品，能有自己的情感体验，初步领悟作品的内涵，从中获得对自然、社会、人生的有益启示。对作品的思想感情倾向，能联系文化背景作出自己的评价；对作品中感人的情境和形象，能说出自己的体验；品味作品中富于表现力的语言"。我结合沙龙，谈几点想法：

**（一）文学阅读的意义。**

1. 对初中生精神成长的意义。有助于净化学生的灵魂，陶冶他们的情操。有助于对学生进行美育，促进学生道德发展。有助于学生了解历史，认识时代和社会。文学其实是人学。泰戈尔谈到文学的意义时说到，"语言和我们人的关系是血管和心脏的关系"。（这里的语言指文学）文学对于人扩大自己的生命，让自己跟世界和无限结合是必不可少的。人只有在文学中才能最好地表达自己，才能见到最高真实。文学就是要捍卫人的精神、人的精神追求、人的精神生活、人的精神世界——而这些是人类得以存在到今天的根，是人类的生命支柱。也唯有人的精神、人的精神追求、人的精神生活、人的精神世界这世界历史发展的动力源泉，才能使今天处于生存极限的人类，转危为安，把人类引向光明美好的未来。人的精神、人的精神追求、人的精神生活、人的精神世界是人类的本质。

2. 对初中学生阅读和写作能力提升的意义。不仅提高文学作品的欣赏能力，还要提高自己的习作能力。经典的文学作品会为阅读提供一个良好的起点与指导，这是当下许多流行作品难以做到的。文学作品会告诉我们，写作能给我们多大的想象域，而经典的文学作品一定是在某一程度上达到了人类感知能力的极限。而从文学的修辞意义上说，经典的文学作品一定是某一语种技术上的高峰。好的作品会告诉我们，母语有什么样的性能，能够表达些什么。即使对并非以文学写作为专业的人们来说，经典的文学作品对生活也是具有参照价值的。让我们去探寻生活的意义，使生命超越物理性的生存是人的本能之一，而文学所进行的便是为生命探寻意义的工作。经典的文学作品会告诉我们，什么是最有意义的，是经过历史选择而亘古不变的真善美。长期阅读对学生产生思想的影响、语言的影响。考试文章的阅读与日常阅读不同，需要学生学会文本细读、品读。

**（二）如何开展文学阅读。**

1. 文学阅读的目标：量的目标，质的目标。初中生文学阅读的底线目标最好达 500 万字，读 20～30 本经典文学书。

2. 文学阅读的课程建设：课时落实，开设文学课，制订专项文学阅读计划。

3. 开展文学阅读要解决的几个重要问题：

一是寻找此时此刻最适宜的文学阅读作品：名著、名篇、主题组合。

二是研究此时此刻最适宜的文学阅读指导方式：探究式、沙龙式、对话式、朗读式、辩论式、表演式、讲坛式、赏析式等。根据文学作品的类型：诗歌、小说、散文、戏剧、童话等来展开。

三是创设此时此刻最适宜的文学阅读的情境：文学大师雕塑群或展板群（代表作、经典名句：如人最宝贵的是生命），走进文学大师（聆听大师声音），文学讲坛、文学作品表演、文学鉴赏（电视）、文学阅读节等。

文学阅读指导的几点建议：

首先，教师在指导阅读时，应当尊重学生的阅读需要和个体的审美体验，在阅读材料和评估方式的选择上重视学生阅读习惯和阅读能力的培养，注重发展和提高学生对文学的欣赏和理解能力。教师对于阅读指导方式的选择要重视阅读过程中的思维训练和习惯养成，不能简单强调阅读结果。

其次，教师应当制定切实可行的阅读计划，教师应根据不同题材和体裁的文学作品设计不同的阅读方案，并在实施中做详细记录。具有可持续性和可操作性的阅读计划是提高儿童阅读能力的重要保证。

第三，在阅读过程中教师应当注意保持作品带给学生的完整性和新鲜感。调动学生的阅读积极性，建立和增强学生的阅读自信，推动其自主阅读。

第四，注意对文学作品进行延伸性阅读，指导教师从文学作品延伸至电影、戏剧表演、音乐、绘画等多媒体手段让学生体会文学作品的其他艺术转化形式。鼓励学生阅读同一位作家其他作品或其他作家的同类作品并加以比较。同时，可以让学生改写、续写或者模仿作品进行创作。这要求对所阅读的作品充分了解和体会。

第五，建立合理的评估体制。用考试来评估学生阅读效果的方式不仅单一，也违背了尊重个体审美经验的前提。教师应当在阅读过程中，鼓励学生对作品进行提问和独立评价，学生对作品的看法和感受教师必须及时给予反馈，分享阅读经验和体会，引导和修正学生对作品的观点。

# 二十六、在"科学阅读"中快乐成长

临江初中三位校长分别是教物理、化学、生物的，在新课程中可以合并为一门课程即科学。因此，一年前，我在这里倡导开展科学阅读研究。其实科学阅读从字面上理解应该有两层意思：一是科学的阅读，主要指科学的阅读方法、方式。二是指以科学为主题的阅读，主要以科学主题为架构的系列阅读。

那么怎样进行科学的阅读呢？我建议：

首先要编制科学阅读推荐书目，研究科学阅读的指导方式，创设科学阅读的情境。特别要有结合学科的科学阅读方法研究，如语文阅读、英语阅读、理科读题、读文、读图表等，还有自主阅读能力的提升。

科学主题的阅读可以有：一是以科学事件为线索的阅读材料（人类每次科技进步的重大事件）；二是以科学家的故事为线索；三是以科普知识为线索的阅读材料（日常生活中厨房里的科普、自然）；四是科学文学作品（小说、诗歌、科幻）等阅读材料，科学生活、科学幻想等。

其次要形成各个学科阅读指导策略案例集。提出一些学生阅读方法的建议，结合各学科的具体案例，配有教师的指导、学生自己的阅读体会等。

再次是要开展丰富多彩的科学阅读实践活动。如科学实验活动系列课程建设；开展以科学探究为方向的研究性学习主题活动；编科学阅读报；开设科学主题系列社团；举办科学文化阅读节，如科普知识竞赛、培养卓越口才、演讲竞赛、聆听窗外声音等；开发科学阅读网站。

临江初中的科学阅读特色可以形成以下"六个一"品牌：

一张科学阅读报纸；

一个科学阅读讲坛；

一场科学家报告；

一个科学研究主题；

一个科学社团；

一个科学阅读网站。

只要我们精心打造这"六个一"，不但可以成为学校的文化品牌，更重要的是让临江初中的学生因此能享受一份独特的教育生活。

# 二十七、重构初中生课外阅读生活

　　万年初中教育沙龙的内容不算是一个新颖的话题，但对现在初中阶段来说却是十分有必要和有价值。我很赞同老师们对初中生目前阅读现状和面临的困境的分析，万年初中的课外阅读活动搞得有声有色，特别是英语的阅读活动真是丰富多彩，值得大家学习。今天老师们讨论这个话题，试图使我们的阅读活动继续深入持久地开展下去，并取得更大的成效。我想，还是先谈谈我的阅读观：

　　1. 阅读即生命。阅读最主要的是促进人的心灵的成长、精神的发育。我的导师朱永新教授所说的："一个人的精神发育史就是阅读史，一个民族的精神境界取决于阅读的水平。"就是最好的解释。

　　2. 阅读即生活。阅读的过程是精神享受的过程，是心灵成长的过程，这就是一种生活，是学生学习生活的重要组成部分。我以为，一个没有阅读的学校永远没有真正的教育生活。

　　3. 阅读即探索。阅读可以让学生探索世界、探索人生、探索生活。人成长的过程，也是探索人生的过程，阅读恰恰能帮助我们走好探索之路。

　　4. 阅读即审美。阅读让学生获得真善美的真谛。美在书中、丑也在书中，阅读可以让学生的审美能力得到不断提升。一所书香充盈的学校，必然是美丽的学校。

　　在初中阶段如何因地制宜，开展更有针对性和实效性的课外阅读行动呢？从老师们的讨论中，我概括出以下几条基本路径：

　　1. 晨诵暮读，让阅读成为初中学生日常的生活方式。我们倡导晨诵暮读的阅读生活方式，就是希望各个初中能在早晨保证有足够的时间组织学生开展诵读活动，傍晚也有一定的时间进行广泛阅读。要让初中学生有天天阅读的好习惯，必须有时间的保证。我以为，改变初中学生的阅读生活首先在校长。只有校长，才能统筹解决这一问题，希望校长们能转变传统的应试观念，从学生更长远的发展出发，使学生的阅读时间得到足够的保证。

2. 阶梯阅读，让初中学生获得完整的阅读体验。我们要为每一个初中学生寻找到他此时此刻最适宜的书籍。有了晨诵暮读的时间，还要解决阅读的内容，诵什么？读什么？怎么诵？怎么读？都需要进行深度研究。我建议，要把名著阅读与片断、美文阅读结合；经典阅读与时文阅读结合；文学阅读与科学、历史阅读等结合；中文阅读与英文阅读结合；文本阅读与网络阅读、影视阅读结合；推荐必读与自由阅读结合。阅读本来是个性化的，但需要教师的引导和指导。我还以为，改变初中学生的阅读生活关键在教师。教师要不断进行阅读研究，研发校本阅读课程，有效开展课外阅读指导。

3. 节日活动，让初中学生在活动中不断体验阅读的快乐。现在许多学校有了阅读节，开展了丰富多彩的阅读活动，在这些节日活动中，展示学生的阅读成果，通过竞赛、表演等方式，让学生不断体验阅读带给他们的成功感和幸福感。当然，我更希望把热热闹闹的阅读活动逐步转化为日常的阅读活动，使阅读常态化。我更以为，改变初中学生阅读生活的目标是要让学生终生热爱阅读。我期待，我们的学生他们将来无论从事什么职业，他们终生都是阅读爱好者，这能带给他们一生最大的精神财富。

4. 共读共写，共同编织幸福完整的初中教育生活。要让学生把阅读作为自己的生活方式，教师首先要喜爱阅读，阅读也应该成为教师的生活方式。要有效指导学生阅读，教师必须先阅读学生阅读的内容。所以，我们倡导师生共读共写，这样，才能拥有共同的语言，共同的生活。书是我们的共同的语言、共同的密码，通过共读共写，来赢得我们共同的一种教育生活。最后，我要说：改变初中生的阅读生活贵在行动后的坚持。

期待着大家通过初中生课外阅读生活的重构，来改变我们海门学生的生存状态，使他们的精神生活更加丰润起来，心灵得到更加健康的成长。

谢谢大家！

附录一

# 新教育，在海门大地上穿行

## ——来自海门新教育实验区的报告

吴 勇　钱 珏　王领琴

　　靠江靠海靠上海，新人新事新教育。素有"江海门户"之称的海门与新教育有着深厚的渊源关系。早在 2003 年 3 月，江苏教育报刊社组织的"弘謇杯"全省第三届新世纪园丁征文颁奖活动在海门举行，时任苏州市副市长的著名教育家朱永新教授应邀作学术报告，报告的内容就是"新教育实验"，这是朱老师第一次较为系统地阐释新教育理念。"让师生沐浴新教育的阳光雨露"，令听者怦然心动，热血沸腾。受清末状元张謇"父实业，母教育"思想熏陶的海门教师们迫不及待地牵手新教育，痴情地投入到新教育实验中。2005 年 9 月，海门以区域的形式整体加入"新教育实验"。从此，新教育就像一条奔腾不息的河流，在海门大地上穿行，改变着海门师生的生活方式，也演绎了一个又一个海门新教育的成功与传奇。

## 一、让每个孩子拥有相似的阅读背景

　　2005 年底，海门市组织了一次小学生课外阅读情况调查，孩子们的阅读现状令人尴尬，农村小学的情况尤其让人不安：12％的农村小学学生家里没有一本图书，78.8％的家长没有给孩子买过书，68.9％的农村小学学生家里仅有的一两本课外读物也只是作文选。由于学校经费的制约，农村小学无法提供足够孩子们阅读的图书，农村的孩子很难找到他们所需要的读物，阅读量的普遍不足严重影响着儿童良好阅读习惯的形成，追随教育梦想的海门新教育人为此寝食不安。

阅读是教育中最本质的一个活动，那些最伟大的教育思想家毫无例外地都推崇阅读。通过阅读可以获得终身自我学习的能力，更重要的是拥有了终身学习的兴趣和习惯。朱永新教授首倡"营造书香校园"等新教育"六大行动"，就是要为孩子的精神打底，为孩子的人生奠基。拯救儿童阅读，被海门教育决策人提上了议事日程；推广阅读成了海门新教育人共同的使命。

海门当时有60多所农村小学，怎样让农村小学的孩子们也有好书读，也能读好书，让每个孩子拥有相似的阅读背景，成了海门教育决策层心心挂念的大事。

海门全市范围内的"书香童年计划"于2006年年初正式启动，让好书陪伴孩子的童年，成为海门小学教育的一项重要工作。作为"书香童年计划"的一个组成部分，首先开始实施的，是面向全市所有农村小学的"图书漂流"行动。

由教育局统一承担经费，教研室组织人员精心选定书目，统一购买了适合学生阅读的中外名著75种1875册、适合教师阅读的书籍20种420册，分成5个流动书架，从2006年2月开始，以"片"为单位，在农村小学之间有序"漂流"。图书在每所农村小学停留的时间是4个星期，随"图书漂流"的还有统一设计的资料夹，内有"图书漂流"行动简介、给教师的信、给家长的信、读书倡议书、班级读书会介绍、6个不同年段的阅读指导方案、漂流图书目录、书友记录单等，既供漂流学校相互学习、分享，也让教育局了解各校的学习情况。

每一所农村小学的孩子都热切地期盼着图书"漂"来。流动图书室运到的那一天，各个农村小学都要举行简短而隆重的启动仪式，"好书伴我成长！好书伴我飞翔"、"我读书，我快乐！我读书，我成长"的行动口号响彻校园。孩子们的阅读视野打开了，《西游记》、《安徒生童话》、《草房子》、《时代广场下的蟋蟀》、《窗边的小豆豆》等最新版本的书籍，对孩子们充满着强烈的吸引力，生生共读、师生共读的情景随处可见。4周之后，书架"漂"走了，但阅读的热情、读书的习惯留下了，阅读活动还在持续开展。据统计，2006年上半年，全市图书漂流经过了30所农村小学，惠及9799名学生、180位教师；学生人均读书 4.3 本，教师人均读书 3 本。150 余名村小学生被评为"三星级小书迷"。

2006 年 9 月，海门又启动了第二轮图书"漂流行动"。这一次主要采用班级共读同一本书的方式，即在一个"漂流"期（两周）内，市教育局向全市各农村小学提供 2 种图书，图书数量大致按照相应班级的学生数确定。这一轮的"图书漂流"行动，要求教师带领全班学生共同精读同一本书。停留期满，该图书即向下一所学校"漂"去，又有新的图书"漂"来。如此循环，在整个图书"漂流"期间，全市所有农村小学每天均有 2 个班级在共读同一本书。

怎样让学生养成良好的读书习惯，让他们爱阅读的同时会阅读，读出效果和味道来？这是海门市"书香童年计划"深入实施过程中各个学校都在研究的课题。东洲小学精心筛选了适合各个年级学生阅读的书目，逐步构建起了综合精读、泛读、品读、诵读的阅读课程体系。每周一次的整本书阅读课，学生都是在图书馆度过的。他们在老师的带领下，共同精读一本书，一个学期下来，每个班级一般可以精读 4 本学校统一推荐的好书。"小学阶段完整地精读 48 本书，对学生来说这是一笔可贵的精神财富啊！"东洲小学校长祝禧感慨万千。

不仅仅是一般地读，他们还设计了"阅读手册"，进行系列化的阅读指导和训练。比如四年级阅读《夏洛的网》，"阅读手册"设计了分享感人片段、仿写摇篮曲、写给主人公威尔伯的一封信、与好朋友分角色朗读等听、说、读、写综合训练，阅读活动变得更加丰富、生动。用主体化阅读把精读、泛读串联起来，阅读的内容从儿童文学作品扩大到更多的科学人文书籍，阅读的对象从汉语书籍扩大到简单的英语作品，从传统的平面印刷物扩大到网络和影视作品，东洲小学孩子们的阅读世界变得更加精彩。

海门实验学校小学部强调的是儿童文学作品的经典阅读。他们挂牌成立了"儿童阅读研究中心"，要求各班级每学期选定一本优秀儿童文学作品作为班级共读书，进行深入研读。为此学校还要求每位教师重点钻研一部优秀作品，通过对一部作品的理解带动对儿童文学整体的理解，然后从孩子的视角对这一作品编写阅读建议菜单。以师生共读为基础，老师再组织孩子们编写属于自己的书，为他们的童年生活留下美好的记忆。

倡导深度阅读，让阅读真正渗透到孩子的情感和智慧深处，这是海门市"书香童年计划"深入实施中的一个导向。正是为了这个目标，他们提出要让"阅读课程化"，要"读整本的书"，要进行鉴赏性的"师生共读"，要围绕阅读书目展开系列化活动。晨诵、午读、暮省紧密结合，让阅读内化为学生的生活方式，今年4月举行的全市书本剧展演就是深度阅读向纵深发展的一个证明，学生们把自己的阅读所得用形象的舞台表演呈现出来。今年全市四至六年级学生现场"阅读与作文"大赛也刚刚降下帷幕，命题围绕新教育黄书包的必读书目，四年级试题要求学生展开想象为《时代广场下的蟋蟀》续写结尾，五年级试题要求写下与《假如给我三天光明》主人公海伦·凯勒进行的一次心灵"对话"，六年级试题要求评说《西游记》的两个人物。没有真正意义上的整本书的深度阅读，这样的"大动作"是谁也不敢轻易搞的！

让学校办在图书馆里，是海门新教育实验的一个重要理念。迄今为止，"图书漂流行动"共实施了三轮，全市每一所农村学校都拥有了丰富的图书资源，确保了农村的孩子与城里的孩子拥有相似的阅读背景。从激发学生阅读兴趣的"自由阅读"，到引导学生学会阅读的"师生共读"，再到把阅读当成生活方式的"深度阅读"渐次推进。"文学阅读"、"经典阅读"、"快乐阅读"、"科学阅读"和"主题阅读"成为一些学校精心打造的特色品牌。

由"图书漂流"引起的"蝴蝶效应"远不止此，读书活动轰轰烈烈地开展，2007年已经延伸至初中。全市范围的"书香学生"、"书香教师"、"书香班级"评比如火如荼地展开，今年海门市新教育读书节启动仪式上共表彰了395位"书香学生"、115位"书香教师"、94个"书香班级"。读书活动还辐射到了家庭、社区，家长被孩子读书的热情感染了，"亲子阅读"成了海门一条独特的风景线；社区阅读成了居民业余生活的首选。从2007年开始，海门将每年元月的第一个周末，确定为海门的"家庭教育日"，这在全国属首创。开展"书香家庭"评选活动，在全市积极营造和谐的亲子共读氛围；开展"亲子共读"专题讲座，指导亲子科学阅读……由学校到家庭再到社会，海门的每一寸土地上都弥漫着浓浓的书卷气息，空气中散发着清新的油墨芳香。

教育局还下发相关文件，要求学校从地方课程中每周拿出一节作为校本阅读课，并确保每天1小时让学生自由读书，这样广泛阅读就有了固定的时空。根据《语文课程标准》的教学建议，海门市教育局组织一批教学骨干梳理了中国的古典诗词、现当代诗词和中外名著，编辑出版了《小学生诗词诵读》、《初中生古诗赏读》和《初中生名著导读》，创造性地开展诗词、名著诵读活动。为期一月的学校阅读节每学期如约而至，教室、图书角、阅览室随处可见如痴如醉的阅读身影，阅读挑战行动壮大了"小书虫"队伍。"世界读书日"与"孔子诞辰日"推出的全市性的阅读节以及诗词诵读展演——《春天诗会》、《我爱诵读》、《我与经典同行》等将诵读活动推向一个又一个高潮。书香校园建设与行政推动紧密结合，让海门的校园劲飘书香；书香，赠与孩子一身的灵气。

"让读书成为生活方式，让书香伴随童年成长"，"读书吧，让好书伴随我们快乐地成长"在海门各中小学，读书活动如火如荼地开展。各校还开展"聆听窗外声音"活动，邀请著名作家走进校园，让孩子们有机会零距离接触他们，聆听他们的报告，面对面地对话交流，持续激发孩子们的读书热情。近5年来，曹文轩、郑渊洁、梅子涵、秦文君、黄蓓佳、冰波、杨红樱、祁智、沈石溪、周锐等知名儿童文学作家应邀前来，在轻松愉快的气氛中进一步点燃了学生阅读和思考的激情。见面会的结束，又意味着新一轮阅读、写作热潮的开始：描述跟作家亲密接触的情景，给拍摄的相片写段文字纪念，阅读作家推荐的好书……

朱永新教授曾指出："阅读不能改变人生的长度，但它可以改变人生的宽度。阅读不能改变人生的物相，但它可以改变人生的气象"。而海门市教育局副局长许新海博士则坚定地说："我们无限相信书籍的力量，倾情用一身书卷味唤醒儿童的阅读需要，正用一路书香温润儿童精神成长。"新教育让孩子们与书为友，与经典同行，"营造书香童年"夯实了海门孩子的人生底子，铸就了他们伟岸的精神"骨架"。

## 二、让每个教师拥有共同的精神家园

没有教师生命质量的提升，就很难有教育质量的提升；没有教师对美好生活的向往和追求，就很难有学生对美好生活的向往和追求。让教师和学生共成长，以教师的成长带动学生的成长，让教师直接享受教育带给他（她）的快乐和幸福，让全市教师拥有相同的精神家园，这是海门新教育实验一个重要的价值取向。

2005 年 9 月，"海门新教育共同体"成立。成立之初，决策者们就将其定位为一个研习共同体、一个研修共同体、一个研发共同体。研习共同体为全市教师提供了专业阅读书目与地图，让老师们在反思自己阅读史的基础上绘制适合自己发展的阅读地图；研修共同体，为广大教师，尤其是青年教师们围绕课堂教学提供了展示、磨砺、修炼、合作、互动的专业成长平台；研发共同体为全市教师从"教教材"到"用教材教"，做国家课程的二度开发者，地方和校本课程的研发者搭建了一个又一个富有挑战的项目平台。从研习到研修再到研发，形成了海门教师专业发展独特路径，在这一路行走的过程中，新教育共同体成了大家共同的精神家园和成长舞台。

新教育共同体不仅是教育科研的一个桌面，更是一种教育文化的内存。2006 年，海门申报的"区域教育共同体建设与研究"被正式批准为江苏省教育科学"十一五"规划立项课题。开题报告中如此表述：海门新教育共同体就是在海门区域范围内，以新教育的基本理论为指导，以"为了师生的共同发展"为价值追求，打破各自为政、自成一统的办学格局，整合校际优质教育资源，形成一个合作、互动、分享的教育协作组织、教育互助组织、教育发展组织，从而实现海门教育的均衡、持续、高效发展。

海门新教育共同体作为一种"实践共同体"，它构建起新型校际合作横向与纵向双轨制教育发展平台。即在市区学校高位发展层面上，打破学校界限，以学科建设为任务，以特级教师、学科带头人为核心，组成"高位发展平台"。另外，在城乡学校联动层面上，由教研员牵头，建立一所城区学校带动多所乡镇学校的联合体，通过整体联动，依托"高位发展平台"，全面提升乡镇学校教育发展水平。城乡教育共同体不只是一个"输血"平台，不只是简单的城市支援农村，强势支援弱势，而是着眼于完善各校的"造血"功能，是双向的互动与联合，是城乡间因地制宜、各具特色基础上的优势互补与合作共享。

新教育共同体活动首先在小学展开。海门城区的7所小学，全部是省级实验小学，各有特色，旗鼓相当。在教育局的组织协调之下，一所城区小学带一个"片"，校长带校长，学科带学科，教师带教师，城乡学校结成了共同体，制度化的校际合作搞得轰轰烈烈。2007年9月，共同体建设又延伸到了全市的初中学校。

海门新教育共同体有一个重要平台，就是"海门新教育在线"。通过新教育在线构建了"特色活动"、"书香校园"、"师生随笔"、"理想课堂"、"幼教特教"、"习惯养成"、"名师在线"和"教育博客"等版块栏目，充分发挥了现代信息技术对教师专业成长的引领作用。海门"新教育在线"在校本研修、网络教研、学科共同体联动等方面发挥了得天独厚的作用。一方面为广大一线教师提供了各种共享资料，丰富了教师的资料源；另一方面为教师提供了即时交流的平台，可以围绕教材教法、学案设置、学程安排、作业批改、文本解读等任何一个方面或对话，或请教，或商榷，或质疑，或争辩，甚或"炮轰"，可以不留情面地畅所欲言，真正达到"百花齐放，百家争鸣"，在比较中知优劣，在论争中明是非，在碰撞中长智慧，在坚持中共成长，在合作中求共赢。

汤家中心小学在校本研修的实践中，积极探索"网络教研"：分学科、分年级，以教研组为单位组成学习型团队，在分单元充分研读教材、教参的基础上，依托网络建立备课家园，上传教学设计，进行互动反思，而且借助网络，他们还吸引了不同区域的教育同仁的热情参与，极大地提高了学习型团队的教研能力。2008年11月，教育局在汤家中心小学召开网络教研现场推进会，"共享基于网络教研的幸福"主题沙龙讲述了他们团队研修式网络备课的故事，这一"网络教研"经验引爆了全市教师的教研革新。现在网络信息平台，成了共同体学校教师之间快捷的"空中通道"，既缩短了共同体学校之间的空间距离，更缩小了他们教研能力间的距离，共同体学校的教师可以就教学计划、备课、上课、教研活动、教学随笔、专业阅读、作业设计、试卷编制、课题研究、案例反思等进行广泛而深入的交流。

海门新教育网站还建立了教师博客群。许多教师建立了自己的博客，他们利用博客叙写教育故事，反思教学细节，进行教育科研。许多学校都建立了学校博客群，如海南小学整体加入南通教育博客群，学校采用制度引领、考评激励等机制，要求每位教师在博客上每周至少完成一篇教育随笔和一篇学习跟帖，让写博成为教师彰显教学个性、反思教学成效、促进专业成长的阶梯。"子夜星空"、"笑颜如花"分别是临江中心小学和平山中心小学的语文教师，她们都是"读写绘"项目组的成员，虽然两人在不同的学校，带着不同的孩子在做项目，但网络让她们走到了一起，她们经常在"毛虫与蝴蝶"上交流、切磋，她们拥有了共同的生活，共同解读学生的"密码"，海门镇中心小学的"紫藤物语"，原本是一个人搞"读写绘"的，后来利用"新教育在线"联系了她们，自觉地加了进来，这3人在海门的三个学校，各自带着几十个学生，但是，她们彼此间对各自的研究了如指掌。

海门在新教育共同体建设中，善于抓住一些核心项目，如"每月一事"、"理想课堂"、"阶梯阅读"等，采取项目联动的方式，在分享与合作中全面提高共同体学校教师的组织能力和协调水平。

在新教育实验倡导的"交给孩子一生有用的习惯"的理念指导下，海门重点推进"每月一事"项目，即每月重点培养学生一种良好的习惯。为此，全市每学期都要举行一次全市性的新公民教育行动"每月一事"项目现场推进会，形成了"每月一事"项目的基本操作流程，即"主题阅读，实践活动，展示交流，评价反思"，为全市小学、初中提供可供借鉴的范式。今年3月，海门教育局又在三星中心小学举办全市"习惯养成教育"现场研讨会，进一步引领全市各小学科学运作"每月一事"，形成有效规训机制，培养儿童良好的行为习惯。三星中心小学围绕"环保—公益"主题开设了四节观摩课，把环保、节约的理念融入主题教育中。

共同体学校在"每月一事"项目的主题引领下，结合各校实际，不断丰富完善"每月一事"项目。一是构建主题性校本诵读课程。每月围绕一个重点习惯，开发并丰富诵读内容，真正让阅读成为孩子日常的生活方式，也使先行的阅读为孩子的习惯养成奠定扎实的知识背景。通过共同体学校的努力，已开发了多部校本诵读教材。二是创设多元的实践情景。共同体学校结合日常的学科文化、传统节日文化、主题教育文化、班级文化、社区文化等内容，创设情景，营造氛围，提供学生多样化的体验平台。围绕"我们的节日——清明节"主题活动，常乐中心小学开展了"心祭常乐烈士"调查活动，能仁中学开展了"走近王陈烈士"社会调查活动，瑞祥、国强、王浩、刘浩等中心小学利用烈士命名学校的有利条件，开展"寻访烈士踪迹"活动。三是注重反思性评价。面对千差万别的生命个体，共同体学校在合作中不断优化操作流程，及时记录典型个案，组织起有效的反思研讨，不断提高习惯养成的针对性和实效性。市教育局以征集习惯养成教育故事的形式，借助海门新教育网站，展示交流各共同体学校在"每月一事"项目推进中的具体做法、实践体会和成功经验等。

各学科共同体的工作核心是围绕课堂效率的提高，探索理想课堂实施的路径。大家抓住教学的基本环节，注重联校研修，全面推进"学程导航"的教学范式。新教育共同体成立了跨校校本研修小组，有计划地组织优秀教师、教育能手到对口学校紧紧围绕市教育局倡导的"学程导航"教学范式开展集体备课、现场课堂研修、同课异构、专题讲座与点评活动等，积极有序地打造具有海门特色的理想课堂模型，在教学的有效性上实现了突破。具体策略有：一是加强对共同体学校重点学科研究与实践的反思、总结，结合专题研究活动和探索思考的成果，构建各学科的基本教学范式，确立推进思路，集中学科团队核心组成员深度研讨，认真研究范式的实施路径与着力点，确保推进的有序性和实效性。二是明确逐层、分段推进的路径，谨慎有序地实施推进策略。既以大型现场会的方式分学科全面推进，教研员、共同体学校教学骨干示范引领，细述解读各科范式，明晰方向，有效指导；又以区域学科共同体的研修方式深度推进，加强区域化、校本化的落实。今年上半年小学各共同体学校就集中开展了5次联校校本研修。实验小学倪潜梅副校长每学期至少 4 次带领学校的语文骨干教师赴悦来片共同体学校参加新授课、复习课等不同课型的学程导航范式探究，与共同体学校的 6 名青年教师结成了师徒关系，使他们的语文教育质量整体攀升。三是强化分段过关程序，深化"以学定教"的教学思想。一方面改变备课的基本流程，从三维目标、教学资源、学程预设、导航策略、作业设计、调整反思等环节来构建"学程导航"的基本备课范式，为课堂实施奠定基础；另一方面改变课堂的组织和管理方式，明确课堂组织流程，用有效的课堂管理机制和教学范式确保课堂效率的全面提高。总之，"学习为魂，反思为智，研究为脉，实践为体"成了海门新教育共同体的鲜明特征。

把"人才强教"作为核心战略，精心打造卓越校长群体，充分发挥校长作为一校之魂的堡垒作用。这是海门新教育共同体的又一个亮丽风景。

2006 年海门成立了"校长俱乐部"。校长俱乐部以自由、开放、分享、合作为共同价值取向，每月活动一次为基本制度，努力将其办成思想者的俱乐部，旨在让俱乐部里的每一位校长都拥有自己独特的办学理念与风格，从经验型、管理型走向智慧型、文化型。至今小学校长俱乐部已活动 24 次，初中校长俱乐部活动 21 次。校长俱乐部彰显了其独特的魅力。

沙龙、论坛是校长俱乐部的主要方式，每次活动都有一个明确而集中的主题，思想碰撞是每次俱乐部活动的重要环节。俱乐部先后举办了学校特色与学校文化建设、习惯养成与公民道德、理想课堂构建与"学程导航"范式研讨、课题申报与课题研究等专题沙龙、讲坛。比如针对"十一五"发展这一热门话题，校长们交流了各校"十一五"发展的基本思路，有百年老校实验小学的文化传承与创新，有新办学校的文化立校，也有农村中心小学期望成为当地人民有口皆碑的学习型学校的务实定位。他们基于学校的发展现状，立足海门教育的发展要求，放眼整个教育的发展态势，主动思考，积极探索，自主创新，分别编制了各校的"十一五"发展规划。俱乐部组织了由专家、教育行政、校长代表组成的论证组，以区域共同体学校为单位，分别进行了现场论证。这为校长明晰学校发展愿景，提升学校办学理念，确定学校发展特色，优化学校发展策略等提供了最直接有效的帮助。

校长俱乐部的研究很实在。每次围绕一个主题，这个主题往往是某个时段学校工作的重点、难点，在分享、碰撞中集聚众人智慧，共同破解教育教学工作难题。第20次小学校长俱乐部就是一次破解学程导航范式推进过程中共同面临疑惑的成功活动。

校长俱乐部的探讨很深入。往往是一个思想引发另一个思想，一个火花点燃另一个火花。比如，围绕学校文化建设，校长们通过沙龙，达成了这样的共识：学校文化是学校特色的集中体现，是学校的生命所在，是催生教师专业成长和学生生命发展的深厚土壤，也是学校的核心竞争力。在学校文化建设中，必须自觉做到整体规划与分步实施相统一、继承与创新相统一、共性与个性相统一、显性与隐性相统一、动态与静态相统一。

校长俱乐部的观念也很前卫。学生学业水平评价历来被视为最难啃的"硬骨头"，但海门的校长们就敢于动真碰硬。今年6月10日的第24次小学校长俱乐部活动上，校长们对此问题进行探讨，由此掀开了海门小学生学业评价改革的序幕。

校长俱乐部还善借"他山之石"。海门积极争取承办省级以上的教育研讨活动，千方百计借助省内外优秀校长的丰富经验和独到的管理智慧为"我"所用。2006年5月，《学校管理》编辑部举办的"江苏省示范初中校长论坛"在海南中学举行，海门的初中校长们如饥似渴，虚心听取专家报告，观摩校长论坛，主动取经。2008年12月，全省初中教育论坛暨江苏省教育学会初中教育专业委员会第五届年会在东洲中学举行，江苏百所初中校长和上海、浙江等5省市教育专家云集海门，校长围绕"加强校本建设，促进内涵发展"展开了深入的探讨，为海门初中校长提供了极为珍贵的借鉴学习机会。

校长俱乐部活动在分享经验的基础上，逐步走向了项目合作研究的状态。俱乐部安排了一些校长们最迫切需要的合作项目，比如，如何使学校实现理想的校本发展，分成校本管理、校本教研、校本课程开发与实施等专题，进行合作性研究。校长们共同组建开发小组，开发了系列的地方课程资源，供全市的所有学校分享。特别是在校长们的积极参与下，构建了学生学业多元评价体系，在俱乐部活动中，大家形成了共识。如在小学阶段要充分发挥评价正向激励、确立信心、体验成功等功能，而不只是甄别、选拔功能。校长们在一起探讨了即时性评价、展示性评价、竞技性评价、累积性评价、目标性评价、成果性评价、奖励性评价等各种评价类型，充分认识到评价的主体是教师和学生，关键在学校和校长，特别是关于建立成长文件夹（档案袋）的研究，这对让学生在多元评价中学会自我反思，认识自我，建立自信，具有鲜明的引领价值。

校长俱乐部不同于以往的校长会议。每次活动都到一所不同的学校，每次活动都有自由论坛的机会，每次活动都有共同的话题，每次活动都有与专家的对话，每次活动都有合作研究的项目交流，每次活动都有集体的反思。通过这样的平台，海门中小学校长队伍的整体素质在不断提高，而这正是海门教育均衡发展的一个重要前提。

新教育，让海门的每一个教师都拥有了共同的精神家园。正是沐浴着新教育的和风畅雨，海门的教师笑脸灿烂，心态阳光，专业成长，教书育人的师德师能得到了升华。这里，有必要在"海门市名师发展中心"上再花些笔墨。

2006年暑假开始，海门市教育局与南京师范大学教科院联手、联袂、联合打造"海门市名师发展中心"。旨在通过专家的引领，共同培育一批海门的名、特、优教师。南师大的杨启亮、吴永军、叶浩生、李如密等教授多次来海门面对面、一对一地指导辅导，并对"名师发展中心"成员作个性化设计。如今，东洲小学祝禧校长的"文化语文"、实验学校小学部吴勇老师的"童化作文"、东洲中学陈铁梅老师的"审美人生教育"等都已实现了从经验到理念再到概念的飞跃，在省内外产生了广泛影响，南通市教育局还专门为他们安排了规模宏大的教学展示活动。在首批结业的50位"名师发展中心"成员中，就有6位去年被评为江苏省特级教师。而新教育实验更使一大批教师成长为南通市名师发展第一梯队成员、学科带头人和骨干教师。

《行走，不要忘了一路的风景》，这是朱永新教授最近为江苏教育出版社出版的"走在成长的路上"丛书所写的丛书总序。这套丛书由海门的10位一线新教育实践者撰写，内容涉及教育、教学、科研等多方面，不仅是海门教师专业成长的里程碑，也展示了海门新教育实验在师资队伍建设上的丰硕成果。

### 三、让每所学校拥有不同的特色品牌

朱永新教授倡导的新教育实验提出了"为了一切的人"的教育理念，目标是为每个人的发展提供良好的教育环境。每一所学校都应努力形成自己的特色，为学生全面而具个性的发展提供理想的可能的教育生活。

至 2005 年底，海门市已有 11 所小学、9 所初中通过了省教育厅组织的"江苏省实验小学"、"江苏省示范初中"的评估验收，并呈现出良好的发展态势。为了实现区域教育优质均衡发展，2006 年起，海门以"达标创特"作为有效抓手，引领学校走内涵发展之路，彰显特色个性，提升学校发展品位，让每所学校拥有不同的特色品牌。

"达标创特"，即所有乡镇中小学必须达到"江苏省实验小学""江苏省示范初中"办学标准，并创建成海门市特色学校。旨在以此为载体全面提高农村义务教育的整体办学水平，进一步加强素质教育，提高教育质量，深化教育改革，促进教育公平，实现城乡义务教育的优质均衡发展。通过三年实践，海门的"达标创特"已取得阶段性成果，全市小学均已达省实验小学标准，并都成为了海门市特色学校；已有 22 所农村初中完成了"达标创特"。

充分挖掘和利用身边资源发展教育是新教育的根本理念之一。海门的特色学校创建充分立足于身边资源，走个性化之路。

海门新教育实验区的各实验学校，从学校的实际出发，吻合学校的传统，坚持做到把创特过程变成一个把原先特长项目做大做强的过程。在"创特"中充分利用已有资源，形成学校品牌。如六匡中心小学的"乒乓文化"、悦来中心小学的"排球文化"、瑞祥中心小学的"围棋文化"、国强中心小学的"书法教育"、天补初中的"戏剧教育"、海师附小的"童话教育"等，都是源于学校的传统项目。他们的特色项目原先在县内外、市内外乃至省内外已小有名气，在创特过程中更加注重内涵提炼，努力使之成为体现学校办学方向、彰显师生气质、具有旺盛生命力的学校文化。海师附小十多年来，虽然校长

换了五六任，但致力于童话教育特色建设的步伐没有停止。最近《江苏教育报》以《童话教育：焕发蓬勃的活力》为题全面报道了该校童话教育特色办学的历程和经验。

一些学校"创特"还能尽力挖掘和利用独特的社区资源。比如三和中心小学的"社区教育"源于三和发达的经济、淳朴的民风和独特的人文资源，形成了"社区·人文""社区·产业""社区·责任"为三条主线的社区教育课程体系。三星中心小学的"绣品文化"依托闻名于国内外的叠石桥绣品城的优势资源；常乐初中和常乐中心小学的"弘謇文化"，充分利用状元故地的品牌效应，从学謇、知謇、弘謇中把张謇精神植入学校内核；四甲中心小学的"军校教育"，借助于南京军区驻海某部坐落在四甲镇的有利条件，开展军事教育；余东中小学的"凤城文化"，就是因为位于历史古镇凤城而起步的；东灶港中小学的"海洋文化"、"海港文化"凭借了濒临黄海的得天独厚的地理优势……丰富的社区人文、历史、地理资源为学校提供了丰富的校本研究资源，为学校特色文化建设提供了有利条件。

一些学校的特色品牌则是通过借助于一个或几个与学校有关的要素，从这些要素中提炼出某种教育思想或是精神特质，并把它辐射到学校的整体层面和各个领域，在此基础上综合提炼而生成的。比如：三阳中心小学的"感恩教育"源于台商薛氏兄弟为母校捐款造楼的感恩之举；万年中心小学的"励志文化"源于社区名人、中国著名创业成功人士戴志康先生的奋斗经历；麒麟中心小学的"责任教育"源于知名校友、残奥冠军得主李春花自强不息的感人事迹；海门镇中心小学的"展示教育"，则源于该校南通市级"十五"课题《小学"展示教育"的研究》……这些特色文化正在内化成全体师生的共同价值取向和精神追求。而实验小学的"品质教育"、东洲小学的"新生活教育"、通源小学的"新生命教育"、育才小学的"绿色教育"、平山中心小学和王浩中心小学的"儿童诗教育"、正余中心小学的"新父母教育"……则是他们在学校传统文化继承中的创新与变革。

通过"达标创特"，海门学校的整体办学水平提高了，办学特色彰显了，呈现出了"姹紫嫣红"、"百花争艳"的局面，每所学校都有了属于自己的

"跑道"，每所学校都有了师生引以为荣的特色品牌。走在大街上，你甚至能从某个学生或教师的谈吐中判断他（她）来自哪所学校。你不能武断地说哪所学校好，因为各校正在致力于把他们的特色品牌浸透到学校管理、学校教育、学校生活的方方面面，成为散发着独特魅力芳香、沁人心脾的文化品牌。

"达标创特"工程为学校的硬件建设也提供了机遇，在当地党委、政府的大力支持下，各校生均占地、生均建筑面积、绿化面积都达到了省示范初中或实验小学的标准。许多学校还利用"达标创特"的契机改善、完备了各项教学设施，使学校面貌发生了根本的变化。更重要的是在"达标创特"的过程中，各个学校的师资队伍正在悄然地发生着改变。经过创建的磨练，不仅学校中层干部创新超越、独当一面的能力大大增强，而且全校教师的奉献意识、科研意识和驾驭课堂教学的能力有了明显提高。示范课、随堂课、比赛课一波接着一波，浓郁了学校的研讨氛围，大家把打造理想课堂，提高教育教学质量，看作是在提高自己的生命质量，教师们深切感受到了在创建过程中专业成长的快乐，教师的愿景追求和精神状态不断提升，展现出无限的生机和张力。

新教育是一个培育生命的精彩过程。每所学校都拥有不同的特色品牌，既动静相宜，其乐融融，让孩子们拥有了成长的乐园；又内练硬功，外塑形象，让每一位教师拥有了互动体验、追求卓越的展示平台；更使每一所学校找到了个性化、特色化办学的科学路径。对照江苏省区域教育现代化 16 项评价指标，海门市教育局党组书记、局长何新不无自豪地对笔者说，通过新教育实验，海门已全部达到或超额实现了各项指标，有望成为苏中苏北第一个教育现代化市。

千百年前，扬子江与南黄海牵手拥抱，共同搭起了海上金门。海门，滨江临海的特定地域优势，使海门人既拥有"海纳百川"的雍容气度，又有了"强毅力行"的壮美行动。迎着新世纪的朝阳，新教育赐予了海门彼此的缘分，赋予了海门教育生命的绿色。新教育，将在海门大地继续穿行，并继续演绎更美的华章和更新的精彩！

附录二

# 海门市新教育活动大事纪

1. 2005年9月，成立海门新教育共同体，确立了"高位发展平台"和"城乡联动发展平台"核心团队成员，举行了第一次会议，明确共同体的运作规程。

2. 2005年11月17日，教育局在平山中心小学举办第一次海门市小学校长俱乐部活动，许新海副局长作了《多元评价，自由发展》的专题报告。

3. 2005年11月20日，新教育共同体组织各学科教研员、各直属小学校长和部分优秀教师分赴全市五大教育基地开展"送教下乡"联动活动。

4. 2006年1月17日，在海门实验学校举办第二次小学校长俱乐部活动，各校校长对新一年工作目标进行解读与交流。

5. 2006年2月23日，在三厂镇二小启动海门市"书香童年"图书漂流行动。第一批每组75种1875册的优秀少儿图书以及20种420册的教师书籍，受到农村小学师生的热烈欢迎。图书在每所农村小学停留的时间是4个星期，随图书漂流的还有特意设计的资料夹，内有图书漂流行动简介、给老师的信、给家长的信、读书倡议书、班级读书会介绍、六个不同年段的阅读指导方案、漂流图书目录、书友记录单等。

6. 2006年2月24日，海门市新教育共同体"送艺下乡"活动在德胜日升小学启动。教育局许新海副局长作了指导性讲话，他要求城乡联动艺术平台共同体先用一年时间为每所村小排演一个大合唱、一支集体舞，举办一次专题美术作品展览。

7. 2006 年 3 月 3 日，小学新教育共同体"球类俱乐部研究与展示"活动在海师附小举行。教育局副局长许新海到场指导工作。

8. 2006 年 3 月 30 日，第三次小学校长俱乐部活动在东洲小学举行。教育局张建新局长、许新海副局长参加了本次活动。许新海副局长就学校"十一五"规划制订的基本策略作了专题辅导报告。

9. 2006 年 5 月 19 日，教育局在实验小学举行第四次小学校长俱乐部活动，对各校的"十一五"发展规划进行论证。许新海副局长介绍了全市小学教育"十一五"规划的思路。随后，五个论证小组分别就各校的"十一五"发展规划进行分组论证。

10. 2006 年 7 月 8 日，海门市教育局借座人民大剧院举办教育系统新教师专业成长培训会。全市近三年走上工作岗位的年轻教师 1000 余人参加了培训。市人民政府教育督导室主任、教育局党组副书记、副局长陈志平作了重要讲话，下午，全国著名的学者、教育专家、海安市教育局副局长柳夕浪同志作了题为《教师的专业成长意味着什么》的报告。培训会上，市内 8 位省特级教师和 50 位由海门市级以上学科带头人组成的名师发展中心成员，在教育局副局长、名师发展中心组组长许新海的带领下，进行了庄严的"忠诚人民教育事业"的宣誓。

11. 2006 年 7 月 10 日，海门市区域新教育共同体建设与发展交流会在教育局南三楼会议室如期举行，各共同体负责人总结反思了上半年的工作。许新海副局长以《海门市区域新教育共同体建设与发展》为题对新教育共同体一年来的工作作了回顾和反思，并具体部署了下阶段共同体建设思路。同天下午，教育局在育才小学举办第五次小学校长俱乐部活动。各学校校长分组进行了素质教育成果展示。许新海副局长对暑期工作和新学期工作谈了自己的思路和建议。

12. 2006 年 8 月 8 日，海门市名教师发展中心高级研修班开班典礼在南京师范大学教育科学院举行。教育局副局长许新海与南京师范大学教育科学院副院长刘穿石分别代表合作双方作了重要讲话，教育局人事科副科长张永林主持了典礼。南京师范大学教科院杨启亮院长、吴一军教授、齐学红教授分别讲授了《教师专业发展》、《教育科学研究概述》、《教师如何写教育叙事》等课程。

13. 2006年9月20日下午，第六次小学校长俱乐部在海南小学举行。教育局党组书记、局长何新就如何推进教育质量上台阶工程，提出了要求。许新海副局长解读了市教育局关于2005～2006学年度海门市小学、幼儿园素质教育百分考核方案。

14. 2006年9月24日，启动了城乡联动发展平台面向全市小学语、数、外学科教师的集体备课活动。

15. 2006年11月3～4日，"书香校园"项目组邀请苏州大学文学院的教授团队来海进行"小学生诗词诵读"专题培训研讨。900多位教师参加了这次培训。教育局党组书记、局长何新专门观摩了教学活动。许新海副局长听取了讲座并作了讲话。

16. 2006年11月4～5日，教育局举办了面向全市42所农村小学的"儿童阶梯式阅读"培训，新教育研究中心主任干国祥与新教育实验"毛虫与蝴蝶"儿童阶梯式阅读项目组研究员马玲、常丽华、黄芳应邀作教学示范和专题报告。

17. 2006年11月8日下午，教育局在实验学校报告厅举行了"海门市教师读书活动促进会"。南通市教育局人事处处长茅慧生到会讲话，南通市教育学会常务副会长严清以及南通市教科所副所长、教研室副主任冯卫东、南通市教科所理论科科长杨曙明作了读书辅导报告。我市教育局副局长许新海作了动员报告，并就下阶段工作作了部署。全市各中小学校长、分管副校长、幼儿园园长以及教育局有关科室同志共200余人参加了会议。

18. 2006年12月1日，第八次小学校长俱乐部活动移师苏州。上午，全体校长参观了苏州工业园区新城花园小学的"读书日"活动。下午听取苏州工业园区第二实验小学创造性管理模式的介绍。随后，教育局副局长许新海带领校长们共读苏霍姆林斯基的《帕夫雷什中学》，并结合我市"书香校园"建设提出了前瞻性的指导意见。

19. 2006年12月29日，第九次小学校长俱乐部活动在树勋中心校举行。

8 所"达标创特"学校的校长介绍了创建的体会与收获，市政府督导室主任、教育局党组副书记、副局长陈志平到会讲话。

20. 2007 年 2 月 10 日，第十次小学校长俱乐部暨海门新教育共同体活动在东洲小学影视中心举行，共同体全体核心组成员和全市各乡镇中心小学校长一起回顾总结了 2006 年的工作，许新海副局长全面部署 2007 年工作。

21. 2007 年 3 月 19 日，海门市第十一次小学校长俱乐部活动暨小学"习惯养成年"推进会在三厂镇中心小学举行，共 360 余人参加了活动。教育局何新局长结合观摩活动阐述了习惯养成的深刻内涵。许新海副局长对《新公民教育行动指导纲要》作了专题辅导报告。

22. 2007 年 3 月 25 日，教育局在海门实验学校召开全市 2007 年"课堂效率年"推进会。各初中、小学校长，分管教学校长，教导主任，语、数、外、理、化、政、史学科教师代表各一名参加了会议。初中、小学教学质量推进组、督查组全体成员、各教育基地负责人出席了会议。特级教师和南通市级以上学科带头人、骨干教师共 30 人，作了"有效课堂"示范引领。南通市教育局副局长秦建荣和我市教育局党组书记、局长何新等领导与老师们一起听课并作现场评点。

何新局长作了重要讲话，许新海副局长在会上作了课堂效率年实施意见的工作报告。推进会后是第九次初中、小学校长俱乐部活动。许新海副局长谈了 2007 年义务教育质量上台阶的主要工作思路。

23. 2007 年 4 月 6～7 日，教育局副局长许新海带领全市初中校长赴苏州工业园区星海学校、昆山市玉峰实验学校、第二中学考察，交流、探讨"有效教学"实践，进一步促进全市初中课程改革的深入。

24. 2007 年 4 月 15 日，"欣乐杯"小学球类俱乐部男子篮球赛经过三天紧张激烈的角逐，圆满结束。国强中心小学队与东洲小学队并列冠军。

25. 2007 年 4 月 27 日，第十二次小学校长俱乐部活动在海师附小举行。上午许新海副局长作了《交给学生一生有用的习惯》的主题报告。下午，一同观摩在海门实验学校举行的小学"新华杯"春天诗会。著名教育专家、中央教科所深圳南山实验学校校长李庆明作了《诗文诵读浅议》的学术报告。

直属小学 700 多名学生展演了精彩的诗词诵读节目，本市各校领导与教师代表和新疆、山东、常州、张家港等外地教师代表 500 余人参加了这次诗会。

26. 2007 年 5 月 18 日，在余东中心小学举行"学习习惯与有效教学"现场专题研讨会暨第十三次小学校长俱乐部活动。市教育局副局长许新海作了专题报告。

27. 2007 年 5 月 21～28 日，城乡联动发展平台核心组成员对各小学进行 2006～2007 学年度小学素质教育百分考核，这次考核以分享交流的形式，展示了各校学生的整体艺术素养、体育运动水平、综合实践能力及特色教育情况。

28. 2007 年 5 月 22 日，教育局举行初中"课堂效率年"专题研讨活动暨第十次初中校长俱乐部活动。9 位市级以上教学骨干，为来自全市初中的校长、分管教学的副校长和初一、初二学科备课组长提供了有效的课堂教学范式。下午，许新海副局长在东洲中学作了题为《让反思成为我们的习惯与品质》的专题报告。

29. 2007 年 9 月 15 日，市区学校 133 名教师赴农村支教。他们或是驻点支教一年，或是不定期支教两年。

30. 2007 年 9 月 21 日，教育局在实验学校召开义务教育质量分析会暨百分考核表彰会。先分别由教研室副主任徐强、丁建强分析 2006～2007 学年度初中和小学的质量情况，再由基教科副科长陆瑞杰、王领琴分别对初中、小学的百分考核方案进行解读。部署落实本学期义务教育阶段的教育质量推进工作。市政府督导室主任、党组副书记、教育局副局长陈志平宣读 2006～2007 学年度中小学教学质量百分考核先进单位表彰决定，听取教育局副局长许新海的专题报告《反思与提高——义务教育质量上台阶再出发》，最后教育局党组书记、教育局局长何新作重要讲话。他对学校工作提出了"风气正、习惯好、特色明"三点要求，要求各校深入贯彻落实质量分析会精神，在教育质量上台阶工程中再创新的业绩。大会由督导室副主任、教育局副局长俞兆新主持。全市初中、小学校长、分管教学校长、教导主任、督导室成员、基地负责人、教育推进组、督查组成员参加了会议。

31. 2007 年 9 月 26 日，为加强小学、初中学段间的教学沟通，推进我市教育质量再上新台阶，教育局开展全市范围内的小学、初中衔接教育研讨活动。上午小学、初中语数外教师分别相互听课，然后分学科评课。下午开展"初中小学衔接教育研讨沙龙"。

32. 2007 年 10 月 21 日，在市少年宫影视中心举行全市乡镇小学"我爱诵读"电视大赛决赛。

33. 2007 年 10 月 27 日，在市少年宫影视中心举行市区小学生"英语美文诵读"电视大赛。

34. 2007 年 11 月 4 日，全市中小学校本研修工作推进会暨初中、小学校长俱乐部活动在海门实验学校举行。教育局和教育督导室领导何新、陈志平、王思飞、黄永成、许新海、张炳华出席了会议。全市各中小学校长、分管副校长和教导主任，各直属幼儿园的园长、分管副园长，以及教育局有关科室同志参加了会议。会议由教育局副局长许新海主持。教育局党组书记、局长何新到会讲话。市教育督导室主任、教育局党组副书记、副局长陈志平作了工作报告，会议下发了市教育局《关于深入推进校本研修工作的实施意见》，教育督导室副主任、东洲中学校长张炳华作了专题讲座。海门中学、海南中学、正余初中、东洲小学、汤家中心小学和东洲幼儿园作了经验交流。

35. 2007 年 11 月 12 日，第十五次小学校长俱乐部活动，许新海副局长对减负问题作了分析并提出了新的要求。

36. 2007 年 11 月 13 日，我市初中校长和部分小学校长由教育局局长何新、副局长许新海带队赴上海有关初中、小学专题考察素质教育。考察组分别考察了上海市第二初级中学、大同初级中学、青云中学、市北中学、卢湾第二中心小学、幸福四平实验小学等，重点听了走班制的数学、英语分层教学展示课，语文、美术、音乐等研究课，观摩了小班化课堂教学的现场，并听取了华东师大应俊峰教授《课程教学改革的思考》的报告。

37. 2007 年 12 月 17～20 日，召开了海门市第九次基础教育课程改革现场会暨"达标创特"成果展示活动。天补、常乐、六匡、三阳、四甲、余东、包场、东灶港 8 所中心小学提供了现场，各小学分管教学的副校长、教导主任、教师代表，各初中的分管教学校长与中层干部分别观摩了各现场展示活动。21 日下午举行第十六次小学校长俱乐部活动，8 所"达标创特"学校的校长分别介绍了创建的经验。许新海副局长对"达标创特"活动做了总结和反思。

38. 2008 年 1 月 8 日，初中"达标创特"全面推进。常乐初中是接受验收的第一家中学。

39. 2008 年 3 月 1 日，第十七次小学校长俱乐部活动在海门镇中心小学举行，许新海副局长作《行动与坚持》的报告；下午各共同体讨论落实本学期的活动计划。

40. 2008 年 3 月 10～18 日，教育局对天补、万年、悦来、余东、包场、能仁和实验学校初中部等 7 所学校的"达标创特"活动进行评估验收。

41. 2008 年 3 月 20 日，新公民教育行动"每月一事"项目现场推进会暨第十八次小学校长俱乐部在海师附小举行。全市各小学的校长、分管德育的副校长、少先队总辅导员及分管教导主任等 150 多人参加了活动。

42. 2008 年 3 月 23 日上午，海门市初中"送艺下乡"活动启动仪式暨现场观摩活动在树勋初中举行。市教育局副局长许新海到场并作了动员讲话。东洲中学的陈铁梅、朱丰慧两位老师分别为树勋初中的二百多名学生作了《秦始皇兵马俑》、《黄河大合唱》两部经典作品鉴赏讲座。

43. 2008 年 3 月 24～26 日，江苏省新教育实验研究专业委员会在东洲小学举行"儿童阶梯阅读"项目联盟论坛活动。我市特级教师周一民老师执教了示范课，东洲小学 9 位教师上了展示课，著名学者、特级教师李庆明、苏州大学文学院陈国安博士分别作了专题讲座。59 所学校代表参加了论坛的交流。全省 200 余名教师代表慕名而来。

44. 2008 年 4 月 11 日，我市第十六次初中校长俱乐部活动在能仁中学举行，活动的主题是"科学与效率"。教育局领导何新、陈志平、许新海出席会议并作了重要讲话。

45. 2008 年 7 月 3～7 日，初中、小学分片进行百分考核成果分享会。考核分享的项目：①日常行为习惯、"每月一事"项目；②科技与艺术素养；③

体育运动水平；④综合实践能力；⑤特色发展。各校校长、分管校长及相关中层干部一同参加了这项活动。

46．2008 年 9 月 18 日，教育局在实验学校召开 2007～2008 学年度义务教育阶段教育教学质量分析会暨百分考核表彰会暨第十九次校长俱乐部活动。教育局党组书记、局长何新在会上作了重要讲话。市政府教育督导室主任、教育局党组副书记、副局长陈志平主持会议，宣读了教育局关于表彰奖励 2007～2008 学年度海门市初中、小学教育质量百分考核先进单位的决定。教育局副局长许新海作义务教育阶段教育工作报告。

47．2008 年 9 月 27 日下午，海门市初中首届经典诗文诵读电视大赛在东洲小学影视中心举行。教育局副局长许新海观看了比赛，并作了即兴讲话。通过激烈角逐，能仁中学、实验学校初中部、东洲中学获一等奖，东洲中学开发区校区、海南中学、海中附校获二等奖。

48．2008 年 10 月 31 日，江苏省第二届"儿童阶梯阅读"项目联盟论坛活动在灌南新教育实验区进行，许新海副局长带队参会，并对灌南实验区进行了调研。大家参观了孟兴庄中心小学、灌南县第二实验小学、灌南镇中小学和灌南县实验小学。召开了灌南实验区的校长座谈会。座谈会由新教育研究会副秘书长王领琴主持下，江苏省新教育研究会理事长许新海，新教育研究中心主任干国祥老师，新教育研究会秘书长吴勇，与灌南县全体小学校长在热烈、融洽的氛围中进行了亲切、坦诚的交流。

49．2008 年 11 月 13～19 日，为强力推进"学程导航"教学范式的深化、优化工程，切实提升初中教师的课堂实施水平，教育局教研室分别在各片有关学校进行八年级"学程导航"教学范式推进研修活动。

50．2008 年 11 月 13～14 日，由江苏省教育学会和海门市教育局主办，江苏省初中教育研究专业委员会和东洲中学承办的"江苏省初中教育发展论坛暨省初中教育研究专业委员会第五次年会"在海门市东洲中学举行。来自省内外的初中校长代表、会员代表及嘉宾等 500 多人参加了活动。江苏省教育学会会长周德藩、江苏省教育厅基教处副处长林放，南通市教育局副局长秦建荣，我市教育局局长何新、副局长许新海等领导出席了开幕式。

51. 2008 年 11 月 14 日，在海门市少年宫阅读中心举行了陈一心家族基金会"儿童阶梯阅读"项目图书捐赠仪式。刘浩、海洪、余东、四甲、王浩、悦来、临江、六匡、平山、瑞祥共 10 位乡镇中心小学的校长一起参加了捐赠仪式。陈一心家族基金会决定提供376,000元人民币资助这 10 所学校的儿童阶梯阅读项目。

52. 2008 年 11 月 18 日，第 20 次小学校长长俱乐部活动在通源小学举行。教研室副主任丁建强作了"学程导航"阶段性反思；教育局副局长许新海作了《强势推进学程导航教学模式》专题报告，并为 36 所新教育实验学校授牌。

53. 2008 年 11 月 20 日，教育局在正余初中举行第十七次初中校长俱乐部活动，专题研讨学校常规管理，并观摩了正余初中的常规管理现场。

54. 2008 年 11 月 25 日，新教育共同体在汤家中心小学举行了海门市"校本研修"专题研讨现场会。

55. 2008 年 11 月 15～24 日，教育局对万年、瑞祥、悦来、临江、刘浩、海洪 6 所中心小学和东灶港、正余、三阳、临江、六甲、海洪 6 所初中进行"达标创特"评估验收，同时召开小学第十次、初中第七次基础教育课程改革现场会。经教育局评估组全方位的综合评估，12 所学校全部通过"达标创特"验收。

56. 2008 年 11 月 28～29 日，新教育研究院实验区管理中心一行六人在许新海同志带领下，考察了位于黄海之滨的威海新教育实验区，并且参加了威海实验区新教育主题研讨会暨神道口小学第四届阳光读书节。

57. 2008 年 12 月 5～6 日，许新海带领海门市的中小学校长一行二十多人赴浙江嘉兴平湖市和嘉兴秀洲新教育实验区考察学习。平湖区教育局的王永初副局长热情地接待并向考察组介绍了平湖区新教育实验的推进历程。秀洲区教育局局长张刘祥也给考察组介绍了他们新教育实验的情况，大家还现场考察了嘉兴秀洲区的两所实验学校（王江泾镇中学、王江泾镇中心小学）。两个实验区领导对新教育的高度重视和英明决策，以及老师们对新教育实验的激情和行动，都给考察组留下了深刻印象。

58. 2008 年 12 月 12～15 日，新教育实验考察组一行七人在丁建强副主任的带领下到河南焦作新教育实验区进行考察，并且参加了"冬天里的童话——相约焦作，对话新教育"焦作新教育实验研究主题汇报活动。

59. 2008 年 12 月 19～20 日，由南通市教育局、南通市名师导师团和海门市教育局主办的祝禧"文化语文"教学展示活动在我市东洲小学举办。

60. 2009 年 3 月 10 日，海门市小学语文课题"区域推进小学生课外阅读的行动研究"成果分享暨"学程导航"教学范式构建第五次研讨会在海师附小举行。全市各校语文教导主任和语文教师代表近百人参与了活动。大家进一步了解了"学程导航"教学范式备课的意义所在，确立"以生为本，以学定教"的核心理念，从而坚定了走"学程导航"教学范式之路的决心。

61. 2009 年 3 月 12～14 日，由苏教版国标本小学语文编委会、江苏省教育学会小学语文专业委员会、江苏省教育学会新教育实验研究专业委员会主办，海门市教育局教研室、海门实验学校承办的第四届凤凰语文论坛暨新课程习作教学研讨会于 3 月在海门实验学校举办。参加本次会议的有来自全国各地的 130 多名凤凰语文网版主、知名专家、网友代表，我市小学语文教师代表，南通市教育科研中心有关领导、海门市教育局副局长黄永成出席了本次活动。

62. 2009 年 3 月 14 日，新教育研究院的干国祥、魏智渊、马玲、王云等专家为我市新教育实验的深入开展"新教育海门行"培训活动。活动分两个阶段进行，14、15 日面向全市小学教师进行"新教育"通识培训。16 日至 20 日，专家们在棉种场小学进行专项研究和实战培训。教育局局长何新、副局长许新海亲临培训现场观摩活动，并与专家们就新教育实验的有关问题作深入探讨。教育局副局长陈志平出席培训开幕式并致辞。

63. 2009 年 3 月 25 日，教育局分别在实验小学和能仁中学举办《让知识与生活和谐共生》为主题的校长俱乐部活动暨"社团活动"现场会，两校各有 30 多个社团开设活动。全市小学、初中校长，完职中分管领导，基地负责人，局各科室有关人员参加活动。教育局党组书记、局长何新，副局长黄永成、许新海在小记者的引领下观摩了社团活动现场，对两校"社团活动"的课程实施情况给予了充分肯定。实验小学、东洲小学、麒麟中心小学、能仁中学、包场初中作了社团活动的经验介绍。

64. 2009 年 3 月 31 日，下午，教育局在三星中心小学举办海门市新公民教育行动——"习惯养成教育"现场研讨会，进一步引领全市各小学科学运作"每月一事"，形成有效规训机制，培塑儿童良好的行为习惯。全市各小学的分管校长、中层干部、教育基地负责人，教育局相关科室人员参加活动。教育局副局长许新海出席活动并作精彩报告。

65. 2009 年 4 月 19 日，海门市小学生英语口语大赛在东洲中学举行，近百名小学生参加比赛。比赛分英语口语自我介绍、美文诵读、看图说话、现场回答四个部分。

66. 2009 年 4 月 23 日，教育局在海门中学尚雅楼举办海门新教育阅读节启动仪式暨书本剧展演，共同迎接第 14 个世界读书日。全市小学、初中校长、分管中层干部，"书香教师"、"书香学生"、"书香班级"代表和各教育基地负责人参加活动。南通市教育局局长助理袁兴石，南通市语委办、南通市教育局语工处、体卫艺处的领导；我市市委宣传部副部长、文明办主任郁飞，市妇联主席姜敏，团市委、文化局、关工委、新华书店等部门的领导嘉宾应邀出席活动。教育局局长何新，副局长黄永成、许新海亲临活动现场。这次阅读节的主题：让我们插上飞翔的翅膀。启动仪式上表彰了 2008 年度 94 个"书香班级"、115 名"书香教师"和 395 名"书香学生"。8 所直属小学和能仁中学作了书本剧展演。

67. 2009 年 4 月 25～27 日，教育局副局长许新海应陈一心家族基金会邀请，率领我市 10 所受陈一心家族基金会捐助的小学及东洲幼儿园的教师代表20 人参加陈一心家族基金会在上海华东师范大学召开第二届国际会议，本次会议的主题是"中国农村学校图书馆发展——把基本做好"。许新海在会上作了《推广自由阅读的政策和策略》的主题报告。

68. 2009 年 4 月 28 日，在许新海副局长带领下，一行 7 人远赴石家庄市桥西区开展新教育实验调研活动。调研组一行首先参观了桥西新教育实验工作室，观摩了桥西实验小学晨诵开放以及全体师生晨诵《笠翁对韵》，参观了桥西实验小学校园文化以及桥西区各校读书节成果展示。邓晓梅副区长代表桥西区全体新教育人欢迎新教育调研组莅临指导。调研组观摩了桥西提供的 7 节研究课，听取了桥西区实验小学、八一小学、西里小学、育英小学、友谊小学、维明小学、红星小学 7 家联合校的代表关于新教育实验的阶段性汇报。最后，许新海以"感动桥西教育"为题作专家报告。

69. 2009 年 5 月 8 日，我市初中小学的 28 位校长在教育局副局长陈志平、许新海的带领下，前往无锡蠡园中学与五爱小学考察学习学校文化建设。

70. 2009 年 5 月 26 日，我市小学校园游戏展演活动在汤家中心小学举行。教育局党组书记、局长何新，副局长许新海兴致勃勃观看了展演。局办公室、基教科、教研室的相关同志，各小学校长、音乐、体育教研组长参加活动。

71. 2009 年 6 月 3 日，第四届校园艺术节文艺会演在海门中学举行。近千名孩子用充满激情的表演演绎他们"在阳光下成长"的幸福心情。教育局党组书记、局长何新，副局长黄永成、许新海等领导兴致勃勃地观看了演出。

72. 2009 年 6 月 10 日，为深入推进基础教育课程改革，探索学科评价改革的路径与操作模式，教育局举办主题为"小学评价改革"的第 23 次小学校长俱乐部活动暨小学"评价改革现场推进会"。区域共同体为单位分头观摩实验小学、海师附小、育才小学、东洲小学、通源小学、海南小学、实验学校小学部的学科多元评价现场。下午，全市小学校长、基地负责人集中少年宫影视中心进行校长俱乐部活动。现场研讨评价改革。

73. 2009 年 7 月 10～13 日，全国新教育第九届研讨会在海门中学尚雅楼开幕，本次大会的主题是"齐聚江海门户，共话教师发展"。出席本次大会的嘉宾有全国人大常委、民进中央副主席、中国教育学会副会长、新教育实验发起人朱永新，江苏省教育厅厅长沈健，美国麻省州立教育管理学院院长严文蕃，江苏省教育厅基教处处长陆志平，江苏教育电视台书记、副台长孙其华，南通市人民政府副市长杨展里，南通市政协副主席季金虎，南通市教育局局长缪建新，著名儿童教育家、江苏情境教育研究所所长李吉林，海门市人大常委会主任朱玉兰，海门市委副书记、海门市人民政府市长姜龙，海门市委副书记黄汉忠，海门市委常委、宣传部长王一鸣，海门市人大常委副主任王兰平，海门市人民政府副市长王拥军，海门市政协副主席郁斌，海门市教育局党组书记、局长何新，还有来自全国 23 个实验区和其他实验学校的 1300 多名代表。与会代表还参加了海门实验区市区的 9 所中小学和幼儿园新教育实验成果的展示。可以这么说，参加本次大会的嘉宾层次之高，实验区教师代表人数之众，主题展演的水平之佳，堪称新教育历届大会之最。

# 后 记

    2006～2009 年，是我考取苏州大学跟随朱永新导师攻读博士学位的四年，也是我调任海门市教育局副局长分管义务教育的四年，还是我追随朱永新先生在海门教育大地上全面推进新教育实验的四年。这四年我忘我地读书，艰苦地学习，奔波于海门与苏州之间，顺利地完成了博士学位课程的学习。在几近崩溃的艰难跋涉中完成了博士论文的写作，并以优良的成绩通过了博士论文答辩，获得了哲学博士学位。同时，我又是几乎疯狂地投入到工作中，在全市各初中、小学全力推进新教育实验，我把新教育实验与自己的工作完全融为一体，把所有的精力与时间投放在新教育实验的推广与研究上，建立海门新教育实验区，启动书香童年计划，发起"图书漂流行动"，实施"达标创特"工程，组建"校长俱乐部"，组织共同体核心团队开展课程研发，打造"理想课堂"，推动"每月一事"项目，规划"学校文化"建设等等。我和团队成员全身心投入，做了大量富有开创性的工作，我们追随新教育，追寻教育的真谛，努力让我们的教育回到原点，回到人本身，让海门师生的教育生活成为生命健全的过程，成为一个全人的过程。

    每学期我都要跑遍全市的 80 所初中、小学调研指导，对年初确定的重点指导学校几乎每月要去一次。我与校长、老师对话，进行课堂点评，参与教师沙龙，为老师们作专题报告，指导校本课程研发、学校特色创建等等。四年的艰苦努力，全市义务教育阶段的学校终于呈现了校校有特色的喜人发展景象。我虽然没有参加朱永新先生的投保公司，但从入朱门的第一天起，一直坚持每日写随笔，养成了每日暮省的习惯，把一天中的主要经历与值得反思的工作记录下来，从没有间断过。我信奉新教育的"只要行动就有收获，只有坚持才有奇迹"的哲学思想。我用实践证明了新教育倡导的幸福完整的教育生活，不仅是一种理想，还可以成为一种现实。海门新教育人正在用创造性的工作，改造着我们的教育生活，把理想的生活，变成可能的生活和实在的生活。

2009年的国庆长假，举国欢庆60周年。我没有了攻读博士学位时的那份紧张与焦虑，可以陪陪家人，共度双节，观看盛大隆重的国庆典礼，还可以享受阅读，读几本自己喜欢的书。同时，也有时间静下心来整理这几年的随笔与实践研究的论文，竟然理出了30多万字的内容，自然萌发了出版的想法。因为这些文字真实地记载了我这四年在海门开展新教育实验的行动轨迹，它包含了海门团队的行动智慧和对新教育的痴情，清晰地呈现了我们是如何从区域的层面上推动新教育实验；是如何指导教师们改变自己的行走方式，学生们的生存状态；是如何帮助一所所学校改变他们的发展模式，促进他们富有特色地发展。书稿中大量的文章是我在基层学校的即席讲话，是基于现场情境下的教育智慧，表明了自己深入一线开展田野研究的态度和能力。我们在改造海门师生教育生活的同时，也改造了我们自己的教育生活。我们的核心团队成员王领琴、陆瑞杰、吴勇、丁建强、徐强、李志军、沈荣、施伟、诸葛智、钱瑾、张晓蓓、许东明、钱珏、张万冲等，个个都是精兵强将，能独当一面，独立主持新教育实验的项目，是他们给了我不断前行的动力，提供了许多宝贵的想法。文中的诸多观点应该是我们团队的共同智慧，是我们共同的精神财富。

我们的一把手局长何新先生，是一位有前瞻思想和卓越口才的领导，他大度，对下属充分尊重和信任，对新教育实验高度认同与全力支持，使我有如鱼得水的感觉，在这样的领导手下工作本身就是一种幸福。还有陈志平、王思飞、黄永成、俞兆新、姜晓平等几位副局长，以及周锡军、倪强、黄德冲、何仁毅、张杰、顾文超、张永林等科长都给了我分管工作的积极支持，秘书处的陶德钧、赵丽芳老师任劳任怨，主动工作，担当了大量的实验区管理的日常事务工作。大家给了新教育实验以特别的热情，使我倍感温暖，心存感恩之情。

新教育实验在朱永新先生倡导与主持之下，从萌发至今才十年，还是一个茁壮成长的娃娃。新教育的理想很宏伟，事业很伟大，需要我们每一个新教育人脚踩大地，用行动和坚持，来构筑新教育大厦。海门新教育实验区于今年初确定了未来几年的重点工程是开展新教育学校文化建设研究，就新教育实验学校的价值文化、课程文化、课堂文化、教师文化、学生文化、班级文化、校园文化、制度文化等作深度的研究。我相信，三四年以后一定能够再向同行们奉献更新的研究成果。2009 年 7 月全国新教育实验年会在海门的成功召开，给了我们更多的信心和力量。新教育已经成为了我生命的一部分，成了我的信仰，我将以毕生的精力只做一件事——新教育。

许新海

2009 年国庆节